全家一起看的 胎教百科

科学胎教，"预约"健康、聪明、快乐宝宝

于松◎主编

北京妇产医院产科副主任、主任医师
首都医科大学副教授、硕士生导师
资深临床医生

华夏出版社

图书在版编目（CIP）数据

全家一起看的胎教百科 / 于松主编 . —北京：华夏出版
社，2010.10

（贝博士·冠军宝贝成长书系）

ISBN 978-7-5080-5872-6

Ⅰ.①全… Ⅱ.①于… Ⅲ.①胎教—基本知识 Ⅳ.① G61

中国版本图书馆 CIP 数据核字（2010）第 143446 号

出品策划：

网　　址：http://www.xinhuabookstore.com

全家一起看的胎教百科

主　　编：于　松

责任编辑：王洪钦

装帧设计：蒋宏工作室

图片来源：华盖创意（北京）图像技术有限公司

漫画制作：天津自由华泰艺术设计工作室

出版发行：华夏出版社

　　　　　（北京东直门外香河园北里 4 号　　邮编：100028）

经　　销：四川新华文轩连锁股份有限公司

印　　刷：北京通州皇家印刷厂

开　　本：787mm×1092mm　　1/16

印　　张：30

字　　数：510 千字

版　　次：2010 年 10 月第 1 版　2010 年 10 月第 1 次印刷

书　　号：ISBN 978-7-5080-5872-6

定　　价：45.00 元

前　言

得知新生命开始在体内萌芽时，准父母们心底涌现的期盼与喜悦难免杂夹着些许的手足无措与不安。此时，他们马上要面对的就是为人父母的第一个挑战——胎教。

现在，人们对胎教的认识还存在不少误区，甚至有人认为胎儿不可能接受教育，胎教完全没必要。其实，这是因为他们对胎儿的发育情况、胎儿的能力都缺乏明晰的了解。据研究发现，孕 4 周，胎儿的视网膜开始形成；孕 6 周，胎儿的听觉开始发育；孕 8 周，胎儿的皮肤感觉开始出现；孕 11 ～ 12 周，胎儿的味觉发育完成；孕 20 周，胎儿形成了向大脑传达味觉的器官；孕 32 周左右，胎儿能分辨出羊水的味道；孕 37 周，胎儿几乎能感知任何光线，并作出反应……而且，胎儿能够感知母亲的情绪，能够分辨母亲和父亲的声音，并能对子宫内的生活保留一定的记忆。

胎儿的这些发育情况为胎教的可行性提供了充分的条件。事实证明，科学的胎教可以塑造孩子的性格，让孩子身体更健康，大脑发育更好，利于孩子健全人格的培养。

那么，如何进行胎教呢？具体有哪些胎教方法呢？每个阶段该进行哪些胎教呢？怎么利用胎教来塑造孩子的性格呢？……这些正是本书编写的目的。

在这里，我们将为准父母们详细说明孕 1 月至孕 10 月胎儿的发育情况，并结合胎儿的发育说明每月的胎教重点，以及准父母们的胎教任务。

总的来说，本书有这样的几个特点：

1. 科学权威，使胎教成为一个系统工程。

胎教包括方方面面，准妈妈的衣、食、住、行都属于胎教。本书对准妈妈生活的方方面面都提出了科学有效的指导。

2．注重细节，特别强调家人的作用。

胎教不是准妈妈一个人的事，家人的参与很重要。本书特别针对常见的家庭问题提出建议，不厌其烦地反复强调和谐的家庭环境对胎教的重要意义。

3．内容翔实，实操性、针对性强。

针对胎儿每月的发育情况，本书制订了具体可行的胎教方案；对胎教中准父母可能遇到的问题，进行详尽细致的解答，以确保准父母只需一书在手，即可遍解胎教疑惑。

4．以情景故事导题，文风亲切，平易近人。

本书特别设置切合生活实际的家庭情景故事导出问题，并配合活泼生动的漫画插图，以亲切、简洁的语言来分析问题，给出实用性、可操作性强的解决方案。

总之，本书融科学性、实用性、普及性、可读性于一体，力求以通俗易懂、深入浅出的语言，为您量身打造最新、最全的胎教方案。

宝贝，许多奇迹，因为有你，就会存在！
宝贝，陪着你慢慢长大，是一件多么幸福的事！

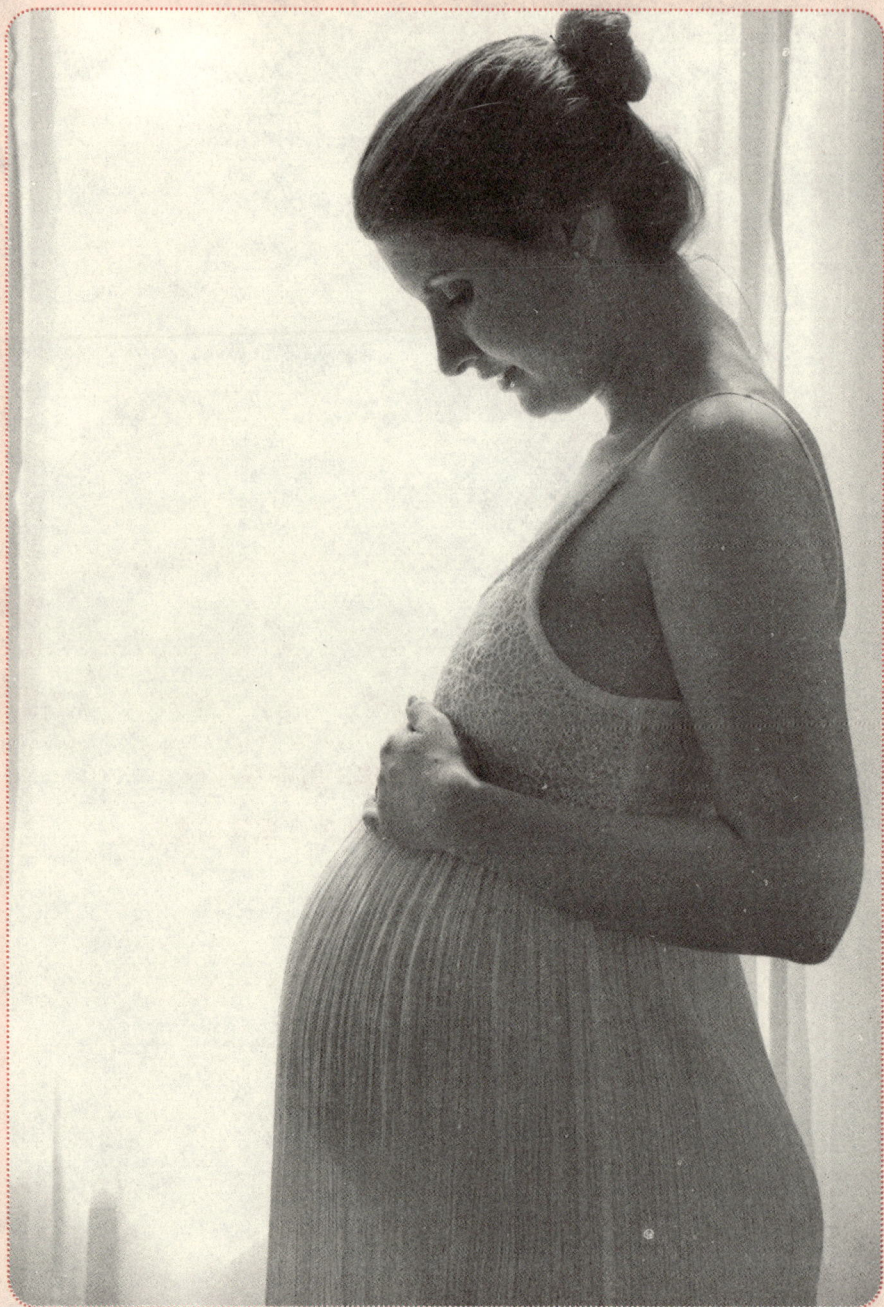

目录 contents

第1章　孕1月胎教完全方案

当肚子里突然有了一个小生命，经过初期的慌乱失措后，身为准父母的你们，是否已经做好接受胎儿、照顾胎儿、培养胎儿的准备？在孕育胎宝宝的第一月份里，你应该了解哪些知识？又应该从哪些事情做起呢？请跟随我的步伐，一起来关注胎宝宝的成长，成就胎宝宝的未来吧！

第2章　孕2月胎教完全方案

在孕2月的日子里，面对已经在腹中"安营扎寨"的胎宝宝，准父母们是否已经信心百倍地开始胎教活动了呢？在这个月，准妈妈有哪些注意事项？适合胎宝宝的胎教方法又有哪些呢？请准父母和我们一起继续前行，呵护胎宝宝的成长，开拓胎宝宝的未来！

第3章　孕3月胎教完全方案

孕3月了，抚摸着肚中的小宝贝，作为准父母的你们，是否有着很多期望和想法？是否幻想着孩子的成长与未来？在这个月里，准妈妈的孕期反应会愈加明显，准父母的胎教工作也会愈加细致。下面就请和我一起关注孕3月准父母的胎教方案。

第4章　孕4月胎教完全方案

十月怀胎是辛苦的，也是幸福的。在经历了最初的早孕反应和忐忑不安的三个月之后，准妈妈的心情也越来越放松。为了更好地进行胎教，并为胎教保驾护航，请准父母们仔细阅读下面的文字，它能给孕4月的胎宝宝带来更贴心的关爱。

第5章　孕5月胎教完全方案

作为准妈妈的你，用全部的身心在关照着你未出生的小宝宝，希望他聪明，希望他漂亮。你常常抚摸着肚子和他说话，你相信宝宝能听懂你的每一句话；而他似乎真能明白你的每一样心思，他专门传递给你的每一个细微小动作都牵动着你的感官神经！下面就请从对孕5月的认知开始，为生个伶俐可爱的健康宝宝而努力吧！

第 6 章　　孕 6 月胎教完全方案

时间在准父母的期盼中飞速地行走，转眼，胎宝宝已经 6 个月了。准妈妈脸上洋溢着幸福的微笑，家人之间的呵护也越来越默契，那么，肚子里的小宝宝已经长成什么样了呢？我们还可以为他做些什么呢？准父母们快来阅读吧，好让心爱的胎宝宝在妈妈的腹中获得更多的养分，成为聪明健康的优质宝宝。

第7章　孕7月胎教完全方案

在准父母的期盼中、家人的希翼里，肚子里的小宝宝已经7个月了，准妈妈的"国宝级"待遇并没有使所有的人放松心情，反而因胎宝宝越来越大，对他的期许、对他的企盼更为强烈，更加关注胎宝宝的成长发育。那么，孕7月的胎教又该如何进行？准妈妈怎样才能做得更好呢？让我们来一起阅读下面的内容。

第8章　孕8月胎教完全方案

胎宝宝的正常发育和健康成长是每一个家庭的热切期盼，准妈妈每天在饮食、情绪、运动等方面的精心调理，悉心安排，都是家庭对孩子爱的表现。随着预产期的临近，胎教的内容也随之发生变化。孕8月，准父母们又有哪些需要注意的问题？胎教的着重点又在哪里？让我们一起走进孕8月的课堂。

第 9 章　孕 9 月胎教完全方案

　　胎教的内容很多，胎教方法也很多，进行到孕 9 月，准父母对此的了解和掌握已经很全面，也有了自己独特的心得。这个月，准妈妈的身体负担越来越重，家人对新成员到来的期待更加迫切，往往会忽视或者放松了胎教行为。但胎教贵在持之以恒，科学的胎教恰恰需要准父母在这个时候抓紧时间，强化胎教行为。

第 10 章　孕 10 月胎教完全方案

　　漫漫孕途即将结束，怀胎十月，准父母们终于要迎来宝宝的降临了。在这个月，准妈妈不但要一如既往地对胎宝宝进行胎教，更要学习一些分娩知识，为宝宝的顺利诞生作准备工作。轻掀生命书页，准父母们请收藏好九个月的辛苦与情怀，站好这最后一班岗，呵护新生命走向未来的旅程。

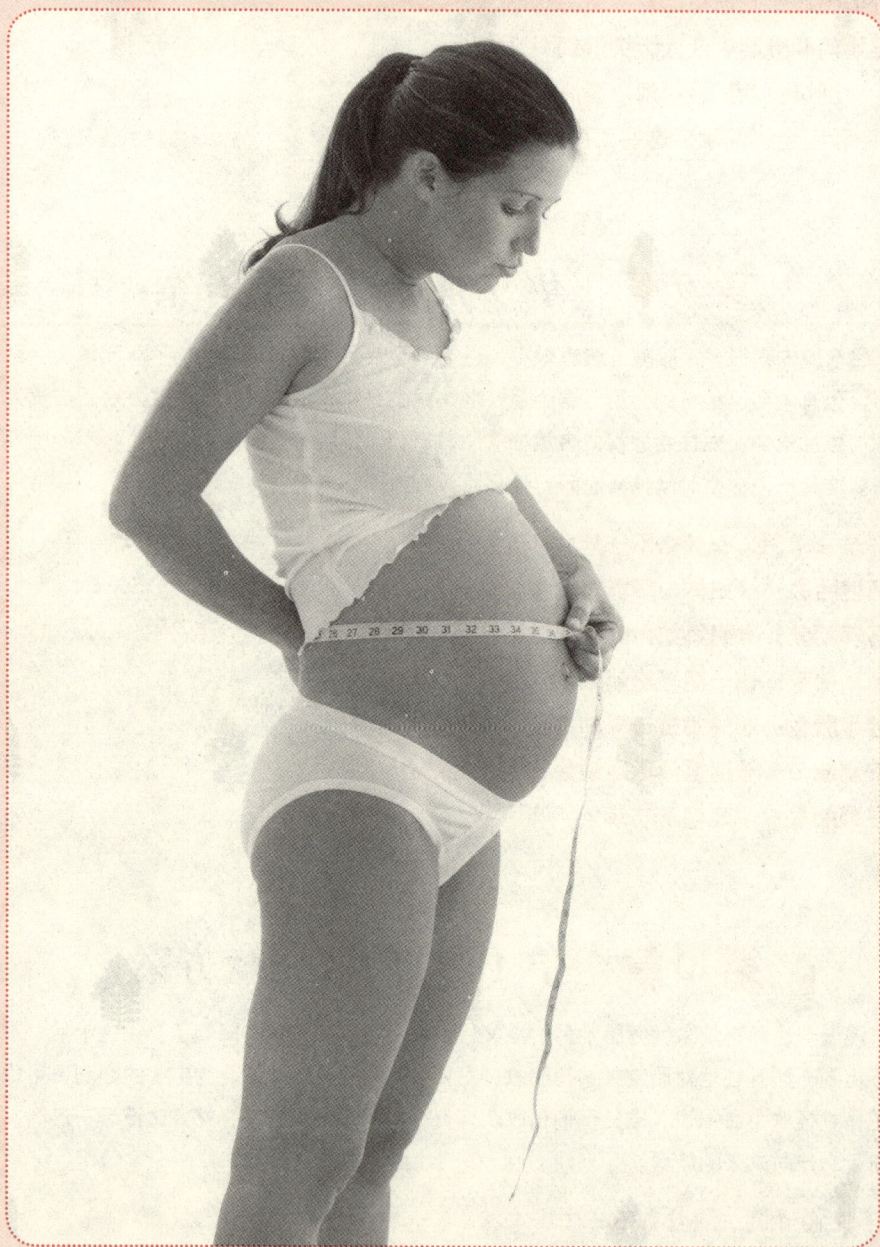

第1章

孕1月胎教完全方案

当肚子里突然有了一个小生命，经过初期的慌乱失措后，身为准父母的你们，是否已经做好接受胎儿、照顾胎儿、培养胎儿的准备？在孕育胎宝宝的第一月份里，你应该了解哪些知识？又应该从哪些事情做起呢？请跟随我的步伐，一起来关注胎宝宝的成长，成就胎宝宝的未来吧！

Section 01

怀孕1个月，有什么不一样

幸福总是来得那么突然，妻子刚参加学校一个活动回来，感觉小腹有些胀痛。当时她只是纳闷，因为离月经来的日子还有好几天呢，有点心慌慌的，就和丈夫说了。丈夫心疼老婆，立即带着她去了附近的一个门诊。没想到，大夫竟然告诉他们，妻子已经怀孕三周了。妻子不敢相信，双手按着肚子，喃喃自语道："我怎么没什么感觉呢？"丈夫则哭笑不得，打趣说："你呀，小宝宝还不到一个月，你又是一个马大哈，当然就没什么感觉了。"

孕1月胎儿的变化

在孕1月里，卵子与精子相结合，形成肉眼见不到的受精卵，一个新生命就基本形成了。受精卵不断分裂，移入子宫宫腔后形成一个实心细胞团，称为"桑胚体"，这时的受精卵就叫胚泡。当胚泡外周的透明带消失后，它会与子宫内膜接触并埋于子宫内膜里，这就是"着床"。受精卵在受精后7～12天着床，逐渐成长。

着床一般在受精后6～7天开始，在11～12天完成。受精卵着床后直至发育到第8周为止，称为胚芽。发育到第3周末的胚芽，长约0.5～1厘米，重约1克，用肉眼便可以看见。

这时的胚芽只有头部和身体两部分。其中头部非常大，占了全部身长的一半，与头部相连着的躯体，很像小海马的形状，有着长长的尾巴。在外观上，这时人类的胚芽与其他动物的胚芽并没有太大区别。手脚很小，用肉眼根本看不清楚。

胚芽的表面覆盖着一层绒毛组织，它在不久的将来，会变成胎盘。胎盘是胎儿从母体吸收营养成分和排出代谢产物的工具。

这个时期的胎儿，虽然眼睛、鼻子、耳朵还没有成形，但已经有嘴和下巴的雏形了。同时，血液循环系统器官、脊髓神经系统器官，还有脑袋的原型都已经出现了。在这个时候，胎儿的肝脏也开始显著发育；尤其以心脏的发育尤为显著。在第2周末心脏就成形，从第3周末起开始搏动。将胎儿与母体相连的胎盘、脐带，这个时候也开始发育了。

注意：现在，"胎儿"已经在妈妈的子宫里安营扎寨了，准妈妈要更加注意营养和休息。

孕1月母体的变化

孕1月就是从末次月经首日起到第4周的这段时间。在孕1月中，大部分孕妇都没有很明显的征兆，当然，也有些人会出现类似感冒的症状：身体疲乏无力、发热、畏寒等。

这时候，乳房的大小形状还没有明显变化；子宫约有鸡蛋那么大，在肉眼看来和没怀孕时几乎没有什么两样。

由于没有明显的妊娠征兆，大部分孕妇根本就不知道自己已经怀孕了。所以，已婚育龄女性一定要时刻注意观察自己的身体状况，平时不要随便吃药，不要轻易接受X线检查，更不要参加剧烈的体育活动，这样才能为胎儿准备良好的母体环境。

注意：在这一阶段，有些人可能会感到乳房胀痛或是像"感冒"了的感觉，比如在没有任何原因的情况下出现发热、发冷等症状，不用担心，过几天这些症状会自动消

孕期小知识

● 怀孕征兆 ●

1.停经

停经是判断怀孕的一个重要方法。一个健康的育龄妇女，平时月经周期有规律，在没有采取有效的避孕措施的情况下与异性发生性行为之后，当月月经没有按时来，并过期10日或10日以上，就很可能是怀孕了。

也有一些人虽然怀孕了，也会在月经期间有少量出血，但比正常量少，色淡，时间短，有时被误认为是月经，这时就要注意是否伴有早孕反应，以进一步确定怀孕的可能性。

2.早孕反应

大约一半妇女在怀孕早期（大约停经6周）都会有早孕反应，通常表现为头昏、乏力、嗜睡、食欲不振、喜吃酸性食物、厌油腻、恶心、晨起呕吐等。

失。为了防止或缓解妊娠纹的出现，准妈妈最好从现在就开始进行适当的锻炼，增加皮肤对抗外力牵拉的能力。

孕初期准妈妈的五种身体不适

1. 疲倦嗜睡：怀孕初期，准妈妈容易感到疲倦，常常会想睡觉。许多人会出现浑身乏力、疲倦，或没有兴趣做事情，整天昏昏欲睡，提不起精神。

这是孕早期的正常反应之一，怀孕 3 个月后会自然好转。要保证充足的睡眠，想休息的时候就尽量休息，不要勉强自己。

2. 尿频：刚怀孕的时候，老是想上厕所，总觉得尿不净，许多准妈妈在刚怀孕时会出现尿频现象。

这是因为怀孕前 3 个月，子宫在骨盆腔中渐渐长大，压迫到膀胱，从而使准妈妈会一直产生尿意。

3. 饥饿感：多数准妈妈从怀孕开始，总感觉饥饿，这种饥饿感和以前空腹的感觉有所不同。怀孕后，准妈妈的口味和胃口多少会有一些变化。

在孕初期，许多人会变得"爱吃"起来，这没多大关系，想吃就吃，在怀孕初期时没必要压抑自己的食欲。当然，最好以清淡、易消化的食物为主。平时随身带一些食物，感觉饿的时候方便拿出来吃。不要一下子吃太多，秉承少食多餐的原则。

4. 乳房不适感：刚刚怀孕的准妈妈，乳房可能会出现刺痛、膨胀和瘙痒感，这也是怀孕早期的正常生理现象。准妈妈也许会觉得乳房肿胀，甚至有些疼痛，偶尔压挤乳头还会有黏稠淡黄的初乳产生。并且随着乳腺的肥大，乳房会长出类似肿块的东西。

这些都是做母亲的必然经历，自受精卵着床的那一刹那起，伴随着体内激素的改变，乳房也会有相应反应，为以后的哺乳做好准备。乳房不适感强烈的准妈妈可以采用热敷、按摩等方式来缓解。每天要用手轻柔地按摩乳房，促进乳腺发育，还要经常清洗乳头。

5. 阴道分泌物增多：有些女性在怀孕初期发现自己的阴道分泌物较比往常增多。

怀孕初期，由于激素急剧增加，阴道分泌物必然会增多。此时，如果外阴不发痒，白带无臭味，就不用担心。但如果出现外阴瘙痒、疼痛；白带呈黄色，有怪味、臭味等症状时，就需要去医院就诊，这很可能是外阴或阴道疾病所致，处理不当会影响胎儿的生长发育。同时，应当注意清洁卫生，勤换内裤，保持内裤及会阴部清洁。

孕早期准妈妈心理特点

在这一时期，由于内分泌激素变化和早孕反应，准妈妈不仅身体出现了不适，心理也会产生这样一些强烈的反应：

1. **感情变化丰富**：经常处于矛盾、烦恼、抑郁、恐怖、焦虑和疑虑之中。

2. **心理变得脆弱**：原本很自信，遇事有主见，怀孕后却脆弱敏感，爱激动、流泪，依赖性增强。

3. **心理紧张**：对日后的生活感到茫然，为住房、收入、照料婴儿等问题担心，导致心理紧张。

4. **经常担心**：对怀孕虽然高兴，但对自己能否胜任孕育胎儿或胎儿是否正常总是持怀疑态度；对自己曾接触过某些不利因素担心不已，如放射线、电脑、装修、药物、宠物、病人等。

5. **情绪不稳定**：常因一些小事嗔怪丈夫，或容易对别人产生不满情绪。

6. **兴趣发生改变**：开始注意观察小孩，如玩耍、游戏或喜欢听儿歌，对自己腹中的小生命依恋感越来越强，母爱不知不觉中已逐渐产生，并向胎儿输送。

7. **回避性生活**：担心会伤害腹中的小生命，开始对性生活产生畏惧和回避心理，但有些人的性兴奋反而增强了。

8. **逐渐接受妊娠**：从心理上适应并接受了怀孕这件事本身，逐渐有了准备为人母的心理感觉及心理准备。

9. **对食物喜好发生心理变化**：对某些食物出现爱好或厌恶等明显改变，如以前并不喜欢吃酸性食物，现在却非常喜欢。如果情绪变化大或厌恶怀孕，可能会使孕吐反应加重，并使体重减轻，甚至发生剧烈孕吐或其他反应。

温馨提示

准妈妈吃香蕉好处多

营养学家认为，准妈妈最好每天能吃一根香蕉。因为香蕉是钾的极好来源，并富含叶酸；而体内叶酸和维生素B_6是保证胎儿神经管正常发育，避免无脑、脊柱裂等严重畸形发生的关键性物质。另外，钾还有降压、保护心脏与血管内皮的作用，这对孕妇十分有利。

Section 02

胎教不是准妈妈一个人的战斗

自从妻子有了宝宝，全家人都高兴得合不上嘴。首先是名字。大家决定，如果是女孩就叫朵朵，如果是男孩就叫果果。虽然公公婆婆比较喜欢男孩，但因为妻子喜欢女孩，所以肚子里的宝宝就正式命名为朵朵啦！妻子也光荣地晋升为朵朵妈，而丈夫自然也成了朵朵爸；公公婆婆则升任为朵朵爷爷、朵朵奶奶。确定好名字，紧接而来的就是胎教重任。一会儿朵朵爷爷来催："该听音乐了！"一会儿朵朵奶奶又说："别忘了抚摩肚子。"晚饭后，朵朵爸开始了和朵朵的第一次聊天——朵朵爸趁机向朵朵告状，朵朵妈不肯吃有营养的食物，故意亏待朵朵………

家庭成员也要重视胎教

千万不要小看家庭成员在胎教过程中的重要作用。我国政府提倡一对夫妇只生一个孩子，但是，受传统重男轻女思想的影响，一些老人，尤其是爷爷、奶奶往往希望生一个"带把儿"的小孙子，而不想要孙女。这样就势必会给孕妇带来心理压力，或其他不良影响。

其实，在孕妇怀孕期间，家庭所有成员都应该积极参与胎教，为孕妇创造一个轻松的生活环境，应给予孕妇热情的帮助和充分的体谅，不要给孕妇造成压力，这样才能保证胎儿在温馨的氛围里健康成长。

家庭成员尤其不要指责孕妇，比如，指责她们懒惰、太娇气等，而应该尽量理解孕妇，因为指责对于孕妇是一种不良刺激，势必影响胎儿的发育。

家庭成员还应该为胎儿创造和谐乐观的家庭气氛。如一旦发现有矛盾的苗头，家庭其他成员切不可计较，并尽量用幽默的方式化解，因为幽默使人的副交感神经兴奋，使身体内环境稳定。

全家一起做胎教

1. 统一思想，科学看待胎教

胎教可能是准父母最敏感和最关心的词，尤其是一些年轻的夫妻非常重视宝宝的早期教育，接触了很多胎教理论。科学研究也证明，胎儿在发展到一定时期就能感受外界刺激，尤其对外界的声音很敏感，如音乐声、水声等。同时，年轻父母受一些胎教成功范例的影响，难免会过分依赖、迷信胎教的作用。但是，家庭中的老人对"胎教"这一新生事物并不了解，认为还未出生的宝宝没有思维能力，他们需要的是营养而非"虚缈"的胎教。

新老二代对胎教认识存在差异，因此，很可能在实施胎教时存在错位认知。此时，老人们和年轻的小夫妻双方都需要在胎教这一育儿理论认知上达成共识，以更好地实施胎教。

一方面，准爸爸准妈妈需要调低对胎教的心理预期，明白胎教只是一种育儿理论，它有助于宝宝的健康成长，过分夸大胎教的后天效应，容易导致对胎儿的破坏性开发。另一方面，家里老人们需要调整观念，主动了解和接受胎教是一种经证明的科学育儿理论这一事实，在胎教过程中要给予理解和支持。

因而，无论是老人还是年轻的小夫妻都应该调整观念，正确理解胎教的科学内涵，以确保科学胎教的有效进行。

2. 胎教忌盲目尝试，多而无效

每个家庭的小宝宝都具有特殊地位，因此，家人对胎教也尤为关注，尤其是爷爷奶奶、外公

孕期小知识

·我国古代的胎教学说·

1. 调情志：是古人所说的女性怀孕后所发生的情志变化。妊娠是女性生理上的一个特殊过程，怀孕后女性不仅生理上要发生一系列变化，心理上也会产生相应的反应。

2. 忌房事：房事即为夫妻性生活。尽管房事为受孕怀胎提供了必要条件，但受孕之后，房事必须有所节制。

3. 适劳逸：人禀气血以生，胎赖气血以养。因此，怀孕后要注意劳逸结合，注意不可贪图安逸，也不可过于劳累。

4. 节饮食：饮食对于孕妇和胎儿都很重要，饮食是母体的重要营养来源，而母体的气血是胎儿的营养来源。因此，孕妇的饮食对胎儿的发育有直接影响。

5. 慎寒温：寒温就是自然界冷热气候的变化。孕妇怀孕后生理上发生特殊变化，很容易受六淫（风、寒、暑、湿、燥、火）尤其是风寒的侵扰，容易感染疾病，严重者会危及胎儿。

6. 戒生冷：孕妇怀孕后常喜欢吃一些生冷的食物。中医认为，生冷食物吃多了会伤及脾胃，呕吐、腹泻、痢疾等病症就会乘虚而入，对孕妇和胎儿都有损伤，对此一定要慎重。

外婆们，他们在了解了胎教的科学性后，常常会多渠道了解多家胎教机构，然后将相关信息反馈给年轻的小夫妻。这样很可能造成准爸爸准妈妈们为达到更好的胎教效果而到多家胎教机构去学习和培训。其实，这样只会让正常的胎教变成盲目的多方试验，不仅浪费钱财，对宝宝健康成长也没有好处。

在胎教培训机构的选择上，全家需要统一意见，慎重选择，一旦选择某家胎教培训机构就不要轻易改变，更不能随意地多家尝试。

3. 胎教要科学，不要多方发言

在宝宝的胎教实施过程中常发生这种现象，爷爷奶奶、外公外婆、小夫妻们都想在宝宝胎教实施过程中占据主导地位，都想让全家顺着自己的思路来实施胎教。

其实，这种多方发言的现象是科学胎教最忌讳的。相关研究认为，胎教需要尊重科学，切勿多方发言，否则就会造成多头指挥、盲目施教。

在胎教过程中，老人的意见固然重要，但宝宝父母的意见是最重要的，因为实施宝宝胎教最基础的条件之一就是根据父母的特长和优势来进行。如有音乐天赋的年轻家长可以平时多放放轻缓优美的轻音乐，有文学天赋的年轻父母平时则可以多朗诵一些优美的文章，以此来激发宝宝的早期潜能。

4. 胎教要注重生活细节

胎教是一个很系统的工程，而并不只是爸爸妈妈听听轻音乐、读读优美或有趣的文章这些简单的流程，它需要所有家庭成员的密切配合。

准妈妈所处的家庭环境也往往在进行胎教过程中有重要作用，一个快乐、和谐、温馨的家庭环境是确保胎教成效的重要因素。所以，爷爷奶奶、外公外婆们要主动配合，和年轻的小夫妻要注意说话方式和说话态度，注意行事方法与行事态度，做到相互谦让、说话和气、行事谦和，为宝宝胎教创造一个良好的家庭氛围。

家中的老人和年轻的小夫妻们平时要更加注重家庭的和睦、相互的理解和尊重。只有如此，才能确保胎教的有效进行。

温馨提示

重视婆媳之间的胎教"战争"

1.一些老人，往往是孕妇的婆婆，总会不断地介绍自己当年的亲身经历和感受，这样做自然有一定作用，但是，也不免有夸大之辞，甚至把整个过程说得困难而又痛苦。这对孕妇是一种不良刺激，甚至使孕妇产生条件反射，从而导致妊娠和分娩历程痛苦又沉闷，这对胎儿极为不利。

2.老人不要重男轻女，如果一心想要孙子，而不要孙女，就必然会给孕妇带来一定的精神压力，甚至造成心理障碍，影响母腹中胎儿发育。

3.婆婆不要以自己的经历，给孕妇灌输分娩过程有如何疼痛，甚至孩子出生后，培养孩子如何困难等，从而造成孕妇的恐惧感。

4.此外，还有一些婆婆，对怀孕的媳妇不以为然，动不动就说"我们那时候"如何如何，意思就是眼下的媳妇太娇气。这对于孕妇来说是一种不良刺激，往往给孕妇原本就烦躁的心情火上浇油，甚至发生口角，进而影响胎儿。

Section
03

丈夫如何协助妻子做胎教

晚饭后，朵朵妈看电视，朵朵爸上网。九点多，看到朵朵爸还是埋头玩电脑，朵朵妈有些不高兴了，冲到朵朵爸面前说："也不陪我看电视，还说要陪我给朵朵做胎教呢！"朵朵爸立刻乖乖停下手上的活，拉着朵朵妈走到客厅沙发上坐好，俯着身子冲着朵朵妈的肚子说："朵朵，我是爸爸呀，知道不？知道爸爸是什么意思吗？爸爸就是……爸爸就是……就是朵朵爸。"朵朵妈一下子笑了起来。

准爸爸参与胎教效果好

有些准爸爸认为，照顾好怀孕的妻子便尽到责任了，却不知准爸爸还可以做更多的事情。例如，与妻子腹中的胎儿对话，与胎儿建立感情；晚上躺下睡觉时用手抚摸妻子的腹部，给胎儿哼催眠曲等。这些做法虽然很简单，但能使孕妇心情舒畅，把愉快传给胎儿，对胎儿大有裨益。

大量的相关研究证明，如果准爸爸准妈妈能够重视胎教，不断与胎儿对话，给胎儿传送温馨快乐的信息，胎儿发育就很好。经过如此胎教的婴儿具有如下良好特征：

（1）总是笑呵呵的；

（2）夜间不爱哭闹；

（3）说话较早；

（4）理解能力和接受能力强；

（5）性情活泼，喜欢和他人接触；

（6）右脑发育好，有较强的乐感。

准爸爸的胎教工作

胎教不是准妈妈一个人的事情，和准爸爸也有很大关系。准爸爸是准妈妈接触最多也是最亲密的人，因此，准爸爸的一举一动，甚至情感态度，都会影响到准妈妈和准妈妈腹中的胎儿。

1. 帮助丰富准妈妈的业余生活

例如，听音乐会、作画等，都可以提高准妈妈和胎儿的艺术修养。同时，准爸爸要鼓励准妈妈加强"专业"学习，特别是怀孕后期与胎儿一起学习，如看看儿童读物、读读外语。

2. 做点"自我牺牲"

准妈妈所患的任何一种疾病，对胎儿都是不利的，而如果准爸爸得了传染病，也会通过准妈妈而危及胎儿。因此，无论是准爸爸还是准妈妈，在疾病流行季节，都要少去公共场所，而且准爸爸一旦得了传染病，便要自觉与准妈妈隔离。

吸烟对胎儿有很大危害，如果孕妇生活在烟雾缭绕的环境中，不仅呼吸道会吸入大量的一氧化碳，而且香烟中的尼古丁还会通过皮肤、胃肠道进入母体，从而祸及胎儿。为了准妈妈和胎儿的健康，准爸爸要尽量少吸烟或不吸烟。

3. 激发准妈妈的爱子之情

实验证明，准妈妈与胎儿有密切的心理联系，如果准妈妈对胎儿有任何厌恶情绪或流产的念头，都不利于胎儿的身心健康。因此，为了培养准妈妈的爱子之情，准爸爸除了让准妈妈多看一些能激发母子情感的书籍或影视片外，还要多与妻子谈谈胎儿的情况。

4. 保证家庭生活的温馨舒适

家庭环境是否温馨对准妈妈和胎儿都有很大影响。准妈妈如果受到惊吓或严重刺激，严重时会引起胎盘早期剥离而致胎儿死亡；如果长期经受情绪压力，胎动次数就会比正常多数倍，胎儿出生后不但体重轻，而且消化功能失调，喜欢哭闹，不爱睡觉，易受惊吓，这样的孩子长大后，适应环境的能力差。因此，如果准妈妈心情不好，准爸爸应开导她、安慰她，切忌惹准妈妈生气。准爸爸还应该经常陪准妈妈散步、听音乐，准妈妈心情愉快，胎儿就会十分惬意。

准爸爸的支持对准妈妈很重要

1. 做好后勤保障工作

为了胎宝宝的健康，准妈妈需要大量营养。如果营养不足，胎宝宝不但体质差，而且胚胎细胞数目以及核酸的含量也会比正常低，这将影响胎儿出生后的智力。因此，准爸爸一定要千方百计妥善安排好准妈妈的饮食，保证营养物质的摄入，以保证母子身体健康。另外，准爸爸还要关心、体贴准妈妈，挤出时间多陪陪准妈妈，帮助准妈妈操持家务，减轻体力劳动。准妈妈腹部膨大，活动不便，操劳过度或激烈运动会使胎儿躁动不安，甚至流产。准爸爸要自觉地多分担家务事，不要让准妈妈做重活，要让她有充分的睡眠和休息。在乘汽车、逛商店时，要保护准妈妈，避免腹部直接受到冲撞和挤压。

2. 适当调节准妈妈的情绪

胎儿发育需要适宜的环境，也需要各种刺激和锻炼。胎儿除生理需要外，还需要一些与精神活动有关的刺激和锻炼。

例如，准爸爸可陪准妈妈短途旅游；陪准妈妈观看喜剧电影，开适度的玩笑，幽默风趣会使准妈妈的感情更丰富；让准妈妈与久别的亲人重逢等。

总之，准爸爸应协助让准妈妈的情绪出现短暂的、适度的变化，为胎宝宝提供丰富的精神刺激和锻炼，以适应当今社会快节奏变化的需要。

需要注意的是，强烈的噪声或振动，会引起胎儿心跳加快和痉挛性胎动，因此，要保持环境的安静，在做噪声大、振动强的活动时，要尽量离准妈妈远一些，以免吓着未出世的小宝贝。

3. 克制房事

妊娠初期和后期，夫妻同房容易导致流产、早产或阴道感染；在产前一个月如果性生活频繁，可引起胎儿呼吸困难和黄疸等。孕妇对性的要求多半不高，因此克制房事的主要责任在准爸爸身上。

温馨提示

准爸爸在妻子的整个妊娠过程中始终是不可缺少的，如果妻子在孕期遇到棘手的问题，准爸爸应鼓励妻子，给她以力量，帮助她树立坚强的信念，这同时也会鼓励胎儿同妈妈一起来战胜困难，培养胎儿的坚强性格。可以说，孕妇的心理调理过程，同时也是胎教的过程。

Section 04

准父母如何迈出胎教成功的第一步

晚饭后，一家人团团围坐在一起，商量胎教的问题。朵朵爸说："凭借一目十行的阅读速度，我把买回来的胎教方面的书都看完了，咱们朵朵的胎教工作可以正式开始了！"朵朵妈微笑着点头："我已经做好准备了。现在万事俱备，只欠东风！"朵朵爷爷和朵朵奶奶笑呵呵地看着满怀信心的小两口，问道："那东风是什么啊？""嘿嘿，就是您二老的支持啊！""这孩子，我们的支持是四季风！为了我们的朵朵，我们做什么都行呀。"朵朵妈于是拿出一个精美的本本，大声宣布："看，这就是我们的'胎儿日记'！我要用它记录下关于宝宝的点点滴滴……"

1. 自妊娠20周开始，每周一次，一般每周增加1厘米。
2. 会听到"滴答"、"滴答"的声音，一般每分钟为120~160次。
3. 准爸爸能够感觉到胎儿伸手、蹬腿等动作呦。
4. 怀孕28周开始，准妈妈每周测量一次体重，一般每周增加500克。

很多人一想到胎教，觉得就是多看漂亮图片，将来也生个漂亮的娃娃；或者不要乱发脾气，要不生下的孩子就会脾气暴躁；再不就是民间流传的禁忌，不能动了胎气，犯了胎神等等，而根据医学研究，胎教至少应做到以下几点：

记下怀孕的过程

准妈妈可以用纸笔记下胎儿不断发育的过程，记下生活中的快乐希望，记下怀孕期间感受的点点滴滴。准妈妈还可通过写日记，把心中的郁闷担忧发泄出来，通过自省的工夫，从正面得到自我肯定。这也是一个最有意义的纪念品，当自己的孩子长大之后，将为人父母时，这本准妈妈的日记也许会是再好不过的胎教指南。

柔和的音乐

尖锐嘈杂的声音会使胎儿受到惊吓，手舞足蹈，心跳加快；柔和的音乐，特别是节拍与母亲心跳接近的音乐，可使胎儿脑波出现与精神有关的电波。这一点可以从超声波及胎儿监视器的观察得到证实。可以这样想象，让从不听古典音乐的人，勉强去听莫扎特，实在是不太容易，有时简直是虐待。只要听得舒畅愉快，民谣小调又何妨？轻松的情绪，安详的气氛，可以刺激胎儿脑细胞的成长。

透过说话传达母爱

科学研究显示，准妈妈的声音会随着血液，清楚地传到宫内，所以，胎儿最先听到的是妈妈的声音。因此，准妈妈不妨常吟唱些轻柔简单的歌谣，不仅胎儿安详快乐，准妈妈自己也会很享受；跟胎儿说说故事，不论他或她听懂与否，就当练习将来给宝宝在床边讲故事的能力。

例如，准妈妈可以把自己对周围事物的感受告诉胎儿，比方说："宝宝，今天天气变冷了耶！你在妈妈肚子里冷不冷呢？妈妈会多穿几件衣服，才不会凉到宝宝！"或者在炒菜时说："宝宝，今天我们吃番茄炒鸡蛋，妈妈最喜欢吃了，红色的番茄，金黄的鸡蛋，还有碧绿的葱花，嗯！好好吃！妈妈先帮你吃一口，以后你也会喜欢吃的。"诸如此类，这些可不是发神经的自言自语，这是准妈妈跟宝宝在进行爱的交流。准妈妈常常抚摸自己的肚皮，感受胎儿的活动与成长。这些亲密行为，都能让准妈妈洋溢着快乐，而出生后的宝宝，在听到这些熟悉的声音，感受到这些熟悉的动作时，会更有安全感。

尽量保持心情愉快

来自准爸爸的关怀及支持，能够让准妈妈心情愉快。准爸爸一个爱的眼神，一个细微的体贴，都会让准妈妈整天洋溢着幸福。例如，在附近公园或者夜市散散步，一起挑选婴儿衣物，星期天携手逛逛市场，平时帮着做点家事，这些都是准爸爸能够做得到的。切不可让妻子整天抱怨叹气，心情低落，甚至夫妻反目。一些报道表明，脾气暴躁的孩子往往出生在夫妻关系不和谐的家庭。

工作忙碌的职业妇女，或是居家工作环境并不是那么幽雅安静的准妈妈，要尽量保持内心的平静安详，保证夫妻一体，心中有爱。这种美好的心情，能够让胎儿感受到母亲的庇护，充满祥和、安全的感觉。没有什么比这些更重要。

胎教四项基本原则：孕期日记、柔和的音乐、与宝宝聊天、保持心情愉快。

胎教百味屋

外国妈妈的胎教法

一位美国母亲，她自行实施的一套胎教计划，使得她的四个孩子智商都在160以上，均被列入占全美人口5%的高智商行列。大女儿10岁时以接近最高分的成绩成为全美最年轻的大学生。美国权威组织MESA的心理学家阿彼·撒鲁妮女士评论道："四个天才儿童诞生于这样一个普通家庭，其概率要用天文数字来表示。"

这位母亲自豪地说这一切都是她进行潜心胎教的惊人成果。她说："在孩子还未出世的时候，我每天以充满爱的声音对她所讲的一切，她在母腹中听到的、感觉到的、理解了的东西将会永不消失地影响她的一生。"她叫斯瑟蒂克，曾就读于日本东洋短期大学英文专业，她的丈夫只有高中文化水平，是一位普通的技术人员。

下表以她的大女儿苏姗的发育标准为例，同一般幼儿比较，我们可以清楚地看到胎教所取得的惊人成果。

	苏 姗	一般幼儿
年龄	生活与学习状况	生活与学习状况
2 周	讲单词"奶"、"妈妈"，大人一逗就笑	
1 个月	会玩哗啷棒和使用奶嘴	几乎全天睡觉，眼睛开始看东西
2 个月	会说两个词的句子、会坐	一逗就笑，能辨认出声音的方向
5 个月	会爬、会用便盆	能发出呢喃声，扶物能坐，会摇哗啷棒
6 个月	用彩笔画圆和方形，会玩拼图	开始认生
7 个月	会认字	会坐
8 个月	开始走路	能爬
10 个月		能说"马"、"妈妈"等
1 岁	能读初中水平的书，会弹风琴和钢琴	能扶着走路
2 岁	会吹口琴	会跑，说自己的名字、会说两个词的句子
3 岁	掌握代数，会下国际象棋	会搭积木、认识数字，会说长句子

下面是斯瑟蒂克妊娠前期（妊娠 1～4 个月）的一日安排：

时 间		生活、行动	胎教内容
上午	6：00	起床，准备早饭，洗衣服	听舒缓的轻音乐
	7：00	吃早饭，收拾饭桌	
	8：00	打扫房间	唱歌
	9：00		给胎宝宝讲自己创作的故事，读幼儿画册，与胎宝宝对话
	10：00		
	11：00	吃午饭	
	12：00	午睡	
下午	1：00	织毛衣，做做针线活	通过对话与胎宝宝进行交流
	2：00	熨衣服、汇账、写日记等杂事	
	3：00	散步	进行自然科学的学习
	4：00	去超市购物	
	5：00	小憩，准备晚饭	听音乐
晚上	6：00	吃晚饭	
	7：00	收拾饭桌、洗澡	
	8：00		夫妇配合与胎宝宝进行对话
	9：00	阅读书报杂志	
	10：00	睡觉	休息

斯瑟蒂克妊娠后期（妊娠第5个月到出生）的胎教内容：

时间		生活、行动	胎教内容
上午	6：00	起床	听音乐
	7：00		给胎宝宝讲在洗脸间、厨房的行动及早饭内容
	8：00		给胎宝宝唱歌
	9：00		临摹单字读拼单词
	11：00		给胎宝宝讲创作故事、读幼儿画册
下午	2：00		利用闪光卡片进行数字及加减法的学习
	4：00		进行自然科学的学习
	6：00		听音乐
晚上	8：00		夫妇俩一起与胎儿进行"子宫对话"
	10：00	睡觉、休息	

温馨提示

孕妈爱思考，宝宝脑子好

我们知道，孕妇与胎儿之间是会进行信息传递的，胎儿能够感知母亲的思想。如果怀孕的母亲既不思考也不学习，胎儿也会深受感染，变得懒惰起来。

这对于胎儿的大脑发育是极为不利的。相反，如果母亲始终保持着旺盛的求知欲，就可使胎儿不断接受刺激，促进大脑神经和细胞的发育。

因此，孕妇要从自己做起，勤于动脑，勇于探索，在工作上积极进取，在生活中注意观察，把自己看到、听到的事物通过视觉和听觉传递给胎儿。要拥有浓厚的生活情趣，不断探索新的问题。

Section
05

胎教给宝宝的成长打基础

　　朵朵奶奶在旁边听到小两口谈论胎教的重要性，不太服气，说："都说胎教胎教的，我生朵朵爸的时候也没有胎教的说法，朵朵爸不也养得好好的？"朵朵爸说："妈，您当时是不讲胎教，但讲的是忌讳，其实它们有一些本质是一样的。比如注意饮食、不宜劳累等都是相同的。"朵朵奶奶刨根问底，说："那胎教到底有什么作用，对胎宝宝有哪些好处啊？可千万别费时费力费工夫，最后没什么作用，瞎耽误事！"小夫妻俩面面相觑，这老太太还真较真！朵朵妈微微一笑，搂着朵朵奶奶的肩，一点点地把她刚刚知道的胎教好处讲了出来。

　　合适正确的胎教方法可以为胎宝宝创造有利的生长发育环境，具体表现在两方面：一方面，胎宝宝在视觉、听觉和触觉等方面受到规律的刺激，他们的大脑神经细胞便会不断增殖；另一方面，在胎宝宝大脑神经系统发育完善的过程中，准妈妈如果受到良好的外界刺激，保持良好的心理状态，这样的状态通过血流流经胎盘到达胎宝宝体内，将有利于胎宝宝大脑的发育，促使胎宝宝天资向良好的方向发展，达到优生目的。

胎教有利于胎儿大脑健康发育

集情感化、艺术化、形象和声音于一体的胎教内容，可以有力地促进胎儿右脑的发育，提高孩子出生后知觉和空间感的灵敏性，使孩子具有音乐、绘画、整体和几何、空间鉴别能力，并丰富孩子的情感，活跃孩子的形象思维，提高孩子直觉判断的正确性。同时，胎教能给胎儿以新颖鲜明的信息刺激，具有怡情养性的作用，从而有利于胎儿大脑的健康和成熟。

另外，胎教还能够促进胎儿大脑潜能的全面开发。重视情感化和形象化的胎教，能够使孩子出生后易于学习语言和数字等知识，这样也就调动了左脑的功能，使左右脑功能得到互补，从而使胎儿出生后大脑的潜能得以更好发挥和利用。

胎教有利于胎儿的心理健康

胎教能够对胎儿的心理产生积极能动的影响，这不仅有利于培养胎儿的感知能力，也有利于培养胎儿的情感接受能力，使胎宝宝在妈妈肚子里就能在感知、情感等方面和父母相互沟通和交流。

在进行胎教时，胎儿如果受到触摸能有相应动作，听到音乐时能变得很安宁，那么胎儿就具备了感知能力和情感接受能力。而这两种能力是最基本的心理能力，有了这两种能力，胎儿以后在成长过程中就能很好地接受审美教育，具有想象、直觉、顿悟和灵感能力，并具有情感体验、调节和传达能力，孩子心理才能得到全面发展。

胎教有利于完善胎儿的人格

人格又称个性，是一个人各种心理特征的综合，代表一个人基本的精神面貌。其形成与人早期经验很有关系，一个人在人生初始阶段受到的整体性和审美性教育，会对这个人的心灵产生长远的、深刻的、潜移默化的影响，最终使这个人的人格趋向完善，并使这个人成为真诚、善良、美丽的人，并具有自我认识、自我完善和自我实现的能力。

而胎教就是人生最早的审美教育，它对胎儿具有整体性的影响，胎儿学习的结果也具整体性，因此胎教有助于胎儿以及胎儿出生后精神素质各个方面的塑造，即有助于胎儿人格的完善。

人们常说，良好的开端是成功的一半。作为人生接受的最早的教育——胎教，对一个人的发展起着开创性的作用。澳大利亚和我国的专家对胎教儿童的追访表明，经过胎教的儿童大都性格活泼，而且身体健康、聪明好学，有的成为早慧儿童，有的具有艺术等方面的特殊能力。

胎教百味屋

胎教可提高胎儿智商

事实证明，受过胎教与没有受过胎教的婴幼儿，其智商有很大差距。美国费城一家生理研究所对200多名受过胎教的4～7岁儿童进行了调查，结果发现：受过胎教的儿童比没有接受胎教的对照组智商要高20%～45%。国内的胎教专家也对胎教的作用进行了鉴定：将41例在妊娠期间定时接受音乐、语言、抚摸等胎教内容的新生儿分别于出生后的第4天、第5天、第6天进行行为神经监测与评估，并与26例非胎教新生儿进行分组对照。结果显示，胎教组新生儿的安慰反应、对光习惯形成、对声习惯形成、非生物听定向反应、非生物视定向反应等9项行为能力得分及总分均明显高于非胎教组。

受过胎教的孩子更聪明

1. 受过胎教的孩子不爱哭。受过胎教的婴儿虽然在饥饿、尿湿和身体不适时也会啼哭，但得到满足之后就会停止。另外，受过胎教的婴儿有较强的感应能力，所以，他们听到妈妈的脚步声、说话声便会停止啼哭。最后，受过胎教的孩子容易养成正常的生活规律，例如在睡觉前播放胎教音乐或妈妈哼唱催眠曲，婴儿就能很快入睡，满月后就基本形成了白天醒、晚上睡的习惯。

2. 受过胎教的孩子学发音较早。受过胎教的婴儿2个月时会发几个元音，4个月时会发几个辅音，5～6个月发出的声音就可以表达一定的意思。

3. 受过胎教的孩子心理行为健康。这些宝宝一般情绪比较稳定，总是乐呵呵的，非常活泼可爱，夜里很少哭闹。爸爸妈妈会觉得孩子好带，与整天笑呵呵的孩子在一起，家人也会发现有无限乐趣。

4. 受过胎教的孩子对音乐敏感，有音乐天赋。受过胎教的孩子一听见音乐就会非常高兴，并随韵律和节奏扭动身体。

5. 受过胎教的孩子能够较早地理解语言，显得非常聪明可爱。受过胎教的婴儿，在 4 个半月时就能认出第一件东西，在 6 ～ 7 个月时就能辨认手、嘴、水果、奶瓶等。他们能较早理解"不"的意思，早期学会服从"不"，所以，这样的孩子更懂事、更听话。它们较早就能用姿势表达语言，例如"欢迎"、"再见"、"谢谢"等动作，也能较早理解别人的表情。

6. 受过胎教的孩子学说话较早，入学后成绩也比较优秀。实验证明，经过胎教和早教的孩子 9 ～ 10 个月时就会有目的地叫爸爸妈妈，在 20 个月左右便能背诵整首儿歌，也能背数。需要注意的是，如果孩子出生后不继续加以发音和认物训练，胎教的影响在 6 ～ 7 个月时就会消失。

7. 受过胎教的孩子能较早与人交往。婴儿出生 2 ～ 3 天就会通过小嘴张合与大人"对话"，20 天左右就会逗笑，2 个多月就能认识父母，3 个多月就能听懂自己的名字。

8. 受过胎教的孩子双手的精细运动能力发展良好。手抓握、拿、取、拍、打、摇、对击、捏、扣、穿、套等能力强。

9. 受过胎教的孩子有浓厚的学习兴趣。他们喜欢听儿歌、故事，喜欢看书、看字，在他们还不会说话的时候，就拿书要妈妈讲，他们有惊人的学习汉字的能力，智能得到超常发展。

10. 受过胎教的孩子运动能力发展很好。他们抬头、翻身、坐、爬、站、走都比较早，而且动作敏捷，协调。

温馨提示

胎教虽不能创造奇迹，却可以激发胎宝宝的内部潜能，让他们在生命之初接受良好有益的教育。因此，胎教应该属于优生学范畴。如果你想拥有一个健康、可爱、乖巧的宝宝，如果你想自己的宝宝在未出生之前就赢在起跑线上，就不能把胎教简单化、形式化！好了，为了宝宝，准爸爸、准妈妈现在就开始行动吧！

Section 06

胎教应该从什么时候开始

朵朵奶奶好奇地问朵朵妈："你们俩看了那么多书，朵朵的胎教究竟从啥时开始啊？"朵朵妈愣了一下："应该随时开始都行吧，我没太注意这个问题。"朵朵奶奶说："我琢磨着是不是得等朵朵会动了再开始？不然她那么小，又在肚子里，知道个啥啊。"朵朵妈摇摇头："胎教胎教，自然是只要孩子在胚胎里就开始进行教育。不行，我得去问问表姐。"电话中，妇产医院的医生李茜给表妹好好上了一课。

什么是胎教

现代医学认为，胎教是指从怀孕开始，调节和控制母体的内外环境，避免不良刺激对胚胎和胎儿的影响，利用现代化的科学知识和技术，根据胎儿各时期发育成长的实际情况，有针对性地、积极主动地给予各种信息刺激，促使胎儿健康发育，以利于出生后的智力发育和健康成长。

从广义上来讲，在怀孕前后，父母为保证生一个健壮、聪明的宝宝所采取的各种措施，例如：选择合适的怀孕时机、加强怀孕前后的营养、创造优美的生活环境、保持愉快轻松的情绪等等，就已是胎教的开始。

从狭义上来说，胎教主要是指在胎儿成长发育的各个时间段，根据胎儿各感觉器官发育成长的实际情况，有针对性地、积极主动地给予适当合理的信息刺激，使胎儿建立起条件反射，进而促进其大脑机能、躯体运动机能、感觉机能及神经系统机能的成熟。

胎教始于精子和卵子的结合

精子和卵子的结合意味着新生命的诞生。从受精卵形成的那一刻起，环境因素就对新生命开始产生影响，因此，胎教应从精子和卵子的结合之时开始。胎儿成长的物理环境、化学环境会直接和间接地刺激胎儿，对胎儿的生理、心理发育产生有利或有害的影响。胎儿成长的物理环境主要由子宫内的温度、压力，母体的身体姿势和运动，以及体内外的声音等构成。胎儿成长的化学环境主要由孕妇的营养、疾病、所服用的药物，以及孕妇情绪变化所产生的内分泌改变构成。

通常人们都认为育儿工作是在婴儿出生后才开始的。事实上，胎儿在母体受孕的瞬间，就已经由于受到母体的生命之气、意识的波动，而开始成长了。此后的胚胎演变过程是神经系统不断发育完善的过程。随着胎儿大脑神经系统的发育，生理机能也在日益发展，生理反射活动也日益加强。

现代科学技术的发展，使人们对原先一无所知的有关胎儿的感知觉问题逐渐了解。特别是特殊检查记录仪器设备的出现，如B型超声扫描仪、胎心监护仪、胎儿镜等，使人们能够观察、记录胎儿对各种刺激的反应、受刺激后胎儿心跳和呼吸与胎动的变化，乃至胎儿在子宫内喝羊水、撒尿与吃手的动作。

> 就在母体受孕的瞬间，胎儿已经由于受到母体的生命之气、意识的波动，而开始成长了。

胎教要讲究方法

有研究表明，胎儿在发育成长的不同时间需要不同的胎教内容和方法，如4个月时胎儿对光线很敏感，5～6个月时胎儿开始有触觉，7～8月时胎儿开始有听觉。因此，从孕育胎儿开始，科学地提供视觉、听觉、触觉等方面的刺激，如光照、音乐、对话、拍打、抚摸等，使胎儿大脑神经细胞不断增殖发育，神经系统和各个器官的功能得到合理开发和训练，促进胎儿正常、健康发育，为出生后大脑和智力开发奠定良好的基础。

在胎儿大脑神经系统发育完善的过程中，准妈妈如果受到外界良好的刺激，保持良好的心理状态，内分泌等平衡协调，通过血液流经胎盘到达胎儿体内，有利于胎儿生理特别是大脑的发育，从而使胎儿天资向良好的方向发展。

孕妇一定要注意孕期饮食营养，预防疾病，避免各种感染和用药，不滥用药物，远离烟酒，保持平和的心态、愉快的情绪，为宝宝的健康成长奠定坚实的基础，给孩子一个极好的开端。

同时孕妇也要给予宝宝适当的物理刺激，如每天适当、适度地抚摸腹部，为胎儿做做体操；每天与胎儿说说话，请他听听优美的音乐，这些将有助于孩子的大脑发育。

胎儿期是人的一生中生长发育最为迅速、最为关键的发展时期，而准妈妈正是未来宝宝的第一任教师，因此，准妈妈必须紧紧抓住这一重要时机，正确实施科学有效的、切实可行的胎教方法，最大限度地开发胎儿的潜能，使其所有的能力在飞速发展的胎儿时期得到全面的发展，从而获得优越的先天遗传素质，使孩子将来成为更加聪明健壮的优秀人才。

胎教百味屋

世界其他国家胎教研究成果

美国：证实了胎儿能听到外界声音的实验，胎儿听声音时做的脑电图证实，胎儿不仅能听到声音，而且大脑能对声音产生感觉。同时也证实了胎儿能够听到母体外的声音，他们会被母体外突然发生的很强的声音惊吓到。

日本：胎儿在子宫里听惯了母亲的心音和血流声音，出生后听到类似的声音会感到安心而停止哭泣。实验发现婴儿对不同说话人有不同反应，显示胎儿对母亲的声音有再认记忆的表现。

英国：论证了胎儿能听到声音并且能够辨别不同声音，而且胎儿还有记忆，胎儿对某种音乐会产生喜欢或讨厌的感觉。

法国：胎儿有记忆。胎儿期进行的胎教音乐，出生以后再放给孩子听时，孩子会有记忆。

温馨提示

准妈妈饮食有禁忌

1. 糖果和巧克力

原因：糖果中的香料和色素，巧克力中的咖啡因，以及它们含有的大量糖分，对健康无益。

2. 甜味剂：包括白糖、黑砂糖、糖蜜、糖浆

原因：糖分含量高，最易促胖，而且，大量糖分的摄入还会影响牙齿的健康。需要调味的话可使用少量天然砂糖。

3. 水果罐头

原因：含有防腐剂。请选用新鲜的当令水果。

4. 冰淇淋和冰冻果汁露

原因：热量高，含各种添加剂，少吃。

5. 含糖花生酱、腌制物、沙拉酱、意大利面酱

原因：热量高，含各种添加剂，少吃。

6. 可乐或人工添加甜味果汁饮料

原因：它们里面含有的食用添加剂对胎儿健康有不利影响。可饮用百分百的天然果汁、纯净水、矿泉水或直接吃水果。

7. 人造奶油

原因：含有色素以及添加剂，营养成分不高，且容易产生饱腹感，影响其他营养物质的吸收，建议不吃。

Section 07

准父母胎教过程中常见心理误区

自怀孕后，朵朵妈总觉得心里不踏实。给朵朵姥姥打电话，朵朵姥姥劝她说："要当妈妈了，就和以前没宝宝的时候不一样，得为孩子着想，不能只想着自己了，更不能由着性子来，一切要以胎儿为先。"可是，朵朵妈总觉得对肚子里的孩子无从着手，不知道该如何对孩子好。说是要胎教，却又怕自己做得不对。她只能从朵朵爸那里找安慰，好在朵朵爸还是比较有主见的，慢慢地安抚朵朵妈，帮她调整心态。

误区一：胎教做好了，宝宝长大一定是神童

每位爸爸妈妈的最大心愿，就是希望宝宝能成为健康向上的好孩子。但是，准爸爸准妈妈一定要知道：提倡胎教，并不是因为胎教可以培养神童，而是因为胎教可以发掘个体的素质潜能，让每个胎宝宝的先天遗传素质获得最优秀的发展。如果胎教能与出生后的早期教育很好地结合起来，宝宝将会更加优秀。

误区二：胎教就是给胎儿听音乐

许多准爸爸准妈妈认为胎教就是让孕妇和胎儿一起听音乐，有的听古典音乐，有的为使孩子个性开朗而选择听摇滚乐，有的甚至听流行歌曲、京剧。其实孕期适当听音乐是正确的，但要讲究内容和方法，如选择适当的音乐和听音乐的时间，注意音频的高低及音量的大小。

此外，胎教还包含其他很多方面的内容，

如：运动胎教、精神胎教、手工美术胎教、语言胎教、灯光胎教、数量胎教、环境胎教等。

误区三：胎教就是教胎儿唱歌、说话、算算术

胎教的根本目的，并不是教胎宝宝唱歌、识字、做算术，而是通过各种适当的、合理的信息刺激，促进胎宝宝各种感觉功能的发育成熟，为出生后的早期教育即感觉学习打下一个良好的基础。

其实，凡是对胎宝宝有益的事情都可以归入胎教的范畴。大到怀孕前的准备、环境的改善、情绪的调节，小到听音乐、散步、和胎宝宝说悄悄话，这些都是胎教的内容。

误区四：胎儿没有意识，胎教也不会有作用

有人不了解胎儿的发育情况，不了解胎儿的能力，认为胎儿没有意识，根本不可能接受教育，其实这样的想法是错误的。研究证明，胎儿4个月时就已经具备了全方位的感知觉能力，即具备了受教育的"能力"。但这里所说的"教育"，不同于幼儿园和学校"教育"，而是主要根据胎儿各时期的发育特点，有针对性地、积极主动地给予各种信息刺激，促进胎儿身心健康发育，最大限度地发掘胎儿的智力潜能，为宝宝出生后的早期教育奠定基础。

胎教百味屋

胎教实施过程中的三大注意事项

第一，胎教要适时适量。要观察了解胎儿的活动规律，一定要选择胎儿觉醒时进行胎教，且每次不超过10分钟。

第二，胎教要有规律性。每天要定时进行胎教，让胎儿养成规律生活的习惯，同时也利于出生后其他认知能力的发展。

第三，胎教要有情感交融。在实施胎教的过程中，准妈妈应集中注意力，完全投入，与胎儿共同体验，达到与胎儿的身心共振共鸣，这样有助于建立起最初的亲子关系，也有利于胎儿和准妈妈自身的身心健康。

误区五：胎教从怀孕后开始

一旦得知怀孕，许多准爸爸准妈妈就会非常高兴地开始多方面的准备工作，如加强营养、定期检查、适当运动等。应该说这些都是有益的，但准爸爸准妈妈们更应该知道：真正的胎教应该从怀孕前甚至是婚前开始，如进行婚前检查，了解生理功能；婚后在计划怀孕前选择理想的受孕季节和时间，保持良好的心情，避免不良因素的影响；考虑职业、工作环境对受孕和胚胎发育的影响等。

误区六：胎教不需要有计划

准妈妈和胎宝宝是"一心同体"的，如果准妈妈的生活不规律，胎宝宝也不会有很自然的生活节奏，因此，制订一个妊娠期间胎教的总计划是非常必要的。准妈妈应该每天合理、有规律地对胎宝宝进行胎教，以培养宝宝良好的生活规律。

误区七：胎教只有准妈妈可以做

胎教不是准妈妈一个人的事，要靠家庭全体成员共同进行。特别是准爸爸，首先应帮助准妈妈稳定情绪，注意自己的言语，不能和准妈妈吵架，多关心体贴准妈妈。此外胎宝宝更容易接收低频声音，他们更喜欢听爸爸的声音，因此，准爸爸最好能每天定时，特别是睡觉前和准妈妈一起给胎宝宝抚摸、对话、唱歌、呼唤他的名字，以尽母育父爱的义务。

在胎教过程中，家里的其他成员也很重要，因为胎教是为了让准妈妈有个好心情，而情绪的好坏主要取决于与之关系亲密的人的态度。除了准爸爸，婆婆是和准妈妈关系最亲近的人，她对准妈妈的态度直接影响准妈妈的情绪。比如说，婆婆天天喊着要孙子不要孙女，不用说听听胎教音乐，就是把最好的乐队请到家里去演奏，准妈妈也不会有什么好心情。

温馨提示

胎儿喜欢准爸爸

美国的优生学家认为：胎儿最喜欢爸爸的声音、爸爸的爱抚。当妻子怀孕后，丈夫可隔着肚皮经常轻轻抚摸胎儿，或与胎儿对话，胎儿能作出积极反应。也许是因为男性特有的低沉、宽厚、粗犷的声音更适合胎儿的听觉功能，也许是因为胎儿天生就爱听父亲的声音，总之，胎儿对爸爸声音会表现出更积极的反应，这一点是母亲无法取代的。

Section 08

如何选择科学合理的胎教方法

午饭后，同事问朵朵妈，孩子的胎教准备得怎么样了。朵朵妈兴奋地说，已经买了好多书籍，准备了很多音乐，还有画册……另一位生过孩子的同事忙在旁边提醒朵朵妈："胎教也要讲究方法，不能一股脑地塞给孩子。大人的感受更重要，不然，弄不好，会起到反作用的哦！"回到家，朵朵妈把同事的话转述给朵朵爸，两个人都觉得这话很有道理。但如何选择既科学又合理的胎教方法呢？两个人都没了主意。

年轻的爸爸妈妈越来越重视胎教，胎教科学合理能够促进胎儿的智力发育，但如果胎教方法不恰当却会伤害到胎儿，如不合理的胎教语言、运动，及不良情绪都会影响到胎儿。所以准妈妈们一定要重视以下几个问题：

合理胎教四忌

一忌不合理的语言胎教

在进行语言胎教时，孕妇要用中度音量与腹内的胎儿亲切说话，可以吟读诗歌，可以哼唱小调，也可以计算数字，这样会给孩子留下美好的记忆。切忌大声粗暴地训话，这样会使胎儿烦躁不安。等胎儿生下来以后，会变得十分神经质，甚至对语言有一种反感和敌视态度。

二忌噪声

噪音对胎儿有严重影响，能使孕妇内分泌腺体功能紊乱，从而使脑垂体分泌的催产激素过剩，引起子宫强烈收缩，导致流产、早产。因此，孕妇要警惕身边的噪音，不要受噪音影响，更不要收听震耳欲聋的刺激性音响。

三忌不良情绪

孕妇的情绪状态对胎儿的发育具有重要作用。孕妇情绪稳定、心情舒畅有利于胎儿出生后良好性情的形成。而孕妇如果长期精神紧张，大喜大悲，情绪不定，母体内的激素分泌异常，从而会造成对胎儿大脑发育的危害。因此，孕妇要格外注意精神卫生，保持精神愉快，心情舒畅，对生活充满希望。

四忌不合理的运动

运动是一种很有效的胎教方式，但是不合理的运动就是胎教中的大忌了。与胎儿做运动联络时，要轻轻抚摸胎儿，每天2～4次为宜，有时胎儿也会不遵母命，此时就要耐心等待，不要急于求成。做运动胎教时，动作不宜过猛。

> 胎教四大禁忌要牢记：不合理的语言、不良情绪、噪音、不合理的运动。

胎教百味屋

常用胎教方法

营养胎教法：母爱无边，孕育胎宝宝的健康之源。

语言胎教法：准妈妈和胎宝宝心灵沟通的桥梁。

音乐胎教法：孕妇的私语，胎宝宝聆听世界的美妙。

抚摸胎教法：指尖蕴秀，胎宝宝和妈妈的舞蹈。

运动胎教法：让胎宝宝动起来，拥有律动的生命。

情绪胎教法：母子连心，建立母子依恋情结。

环境胎教法：内外兼修，给胎宝宝一个温馨的家。

光照胎教法：胎宝宝和光线变化的游戏。

想象胎教法：准妈妈塑造理想的胎宝宝。

艺术胎教法：胎宝宝感受艺术的淡雅芬芳。

合理胎教三原则

准父母在胎教过程中，要掌握下面三个原则，才能科学合理地选择好胎教方法，切实有效地实施胎教。

一是端正科学的态度

一些宣传称，胎教能培育出神童。这是一种误导，其实，胎教是通过培育，使每个普通的孩子更健康、更聪明，提高其综合素质。神童在人群中毕竟是少数。

实施胎教是为了让孩子的大脑、神经系统及各种感觉机能、运动机能发展更健全完善，为出生后接受各种刺激、训练打好基础，使孩子对未来的自然与社会环境具有更强的适应能力。因此，不要把胎教神话，而要脚踏实地、科学地进行胎教。

二是选择适合的方案

社会上有种类繁多的"胎教方案"，这些方案自称照此培养出的孩子如何"超常"、"智力超群"，多数父母不忍心让自己的宝宝输在起跑线上，便纷纷解囊参加培训或买"方案"。其实这些所谓的"方案"中有一些是出于经济目的而打着"科学"、"专家"的旗号在进行误导，有的理论根本经不起推敲，有的明显违背儿童发展的自然过程。

因此，给孩子选择适合的胎教方案，应从正规的专业单位及渠道学习一些有关儿童发展方面的知识，包括孕期精神卫生、儿童心理与教育学及胎教早教的相关知识，使自己做到心中有数，保持冷静的头脑，善于识别和选择适合自己的胎教方法。

三是不能急于求成

胎教不会造就神童，但是胎教也不是毫无作用，极少见到有胎教失败的例子，但有些情况也引起了有关专家的重视。

胎儿最基本的自然需求是身体生长发育得到满足，不能受到太多的打扰。胎儿太稚嫩、太脆弱，他醒来时需要有自在的活动，睡着时需要有安宁的环境，这两点孕妇必须首先给予满足，否则就会影响胎儿的身体健康，而没有健康，胎儿的智力开发就会失去意义。所以不宜有过多的直接刺激的胎教，一天最多不超过两次，每次不超过 10 分钟，否则会使胎儿疲劳；而且要细心控制刺激的强度，太强会使胎儿身心受损，孕妇可以自己先感觉一下，觉得不适就要减弱强度。如果孕妇自己有不适，或者胎儿出现受惊、悸动、不安现象，最好暂停直接胎教。

合理胎教三大事项

1. 生理方面：妈妈良好的身体素质是生育一个健康聪明宝宝的前提条件，所以孕妇应尽量保持良好的健康状况，有病及早治疗，并使自己身体得到全方位的调养。

建议：营养充足；

衣物干净卫生舒适；

休息与睡眠要充足，不要过度劳累；

适当的运动；

保持身体清洁，避免染上疾病；

定期产前检查。

2. 心理方面：孕妇在怀孕期间如果能保持愉快稳定的心情，所生的孩子也能较好地适应外界环境，情绪也会较稳定。

建议： 接受孩子的来临；

接受孩子的性别；

夫妻关系和谐。

3. 智力刺激：胎儿在母亲子宫里，与母亲血脉相通，母亲通过一些刺激手段，完全可以促进孩子各种潜力的发展。

建议： 给宝宝听音乐；

固定阅读优美的散文、诗歌；

经常欣赏名画、美好的事物与大自然中美丽的山水花草鸟鱼等；固定每天和宝宝说话。

温馨提示

音乐胎教要注意

有的胎儿经过音乐胎教后，虽然聪明活泼，但精力过盛，总是不爱睡觉。原来是准妈妈每日抽空就将胎教器置于腹部，有时准妈妈因疲劳很快入睡了，胎教器仍不断刺激胎儿。其实，这种多多益善、操之过急的做法，有可能干扰胎儿的生物钟。

此外还要注意，有的音乐胎教CD制作条件较差，伴有较强噪声干扰，这并不适宜胎教。也有些音乐CD中出现高频的乐曲，也许妈妈听着还好，但无法穿过腹壁被胎儿感受，就不适于做胎教磁带。

Section
09

营养胎教：胎宝宝的营养加油站

朵朵妈看着一桌子的肉菜，不禁皱皱眉头，低声向朵朵爸抱怨道："菜太油腻了，我没胃口。"朵朵奶奶看她不夹菜，就劝道："朵朵妈，你要多吃点，你现在可是一个人吃，两个人补。"朵朵爸也说："是啊，现在，你摄取的营养对咱们朵朵很重要……"

"我要吃蔬菜！我要吃水果！"朵朵妈在心中呐喊着。朵朵妈很怀疑，难道营养胎教就只是大鱼大肉么？再这样下去，她就吃成一个大胖子了，朵朵妈决定，不能再听之任之，晚饭后一定再和家人好好沟通一下。

什么是营养胎教

营养胎教，也称饮食胎教，就是根据胎儿在妊娠早期、中期和晚期发育的特点，指导孕妇合理地摄取食物中的蛋白质、脂肪、碳水化合物、矿物质、维生素、水、纤维素等 7 种营养素，以促进胎儿的生长发育。

孕妇适宜而平衡的营养对胎儿的健康发育是很重要的，且人的智力发育与胎儿期的营养因素也同样息息相关。胎宝宝的小生命是从受精卵开始的，从一个重 1.505 微克的受精卵，到分化成 600 万亿个细胞组成的、重量约为 3000 克的完整人体，其重量增加了 20 亿倍（从出生到成人体重仅增加 20 倍左右），这个发育成长的过程全依赖于母体供应营养。

需要注意的是：胎儿大脑发达必须具备三个条件：

1. 大脑细胞数目要多；

2. 大脑细胞体积要大；

3. 大脑细胞间相互连接增多。

这三点都是必不可少的。根据人类大脑发育的特点，脑细胞分裂活跃又分为三个时限阶段：妊娠早期、妊娠中晚期的衔接时期及出生后的三个月内，营养胎教在此三个阶段是至关重要的。

营养胎教对胎儿的三大好处

1．避免胎儿营养缺乏

在给宝宝进行营养胎教时，准妈妈需要对自己的饮食有一个全面、客观的计划，这样可以避免胎宝宝营养缺乏或不均衡现象。准妈妈进食科学合理，可为胎宝宝提供生长发育所需的各种营养素，避免流产、早产等现象的发生，保证胎宝宝大脑发育，并储存足量的铁和钙，避免出生后患缺铁性贫血和佝偻病等，同时让宝宝尽早全面地适应各种蔬菜的味道，让宝宝对蔬菜由抵抗到喜欢。

2．避免胎儿骨骼发育不良

胎儿期的骨骼、牙齿发育在人的一生中很关键，因此，孕妈妈进行营养胎教，注意孕期多吃富含钙元素的蔬菜，既可以补充准妈妈钙的消耗，又能避免宝宝骨骼、牙齿发育不全，预防出现畸形宝宝，因为钙是构成宝宝骨骼与牙齿的主要元素。

3．避免胎儿体重异常或长成巨大儿

准妈妈通过制订营养胎教计划，避免让自己暴饮暴食或出现身体方面的营养不良，

使营养既能有效地满足胎宝宝的需求，同时也避免了胎宝宝因为营养过剩而成为巨大儿或出现体重异常的现象。

胎教百味屋

营养胎教对准妈妈的好处

1. 避免准妈妈缺维生素

准妈妈体内维生素的主要来源之一就是蔬菜，因此营养胎教会补充准妈妈体内维生素。

2. 避免准妈妈产后疾病

如果准妈妈在孕期大量食用肉类、高蛋白食物等，产后易发高血压、糖尿病和动脉硬化等严重疾病。而营养胎教能够补充准妈妈孕期对维生素等营养物质的需求，从而降低发病的概率。

准妈妈营养需求五要素

第一要素：蛋白质

蛋白质的主要作用是建造及修补组织、预防贫血，因此，准妈妈在孕期需要多补充 20% 的蛋白质，可轮流食用如鱼、肉、蛋、豆、奶类等富含蛋白质的不同食物。

第二要素：叶酸

叶酸可以防止胎儿出现神经管缺陷，而妇女在孕期需要的叶酸是平日的三倍，富含叶酸的食物包括豆类、一般绿叶蔬菜、芦笋、香蕉、柳橙汁、葡萄汁、动物肝脏、瘦肉、蛋黄等。

另外也可以每天补充一颗 0.4 毫克的叶酸锭剂或额外添加叶酸的妈妈奶粉，最好能从怀孕前三个月到怀孕后的三个月持续服用。孕前服用叶酸，使妇女体内叶酸维持在一定水平，以保证胚胎早期有一个较好的叶酸营养状态，保障体内多种营养供给，并且还可以为妇女培育健康的卵子。

第三要素：铁

血液是孕期给胎儿运送养分的主要管道，因此血液的需求量大增，而铁质又是血液的主要成分，因此准妈妈必须加强铁质的吸收。怀孕的中、后期，可在医师的指导下适当补充铁剂。

富含铁质的食物有：猪肉、牛肉、动物内脏、豆类、谷类、贝类、核果、蛋黄、牛奶、深绿色蔬菜、葡萄等。

第四要素：钙

钙质是胎儿和准妈妈不可缺少的营养素，首先，胎儿的骨骼、牙齿成长均有赖于钙质的提供，同时准妈妈如果缺乏钙质就容易腰酸背痛、骨质疏松。医生表示，准妈妈的钙质摄取量与一般人相同，一天约为一克的剂量，等同于两杯牛奶的量。

富含钙质的食物主要包括牛奶、小鱼干、鲑鱼、沙丁鱼、豆腐、胡桃、杏仁、深色叶菜类、黄豆制品。另外，适度晒太阳可帮助形成维生素D，有利于钙的吸收，不过夏天要尽量避免在上午十点到下午三点之间在阳光下暴晒，因为极有可能被晒伤。

第五要素：DHA

DHA能够帮助胎儿的脑部与眼部发育。DHA属于脂肪酸，例如鲭鱼、鲑鱼、鲔鱼、鲱鱼、沙丁鱼、鱼油胶囊以及亚麻仁油等，都可以在人体内合成DHA。

所以，准妈妈只要每天吃一大块的鱼就可摄取足够的鱼油。但若饮食上无法满足摄取，可以从怀孕时就开始补充鱼油，或饮用添加足量DHA的妈妈奶粉。

温馨提示

调整胎宝宝口味的建议

首先，荠菜、萝卜缨、雪里红、油菜苔、小茴香、抱子甘蓝等都是钙含量非常高的蔬菜，而且对准妈妈没有危害。准妈妈在食用紫菜、海带等补钙蔬菜时要循序渐进，不要一开始就大量食用。

另外，笋干、蕨菜、发菜、香菇等是富含粗纤维的蔬菜，建议准妈妈在孕期最好不要进行粗纤维蔬菜的营养胎教，因为富含粗纤维的蔬菜消化时间会比其他蔬菜长2个小时左右。

还需要注意的是，多数蔬菜都富含矿物质，尤其是菠菜、空心菜、胡萝卜等，因此准妈妈不必专门进行矿物质蔬菜的营养胎教，只要多吃一些蔬菜就可以。

注意：准妈妈在进行营养胎教过程中，不要连续进行富含同一种矿物质的蔬菜的营养胎教。

环境胎教：给宝宝创造良好的生长空间

晚上，朵朵爸和朵朵妈躺在床上聊天，朵朵爸想明天带着朵朵妈出去走走，散散心。朵朵妈很高兴："我们去逛街买衣服吧！"朵朵爸皱皱眉头，道："你能不能有点出息，即使不为自己想，也要为孩子着想啊！"朵朵妈很生气，说："逛街怎么就没出息了？怎么就不为孩子着想了？我就是想买几件小孩的衣服，当初谈恋爱的时候，你不是说很喜欢陪我逛街，喜欢看我眉飞色舞地砍价，喜欢我兴致勃勃精挑细选的专注么？现在……"朵朵爸赶紧打断妻子的话："我哪有那个意思啊？现在我们有朵朵了，应该去一些环境幽雅的地方，尽量不去那些拥挤嘈杂的场所。这叫环境胎教。"

什么是环境胎教

环境胎教是指为了适应胎儿成长发育的健康需求而对胎儿机体的内外环境进行优化，包括母体的身体健康和心理健康。人类从受精卵到胚胎到胎儿直到出生瞬间成为新生儿，大约需要280天。而从受精卵形成的那一刻起，环境因素就对新生命开始产生影响。胎儿在妊娠过程中能否正常生长发育，除与父母的遗传基因、孕育准备、营养因素有关外，还与妊娠期母体内外环境密切相关。尤其在早孕8周内，胚胎从外表到内脏，从头到四肢都在此期形成，加上胚胎幼稚，不具备解毒机能，极易受到

伤害，所以，孕期头三个月是胎儿是否会发生畸变的关键时期。

环境胎教这样做

1. 用微笑感染胎儿

胎儿虽然看不见准妈妈的表情，却能感受到准妈妈的喜怒哀乐。前3个月是胎儿各器官形成的重要时期，如果孕妇长期情绪波动，可能造成胎儿畸形。所以，准妈妈每天都要开心一点，不要吝啬你的微笑。

准爸爸应该为小宝宝创造一个安定、舒适的环境。不仅准妈妈要常常微笑，准爸爸也要常常微笑，因为准爸爸的情绪常常影响着准妈妈的情绪。准妈妈快乐，这种良好的心态会传递给腹中的宝宝，让宝宝也快乐。

提醒：孕妇愉悦的情绪可促使大脑皮层兴奋，使孕妇血压、脉搏、呼吸、消化液的分泌均处于相互平稳、相互协调状态，有利于孕妇身心健康。同时，愉悦的情绪能改善胎盘供血量，促进胎儿健康发育。

2. 仪容美心也美

不少准妈妈为孕期体形的变化而痛苦、烦恼，其实，孕妇本身就有一种别样的美丽，如果再加上自己的修饰，就会达到人美心也美的境地。

怀孕虽然使以前的体态美消失了，但同时又是另一种美。你的皮肤会变得细腻红润，如果以前额头上有皱纹，这时也会消失。

提醒：为了使皮肤保持柔软富有弹性，孕妇应常涂优质护肤品润滑皮肤，保养脸部要采取自然护肤法。

3. 好情绪就是好胎教

准妈妈可以这样获得好心情：

心胸宽广，乐观舒畅，避免烦恼、惊恐和忧虑，多想孩子美好的未来。

把生活环境布置得整洁美观，赏心悦目。可以在家里挂几张可爱的娃娃头像，想象腹中的孩子也是这样美丽、可爱、健康。

衣着打扮、梳洗美容时应首先考虑是否有利于胎儿和自身健康。

饮食起居要有规律，按时作息，坚持适当适量的劳动和锻炼。

常听优美的音乐，常读诗歌、童话和科学育儿书刊。不看恐惧、紧张、色情、暴力的电视、电影、录像和小说。

提醒：每天和胎宝宝说说话，把胎宝宝当做一个能听、能看、能理解的有思想、

· 植物摆放需注意 ·

卧室内不宜摆放过多的植物；

花香大多有益健康，但如果香味过于浓烈，如夜来香等，特别是睡眠时呼吸这些气息，就会有损健康。

注意：有些花卉含有对人体有害的物质，不宜放在居室中；松柏类花木的芳香气味对人体的肠胃有刺激作用，不仅影响食欲，而且会使孕妇感到心烦意乱，恶心呕吐，头晕目眩。

有生命、有感情的谈话对象。

4. 准爸爸准妈妈关系要和谐

准妈妈出现失常的心理状态时，准爸爸要善于引导，帮助其恢复到正常的心境。

准爸爸要给予准妈妈足够的关心，帮助准妈妈尽快适应怀孕所带来的不便与不安，使之心情保持平和。

准爸爸准妈妈在解决某些问题时要能够大度地"容忍"对方，尽量避免发生激烈的争吵。

准爸爸准妈妈要共同安排有规律的生活程序，怀孕头3个月和产前1个月要禁止性生活。

准爸爸应了解怀孕会使女性产生一系列生理、心理变化，加倍体贴准妈妈。

提醒：不要苛求孩子的性别及容貌，如果重男轻女，或者希望孩子出生时把父母亲相貌上所有的优点都具备，这种期望太大，会给孕妇造成不必要的心理压力，使她无法保持平静的心态。

5. 不断提高自身修养

许多女性在怀孕后容易变得懒散，什么也不想干，什么也不愿想。于是有人认为，这是孕妇的特性，随它去好了。殊不知这是非常不利于胎教的，为了腹中胎儿的智力发育，要勤于动脑，在学识、礼仪、审美、情操等方面提高自己。

有人说："读一本好书，就像是与一位精神高尚的人在谈话。"因此，准妈妈可以尝试读一本好书，书中精辟的见解和分析、丰富的哲理、风趣幽默的文字，都能够使人精神振奋，耳目一新。准妈妈休息时间相对比较多，闲暇时欣赏一本好的文学作品，母子都会受益。

另外，一幅美丽的图片，足以让人展开丰富的联想。培养孩子丰富的想象力、独创性以及进取精神，最好的教材莫过于幼儿画册。因此，准妈妈可以看美丽的图片，可以将画册中每一页所展示的幻想世界，用富于想象力的大脑放大并传递给胎儿，从而促使胎儿的心灵健康成长。

创造良好的家庭气氛很重要

1. 夫妻要互敬互爱

夫妻间互敬互爱是共同创造温馨家庭的感情基础。丈夫不要"大男子主义"十足，认为自己是一家之主，一切自己说了算，生儿育女是女人的事，社会大舞台才是男人的天地，这些传统的世俗观念非常错误，应彻底加以纠正；妻子也不要一心想慑服丈夫，动辄大发威风，使对方俯首帖耳，一切都凌驾于丈夫之上。只要夫妻之间做到相互尊敬，即使有点意见和分歧，也能开诚布公地妥善解决。

2. 夫妻要互信互勉

夫妻间互信互勉是共同创造温馨家庭的心理保障。丈夫要多帮助和谦让妻子一些，使妻子心情愉悦地受孕怀胎。尤其是妻子怀孕以后，丈夫更应多帮助妻子干些家务。妻子在怀孕初期，由于突然的生理改变，心理上也相应会发生一些变化，容易烦躁，也容易唠叨，这时丈夫要有君子之风，应更多地帮助、谦让妻子，这一点不容忽视。

3. 夫妻要互谅互慰

夫妻间互谅互慰是共同创造温馨家庭的关键。在家庭生活中，夫妻之间相互体谅和抚慰，可以加深夫妻之间的感情。妻子怀孕以后，平日经常干的家务活不能胜任了，丈夫应体谅妻子，主动去承揽这些家务，并且还要多给妻子一点抚慰，这样才能使妻子安全顺利地度过妊娠期。

4. 夫妻要互相理解

要创造好的家庭氛围，夫妻双方要相互理解。尤其是丈夫更要积极热忱地为妻子及腹内的孩子服务，扮演好未来父亲的荣耀角色，使妻子觉得称心，胎儿也感到惬意。在如此和谐的家庭氛围中生活，对母子的身心健康均大有裨益。妻子也要给丈夫一定的关怀和理解，与丈夫一道为创造温馨的家庭而努力。

温馨提示

家庭气氛对孩子性格的影响

暴躁型：在暴躁型的家庭里，从早到晚弥漫着"火药味"。埋怨、责骂、争吵、打架的声音，此起彼伏。在这种家庭长大的子女，敏感、聪明、急躁、好强，有成才的希望，但如不加以引导教育，很有可能走上邪路。

冷淡型：冷淡型家庭最大特点是家庭结构不"紧密"，谁发生了什么事，大家不大关心。在这种家庭长大的子女，性格比较温和，但有些孤僻；他们遇事冷静，却缺乏敏感和热情，上进心也不太强。这样的子女，一般来说闯祸的可能性小，但也不会有太大的作为。

和谐型：和谐型的家庭最大特点是民主与尊重。家庭成员相互尊敬，彼此体贴、关心。如有矛盾，多是心平气和地协商解决。但是这种家庭的思想往往比较"正统"和"保守"。这种家庭的子女，多数性格开朗，待人有礼貌，遵纪守法，有较强的上进心和较高的自觉性，比较容易接受教育。不足之处是胆子小，循规蹈矩，缺乏闯劲。

Section

11

运动胎教：动起来，为新生命喝彩

清晨，朵朵妈和朵朵爸一起在小公园里悠闲地散着步，不时地和来晨练的邻居们打着招呼。15分钟后，朵朵妈觉得有点累，就拉着朵朵爸到凉亭里坐着。呼吸着清新的空气，听着满耳的鸟鸣，朵朵妈心情很舒畅，轻轻地把头靠在丈夫的肩膀上，说："我们坚持散步有半个月了吧？""嗯，辛苦你了，老婆。""为了咱们家朵朵，不睡懒觉也无所谓，只要她以后健健康康的，就好。"两人相视一笑，浓浓的爱在眼神中流淌。

什么是运动胎教

运动胎教是指准妈妈适时、适当地进行体育锻炼，并帮助胎儿活动，从而促进胎儿大脑及肌肉的健康发育，有利于准妈妈正常妊娠和顺利分娩。

运动胎教包括以下几项：早晨散步；孕妇足尖运动；踝关节运动；搓脚心运动；膝胸卧位；骨盆韧带运动；盆底肌肉运动；站立；行走；手指健脑操；腹式呼吸。

运动胎教五大好处

1. 可促进胎宝宝的大脑发育

准妈妈做运动时，可向大脑提供充足的氧气和营养，促使大脑释放脑啡肽等有益的物质，通过胎盘进入胎宝宝体内；准妈妈运动还会使羊水摇动，摇动的羊水可刺激胎宝宝全身皮肤，就像在给胎宝宝做按摩。这些都十分利于胎宝宝的大脑发育，使宝宝出生后更聪明。

2. 促进胎宝宝正常生长发育

运动不仅能使准妈妈自身健康，也能增加胎宝宝的血液供氧，加快新陈代谢，从

孕期小知识

• 运动胎教对准妈妈的好处 •

1.控制准妈妈体重增长

运动可帮助准妈妈身体消耗过多的热量，同时促进代谢，减轻身体水肿，使体重不致增长过快。

2.减轻准妈妈身体不适感

准妈妈适当运动，如做孕妇体操，可促进新陈代谢和心肺功能，加快血液循环，防止便秘和静脉曲张的发生，并可减轻日益增大的子宫引起的腰痛、腰酸及腰部沉重感。

3.增强自然分娩的自信心

适当运动可使大脑运动中枢兴奋，有效地抑制思维中枢，从而减轻大脑的疲劳感。这样，可缓解准妈妈对怀孕、分娩产生的紧张情绪，增加自然分娩的自信心。

4.为顺利分娩创造良好条件

运动可增强准妈妈腹肌、腰背肌和盆底肌的力量和弹性，使关节、韧带变得柔软、松弛，有利于分娩时放松肌肉，减少产道阻力，增加胎宝宝娩出的动力，为顺利分娩创造良好的条件。

5.有利于产后体形恢复

运动可使准妈妈在分娩时减轻产痛，缩短产程，减少产道裂伤和产后出血。临床研究结果显示，坚持做孕妇体操的准妈妈，正常阴道分娩率明显高于未做健身操者，产程也往往较短。

而促进生长发育。

3.防止胎宝宝长成肥胖儿

准妈妈经常做适当的运动，不仅可以控制准妈妈自身的体重增长，减少脂肪细胞，还可以给胎宝宝"减肥"，即出生少脂肪细胞宝宝的概率大。这样，既可防止生出巨大儿，有利于自然分娩，又为避免肥胖症、高血压及心血管疾病奠定了良好的先天物质基础。

4.帮助胎宝宝形成良好个性

孕期不适常会使准妈妈情绪波动，胎宝宝的心情也会随之变化。运动有助于改善准妈妈身体疲劳和不适感，保持心情舒畅，利于胎宝宝形成良好的性格。

5.促使准妈妈、胎宝宝吸收钙

准妈妈去户外或公园里运动，可呼吸大量新鲜空气，阳光中的紫外线还使皮肤中脱氢胆固醇转变为维生素D，促进体内钙、磷的吸收利用。既有利于胎宝宝骨骼发育，又可防止准妈妈发生骨质软化症。

孕早期的五式运动胎教

姿势一：坐在地板上，二足在脚踝处交叉，轻轻地把两膝推向下，或两足底相对合在一起，且向下轻压两膝。每天两次，每次二十遍。

功效：有助于增强骨盆底部肌肉的韧性及伸展大腿的肌肉。

姿势二：平躺，膝盖弯曲，双脚底平贴地面，同时下腹肌肉收缩，使臀部稍微抬离地板，然后再放下。做此运动时同时配合呼吸控制，先自鼻孔吸入一口气，然后自口中慢慢吐气，吐气时将背部压向地面至收缩腹部，放松背部及腹部时再吸气，吐气后会觉得背部比以前平坦。

功效：减轻疲劳，预防腰酸背痛。

姿势三：缩臀，肩微向后，两臂放松，抬头，收下巴，要经常保持良好的姿势。

功效：避免腰酸背痛。

姿势四：平躺，两手置身旁两侧作一个"廓清式呼吸"。慢慢抬起右腿，脚尖向前伸直，同时慢慢自鼻孔吸入一口气，注意两膝要打直。然后脚掌向上屈曲，右腿慢慢放回地上，同时自口呼出一口气。接着左腿以同样动作做一次。注意吸气和呼气，要与腿的抬高及放下配合进行。当抬腿时两脚尖尽量向前伸直，腿放下时脚掌向上屈曲，膝盖要保持挺直，每一侧腿脚各五次。

功效：增强腿部后半边肌肉韧带的柔韧程度。

姿势五：平躺，手臂和身体成直角向外伸开，作"廓清式呼吸"，即深吸一口气，大力吐一口气。慢慢抬起右腿，脚尖向前伸直，同时自鼻孔吸入一口气，再自口吐气时，脚掌向上屈曲，同时右腿向右侧外方伸展，慢慢放下右腿，使靠近右手臂位置。然后脚尖再度向前伸直，自鼻孔吸气并抬高右腿，接着一面自口吐气，一面将右腿放回最初位置的地板上。左腿同样做一次，注意没有抬高的腿要保持平贴地面。每一侧腿脚各三次。

功效：促进下半身血液循环，增强骨盆关节力量。

温馨提示

"生命在于运动"，运动可以使胎儿生长发育得更好

胎教理论主张对胎儿进行适当的运动训练，可以激发胎儿运动的积极性，促进胎儿身心发育。我们可以通过对胎动的观察来了解胎儿的健康。现代医学已经证明，胎动的强弱和胎动的频率可以预示胎儿在母体内的健康状况。

羊水环绕着胎儿，对外来的作用力具有缓冲的作用，可以保护胎儿。所以准妈妈对胎儿进行运动训练时并不会直接碰到胎儿，这一点准妈妈可以放心。

同时，对胎儿的运动训练应当注意：在妊娠12周内及临产期均不宜训练，先兆流产或先兆早产的准妈妈也不宜进行训练。手法要轻柔，循序渐进，不可操之过急，每次时间不宜超过10分钟，否则将适得其反。

Section 12

胎教安全：准妈妈感冒时的用药原则

气温骤降，早晨上班前，朵朵奶奶让朵朵妈加了件衣裳，并嘱咐她到单位多喝开水。但是等到下班回家时，朵朵妈还是感觉不太舒服，鼻子都塞住了。回到家，朵朵妈赶紧找出家中常备的感冒药，一手水杯，一手药，刚要吃，就被朵朵奶奶看到。朵朵奶奶立刻喝止："朵朵妈，吃什么呢？"朵朵妈解释道："我好像感冒了！吃两片药。"朵朵奶奶急忙走过来，拿过朵朵妈手中的感冒药，急急地说道："你现在怀着孩子，不能动不动就吃药了。多喝点开水，好好睡一觉，出点汗，感冒就好了。"朵朵妈见状，一口气把水杯里的水喝完了。

感冒是一种常见病、多发病，准妈妈的鼻、咽、气管等呼吸道黏膜肥厚、水肿、充血，抗病能力下降，所以很容易感冒。而患了感冒的准妈妈担心用药治疗会对胎儿产生不良影响，但是又不知道在感冒早期应采取什么措施，最终使感冒发展严重而导致发烧。

在孕早期，感冒引起的高热会影响胚胎细胞发育，对胎儿神经系统有严重危害。发高烧还可使死胎率增加，引起流产。因此，准妈妈如果患了感冒，最好在产科医生的指导下合理用药。

准妈妈治疗感冒有妙招

在感冒早期，准妈妈可尝试下列不用吃药打针的方法及时治愈感冒：

1. 咳嗽时，可以将一只鸡蛋打匀，加入少量白砂糖及生姜汁，用半杯开水冲服，2～3次即可见效。

2. 喝鸡汤可减轻感冒时的鼻塞、流涕等症状，而且对清除呼吸道病毒有较好效果。经常喝鸡汤可增强人体的自然抵抗力，预防感冒的发生。在鸡汤中加一些胡椒、生姜等调味品，或下面条吃，都可治感冒。

3. 在感冒初期喉头又痒又痛时，准妈妈立即用浓盐水每隔 10 分钟漱口及咽喉 1 次，10 次左右即可见效。

4. 在保温杯内倒入 42℃ 左右的热水，准妈妈将口、鼻部置入杯口内，不断吸入热蒸气，一日三次。

5. 准妈妈一旦患了感冒，应尽快控制感染，排除病毒。轻度感冒的准妈妈，可多喝开水，注意休息、保暖，口服感冒清热的中药，如板蓝根冲剂等。感冒较重有高烧者，除一般处理外，应尽快降温，可用物理降温法，如额、颈部放置冰块等。

准妈妈一定要注意预防感冒，合理营养，增强体质，天气有冷暖变化时，注意保暖。冬春季是感冒多发季节，建议准妈妈避免接触感冒病人，少去人多拥挤、人流集中的地方，减少旅行出差的次数，这是避免感染流感等传染病的有效方法。

准妈妈感冒时用药需注意

第一，准妈妈就诊时，应该告诉医生自己已怀孕和末次月经的日期；

第二，任何药物都应在医生的指导下使用，既不能滥用，也不能需要用而不用；

第三，在妊娠的头 3 个月，能不用的药或暂时可停用的药物，应考虑不用或暂停使用；

第四，必须用药时，应选择对胎儿无损害或影响小的药物；

第五，如须较长期用药，则应终止妊娠；

第六，禁止服用不了解的新药或滥用偏方，已肯定的致畸药物禁止使用，如准妈妈病情危重，则慎重权衡利弊后，方可考虑使用；

孕期小知识

● 孕期感冒用药须知 ●

抗感冒药： 大多数都是复合制剂，常见的有速效伤风胶囊、感冒通、感冒灵、康泰克、快克等，这些药大都含抗组胺药，特别是孕 4 周前，感冒药主要是对症药物，最好不用抗感冒药。

抗病毒药： 可以用板蓝根、清开灵、双黄连等药物，但应在医生指导下使用。

退热药： 感冒伴有高热，病情较重者应及时看医生。消炎痛、阿司匹林、安乃近是准妈妈禁忌退热药，准妈妈最好采用物理方法来降温。

抗菌素： 准妈妈感冒出现扁桃体肿大、咳黄痰、流浓涕等，可用普鲁卡因青霉素、头孢氨苄胶囊、阿莫西林胶囊等抗菌素，但用药时需要在医生指导下安全应用。

祛痰、止咳药： 一般比较安全，但含碘制剂的止咳药，准妈妈不宜使用。

注意： 准妈妈用药有一定的风险，一定要在医生指导下，合理用药。

第七，用药必须注意孕周，严格掌握剂量、持续时间，坚持合理用药，病情控制后及时停药；

第八，最好单独用药，避免联合用药，能用一种药治疗的疾病绝不用多种药同时治疗。

准妈妈可以选用的药物

感冒等呼吸道疾病，可使用双黄连口服液或头孢拉定、头孢氨苄等。轻度感冒则尽量不用药。

尿路感染，除多饮水外，可服用头孢类及阿莫西林等药物。避免使用喹诺酮类药物（氟哌酸、氧氟沙星、环丙沙星），否则会影响胎儿骨骼的发育。

患有腹泻等胃肠炎，可口服黄连素、阿莫西林、复合维生素 B 等。

温馨提示

准妈妈过冬防感冒

衣：对于孕妇来说，在严寒季节要提前准备一件专为孕妇设计的大衣。在严寒季节，如果准妈妈已经怀孕6～9个月了，就不要强迫准妈妈的身体挤进一般的大衣里面，而要准备一件专为孕妇设计的大衣，这样才能够让孕妇和胎儿都感觉舒适并且有很好的保暖效果。穿衣保暖是第一位的，提前准备大衣，不要等到深冬季节才匆匆去买。

食：孕妇冬季饮食，应该多吃营养物质，肉、蔬菜、水果一样不能少，以保证营养全面均衡，用以抵抗外来有害物质。孕妇在冬季不应"厚肉薄菜"，同时，还应注意补充水。有许多孕妇认为水果蔬菜中含有水分而很少喝水，其实菜蔬中的水分不同于白开水，孕妇还是注意饮些白开水。

住：有孕妇的房间，应注意常开门窗通风换气，保证居室空气清新。睡觉时注意关好门窗。冬天气温低，孕妇及家人常常让门窗紧闭，这是十分错误的。因为这样一来，室内空气不流通，其污染程度比室外严重数十倍，极易引发呼吸道疾病。

其次，有孕妇的房间，应提高室内空气的相对湿度，防止呼吸道黏膜受损。通常可以采取这样的措施：使用空气加湿器或负氧离子发生器等，以增加空气中的水分含量；室内生炉子或取暖时，可以在炉子上烧一壶水，使水分蒸发；在室内晾一些潮湿的衣服、毛巾等；在地面洒水或放一盆水在室内。

行：在冬季生活中，孕妇应该选择阳光充足、气候比较温暖的下午，坚持出门散步，活动一下肌肉筋骨。散步是最适宜孕妇的运动方式，在出太阳后适当散步，多晒太阳，促进钙吸收。孕妇在冬季要尽量避免随意外出，更要少去影剧院、超市、商场等人多的公共场所，外出时一定要防路滑摔跤。需要提醒的是，隔着玻璃窗晒太阳是达不到效果的。

Section
13

0～10 月胎教日历重点

朵朵爸和朵朵妈商量着："老婆，胎教的内容这么多，我们不能一股脑儿都用吧？那还不得把咱们朵朵累坏了！""嗯，想想啊……这个方法嘛……咱得分主次，但是一定要全面，得让咱们宝宝都接触到。""呵呵，我觉得，咱们还是参考参考别人的成功经验吧，找出每个月的胎教重点，我们才能有的放矢，教出个好宝宝！"

0～1月胎教重点

准妈妈要经常散步，听舒心乐曲，调节早孕反应，避免繁重劳动和不良环境。

准爸爸应体贴照顾妻子，主动承担家务，常陪妻子消遣。做到居室环境干净整洁，无吵闹现象，不过量饮酒，不在妻子面前抽烟，节制性生活。

十月胎教重点

1～2月胎教重点

准妈妈要散步、听音乐，做孕妇体操，避免剧烈运动，不接触狗猫等宠物，净化环境，排除噪音，保持情绪稳定，制怒节哀，无忧无虑。

准爸爸需停止房事，以防流产。主动清理妻子的呕吐物，关心妻子饮食状况，及时为妻子配制可口的饭菜。

2～3月胎教重点

准妈妈要听欢快的乐曲，还要为胎儿做体操：早晚平躺在床上，放松腹部，手指轻按腹部后拿起，每次 5 ～ 10 分钟即可。

这段时间最容易流产，因此，准妈妈要停止激烈的体育运动、体力劳动、旅行等，日常生活中要避免过度劳动，注意安静。

3 ～ 4 月胎教重点

准妈妈要多听音乐或哼唱自己喜欢的歌曲，还需要做胎儿体操。准爸爸可将报纸卷成筒状，与胎儿轻声说话或念一些诗文。同时，丈夫和孕妇应多看一些家庭幽默书籍，以活跃家庭气氛，增进夫妻情趣。

这个时期，孕妇身心愉快，胎内环境安定，食欲会突然旺盛。此时，胎儿进入急速生长时期，因此需要充分的营养，要多摄取蛋白质、植物性脂肪、钙、维生素等营养物质。

4 ～ 5 月胎教重点

准妈妈要做胎儿体操：主动轻抚腹部，将耳机调到适度的音量在腹上放几分钟左右欢快乐曲。每天早、晚与胎儿打招呼："宝宝，早上好！""宝宝，晚安！"如此等等。

这个期间准妈妈要少食多餐，多吃富含铁的食物，如海藻，绿色蔬菜，猪、牛、鸡等的肝脏。

同时，准妈妈要注意补血，防止发生贫血。从这时起，开始乳头的保养，为授乳做准备，也可以开始安排一些育儿用品和产妇用品。

5 ～ 6 月胎教重点

准妈妈帮助胎儿做运动：晚 8 时左右孕妇仰卧在床上放松，双手轻轻抚摸腹部 10 分钟左右，增加与胎儿的谈话次数，给胎儿讲故事、念诗、唱歌、哼曲等。每次开始前，叫胎儿的乳名，时间 1 分钟。

这个月孕妇要充分休息，睡眠充足，最好中午睡 1 ～ 2 小时。

孕期小知识

古代胎教主张劳逸适度

人禀气血以生，胎赖气血以养，因而妊娠后的起居劳逸应该适量，既不可贪图安逸，终日昏睡，也不可过于劳累。

古代胎教认为：孕妇太逸，则气滞；太劳，则气衰。若劳逸失宜，举止无常，攀高负重，其胎必坠，甚至导致难产。

因此，妇女受胎之后，当宜行动往来，使血气通流，百脉和畅，自少难产；若好逸恶劳，贪卧养血，使气停血滞，临产多难。这是对孕妇的忠告。正确的做法大致为怀孕4个月前宜稍逸，5个月以后宜小劳。

6～7月胎教重点

准妈妈要坚持帮助胎儿运动，给胎儿讲画册、色彩及动物形象、动物运动和性格特点。

准爸爸应多陪妻子散步、做操、听音乐、看电视（但不要看刺激性太强，情节太激烈的）、会朋友、看书画展、玩轻松活泼的游戏等，以减轻压力、增加愉悦。

胎教百味屋

胎儿的娱乐生活

1.玩脐带

除了睡觉，胎宝宝一刻都不安静，准妈妈的子宫里并没有什么玩具给他提供，他们靠着自娱自乐打发日子。不过有一个"玩具"不得不提，就是脐带。它本是给胎宝宝输送营养的"通道"，实在无聊之极胎宝宝就把它当成了玩具，围着脐带转圈，抓着脐带把玩。

2. 用耳朵

胎宝宝非常"聪明"，在他24周大时，就已经能分辨出来自子宫外和准妈妈身体内部的不同声音。所以要尽可能和宝宝说话，并试着拍拍肚子，如果能放点优美的音乐就更好了，要知道胎宝宝听到后脉搏会加快，还能随着音乐的节奏而移动呢！

3. 抢地盘

胎宝宝越长越大，为了能发育得更好，他在妈妈肚子里开始开拓地盘，该如何开拓呢？胎宝宝自有办法，他把妈妈身体内的器官挤挪了地方，肠子搬家到了上腹部，胃缩小了地盘，正因为这样很多准妈妈才出现了胃部的不适感。

7～8月胎教重点

准妈妈要持续帮助胎儿运动，要多与宝宝沟通，随时告诉宝宝一些身边的有趣的事情，并告诉宝宝："你快要出生了！""你将降生在一个和谐、幸福的家庭……"

8～9月胎教重点

准爸爸准妈妈要帮助胎儿运动，与胎儿一起欣赏音乐，较前几个月胎教时间可适当延长，胎教内容可适当增加。另外，孕妇要少吃多餐，以多营养、高蛋白为主，限制动物脂肪和盐的过量摄入，多吃富含微量元素和维生素的食物，少饮水。

9～10月胎教重点

在各种胎教活动正常进行的同时，孕妇应适当了解一些分娩知识，消除恐惧心理，保持愉快的心态。要养精蓄锐，避免劳累，早晚仰卧，练习用力、松弛的方法，为分娩做准备。

温馨提示

孕早期胎教重点

从怀孕开始至第 3 个月，一般称为孕早期。孕早期既是胎儿发育和各器官形成的时期，又是胎儿状态最不稳定、最容易流产的时期，同时也是致畸敏感期，因而最需要注意保健和胎教。其重点是：

1. 孕妇要多听一些轻松愉快、诙谐逗趣的音乐，使孕妇精神愉快、心情舒畅；

2. 孕妇要忌烟、酒，不乱吃药，不接触有害物质，防止胎儿致畸；

3. 要严格禁止性生活，以防止流产；

4. 平衡饮食，不要偏食、忌食。

第 **2** 章

孕 2 月胎教完全方案

在孕 2 月的日子里，面对已经在腹中"安营扎寨"的胎宝宝，准父母们是否已经信心百倍地开始胎教活动了呢？在这个月，准妈妈有哪些注意事项？适合胎宝宝的胎教方法又有哪些呢？请准父母和我们一起继续前行，呵护胎宝宝的成长，开拓胎宝宝的未来！

Section
01

怀孕 2 个月，有什么不一样

怀孕 2 个月了，朵朵妈觉得自己就像是刚刚开始长征的战士，漫漫长路，好难挨啊！这不，恶心的感觉又来了，她赶紧打开抽屉，用零食压下反胃的状况。不然，早饭又白吃了。坐在对面的李梅鼓励她说："朵朵妈，坚持住啊，过这两个月就好了。"朵朵妈努力地笑笑："为了宝宝，我一定坚持住！！！"

孕 2 月胎宝宝指标

这个时期，胎宝宝身长约 1～3 厘米，重约 1～4 克。胎儿人脸的模样基本形成，眼睛、嘴巴、耳朵已出现轮廓；鼻部也开始膨起，外耳开始有了小皱纹。

四肢也较上月有了进步：5 周时手、脚具有萌芽状态，并出现了尾巴；7 周时，头、身体、手脚开始有区别，尾巴逐渐缩短；8 周末，用肉眼也可分辨出头、身体和手足处于软体状态。

这个时期，胎儿内外生殖器的原基已能被辨认，但从外表上还分辨不出性别。而脑、脊髓、眼、听觉器官、心脏、胃肠、肝脏等器官也在继续生长，已初具规模。

孕 2 月，胎盘也较孕 1 月有了变化。子宫内底锐膜内绒毛大量增加，逐渐形成胎盘。脐带开始形成，准妈妈与胎儿联系进一步加强。

孕 2 月的母体变化

1. 身体变化

在孕 2 月，大部分准妈妈会出现尿频、白带增多、乳房增大、乳房胀痛、腰腹部酸胀的现象，乳房有时会有刺痛或者抽动的感觉。

2. 妊娠反应

在孕2月，一部分准妈妈会出现头晕、乏力、嗜睡、流涎、恶心、呕吐、喜欢酸性食物、厌油腻的现象，这就是早孕反应，这种反应由轻到重，一般会持续两个月左右。

准妈妈生理提示：在荷尔蒙的作用下，准妈妈从这个月开始能真切地感觉到自己怀孕，身体有了一种异样的充实感。

孕2月的饮食要点

1. 饮食提示

孕2月是胎宝宝器官形成的关键时期，因此，准妈妈要尽量均衡营养，不挑食、不偏食。如果这个时期准妈妈的营养供给不足，就很容易发生流产、死胎和胎儿畸形。此外，这个阶段准妈妈还应注意主食及动物脂肪不宜摄入过多，否则会产生巨大儿，造成分娩困难。

2. 营养补充

孕2月是胎宝宝器官形成的关键时期，最原始的大脑已经建立。为确保此阶段营养胎教的实施，准妈妈应注意摄入含有适量蛋白质、脂肪、钙、铁、锌、磷、维生素和叶酸（预防神经管畸形）等的食物，以确保胎儿得到赖以实施营养胎教的物质基础，保证胎儿正常生长发育。

3. 不可多吃的食物

山楂：山楂酸酸的，很多准妈妈喜欢吃，但如果大量食用容易造成流产。

土豆：准妈妈要少吃土豆，特别是发芽或者绿皮土豆。

薯片：薯片含有较高油脂和盐分，容易诱发妊娠高血压。

桂圆：桂圆性温大热，但大多准妈妈阴血偏虚，食用桂圆，容易便秘、口干、胎热，出现阴道流血、腹痛、流产等。

孕 2 月护理要点

1. 护理提示：孕 2 月是胚胎发育最关键的时刻，这时的胚胎对致畸因素特别敏感，因此在日常生活护理时要慎之再慎。

2. 缓解早孕呕吐的方法：少食多餐；吃一些苏打饼干；口含姜片，用橙皮泡水；用藿香粥代替干硬白米饭；维生素 B_6 对孕期呕吐有很好的效果，在麦芽糖、香蕉、马铃薯、黄豆、胡萝卜、核桃、瘦肉中含量很丰富。

3. 尿频：尿频是准妈妈最常见的症状，随着胎儿的长大，逐渐增大的子宫和胎头挤压到膀胱，便产生尿意。孕妇要适量补充水分，若有尿意，尽量不要憋尿，以免造成膀胱感染，从而加重尿频。孕妇尿频无须特别治疗，孕 12 周后，子宫逐渐胀大上升至腹腔，对膀胱的压迫减少，尿频的症状就会自然消失。

4. 乳房胀痛：乳房胀痛大约从 4～6 周左右开始，持续整个孕早期。孕期荷尔蒙发生改变，使血流量增加，乳房组织发生变化，乳房出现肿胀、酸痛、刺麻的感觉。这种感觉很像是月经前乳房胀痛的感觉，但会更剧烈些。最好是买质地好的、能够支撑准妈妈胸部的胸罩。

5. 孕期性生活：孕早期易流产，不宜进行性生活。早孕反应造成准妈妈性欲和性反应减弱，此时准爸爸要充分理解。

孕 2 月疾病要点

1. 疾病提示

孕 2 月是胎宝宝的危险时期，准妈妈一定要注意这个阶段的身体健康，一点小病

孕期小知识

• 准妈妈补钙标准 •

标准一：合适的钙元素含量

准妈妈每天应额外补充 521～721 毫克元素钙。除去饮食，准妈妈在选择钙制剂时要注意含钙量，以每天额外补充元素钙 600 毫克左右为宜。

标准二：含有适量维生素 D

维生素 D 用于帮助肠道钙的吸收、促进钙离子在骨骼中的沉积和减少肾脏钙离子的排出。如果缺乏维生素 D，钙吸收率将会降至 10% 以下。如果准妈妈摄入充足的维生素 D，有利于预防小儿佝偻病。

标准三：安全可靠，适宜人群广泛

孕期是身体高度敏感的时期，所以准妈妈在选择钙源时，必须考虑其是否安全可靠。碳酸钙是较为理想的选择，它不含糖、钠、脂肪、胆固醇，适用人群广泛。

小痛对胎宝宝来说可能都是天大的灾难，甚至会失去仅仅两个月的生命。

2. 先兆流产

症状： 阴道出血；骨盆、腹部或者下背持续疼痛；阴道排出血块或者浅灰色组织。

预防： 每天尽量保证8小时睡眠，并适当活动；注意个人卫生，勤洗澡、勤换内衣；保持心情舒畅；慎房事；定期做产前检查。

治疗： 如果准妈妈出现先兆流产症状，不要过于紧张，而要根据专家建议做保胎工作。

3. 病毒感染

早期胚胎对外界因素很敏感，胎儿头颅、面部、四肢、内脏都在孕早期形成。如果这个时期受到环境、药物及病毒感染，胎体任何一个部位都可能不发育或向异常方向发育。比如唇的吻合是在卵子受精后第36天，在此之前如果受到刺激，就有可能发生唇腭裂。其次，由于胎盘在孕早期尚未完全形成，其屏障功能发育不够完善，病毒一旦侵入母体就容易进入胎体。

温馨提示

孕2月营养食谱

豆腐皮粥

原料：豆腐皮，粳米，冰糖，清水。

做法：1. 豆腐皮用水洗净，切成小片。

2. 粳米淘洗干净，下锅，加清水，上火烧开；加入豆腐皮、冰糖，慢火煮成粥。

功效：缓解肺热咳嗽、妊娠热嗽。

萝卜炖羊肉

原料：羊肉，萝卜。

调料：香菜、食盐、胡椒、生姜、醋。

做法：1. 将羊肉洗净，切成小块。

2. 将萝卜洗净，切成3厘米见方的小块；香菜洗净，切断。

3. 将羊肉、生姜、食盐放入锅内，加适量的水，置武火烧开后，改用文火煎熬1小时，再放入萝卜块煮熟。

4. 放入香菜、胡椒后即可出锅。

功效：适用于消化不良等症，味道鲜美，可增加食欲。

准妈妈是胎教的主角

朵朵妈推开家门发现家里来客人了，原来是当妇产科医生的表姐李茵来了。这阵子因为胎教的事情，他们小两口没少麻烦她，所以朵朵妈对李茵很是热情。

李茵问朵朵妈："宝宝的胎教进行得怎么样啦？"

朵朵妈说："正在进行中，计划都是朵朵爸制订的，我只管执行。呵呵……"

李茵认真地提醒朵朵妈："妈妈才是胎教的主角，像你这样被动，胎教的效果会大打折扣的。"

准妈妈的求知欲很重要

有人认为，怀孕后变得懒散是孕妇的特性，不用管，随它去好了。其实，这是胎教学说的一大忌。

胎儿能够感知准妈妈的思想。如果准妈妈能够在孕期始终保持旺盛的求知欲，就会促使胎儿不断接受刺激，促进大脑神经和细胞的发育。反之，如果准妈妈在孕期既不思考也不学习，胎儿也会深受感染，变得懒惰起来，这对于胎儿的大脑发育极为不利。

因此，准妈妈怀孕后要从自己做起，在生活中注意观察，勤于动脑，把自己看到、听到的事物通过视觉和听觉传递给胎儿；在工作上积极进取，勇于探索，努力创造出第一流的成绩。

准妈妈在孕期要始终保持强烈的求知欲和好学心，要拥有浓厚的生活情趣，充分

调动自己的思维能力，凡事都要问个为什么，不断探索新的问题，给予胎儿良好的教育的刺激。对于不理解的问题，准妈妈可以到图书馆查阅资料或请教有关专家。

准妈妈熟睡有利于胎儿发育

怀孕后，准妈妈的睡眠质量很重要，因为准妈妈腹中的胎儿也会睡觉，如果准妈妈的睡眠姿势不正确，恐怕就会影响睡眠的质量。

准妈妈和胎儿的睡眠姿势因人而异，一般认为，准妈妈睡眠时应左侧卧，即左边向下，腿部稍微弯曲，这样不仅容易入眠，胎儿也不会动得太厉害。怀孕时期，准妈妈如果能有优质的睡眠，脑部的脑下垂体在睡眠时会分泌出成长激素，是胎儿成长不可或缺的物质。

此外，成长激素能够帮助准妈妈迅速消除身心疲劳。不少准妈妈在怀孕前睡眠不好，但怀孕后反而变得比较容易入眠。这是因为释放出了所需的激素，准妈妈身体内部自然而然发生了变化。

胎教百味屋

丈夫可以泼点"冷水"

研究证明，胎儿是在睡眠中长大的，胎儿需要更长时间的睡眠和休息。当怀孕的妻子过分热衷于某件事时，丈夫不能袖手旁观，要适时制止，在时间上为妻子把握好尺度，并随时提醒妻子注意胎儿的感觉。如果发现胎儿烦躁，应立即让妻子停止胎教。如果一味刺激胎儿，使胎儿得不到很好的休息，势必会影响胎儿的生长发育。

准妈妈生活方式影响胎儿发育

准妈妈的生活方式对胎儿有很大影响，不少准妈妈不注意自己孕期的生活方式，与其等到婴儿出生后才后悔，还不如在胎儿期改变一下准妈妈的生活方式。准妈妈的生活方式包含很多内容，例如饮食、运动、作息、家务等。

很多准妈妈在怀孕时经常吃得过饱，认为要将胎儿的那份食物一起吃下肚，但是又怕动到胎气，尽量保持不动的姿势。而现代家庭设备齐全，准妈妈做家务事所消耗的热量越来越少，结果导致准妈妈不知不觉地胖起来，出现体重增长太快、太多的问题。

这个时期准妈妈需要找一些可以稍微活动身体的事情来做。例如，每天擦拭厨房，保持厨房的清洁；常常更换床单。准妈妈的活动可以刺激胎儿的皮肤感觉，帮助胎儿脑部发育。如果天气好的话，准妈妈可以每天散步1次，将氧气送抵胎儿的脑部。这样不仅可以稳定自己的情绪，也可以借机与胎儿说话。

生命的存在与孕育是大自然运转的一种方式，人体最好能配合外界的自然规律生活。不少人以为子宫内部黝黑，应该没有白天黑夜之分，胎儿是否了解生活的规律呢？其实，胎儿可以透过准妈妈感觉到白天与黑夜。但是，日出而作、日落而息的生活方式对现代人来说似乎难以实现。不过，准妈妈至少要保证不熬夜，夜猫型的准妈妈会生出夜猫型的孩子。

准妈妈饮食习惯影响胎儿

研究表明，饮食胎教会影响胎儿出生后的饮食习惯。如果准妈妈在怀孕时胃口不好、偏食，那么小宝宝刚出生，在尚未有行为或认知能力之前，就会经常表现得没有胃口、不喜欢吃东西、常吐奶、消化吸收不良，甚或是稍大一点开始添加辅食时，也会出现明显偏食的现象。所以，为了培养宝宝良好的饮食习惯，准妈妈必须建立良好的饮食习惯：

1. 准妈妈的一日三餐要定时、定量、定点：准妈妈吃饭时不能紧张匆忙，最好不要常被外界干扰打断，更不能有一餐没一餐的。

2. 营养均衡多样化：准妈妈要尽量由食物中获得身体所需的营养，而不是通过拼命补充维生素片剂，因为目前仍有许多营养素尚未被发现，所以准妈妈的食物要多样化，才能保证营养充足。

3. 以未加工的食物为主：准妈妈要保持健康的饮食习惯，尽量多吃原始食物，如五谷、青菜、新鲜水果；烹调的方式以保留食物原味为主，少

孕期小知识

● 准妈妈三餐要"三定" ●

三餐定时：准妈妈即使再忙碌，也应该"把吃饭的时间还给自己"。最理想的吃饭时间为早餐7：00～8：00，午餐12：00，晚餐18：00～19：00；吃饭过程最好为30～60分钟，进食的过程要从容，心情要愉快。

三餐定量：三餐都不应被忽略或合并，且分量要足够，每餐各占一天所需热量的三分之一，或呈倒金字塔型——早餐丰富、午餐适中、晚餐量少。

三餐定点：准妈妈要养成定点吃饭的习惯。如果准妈妈希望未来自己的小宝宝吃饭能坐在餐桌旁专心进餐，那么现在准妈妈自己吃饭的时候就应固定在一个气氛和乐温馨的地点，且尽量不被外界干扰。

用调味料，少吃垃圾食品。许多孩子不爱吃青菜、正餐，喜吃饼干、糖果、汉堡等，这是很多妈妈的烦恼。饮食习惯的养成很重要，但如果让宝宝还在肚子里时就习惯健康的饮食模式，加上日后的用心培养，相信一定能事半功倍。

准妈妈的情绪影响胎儿

胎教并不是单纯指胎儿直接从准妈妈那儿接受教育，而主要是指准妈妈的心理状态对胎儿生长发育的影响。准妈妈的心态、情绪将直接影响胎儿出生后的外表、生理功能、智力、情绪及行为等，与胎儿的生长发育关系密切。

因此，胎教要从孕妇自我情绪调整和对感官进行人为刺激两方面进行，倡导通过调整孕妇身体的内外环境，免除不良刺激对胎儿的影响，使胎儿的身心发育更加健康、成熟。

准妈妈的文化修养影响胎儿

准妈妈自身在学识、礼仪、情操等方面的修养，都会对胎儿产生影响。特别是妊娠后期，胎儿已具备了听觉与感觉能力，对准妈妈的言行能作出一定的反应。

如果准妈妈在孕期与胎儿反复进行对话，胎儿就会产生神经条件反射，出生后的新生儿能有所熟悉和记忆。

反之，准妈妈的不良行为、不高尚的行动，也会在胎儿大脑留下痕迹，这不仅影响胎儿的生长发育，甚至导致孩子出生后产生不良情绪。

温馨提示

准妈妈影响胎儿发育的六个新观点

1. 准妈妈身体肥胖：容易发生新陈代谢异常，导致胚胎的神经系统发育出现畸变；
2. 准妈妈患龋齿或牙周炎：容易感染胎儿导致先心病、出生时低体重或早产；
3. 准妈妈缺碘：容易影响甲状腺激素合成，导致胎儿出生后患呆小病；
4. 准妈妈缺铜：容易影响胎儿体内的铁质吸收和运转，使胎儿发生贫血；
5. 准妈妈缺锰：容易影响胎儿的骨骼生长发育，发生关节变形；
6. 准妈妈缺锌：容易影响体内胎儿新陈代谢，使胎儿的大脑发育受到损害。

Section
03

准爸爸是胎教的必要配角

朵朵爸在下班路上接到朵朵奶奶电话，让他买条鱼回家，于是赶紧去市场，挑了一条朵朵妈最爱吃的鲤鱼，又买了二斤樱桃。可还没等他走出市场，就又接到朵朵妈的电话，说想吃荔枝……

上楼的时候，碰到邻居张大哥，张大哥看他大包小包的样子，揶揄道："当个准爸爸不容易啊，怀孕的老婆不好伺候吧？"朵朵爸回了一句："别忘了，当年嫂子怀孕的时候，你也是二十四孝丈夫啊！"张大哥嘿嘿一笑："咱们彼此彼此。"

我们以前的胎教都是对准妈妈有很多的要求，却忽视了准爸爸的作用。但是专家指出，从某种意义上说，诞生聪明健康的小宝宝在很大程度上取决于准爸爸。因此，一个负责任的爸爸对于孕育一个聪明的宝宝非常重要。

准爸爸要丰富生活情趣

准爸爸早晨可以陪准妈妈一起到空气清新的公园、树林或田野中去散步，做做早操，嘱咐准妈妈白天晒晒太阳。这样，准妈妈也会感到准爸爸温馨的体贴，心情舒畅惬意。

准爸爸还可以和准妈妈一起听音乐、作画、观看艺术表演，提高艺术修养。同时，准爸爸要鼓励准妈妈加强"专业"学习，特别是妊娠后期与胎宝宝一起学习，如看看儿童读物、读读外语等。

益处：这样做可以增强艺术胎教的效果，促进胎儿的智力发育。

准爸爸要缓解准妈妈的心理不适

由于妊娠后准妈妈体内激素分泌发生大的变化，常会出现种种令人不适的妊娠反应，导致准妈妈的情绪不太稳定，此时，特别需要向丈夫倾诉。这种情况下，准爸爸唯有用风趣的语言宽慰、劝导准妈妈，才能稳定准妈妈的情绪。

准爸爸也可鼓励准妈妈向密友倾诉烦恼，或写信、写日记。必要时，可找心理医生进行咨询及疏导。

同时，准爸爸要鼓励准妈妈多参加朋友聚会，鼓励准妈妈不把自己封闭在家里，而应多与积极乐观的朋友接触，充分享受与他们在一起的快乐，让他们的良好情绪感染准妈妈。

准爸爸也可以建议准妈妈换一个发型、给准妈妈买一件新衣服或重新装点一下房间，这些都会给准妈妈带来一种新鲜感，改变准妈妈沮丧的心情。

益处：这样做可以使准妈妈拥有良好的情绪，准妈妈良好情绪产生的有益物质可使胎宝宝的活动缓和而有规律，器官组织得到良好分化、形成及生长发育，尤其是脑组织发育。

准爸爸要协助准妈妈胎教

准爸爸对准妈妈的体贴与关心、对胎儿的抚摸与"交谈"，都是生动有效的情绪胎教。准爸爸要同准妈妈一起用委婉的声调与胎儿说话，给胎儿唱歌、讲故事。

在准妈妈睡前，准爸爸要用全部手掌和全部手指在准妈妈腹部做圆形、有韵律的按抚，边抚摸，边与胎儿讲话或对胎儿唱歌。

益处：加强母体对于胎儿的血液补充及放松运动效果。

准爸爸要布置好居住环境

孕早期是胚胎神经系统发育的关键时期，容易受外界环境的影响，因此，准爸爸一方面要把房间布置得温馨舒适一些，另一方面要尽量避免环境中的各种有毒有害物质。比如，怀孕前后尽量不要装修房子；家里带有辐射性的电器（电脑、微波炉、电冰箱等）尽量远离卧室；房间要多通风，保持空气新鲜；家电操作的工作准爸爸要多承担一些，避免电磁辐射影响准妈妈；尽量不要让准妈妈或在准妈妈旁边使用电磁辐射较强的手机打电话；孕期不要用电吹风，冬天也不要使用电热毯等等。

益处：使胎儿避免有害物质的侵蚀，能够健康成长。

准爸爸要让准妈妈远离异味

如果准爸爸是一位"烟民"，不仅要在准备怀孕的半年前戒烟，而且在准妈妈怀孕期间，更不能让她生活在"烟雾"里。抽烟产生的尼古丁、一氧化碳等能通过皮肤、胃肠道进入母体，再通过胎盘对胎宝宝产生危害。

特别是在胎宝宝器官分化的怀孕早期，准爸爸的"烟雾"会影响胎宝宝的智力发育。调查资料显示，胎宝宝的畸形率与准爸爸的吸烟量成正比。为了准妈妈和胎宝宝的健康，准爸爸要做点牺牲——少吸烟或不吸烟！

除了准爸爸的烟味之外，专家建议怀孕初期的 3 个月，准妈妈最好不要自己做饭，特别要远离煤气灶、蜂窝煤等。因为燃料燃烧时会产生一氧化碳等有害气体，烹饪时食用油受热易产生一些多酊类有害物质，可造成胎宝宝畸形，或引发流产。

益处：避免胎儿发育畸形。

准爸爸要激发妻子的爱心

准爸爸要激发准妈妈的爱心，让准妈妈多看一些能激发母子情感的书籍或影视片，与准妈妈谈谈胎宝宝的情况，如一起猜想孩子的小脸蛋是多么漂亮逗人，体格是多么健壮完美。这些对增加母子生理、心理上的联系，增进母子感情都是非常重要的。准爸爸尤其要引导准妈妈去爱护腹中孕育着的胎宝宝，切不可让妻子因妊娠反应、妊娠负担或因肚子大起来影响了外貌、体形等，就怨恨腹中的胎宝宝。

许多实验证明，母亲对胎宝宝有任何厌恶情绪的念头，都不利于胎宝宝的身心健康。

益处：准妈妈的良好情绪能够产生有益物质，这种有益物质能让准妈妈的身体处于最佳状态，利于胎盘的血液循环供应，促使胎宝宝稳定地生长发育，不易发生流产、早产及妊娠并发症。

温馨提示

准妈妈应多吃"零食"少进补

所谓的"零食"即水果和干果。一般而言，准妈妈在怀孕初期往往胃口不好，吃不下太多的东西，这时就要用水果和干果来补充母体需要的营养。水果应选择新鲜水果，每天3种左右，早上吃，效果最好。干果如瓜子、花生、核桃等可随时补充，尤其要加大芝麻等含钙物质的食用量。

对于营养品和补品等，准妈妈应谨慎。很多营养品对孕妇的针对性不强，而且其具体营养物质的含量不清不楚。孕妇服用营养品后，轻则没有效果，重则可能对胎儿产生副作用，导致胎儿出生时体积过大、男孩出现女性化倾向等。

准妈妈应尽量避免吃油炸、烧烤、膨化等垃圾食品，如有条件可在怀孕前就开始均衡饮食，尽量多吃"原始"食物，如五谷、青菜、新鲜水果等，这样不但利于向孕期过渡，孕期反应也会比较小。

Section
04

营养胎教：准妈妈你吃对了吗

中午，朵朵妈觉得没有胃口，就让同事帮她带个面包回来。李梅赶紧劝道："朵朵妈，你现在怀着朵朵呢，午饭可不能糊弄啊？""呵呵，朵朵奶奶每天做饭都大鱼大肉的，朵朵不会缺少营养的。"朵朵妈不在意地说。李梅看劝说无效，只得无奈地耸耸肩。

朵朵妈这种孕期营养观念正确吗？准妈妈怎么吃才是对的呢？

准妈妈吃得又好又多，就能使肚子里的宝宝健康且营养全面吗？一项最新的调查结果显示：目前孕产妇营养过剩比例偏高，超过半数的受访者承认孕期营养知识不够。

怀孕后，家里长辈都会给准妈妈大补特补，以为这样可以让母子更健康。最新调查显示，超过 66% 的准妈妈认为自己营养十分充足，甚至达到"过剩"状态。

其实，孕期营养并非越多越好，营养过剩和营养不足都会影响准妈妈的健康以及胎儿的正常发育。而像孕期糖尿病、妊娠高血压、高血脂等，均与饮食不当有关。

准妈妈饮食九大成分

牛奶：可补充优质的蛋白质和钙质。

鸡蛋：鸡蛋的蛋白质最易被人体吸收，且富含卵磷脂。

粮食：可给人体提供能量和 B 族维生素，每天食用 250～400 克。

蔬菜：可给人体提供维生素、矿物质和纤维素，每天食用绿色蔬菜 250 克，红黄蔬菜 250 克。

水果：可给人体提供果糖、果胶、维生素、矿物质和纤维素。

豆制品：可给人体提供优质的植物蛋白质。

肉制品：可给人体提供优质的动物蛋白质，鸡、鸭、鱼、肉等都可以。

调味品：每天食用 25 克左右的豆油或色拉油；糖尽量少放或不放；每天食盐的摄入量少于 7 克。

水：可促进身体的新陈代谢，每天喝 6～8 杯水，大约 1200～1500 毫升。

胎教百味屋

准妈妈吃果蔬时，应该遵循时令，并且多样化地选择鲜品。水果每餐1～3个，蔬菜日摄入量400克，其中绿叶蔬菜应占1/2。

最适合准妈妈吃的四种水果

1. 秋梨

吃秋梨可以清热降压。秋梨被誉为"百果之宗"，是我国最古老的果木之一。它质脆多汁，清甜爽口，醇香宜人。其性甘寒微酸，有清热利尿、润喉降压、清心润肺、镇咳祛痰、生津止渴的作用，可治疗妊娠水肿及妊娠高血压。

它还具有镇静安神、养心保肝、消炎镇痛等功效，有防治肺部感染及肝炎的作用。常吃炖熟的梨，能增加口中津液，防止口干唇燥，不仅可保护嗓子，也是肺炎、支气管炎及肝炎的食疗品。将生梨去核后塞入冰糖 10 克、贝母 5 克、水适量，文火炖熟，服汤吃梨，可防治外感风寒、咳嗽多痰等疾患。

2. 柿子

柿子汁多味甘，是物美价廉的水果。每 100 克柿子含糖 20 克、蛋白质 0.7 克、脂肪 0.1 克、碘 49.7 毫克。柿子富含多种维生素及钾、铁、钙、镁、磷等，其矿物质的含量超过苹果、梨、桃等水果。柿子性寒，有清热、润肺、生津、止渴、镇咳、祛痰等功效，适用于治疗高血压、慢性支气管炎、动脉硬化、痔疮便血、大便秘结等症。

柿子的营养及药用价值均适宜准妈妈适量食用。尤其是妊娠高血压综合征的准妈妈可以"一吃两得"。柿子的蒂和叶都是中药。柿蒂可以降逆气、止恶心，治疗呃逆、嗳气等。柿叶有抗菌消炎、止血降压等作用，是民间常用的草药。

柿子虽然有很好的营养及医疗作用，它也有不足之处。柿子有涩味，吃多了会感到口涩舌麻，收敛作用很强，容易引起大便干燥。遇酸可以凝集成块，与蛋白质结合后产生沉淀。因此，吃柿子应该点到为止，以一餐一个为宜。

3. 柑橘

柑橘品种繁多，有甜橙、南橘、无核蜜橘、柚子等。它们营养丰富，通身是宝。其汁富含柠檬酸、氨基酸、碳水化合物、脂肪、多种维生素、钙、磷、铁等营养成分，是准妈妈喜欢吃的食品。500克橘子中含有维生素C 250毫克，维生素A 2.7毫克，维生素B_1的含量居水果之冠。柑橘中所含的矿物质以钙为最高，磷的含量也超过大米。

柑橘的皮、核、络都是有名的中药。常吃柑橘可以预防坏血病及夜盲症。但是，柑橘好吃，不可多食。因为柑橘性温味甘，补阳益气，过量反于身体无补，容易引起燥热而使人上火，发生口腔炎、牙周炎、咽喉炎等。

一次或者多次食用大量的柑橘后，身体内的胡萝卜素会明显增多，肝脏来不及把胡萝卜素转化为维生素A，使皮肤内的胡萝卜素沉积导致皮肤呈黄疸样改变，尤以手及脚掌最明显。常伴有恶心、呕吐症状。准妈妈每天吃柑橘不应该超过3只，总重量在250克以内。

4. 无花果

无花果的果实无论鲜品还是干品均味美可口。它富含多种氨基酸、有机酸、镁、锰、铜、锌、硼及维生素等营养成分。它不仅是营养价值高的水果，而且是一味良药。它性甘味酸，有清热解毒、止泻通乳之功效，尤其对于痔疮便血、脾虚腹泻、咽喉疼痛、乳汁干枯等疗效显著。

准妈妈最容易患痔疮，预防痔疮必须注意饮水，养成定时排便的习惯。同时，准妈妈宜常吃适量的无花果，因为无花果不仅有丰富的营养成分，还能够通乳、治疗痔疮。

孕期小知识

• 准妈妈不发胖进食小技巧 •

改变进餐顺序：先喝水，再喝汤，再吃青菜，最后才吃饭和肉类。

养成三正餐一定要吃的习惯。

生菜、水果沙拉应刮掉沙拉酱后再吃，或要求不加。

肉类应去皮，且不吃肥肉，只吃瘦肉部分。

油炸食品先去油炸面皮后再吃。

浓汤类只吃固体内容物，但不喝汤。

带汤汁的菜肴，将汤汁稍加沥干后再吃。

以水果取代餐后甜点。

以开水或不加糖的饮料及果汁，来取代含糖饮料及果汁。

注意食物的种类及吃的份量。

吃完东西立刻刷牙，刷过牙就不再进食。

睡前三个小时不再进食（但白开水除外）。

孕期准妈妈解"秘"美食

1. 蜜汁红薯

原料：红心红薯250克，配料为葱丝、小海米、冰糖及蜂蜜适量，佐料为精食盐、酱油、荤油适量。

方法：

①先将红薯洗净去皮，切去两头，再切成约1厘米粗的寸条；

②在锅里加上200克清水，放入冰糖并将其熬化，然后放入红薯和蜂蜜；

③烧开后，先弃去浮沫，此后用小火焖熟；

④待汤汁黏稠时，先夹出红薯条摆在盘内成花朵形，再浇上原汁即可食用。

功效：红薯中含粗纤维较多，可促进肠管蠕动，缩短食物通过肠管的时间；加之蜂蜜有润肠作用，因此有利于排便。

2. 翠菜香卷

原料：生菜2小叶、豆芽菜2小把、四季豆1条、红萝卜1长条、虾仁2只、紫菜2细长条、沙拉酱2小匙、小麦麸2小匙。

方法：

①先将生菜、豆芽菜、四季豆、红萝卜、虾仁洗净；

②将四季豆、红萝卜对切，并以滚水烫熟，虾仁烫熟备用；

③在生菜叶上抹上沙拉酱，然后包入四季豆、红萝卜及豆芽菜；

④夹入虾仁后，淋上小麦麸，以紫菜绑住尾端即可食用。

功效：这道蔬菜沙拉不仅做法简便，而且色彩诱人，可提供丰富的膳食纤维；小麦麸又含丰富的非水溶性纤维。它们都是防止准妈妈便秘的食物，准妈妈尽可任意挑自己喜爱的蔬菜，来进行随意搭配组合。

Section
05

情绪胎教：快乐是最好的胎教

朵朵妈愁眉苦脸地躺在床上，朵朵爸问："怎么了，亲爱的？"朵朵妈说："我在想明天的工作，有点烦。"朵朵爸轻轻搂着她说："人家都说微笑是开在嘴角的两朵花，你现在是妈妈了，肚子里的朵朵虽然看不见你的表情，却能感受到你的喜怒哀乐。为了我们朵朵将来成为一个小开心果，你要快快乐乐的啊！"朵朵妈想了想，挥挥手臂："嗯，以后我每天起床后，都对着镜子，先给自己一个大大的微笑！"

准妈妈快乐是最好的胎教

现在的准妈妈们大都很注意胎教，认为胎教就是给腹中的胎儿听音乐、讲故事。其实准妈妈的情绪可以影响到胎儿的情绪，准妈妈心情轻松愉快，情绪稳定，避免精神紧张等不良刺激，多在环境优美、空气新鲜处散步，营造愉快的心情，就是对孩子最好的胎教。

人的情绪变化与内分泌有关，如果准妈妈在怀孕期间能保持快乐的心情，宝宝出生后一般性情平和，情绪稳定，不经常哭闹，能很快地形成良好的生物节律，如睡眠、排泄、进食等。一般来讲，这样的宝宝智商、情商较高。而且准妈妈愉悦的情绪可促使大脑皮层兴奋，使血压、脉搏、呼吸、消化液的分泌均处于相互平稳、相互协调状态，有利于准妈妈身心健康，同时改善胎盘供血量，促进胎儿健康发育。所以，准妈妈们每天都要保持好心情。

反之，如果准妈妈每天都处在情绪紧张或应激状态下，体内一种叫乙酰胆碱的化学物质释放增加，促使肾上腺皮质激素的分泌增多。在准妈妈体内，这种激素随着母体血液经胎盘进入胎儿体内，而肾上腺皮质激素对胚胎有明显破坏作用，影响某些组织的联合。特别是前3个月，正是胎儿各器官形成的重要时期，如孕妇长期情绪波动，就可能造成胎儿畸形。

愉悦自己就是愉悦宝宝

孕期胎教的目的就是想办法让自己每天都快乐，不仅愉悦准妈妈自己，也对胎儿形成良性刺激，这是越来越多的准妈妈达成的共识。改善生活环境、做自己喜欢的事、适度的运动，甚至短途的旅游，还有其他可行的胎教手段都可以实现这一目的。

确定怀孕并不是准妈妈的全部任务，更重要的是如何生育一个身心健康的孩子，如何照顾好自己又最大限度地顾全宝宝的需要，这需要知识，更需要信心，尤其在生产过程中信心最为重要。

1. 日本

准妈妈在孕妇学校开始所有课程之前进行的预备动作就是放松。

准妈妈们在一间灯光柔和的房间里，伴随着舒缓的音乐，进行着舒展的动作，尽量放松自己，使身体和精神达到稳定的状态。日本学者七田真认为，胎儿期如果准妈妈心情舒畅，孩子在儿童心理发展的情感、个性、智慧和能力等方面就比较良好。出生后孩子的直觉力、想象力、空间感、创造力都比较好。

2. 英国

医生们发现：胎儿能理解准妈妈的感情。当准妈妈惊恐失措的时候，胎儿就会全身抽搐。当准妈妈闷闷不乐时，平时很活跃的胎儿，也好像没有力气一样不动了。这是因为当准妈妈情绪变化时，神经系统分泌的激素就会随血液经胎盘进入胎儿体内，使胎儿产生与准妈妈一样的情绪特征。所以，英国医生针对妈妈的情绪状况会明确地提出要求。

准妈妈快乐八法

人们常说，不如意事十之八九，生活中，难免碰到不如意的事情或变化，它们随时会左右准妈妈的情绪，每逢到这时不妨采用以下方法，让自己保持宁静、快乐的情绪。

方法一：多想想腹中的宝宝

在日常生活中，人们经常用警句、名言告诫自己，保持开朗、明快的心境，不为一些无谓的事所动，如担心胎宝宝的发育、性别；担心分娩疼痛、难产；担心产后无奶、体形变化等。每当生气或发脾气时，多想想腹中的胎宝宝，心绪就会调整过来。

方法二：用艺术陶冶情操

准妈妈多接触一些优雅的艺术，如格调优美、文笔高雅的小说、散文或诗歌，视觉明快或诙谐幽默的影视作品，美丽的图片或画作，或者多欣赏一些大自然秀丽迷人的景致，能使精神放松的优美乐曲等，以使感情变得柔和，精神生活变得充实，从而使心情保持愉悦。

方法三：丈夫多关心理解

怀孕后，准妈妈生理的一系列变化容易引起心理变化，如妊娠反应引起的情绪不快、精神疲倦、烦躁不安，以及体形改变带来的身体种种不适和心理负担。这一切，都很容易使准妈妈心理矛盾，经常产生委屈情绪，或易激动、流眼泪。准爸爸要注意在精神上多理解准妈妈，生活上多给一些关怀、体贴、照料和理解，积极主动承担家务事，当准妈妈不开心时多开导，经常把手放在准妈妈的腹壁上，与她一起分享体验胎宝宝成长的快乐。

方法四：尽快转移不良情绪

当准妈妈在生活中遇到挫折和不愉快的事情时，要通过合理的方式进行自我宣泄，保持心理平衡，分散、转移注意力，离开不愉快的地方或做另一件事情，如听音乐、欣赏画册、阅读期刊、弈棋、钓鱼、浇花、洗温水浴（水温不可高过40℃以上）、做助产操、做适宜家务、郊游等；也可向密友倾诉，写日记，或找同样处境的人交谈，或为宝宝的出生做些准备。

方法五：广交乐观的好友

准妈妈如果能经常与情绪积极乐观的朋友交往，充分享受与他们在一起的快乐，那么自己的情绪也容易受这种氛围的影响而保持乐观。准妈妈要增强心理承受能力，学会控制自己的情绪，与丈夫、亲人、邻居、同事保持和谐的人际关系。这些都有助于准妈妈保持良好的情绪。

方法六：经常改变形象或环境

当准妈妈心情不快、沮丧时，不妨让自己换一个发型，或给自己买一件新衣服；也可重新布置或装点一下家中的房间，这些都会给生活带来新鲜感，改变沮丧的心情。当准妈妈情绪紧张或不安时，可去林荫大道、江边、田野处散步，观赏自然景观，有助于消除不良情绪。

方法七：少吃影响情绪的食物

准妈妈不要过多地进食巧克力、甜食、肉和鱼，这些食物使血液中儿茶酚胺增多，容易引起烦躁不安、爱发脾气、忧郁等消极情绪。

方法八：减轻妊娠带来的心理压力

妊娠晚期，准妈妈由于腹部膨大而出现下肢水肿、活动困难、尿频、便秘等，夜间腿脚常发生抽筋，睡眠受到影响，这些不适会使准妈妈心烦、易怒。因此，准妈妈应积极参加孕期讲座，通过孕产咨询和阅读有关书刊，正确认识分娩是一个正常的生理过程，减轻心理压力，向医生请教战胜生理变化带来不适的方法。

温馨提示

负面情绪对胎儿的影响

1. 负面情绪释放的有害物质可使准妈妈血压升高，发生暂时性子宫——胎盘血液循环障碍，导致胎宝宝暂时性缺氧而影响身心正常发育。

2. 负面情绪可对胎儿下丘脑造成不良影响，使胎宝宝日后患精神病的概率增大，即使幸免，往往出生后体重低、好动、爱哭闹、睡眠不良。

3. 负面情绪使胎儿出生后经常发生消化系统功能紊乱，患其他疾病的可能性增高，并对环境适应差，幼儿时期常常发生行为问题以及学习困难，通常被人们认为很难养育。

4. 准妈妈若是情绪极度不安，如在早孕7～10周内，是胚胎腭部和脏器发育关键时期，就会引起兔唇、腭裂、心脏有缺陷等畸形；在妊娠后期，可使胎动过速、子宫出血或胎盘早期剥离，引发早产、胎宝宝死亡等。

5. 负面情绪能造成胎宝宝在出生后成为"性格异常儿童"，如挑食、好发脾气、十分好动，甚至患多动症。

环境胎教：准妈妈爱美影响胎儿

朵朵姑姑一走进朵朵妈的房间，就看到她正在一边收拾一边叨咕着："这个含酒精，不能用；这个有添加剂成分，不能用；这个有……""嫂子，这些化妆品都没用完，也没到保质期，你怎么就不能用了呢？"朵朵姑姑奇怪地问。"我现在怀孕了，使用化妆品可有讲究呢。这几样美白的、祛斑的，还有这瓶香水都送给你了。"朵朵妈说着，递过来几样东西，但是神情很是不舍。朵朵姑姑看朵朵妈兴致不高，就提议道："嫂子，那一会我陪你出去买一些你能用的化妆品吧。"朵朵妈一听立马高兴起来："好啊，顺便再帮我参谋一下，我想买件上衣。"

准妈妈爱美是胎教

胎教贯穿于整个孕期始终，当然也包含孕妇生活本身。美丽是每一位女性所追求的，娇好的容颜、靓丽的穿着，也会给准妈妈带来许多欢乐。因此，在怀孕期间，准妈妈可以打扮得很漂亮。事实上，美容、穿衣也是胎教，孕妇完全有必要精心打扮自己。准妈妈快乐了，胎宝宝自然也就会受到准妈妈情绪的影响。

我这里有很多宝贝要送给你。

哇，中大奖了，嫂子，我陪你买点适合孕妇的呗。

怀孕了，准妈妈就更应精心打扮，保持自信、乐观、心情舒畅。这是一种自娱的方式，准妈妈关心容颜、服装，容易忘掉妊娠中不快的反应；另外，化妆也会使准妈妈显得气色很好，自己看了，心里会舒服，别人看了，赞许几句，准妈妈也一定会很高兴的。

因此，无论对自己还是对胎儿，准妈妈的美容、打扮都是很有意义的。

准妈妈的妆容与护理

1. 化妆品使用

准妈妈孕期因皮脂腺分泌失调，皮肤容易变得粗糙、敏感，如果情况不是特别糟糕，不必乱抹药或者更换化妆品，不必求医，也不必着急，仍可用以往的化妆方法。但是要经常洗脸，保持脸部清洁，充分休息，摄取适当的营养。

准妈妈在化妆时，要尽量明亮，给人以爽朗明快的感觉，最好不要浓妆艳抹，这样会损害孕期敏感的皮肤。晚上的护肤也很重要，护肤到位的话，不经化妆也可以得到娇艳的脸庞，具体做法是：用一种不含去垢剂的中性乳液洗脸，然后用凉水将皮肤洗净，用冷霜敷在脸上，轻轻按摩，最后用热毛巾擦掉，用乳液滋润。

2. 头发的保养

在孕期激素的作用下，准妈妈的头发会变得柔软明亮有光泽，皮脂溢出也会减轻，甚至消失。但到了怀孕中期，有的准妈妈由于心情的原因或者由于行动不便的原因，不好好梳理头发，会给人以散乱蓬松的感觉。

其实，孕妇每天都要梳理好头发，促进头部血液循环。在梳理头发时要注意：头发要梳理得整齐，力度要适度，不要过分用力，要用不易折断、拔掉头发的骨梳子、铁梳子。烫发染发也要慎重。

3. 皮肤清洗

准妈妈的皮下脂肪日益丰腴，汗和皮脂也比以前增多，一定要经常清洗，否则皮肤发痒，很容易得皮肤病。因此，准妈妈要经常洗澡，而且最好采用淋浴。夏天出汗较多，最好每天都洗澡。沐浴时一定要注意水温，水太热易使人疲劳，水太凉会引起子宫收缩和出现蛋白尿。

同时，准妈妈要注意洗澡时间不要过长。时间太长，容易引起头晕，易着凉感冒，还会使纤维组织变软。洗澡时动作要轻缓，注意身体平衡，千万不要跌跤，浴毕可使用

孕期小知识

孕初期女性必备美丽手记

有时候准妈妈会突然发现脸上细细的血管比以前明显许多，就如通常所说的毛细血管扩张，红红的脸实在难看，这该怎么办？这是蜘蛛斑。因为怀孕期间的血管相当敏感，热了容易扩张，冷了又收缩得很快，结果脸上经常会出现毛细血管破坏的情况，其实只要平时避免对皮肤的冷热刺激，状况就可以缓解。

爽身粉，保持身体舒适与清爽，最好能有身心舒畅、食欲增大、夜间安睡的效果。另外每天早上要用温水清洗乳头，以保持乳房的清洁。

胎教百味屋

准妈妈的护肤禁忌

1.尽量别用含有A酸、A醇成分的护肤品，如果成分表里有Vitamin A Acid、Retinyl Palmitate、Adapalene字样，就代表其含有A酸或A醇；

2.绝对禁止使用精油；

3.少用唇膏（口红），不过润唇膏还是可以的；

4.桑拿、涂甲油、染发烫发都要禁止。

准妈妈的穿衣打扮

1. 衣服：现在的孕妇装，式样、花色繁多，购买时要以实用、穿脱方便为好。

孕妇抵抗寒暑的能力很差，所以要格外注意保暖，寒冷时要比平常多穿一件，这时候如果还讲究美丽"冻"人，可就害人（胎儿）害己了。热了，要穿吸汗、凉快的衣服。

2. 胸罩：孕妇的乳房日渐丰满，胸肌没有办法支撑，所以必须选择合适的胸乳罩托住乳房，使其保持在原来的位置上。如果孕期没有佩戴合适的胸罩，容易引起乳房下垂。胸肌不发达的准妈妈，更应注意佩戴胸罩。晚上依旧要戴上胸罩，这样能使胸部肌肉不太紧张。

3. 鞋子：很多准妈妈一怀孕就开始穿平底鞋，认为这样更安全。其实，专家认为， 3～4公分的中跟鞋对准妈妈的脊柱支撑力更好，在腹部重量增加时，可以不必扭曲身体来支撑。

准妈妈在选择鞋子时，要注意式样，最好买专为孕妇设计的后跟低、底部有凹凸纹路、穿起来平稳的鞋子。市面上卖的高跟鞋、拖鞋式的凉鞋、胶底鞋容易摔跤，对孕妇都不合适。

到了怀孕后期，准妈妈的鞋子应宽大一些，因为在这期间，双脚会有轻微肿胀的趋势。穿袜子时，要与裙子的颜色协调一致，这样会显得身材修长。

温馨提示

准妈妈魅力心得

仪容美的关键在于整洁，准妈妈只要注意卫生，保持整齐，形象一定会大为改观的。况且，怀孕虽然使以前的体态美消失了，但同时又产生了另一种美。

怀孕期间，准妈妈要多注意积极调整情绪。如聊天、郊游、画画、剪报、打毛衣等自己喜爱的东西，都可以放宽心情，使自己很开心。舒畅的心情会使准妈妈容颜更美丽。

最后，准妈妈要根据自己皮肤的特点，选择合适的护肤法，千万不要刺激或伤害皮肤，分娩后最好也是这样，粉底类的化妆品对皮肤是有伤害的，最好不要使用。

音乐胎教：适合准妈妈听的古典音乐

朵朵妈一边喝茶，一边欣赏着优美的音乐，嘴角不由绽放出一缕笑容。朵朵爸凝视着妻子美丽的面庞，不由得深深着迷了，揽过妻子的肩，说："说说，想到什么高兴的事情啦？"朵朵妈轻轻地说："音乐真是一个奇妙的东西。听着它，脑海里竟然就浮现碧空万里的蓝天、悠悠飘浮的白云、彤红美丽的晚霞、连绵起伏的青山翠竹、清澈见底的小河流水，还有那夜色中宁静的月光，摇篮边年轻的母亲，摇篮内健康、聪明、逗人喜爱的小宝宝……"朵朵爸轻轻拍拍妻子的肚子，说："朵朵啊，这样美妙的音乐，好好享受哦。"

心理学家认为，音乐能激起人们无意识超境界的幻觉，并能唤起平时被抑制了的记忆。

适合准妈妈听的音乐有哪些条件

1. 节奏不能太快，音量不宜太大；
2. 音域不宜过高；
3. 不要有突然的巨响；
4. 不宜过长；
5. 应具有明朗的情绪、和谐的和声。

古典音乐对胎教的三大好处

研究证明：人类大脑中许多与学习相关的联系，都可以在胎儿及婴幼儿时期用古典音乐去激发。

首先，古典音乐的复杂性及其模式有利于培养胎儿及婴幼儿的认知能力，有助于帮助他们随着年龄的增长学习有关数学、科学和语言方面的知识。

其次，在钢琴和交响乐中成长的胎儿及婴幼儿，有强烈的时间感和空间感，这有助于开发孩子在智力游戏、解决难题甚至进行科学实验中的潜力，也能锻炼婴幼儿的语言能力，因为音乐的节奏、音调和反复性能增强孩子的表达能力。

最后，事实表明，接受古典音乐熏陶的婴幼儿学东西更快。

胎教百味屋

什么是音乐胎教

所谓音乐胎教，就是通过对胎儿不断地施以适当的乐声刺激，促使其神经元轴突、树突及突触的发育，为优化后天的智力及发展音乐天赋奠定基础。

胎教音乐分为孕妇音乐和胎儿音乐两类：

孕妇音乐以宁静为原则。孕妇通过欣赏音乐来调节情绪，使心情宁静、舒适，使胎儿很快安静下来。同时，声波还可直接通过母亲腹壁传导给胎儿的听觉系统，促进胎儿的智力发育。孕妇应选择那些委婉柔美、轻松活泼、充满诗情画意的乐曲。

胎儿音乐应轻松活泼，这样有助于激发胎儿对声波产生良好反应。将耳机放在孕妇腹部，音乐通过孕妇腹壁直接传导给宫内胎儿的听觉器官，刺激胎儿脑组织，促进脑功能的发育。

适合胎教的古典音乐一览

1. 萨替：《第一号琴诺佩第》

此曲速度和缓，以单纯的旋律反复多次，能够缓和情绪，音量适中，具有朦胧美，相当适合作为胎教音乐。

2. 舒曼：《梦幻曲》

此曲是《儿时情景》中的第七首，曲风温馨感人，犹如回到母亲的怀抱。

3. 李斯特：《爱之梦》

此曲具有美丽爱情般的梦幻感觉，在情绪、速度各方面都相当适合做胎教音乐。

4. 贝多芬：《月光奏鸣曲》（第一乐章）

这个乐章犹如水波荡漾，蕴含着幻想的气息，宁静的感觉，适合胎儿聆听。

5. 勃拉姆斯：《摇篮曲》

由大提琴改编的版本避免了女高音刺激的高音域，改以柔和的中低音域表现，能够缓和情绪，非常适合胎儿或刚出生的幼儿聆听。

6. 朱利安·洛伊·韦伯：《爸爸的歌》

此曲速度和缓，音乐唯美，展现了父亲柔美的一面，相当感人，适合作为胎教音乐。

7. 费尔德：《第四号夜曲》

此夜曲以简短的音符描绘夜晚浪漫气氛，十分浪漫动人。

8. 舒伯特：《鳟鱼》（大提琴与钢琴演奏版本）

这首歌是描述鳟鱼在清澈的溪水中自在地游来游去，轻快的旋律配上可爱的歌词，器乐改编的版本比较适合用于胎教。

9. 韦尼奥夫斯提：《浪漫曲》

这首浪漫曲将十九世纪末的浪漫气氛捕捉得极为传神，相当适合作为胎教之用。

10. 波普：《小夜曲》

大卫·波普的演奏风格优雅，音色变化极为丰富，这首小夜曲就是极为动人的一首。

11. 史特拉汶斯基：《俄罗斯少女之歌》（大提琴与钢琴演奏版本）

改编自歌剧Mavra，音乐中去除了原始、暴戾的气息，展现了古典时期的雅典，又融合了俄罗斯的民谣风味，相当动听。

12. 巴哈：《羊儿可以安心地吃草》（选自清唱剧第208号）

此曲在和缓的节奏中传达了安详的气氛，相当适合胎儿与孕妇聆听。

13. 佛瑞：《第一号船歌》

佛瑞摆脱了行销音乐的影响，以独特的清澈明亮风格赢得世人的喜爱，船歌正是他深受喜爱的作品之一。

14. 华格纳：《册叶小品》

《册叶小品》是华格纳钢琴作品中最有趣、最精致的一首，充满了华格纳独特的乐思，展现了浪漫的精神。

15. 卡尔斯：《白鸟之歌》

《白鸟之歌》是卡尔斯故乡的民谣，动人的琴音常使人潸然落泪。

16．舒伯特：《夜曲》

这个乐章因为十分柔美动听，所以被后世冠上《夜曲》的别称，相当适合作为胎教音乐。

17．孟德尔颂：《G 大调无言歌》

无言歌是精致简短的小品，孟德尔颂把人类感情最真的部分寄托于旋律，显现出幸福的特质。

18．莫扎特：《单簧管五重奏》

在五重奏中，单簧管展现了安详的音色，令人全身舒畅，相当适合胎儿与婴儿聆听。

19．肖邦：《降 E 大调夜曲》作品 9 第 2 号

这首《降 E 大调夜曲》是肖邦所有的夜曲中知名度最高的一首，其甜美动人的音色仿佛水晶灯般晶莹剔透，令人爱不释手。

20．理查 · 施特劳斯：《木管小夜曲》

《木管小夜曲》偏向古典乐派的曲风，再加上理查 · 施特劳斯特有的优美旋律，足以讨好每一双挑剔的耳朵，对于母亲腹中的胎儿来说也具有安定的作用。

21．巴哈：《小步舞曲》

巴哈的《小步舞曲》是一首可爱的乐曲，其轻快活泼的曲调深受世人喜爱，当然也非常适合胎儿聆听。

22．肖邦：《流畅的行板》（选自《流畅的行板与灿烂的大波兰舞曲》作品 22）

《流畅的行板》只用钢琴演奏，是相当不寻常的设计，但在《流畅的行板》中所蕴含的诗情画意，却又如同肖邦其他的钢琴小品一样美妙无比，将它单独抽出来聆赏也是一件乐事。

23．托塞里：《小夜曲》

这首《小夜曲》其实是一首失恋的歌曲，但是改编为乐器演奏后却呈现另一种风貌，原来由男高音演唱的悲苦激情减弱许多，音乐反而变成一种纤细唯美的情调。

24．舒伯特：《小夜曲》（选自《天鹅之歌》）

这首歌描述对少女的情爱，具有甜美的旋律，普遍受到爱乐者的喜爱，改编成为器乐演奏的版本之后，相当适合婴幼儿聆听。

25．柴可夫斯基：《弦乐小夜曲》（第二乐章，圆舞曲）

《弦乐小夜曲》完全以弦乐器为表现的主体，没有木管与铜管乐器的紧张感觉，当中第二乐章采用圆舞曲的形式，勾动人心的优美旋律，绝对会融化防卫的心。

26. 林姆斯基·高沙可夫：《小夜曲》

这首乐曲充满了高雅的气质，不论旋律或抒情性都可以当做林姆斯基·高沙可夫的代表作。

温馨提示

胎教音乐的注意事项

1. 并非优美的音乐就适合胎教。如理查德·克莱德曼的一些钢琴曲虽然好听，但不适宜作为胎教音乐。因为，作为胎教音乐，要求在频率、节奏、力度和频响范围等方面，应尽可能与宫内胎音合拍。

2. 胎教音乐忌用高频声音。为了避免高频声音对胎儿的伤害，胎教音乐中2000赫兹以上的高频声音应低到听不到的程度，这样对胎儿才比较安全。

3. 播放音乐时不要使用传声器，并尽量地降低噪音。

4. 胎教还需与婴儿教育相连接。正如专家强调的那样："始自胎儿的胎教并不能以分娩而结束，还必须与婴儿的早期教育相连贯，这样才不会使胎教前功尽弃。"

Section
08

运动胎教：孕早期适宜的运动方式有哪些

随着孕期反应越来越大，朵朵妈赖在沙发和床上的时间也成正比增加，朵朵爸觉得虽然孕妇需要多休息，但总是躺着不动也不好。周六，朵朵爸对着懒洋洋的准妈妈展开了柔情攻势，准备用甜言蜜语说服准妈妈起来走动走动："老婆，我们带朵朵出去逛逛吧！好想牵着你的手散步哦！"朵朵妈显然被朵朵爸这罕见的招数迷惑了，美滋滋地挽着他的手下楼了。

在孕期，往往有些准妈妈不敢运动，总担心自己的活动会伤胎。其实，这种想法是不正确的。准妈妈适当的运动能使全身肌肉活动，促进血液循环，增加母子血液的交换；能使准妈妈增进食欲，从而使胎儿得到更多的营养；还能增强准妈妈腹肌、腰背肌和骨盆底肌的能力，有力地改善盆腔充血，使分娩时的肌肉放松，减轻产道的阻力，从而实现顺利分娩。

一般在怀孕早期，妊娠反应比较严重，如果此时准妈妈进行适当的运动，不仅可以转换准妈妈自己的心情，对胎儿的发育也非常有益。

第一节，到处走走

姿势：准妈妈到处走走，也就是散步，散步是适宜准妈妈的运动锻炼形式中最好的一种。它不受条件限制，可以自由进行。

功效：准妈妈在散步时，可以边呼吸新鲜空气，边欣赏大自然美景，这样可以变换心情，消除烦躁和郁闷；散步过后，会产生轻微适度疲倦，对睡眠有帮助。

第二节，踝关节运动

姿势：准妈妈坐在椅子上，一条腿放在另一条腿上面，下面一条腿的脚踏平地面，上面的腿缓缓活动踝关节数次，然后将足背向下伸直，使膝关节、踝关节和足背连成一条直线。两条腿交替练习上述动作。

功效：通过活动踝关节，促进血液循环，并增强脚部肌肉。

第三节，足尖运动

姿势：准妈妈坐在椅子上，两脚踏平地面，脚尖尽力上翘，翘起后再放下，反复多次，注意脚尖上翘时，脚掌不要离地。

功效：通过脚尖运动，促进血液循环，并增强脚部肌肉。

第四节，舒展背部

姿势：准妈妈盘腿而坐，让两手手指在胸前交叉，再一起向上推过头顶，将背部伸直，借用两臂的力量尽力向上推。上推的同时吸气，随着两臂的放下再缓缓地吐气。

功效：此运动可以强化筋骨，解除双肩紧张状态。

第五节，转动颈部

姿势：准妈妈脖子向右边缓缓转动，侧视右方，然后变为向左转动并侧视左方。向上仰视，再转而向下。

功效：通过从左到右，再从右到左的旋转，可以缓解颈部的僵硬状态，达到松弛肌肉的效果。

第六节，拉伸腿部肌肉

姿势：一条腿向前迈出，把前腿伸直，让脚后跟接触到地面。后腿弯曲的同时尽量使上半身的头部和腰部保持一条直线。保持 15 ～ 30 秒，注意呼吸均匀。用手轻轻按住前腿的膝盖，这样就不会发生弯曲。

功效：增加腿部后半边肌肉韧带的柔韧程度。

胎教百味屋

生男or生女大PK

1.传统说法：孕妇腹部突出过大是女孩，腹部不太突出或下腹部突出为男孩

专家说法：如果孕妇上身短，胎儿发育的空间只能向外延伸，所以腹部会显得很大。反之，孕妇上身长，可为胎儿发育提供足够的空间，腹部就无须向外突出。

2.传统说法：孕妇下怀是男孩，上怀是女孩

专家说法：如果孕妇是上怀，那可能是第一次怀孕或孕妇的体形好。当孕妇怀过一次孕以后，腹部肌肉松弛，再次怀胎时自然也就"下垂"了。

3.传统说法：乳头发黑是男孩

专家说法：乳头颜色受到体内激素的影响，孕期体内黄体酮和刺激黑色素细胞的激素水平增加，导致体表某些原本发黑的部位更黑，当生完孩子后就会很快恢复，这种现象与胎儿性别毫无关系。

温馨提示

孕期少动，诱发流产

对于白领孕妇的流产或新生儿出生缺陷，人们往往认为是电脑的罪过。实际上，写字楼中的不良环境和久坐不动的工作方式对女性的伤害，远远超过电脑本身的危害。

白领型的准妈妈长时间坐着工作，缺少运动，血液循环受到影响，骨盆受压迫使子宫血液循环不畅，让母体受到伤害而影响宝宝健康。所以，白领准妈妈在工作期间让自己的身体"动起来"尤为重要。

抓住胎儿脑发育的最佳时间

朵朵爸哼着歌走进来，朵朵妈看他高兴的模样，忍不住问道："有什么高兴事啊？""我今天测了一下自己的智商，嘿嘿，你猜我智商多少，亲爱的？""看你那得意样，一百一，还是一百二呀？""哈哈，还是老婆了解我啊，一百二！"朵朵爸笑呵呵地回答。朵朵妈不以为然："你智商再高也就这样了，你说有什么办法能提高咱们家朵朵的智商，保证朵朵将来聪明可爱呢？"

每一个家庭都希望有一个健康活泼、惹人疼爱的小宝宝，每一个做父母的都希望自己的孩子聪明健康，出人头地。

但往往事与愿违，有些孩子看似健康，却不聪明，成为父母的心病；有些孩子脾气极坏，注意力不集中，难以调教；有些孩子厌食，性格怪异……这些现象是什么原因造成的呢？美国的一项研究告诉我

老婆，我智商测试120分，宝宝遗传我的智商一定会聪明。

还是想想怎么做胎教能让宝宝更聪明吧。

们，当动物缺少某种营养素时可影响神经系统的发育，可造成一些功能亢进。一些孩子正是由于父母并不懂得营养的重要性，在孕前、孕期、以至小儿成长发育过程中忽略了一些营养素的合理搭配，而造成上述后果。

胎儿大脑发育时间

孕期的最初三个月是胎儿大脑发育的关键时期。在怀孕第四周的时候，由受精卵发育而成的内囊胚开始变为胚胎，出现三个不同的胚层，将发育成不同的器官、肌肉、皮肤、骨骼等；第十周是胎儿发育的重要阶段，脑正在迅速发育，每分钟约有25万个神经细胞形成；一直到二十二周时胎儿的脑神经才基本发育完善，宝宝也有了感觉和意识。因此，这个时期称为脑神经细胞激增期。

由于胎儿的脑细胞具有"一次性完成的"的增殖特点，这就需要准妈妈在这一时期特别注意营养的摄入。如果准妈妈在这一阶段营养不良，胎儿的脑细胞分裂增殖就减少，也就造成脑细胞永久性减少，同时脑细胞的体积增大和髓鞘形成均受到影响，致使发生智力障碍。

胎儿大脑发育营养建议

1. 蛋白质

蛋白质是人体所需主要营养物质之一，摄入人体内后在肝脏被分解为氨基酸，是胎儿组织发育和健康成长的必需成分。因此，准妈妈除了每天摄入45克蛋白质满足母体需要外，还应额外摄入6克。富含蛋白质的食物主要有蛋、鱼、肉、奶和乳制品。

2. 碳水化合物

碳水化合物提供人体所需要的能量，供给孕妇平时活动及机体的消耗，还供给胎儿活动及新陈代谢所需要的能量。碳水化合物多以蔗糖和淀粉的形式存于食物中。鉴于

孕期小知识

• 胎儿体重正确解读法 •

1.胎儿身长Vs体重

妊娠的前3个月，主要是通过测量胎儿头部至臀部的距离来计算胎儿的身长。随着胎儿渐渐发育，从妊娠第15周开始通过测量胎儿的头围或两顶骨间之直径、腹围及大腿骨的长度来判定胎儿的大小，再以此来推估胎儿的体重。

由于测量胎儿的身长结果误差较大，例如胎儿蜷曲的姿势、骨架的大小都可能造成结果的误判，因此，医学上会以体重而非身长作为评估胎儿成长的依据。

2.准妈妈子宫底高度VS腹围

准妈妈取仰卧姿势，让医师利用量尺来测量准妈妈子宫底（靠近准孕妇胸骨下方的位置）到耻骨联合上缘的长度，以此来推估胎儿的成长情况，在怀孕达20周以上时，妊娠周数通常会与此距离相当。

有些医师也会测量准妈妈的腹围：以横向的方式测量腹部最高的部位，但是因为每位准妈妈的腹围差异大，因此，建议准妈妈在家定期自我测量即可。

淀粉类食物水解缓慢，热量较少，因此，准妈妈可以多食用富含淀粉的食物，如土豆，少食含蔗糖较多的食物。

3. 脂肪

脂肪是构成细胞膜的重要成分，同时对胎儿神经系统的发育有很大作用。但是，由于脂肪类食物每克所含的热量比同量的碳水化合物和蛋白质要高一倍，摄入等量的脂肪类食物，体内热量相当于增加一倍。所以，准妈妈不宜多食脂肪类食物，但一点不吃也不可取。植物油，尤其是橄榄油，含不饱和脂肪酸多，比较适宜准妈妈食用。

4. 维生素

维生素能提高人体免疫力，增强造血能力，维护神经系统正常机能，对胎儿发育很重要，例如，叶酸可防止胎儿出现脊柱裂。因此，准妈妈需要摄取多种维生素（如B族维生素、维生素C）来保持自己和胎儿健康。但维生素在体内无法贮存，因此每天都应该适量摄取。

在摄取维生素时，要注意：动物肝脏含大量维生素，但多食用会引起许多疾病，应尽量避免食用。要多吃新鲜蔬菜和水果，水果可食用猕猴桃、草莓，含糖量高的少食用。在烹饪绿叶蔬菜时要尽量避免水煮，否则水溶性维生素会被溶解掉。

5. 矿物质

矿物质对于准妈妈和胎儿都非常重要，如人体内各种化学变化都离不开铁元素，铁还是构成血红蛋白的主要成分，缺铁会使血红蛋白无法完成，从而易患贫血。胎儿骨质、牙齿的健康发育都离不开钙质。锌元素对伤口愈合及消化过程起很大作用。

坚果含有较多的矿物质，准妈妈可通过食用坚果来补充孕期所需的矿物质。胎儿越长越大，所需的营养物质也越来越多，因此，准妈妈要逐渐增加饮食量，均衡饮食，保证胎儿的需要，储存分娩期所需的能量。

准妈妈在孕期要补充足够的蛋白质、维生素、矿物质，以保证胎儿发育，尤其脑发育。孕期饮食的原则是充分供给所有必需的营养，食用未精制的食物，补充所有欠缺的营养，以保证胎儿大脑的发育。另外，每类食物中所含的营养素不同，准妈妈要均衡饮食，比如蛋白类，大豆含大豆蛋白，牛奶含乳清蛋白，各类蛋白不同，要互补才能做到营养充分。随着生活水平的提高，准妈妈要逐渐懂得营养，有目的地调整饮食，让宝宝更健康！

温馨提示

影响胎儿智力发展四大因素

1.**遗传性疾病**：近亲结婚、夫妇双方任何一方患有遗传性疾病，都会影响胎儿智力的正常发育与发展，并会给家庭、社会带来无法挽救的危害。

2.**环境污染**：包括水源污染（重金属汞、铅等）、空气污染（汽车尾气、缺氧、吸烟等）、放射污染（X射线、微波等）、噪音污染、水质缺碘等，都会导致胎儿智力发育障碍。

3.**营养状况**：大脑发育与功能的建立与营养密切相关。尤其叶酸、蛋白质的补充不足或缺乏，直接影响脑细胞的形成。若孕妇在孕早期营养不良，会使胎儿脑细胞及神经系统发育障碍；在孕晚期营养不良，则会使胎儿脑细胞数量增长不足，脑皮质沟回发育障碍，从而影响胎儿的智力。

4.**疾病和药物**：孕早期病毒感染性疾病和不恰当的用药都可能影响胎儿脑细胞的发育。

Section 10

夫妻感情对胎教有直接影响

清晨，朵朵妈拿出一件紧身衣穿，朵朵爸觉得这件衣服太紧，对胎儿不好，就让她换一件略微宽松的衣服穿。可朵朵妈却觉得肥肥大大的衣服，不显身材，还会给人邋遢不爽利的感觉，太破坏她形象。两个人因此吵了一架。朵朵奶奶把小两口叫到一起，苦口婆心地劝："都要当父母的人了，不能再动不动就吵架了，吵架会影响夫妻感情，对朵朵的成长很不好。"

夫妻感情对胎教的影响

夫妻感情融洽是家庭幸福的一个重要条件，也是胎教的重要因素。无论是孕前还是孕后，夫妻感情都直接影响胎教。

在幸福和谐的家庭中，宝宝有良好的生长环境，往往能健康聪明。

第一，在夫妻感情不和的情况下受孕，可能影响受精卵的生长发育，影响下一代的健康。

第二，怀孕早期如果夫妻之间经常争吵，准妈妈情绪波动太大，可导致胎儿发生兔唇等畸形，并能影响出生后婴儿情绪的稳定。

第三，怀孕中晚期如果夫妻不和，容易导致准妈妈精神状态不佳，影响胎动次数，影响胎儿的身心发育，胎儿在出生后往往烦躁不安，易受惊吓，哭闹不止，不爱睡觉，经常吐奶，频繁排便，明显消瘦等等。

总体看来，如果家庭美满幸福，胎儿会安然舒畅地在母腹内顺利成长，出生后往往聪明健康。反之，如果夫妻不和睦，彼此间经常争吵，长期的精神不愉快，过度的忧伤抑郁，会导致准妈妈大脑皮层的高级神经中枢活动障碍，引起内分泌、代谢过程等发生紊乱，并直接影响到胎儿。

争吵对胎儿会产生影响

研究表明，如果在孕早期，夫妻之间经常争吵，准妈妈情绪极度不安，可能会引起胎儿兔唇、腭裂等畸形。如果是在孕晚期，夫妻感情不和，准妈妈精神状态不好，会使胎动次数增加，影响胎儿的身心发育，而且出生后往往烦躁不安、哭闹不止、睡眠差、消化功能不好，严重时甚至危及孩子的生命。

准妈妈必读

夫妻感情直接影响着胎教

国外某研究机构在观察试验时发现，孕妇在争吵后如果3周以内仍情绪不宁，此间的胎动次数也较前增加一倍。

有一孕妇的丈夫突然去世，由于她处在极度悲痛之中，胎儿常在腹中剧烈运动，出生后每次吃奶都发生呕吐，因而瘦弱不堪。

有些妇女在怀孕时丈夫脾气不好或精神病发作，所生的婴儿也多有消化功能不良等现象。

因此，可以说，父母的频繁争吵是腹中胎儿的灾难。首先，夫妻激烈争吵时，准妈妈受刺激后内分泌发生变化，随之分泌出一些有害激素，通过生理信息传递途径影响胎儿；其次，准妈妈的盛怒可以导致血管收缩，血流加快、加强，其物理振动传到子宫也会殃及胎儿；最后，父母争吵时的高声大气是十分有害的噪声，直接危害胎儿。

现代科学已经证实，胎儿对来自外界的刺激是有反应的，准妈妈所感觉的事物都可影响胎儿。因此，如果夫妻感情不和睦，彼此间长期的精神刺激，过度紧张、抑郁、忧愁，会使准妈妈大脑皮质的高级神经中枢活动受到障碍，可引起一些疾病，并直接影响胎儿。

事实上，在夫妻感情不和睦的环境里孕育的胎儿在身心缺陷方面的概率比生活美满、和睦相处的父母所生的孩子要高，胎儿出生后因恐惧心理而出现神经质的机会也比生活美满、和睦相处的父母所生的孩子要多，而且这类儿童往往发育缓慢，胆小怯弱，生活能力差。

良好的夫妻感情五要素

第一，准爸爸准妈妈应胸怀宽广，乐观舒畅，多想孩子远大的前途和美好的未来，避免烦恼、惊恐和忧虑。

第二，准爸爸和准妈妈要尽量把生活环境布置得整洁美观，赏心悦目。可以多挂几张漂亮的娃娃头像，准妈妈可以天天看，想象腹中的孩子也是这样健康、美丽、可爱。准妈妈也可以多欣赏花卉盆景、美术作品和大自然美好的景色，多到野外呼吸新鲜空气。

第三，准妈妈要保持有规律的饮食起居，按时作息，行之有效地进行劳动和锻炼。衣着打扮、梳洗美容应考虑是否有利于胎儿和自身健康。

第四，准爸爸和准妈妈要常听优美的音乐，常读诗歌、童话和科学育儿书刊。不看恐惧、紧张、色情、斗殴的电视、电影、录像和小说。

第五，准爸爸在情绪胎教中负有特殊的使命。准爸爸应了解怀孕会使准妈妈产生一系列生理、心理负担，并加以劝导。

胎教百味屋

准爸爸的爱妻守则

准爸爸平时应该主动表示对准妈妈及小宝宝的关心，时常摸摸准妈妈的肚皮，跟宝宝说说话，这能够安抚准妈妈焦虑不安的心情，有助于稳定情绪。另外，陪同准妈妈产检也是非常重要的一个环节，如果真的抽不出时间一起前往，也要记得询问产检的过程和结果，让准妈妈感觉自己是受重视的。

换个角度想，准妈妈情绪不稳定，也并不是故意闹脾气，主要是因为忧心肚子里的小公主或小王子。

为了自己宝宝的健康和未来，建议准爸爸，除了尝试跟准妈妈沟通之外，"多忍耐、多体谅"更是上策，真的忍无可忍了，深深吸一口气，把耐受度归零之后，再重新忍耐！

温馨提示

孕期夫妻感情调适

矛盾：无论妊娠是否在计划之内，大多数女性在受孕之初都会感到妊娠来得不是时候，如工作、学习、经济、住房等问题还没处理好，自己并未做好为人之母的准备。这种矛盾心情通常表现为情绪低落、抱怨身体不适、认为自己变丑且不再具有女性魅力、担心丈夫嫌弃。此时丈夫除关心妻子饮食起居外，还应多陪伴她，多赞美她的母性魅力。

自我关注：一个非常活泼开朗的妇女在妊娠后可能会对以前喜欢的活动失去兴趣，喜欢独处和独立思考。这种状态有助于她更好地计划准备，以应对妊娠和分娩、接受新生儿的到来。但这种自省行为也会使丈夫感到冷落而影响夫妻关系，从而影响孕妇的心理健康。

情绪波动：孕期绝大多数妇女情绪都不很稳定，易于激动、敏感，她们可能因为极小的事情而产生强烈的情绪变化，这种情况会使其配偶感到茫然不知所措，严重者会影响夫妻感情。

Section
11

准父母怎样与胎宝宝对话

朵朵妈躺在床上昏昏欲睡地听着音乐。朵朵爸劝朵朵妈，"不喜欢听就不要听了。"朵朵妈说："古典音乐对培养孩子将来的欣赏水平和艺术素养很有用，必须得坚持。"朵朵爸无奈地说："可是你不喜欢听啊，你一听就要睡觉，你都迷迷糊糊了，还能做好胎教么？你还是多和孩子说说话、讲讲故事吧，这样与胎儿交流效果会更好一些的。""真的么？""当然是真的，你听我的，错不了！"

与胎宝宝对话好处多

准妈妈腹中的胎儿，是一个有血有肉的小生命，并不像白菜一样仅靠营养发育生长。实践表明，准妈妈如果能经常与胎宝宝进行充满亲情爱意的语言沟通，不仅会使宝宝日后拥有出色的语言能力，还能在未曾谋面的母子之间架起一座心灵上的爱之桥。

医学研究表明：准爸爸准妈妈如果能经常与胎儿对话，可以促进胎儿出生以后在语言方面的良好教育。如果先天不给胎儿的大脑输入优良的信息，无论性能再好，也只会是一台没有储存软件的"电脑"，胎儿会感到空虚的。

另外，准爸爸准妈妈亲切的语调，动听的语言，通过语言神经的震动传递给胎宝宝，使他们产生一种安全感，促进大脑发育，使大脑产生记忆。这样，不仅能增进、加深宝宝出生后与准爸爸准妈妈的感情，使他们相见时即早已彼此熟悉，利于早期智力的开发，还可使宝宝更愿意同周围环境的人相互交流，促进健全人格的培养和形成。因此，准爸爸准妈妈与胎儿的对话，对胎宝宝的智力发育有着无可替代的作用。

与胎宝宝对话的方法

1. 满怀爱意的对话

孕初期，准妈妈可配合抚摸胎教来进行语言胎教。例如在午睡或晚上睡觉前，准妈妈躺下后温柔地抚摸胎儿，与胎儿充满爱意地说话，如："宝宝，你好！一天过去了，高兴吗？妈妈爱你，非常爱你！""宝宝，妈妈要睡觉了，你和妈妈一块睡，好吗？"……

2. 表达日常生活内容

准爸爸准妈妈可以根据日常生活，随意确定与胎儿的对话内容，所以语言胎教时间是不固定的。白天准妈妈进行任何活动时可根据活动内容与胎儿对话，比如，准妈妈洗脸时，就对胎儿说："宝宝，妈妈要洗脸了，你看，洗完脸妈妈觉得舒服极了，也漂亮了，对吗？"准妈妈上公园时，就对胎儿说："宝宝，妈妈今天在公园里，你看公园里多美啊，有鲜花，有金鱼，有绿树，你喜欢吗？"这样，准妈妈与胎宝宝可共同体验生活的节奏。胎宝宝出生后，再听到妈妈的呼唤，就会感到熟悉和亲切，在新环境中不会感到紧张和不安，有利于婴幼儿心理上尽快适应，并可促进语言能力的发展。

3. 给胎儿讲故事

给胎儿讲故事是语言胎教中一项必不可少的内容。准妈妈把胎宝宝当成是一个大孩子，认真地用亲切动听的语言、充满感情的语气给他讲故事。

准妈妈在给胎儿讲故事时，要选择一个舒服的姿势，集中精力，声音要轻快、明朗、缓和，带着感情色彩，避免发出高声尖气的喊叫；讲述时要绘声绘色，这样才能感染胎宝宝。

4. 为胎儿读文学作品

给胎儿读文学作品，尤其是优美的散文和诗歌，也是语言胎教的一项内容。准妈妈在阅读时最好自己先沉浸到文学作品所描绘的意境中去，然后以温和的语调来朗读，声音不用太高。有些儿歌朗朗上口，有节奏感，有韵律，又浅显易把握，也是进行语言胎教的好材料。准妈妈怀孕5个月后，如能每天坚持对胎儿朗读诗歌、散文、儿歌，胎儿日后的语言把握能力会有明显提高。

5. 简化并重复短句

在进行语言胎教时，准爸爸准妈妈最好能将针对日常生活内容和表达感情的话语简化，如"宝宝，我们吃饭了。""饭好香。""宝宝，我们很爱你！"等，然后经常性地重复对胎儿讲，以加深胎儿对这些话的印象，促进他的记忆力和理解力。

6. 准爸爸要参与对话

在进行语言胎教时，准爸爸一定要参与，胎儿很喜欢准爸爸雄浑、厚重、有磁性的声音。专家们发现，准爸爸参与做语言、音乐等胎教活动的胎儿，出生后对爸爸的声音很早便有辨别力，感情上也有较明显的亲近表现，日后对爸爸会更喜欢。

所以准爸爸如果有时间，最好也能抚摸着胎儿对他说些充满爱意的话。这样做不仅会使胎儿觉得舒服，还能使胎儿记住爸爸的声音和处事特点，加深胎儿出生后对父亲的认同和感情，并培养一些母亲没有的性格、素质。

与胎宝宝对话的内容

1. 日常性简单用语

期盼语："宝宝快长大吧""大眼睛像爸爸，善解人意像妈妈""长得胖胖的""长得高高的""像妈妈一样白，像爸爸那样聪明能干""爸爸妈妈都爱你"……

赞美语："你真是妈妈的好宝宝""宝宝真懂事""真是一个乖宝宝""宝宝真好""妈妈真爱你"……

问候语："宝宝你好""宝宝早上好""宝宝睡得舒服吗""宝宝愉快吗"……

胎教前后用语："宝宝醒醒吧""宝宝打起精神来""我们又开始上课喽""听听音乐吧""再见啦""休息吧""睡觉吧"……

2. 对胎儿进行语言诱导

准妈妈淋浴时可对胎儿说："这是水流声，妈妈在洗澡"……

准妈妈在感到胎动时说："宝宝开始活动了""宝宝淘气了""又踢妈妈了"……

听音乐时说："宝宝听听音乐吧""真好听啊""宝宝听到音乐没有"……

妈妈给宝宝动作刺激时，可以说："让妈妈摸摸你""宝宝好舒服""妈妈拍拍你""再踢一下""妈妈推推你""宝宝散散步吧"……

温馨提示

与胎儿对话三原则

原则一：声音要适当大和清晰、速度要缓慢、要发自内心。

传递给胎儿的声音通过羊水后往往有些模糊不清，因此在对胎儿说话时，声音要适当大一些，吐字要清晰一些，停顿要长一些，语速要慢一些。

原则二：三天打鱼两天晒网可不行！要坚持，哪怕每天只有15分钟。

对胎儿说话，持之以恒很重要。每次的时间短一些也不要紧，但要尽量坚持每天都至少进行一次。

原则三：准妈妈自己不要觉得有负担，情绪上保持愉悦很重要。

如果妈妈总有"真烦呀"等抵触情绪，无形中就会成为一种压力，而这种压力也往往会传递给胎儿。因此，妈妈自己要保持轻松愉快的心情，如果能把它作为一种享受，就再好不过了。

Section 12

胎教宝典：做一个"洁身自好"准妈妈

晚上同学聚会前，朵朵爸对朵朵妈是千叮咛万嘱咐，告诉她一定不要喝酒。可是老同学们好几年没见面了，实在推不过，朵朵妈还是喝了几口啤酒。回到家，朵朵爸闻着酒味，很不高兴："你肚子里有小宝宝了，怎么这么不自觉呢？还敢喝酒！""就喝了一点，没事的，老公。"朵朵妈轻描淡写地说道。朵朵爸一听，气势更盛了，说："怎么没事？你喝酒就等于朵朵喝酒，她那么小，万一酒精中毒怎么办？"朵朵妈有点恼，但想想又觉得理亏，没有说话。朵朵爸一看她这样，有点心疼，把朵朵妈搂过来，安慰说："赶紧喝点水，吃点东西，解解酒，以后千万别喝了。"

饮酒对胎宝宝的危害

准妈妈喝酒对胎宝宝和自己危害都很大，可能会对胎儿造成以下问题：

1. 酒精可导致胎儿发育不良；

2. 酒精可导致胎儿面部发育扭曲，出现上颌骨小、鼻子短而上翻、人中平坦、上唇扁平、眼睛小、上眼睑下垂等问题；

3. 酒精可导致胎儿关节、手、足、手指、脚趾不正常；

4. 酒精可导致胎儿协调性差；

5. 酒精可导致胎儿学习障碍；

6. 酒精可导致胎儿记忆障碍；

7. 酒精可导致胎儿心脏缺陷，如房间隔、

你现在是妈妈了，不能任性喝酒。

室间隔缺损；

8．酒精可导致胎儿注意力不集中；

9．酒精可导致胎儿与他人相处能力差。

饮酒对准妈妈的危害

1．过敏

怀孕期间，准妈妈在荷尔蒙的作用下皮肤比较干燥，容易出现过敏现象，而酒精中的组成物质会加剧过敏的发生，造成妊娠不适。

2．增加基础新陈代谢率

饮酒会加速人体的血液循环，准妈妈更容易出汗、频尿。

3．丧失对自主神经的控制力

喝酒后，酒精控制了脑部，导致自主神经感觉迟钝，有一些飘飘然的感觉。

4．容易跌倒

一般人喝酒后走路跌跌撞撞的，准妈妈体积大，行动本来就比较迟缓，喝酒后跌倒概率增加。

5．伤胃

酒喝多了，容易引起呕吐，呕吐的次数变多了，对肠胃会造成很大的负担。

6．酒精中毒

准妈妈如果长期浸在酒香中，易危及胎儿，引发流产或胎儿异常。

7．营养不足

饮酒会引发食欲不振，影响准妈妈的营养吸收，进而阻碍胎儿的成长。

喝浓茶对胎宝宝的危害

中国人多数都有喝茶的习惯，但是实际上，作为特殊人群的准妈妈，在孕期是不适宜喝茶的，尤其是浓茶。理由如下：

1．一般浓茶中含高达10%的咖啡碱浓度，会增加准妈妈尿的次数与频率，增加准妈妈心跳的次数与频率，加重准妈妈心与肾的负荷量，可能会导致妊娠中毒症。

2．将要临产的准妈妈不宜喝太多茶。浓茶中的咖啡碱会使人兴奋引起失眠，如果准妈妈在产前睡眠不够，那可能会导致分娩的时候精疲力竭，甚至还会造成难产。

3.准妈妈喝茶后，茶中的咖啡碱会渗入乳汁并间接影响胎宝宝，影响婴儿身体健康。

4.准妈妈过多地饮用浓茶，有可能引起妊娠贫血，也将使胎宝宝患先天性缺铁性贫血。

喝咖啡对胎宝宝的危害

有很多准妈妈在紧张的工作之余，喜欢冲一杯咖啡，静静地休息一会。还有一些准妈妈为了在晚上有精神工作，用咖啡提神，这都是对胎儿不负责任的做法。因为咖啡对准妈妈腹中的胎儿有不良影响。

首先，科学家发现，与那些从不喝咖啡的准妈妈相比，每天喝 4～7 杯咖啡的准妈妈死胎发生的危险性增加 80%，每天喝咖啡超过 8 杯的准妈妈发生死胎的危险性增加三倍以上。

其次，科学家对德国千名以上的准妈妈进行的一项调查性研究显示，每日喝 3 杯以上咖啡的准妈妈，所产下的胎宝宝体重没有超过两千克的，明显比不喝咖啡的或者喝咖啡较少的准妈妈产下的婴儿要小。

再次，咖啡因会阻碍胎宝宝的成长。咖啡因摄取量中等的准妈妈，胎宝宝在子宫内发育不全的危险性，高于不喝咖啡准妈妈的一倍；摄取咖啡因特别多的准妈妈，胎宝宝发育不全的可能性，较一般人多四倍。因此准妈妈要减少饮用咖啡，每天至少低于 300 毫克。

在妊娠条件下，咖啡因的生物半衰期被成倍地延长了。所谓生物半衰期是指某种物质在血液里的浓度被集体清除掉一半所需要的时间。由于准妈妈清除咖啡因的能力低，咖啡因就容易在体内蓄积，并经胎盘屏障影响胎宝宝的发育。

吸烟对胎宝宝的危害

准妈妈不但不可以喝酒，不可以喝浓茶、喝咖啡，也不可以抽烟。

1.准妈妈吸烟会增加自然流产率。吸烟的准妈妈比不吸烟的准妈妈增加 80% 的自然流产可能性，因为吸烟破坏胎盘功能，造成早期自然流产。

2.准妈妈吸烟会造成胎宝宝的多种出生缺陷，如神经管畸形，足内翻、唇腭裂、隐睾、大血管错位等。

3. 准妈妈吸烟可致胎宝宝宫内生长迟缓，新生儿出生体重低于正常同龄胎宝宝。

4. 14% 胎宝宝早产的发生与准妈妈的吸烟有关，孕期吸烟的准妈妈发生早产的机会是不吸烟准妈妈的 2 倍，每天抽一包烟以上的准妈妈发生早产的概率是不吸烟准妈妈的 3 ~ 4 倍。

5. 准妈妈吸烟导致胎宝宝死亡率增加。

6. 准妈妈主动和被动吸烟对婴幼儿也有影响，不仅仅限于胎宝宝时期，在整个婴幼儿期甚至成年期都对健康有不良影响。

孕期小知识

· 吸烟对准妈妈的危害 ·

1. 吸烟的准妈妈易患妊娠高血压综合征；

2. 吸烟能明显抑制和损伤准妈妈非特异性免疫功能和防御功能；

3. 吸烟的准妈妈在临产时出现胎盘早剥、出血、早破水等合并症比正常产妇高 1~2 倍。

总之，为了下一代的健康成长，为了准妈妈自身的身体健康，每个准妈妈都应该自觉戒烟。同时要注意脱离吸烟环境，避免被动吸烟，在清新愉悦的环境中度过孕产期。

温馨提示

胎儿酒精综合征

准妈妈在计划生育宝宝前必须要戒酒，是因为酒的成分主要是酒精。当酒精被胃、肠吸收进入血液在全身运行以后，除少量从汗、尿及呼出的气体中以原来的形式排出外，其余大部分由肝脏代谢。肝脏首先把酒精转化为乙醛，进而变成醋酸被利用，但这种功能是有限的，所以，随着饮酒量的增加，血液中的酒精浓度也随之增高，对大脑、心脏、肝脏、生殖系统都有危害。

准妈妈在怀孕期间饮酒，可以导致胎儿畸形。孕8周内是胎儿各器官形成的关键时期，如果准妈妈在这个时期饮酒，会导致胎儿小头、小眼裂、小下颚、腭裂、先天心脏病和内眦畸形等。饮酒还会引起血管收缩，影响到胎儿氧气供应，特别是影响胎儿大脑的发育，造成智力障碍，这就是胎儿酒精综合征。

Section
13

胎教方法：怎样教胎儿学习

看到朵朵爸买回一叠识字卡片，朵朵妈很奇怪，"老公，你也太着急了！这些学习用品等孩子出生后再买也来得及。"朵朵爸反驳说："不买？那你现在教宝宝学习用什么啊？"朵朵妈惊讶极了："现在？宝宝才两个月，怎么会学习啊？""是时候了，你琢磨琢磨怎么用这些卡片教宝宝吧。"

胎教就是教育胎儿吗

很多人对胎教有一种误解，以为胎教就是教育胎儿，或者说让胎儿接受教育。其实，胎儿没有思维能力，什么也学不会。那么胎教的意义是什么呢？所谓胎教，就是给胎儿创造一种更加良好的发育环境，使胎儿的神经系统发育得更加完善。

妇产科医生的研究证明，接受过胎教的婴儿，在出生后的前 6 个月内，比未接受过胎教的婴儿发育得快一些，如果出生后继续让婴儿听悦耳的音乐，并接受妈妈的抚爱，其身体整体发育水平、语言能力明显高于未接受过胎教的婴儿。但如果出生后停止胎教时的刺激内容，那么胎教所产生的作用会逐渐消失。

胎教时胎儿有感觉吗

准妈妈在对腹中的胎儿实施胎教时，常常会想："我的孩子能感受到么？"近年来的研究证实，胎儿不仅有感觉，而且还有记忆力，能够接受准爸爸准妈妈的教育。

人的生命实际上是从胎儿时期开始的，随着胎儿渐渐长大，他们的感觉也逐渐丰富起来。

大约3个月左右的胎儿就有了感觉。起初，当胎儿碰到宫中的一些软组织，如子宫壁、脐带或胎盘时，会像胆小的兔子一样立即避开。但随着胎儿的逐渐长大，特别是到了孕中后期，胎儿变得"胆大"起来，不但不避开触摸，反而会对触摸有一定反应，如有时母亲抚摸腹壁时，胎儿会以脚踢的方式来回报。

4个半月时，胎儿能辨出甜和苦的味道，孕期快结束时，胎儿的味蕾已经发育得很好，而且喜甘甜味。

6个多月时，胎儿就有了开闭眼睑的动作，特别是在孕期最后几周，胎儿已能运用自己的感觉器官了。

胎儿尤其是妊娠中后期的胎儿，其触、视、听、味觉等都发育到了相当的程度，能够感受到一些外界活动，这时运用合理科学的方式进行胎教，可以促进胎儿身心健康发展。

胎教百味屋

胎教格言

胎教成功的诀窍就是将三维要素，即具体的、有立体感的形象而不是平面的形象导入胎教中去。

怎样教胎儿学习

1. 用彩色卡片学习语言文字

彩色卡片就是用彩笔在白纸上写上文字和数字的卡片。

（1）准妈妈在教胎儿学习语言文字时要循序渐进，首先以汉语拼音a、o、e开始，每天教 4 到 5 个，如果准爸爸准妈妈想从小培养胎儿的外语天赋，也可教胎儿 26 个英语字母，先教大写、小写，然后是简单的单词。在教胎儿学习时，准妈妈要投入真挚的感情，充满耐心，切忌急躁、敷衍了事。

（2）准妈妈在教胎儿数字时，一天不要超过 5 个，不仅要集中注意力凝视数字的形状及颜色，让其在头脑中留下鲜明的印象，还要联想身旁的各种具体事物。

比如"1"这个数字，即使视觉化了，对于胎儿来说，也是一个极为枯燥的形象。但如果以"竖起来的铅笔""一根电线杆""食指""英文字母 I"的形状做联想游戏，或者用身旁的具体的"物"来表示"1"的意思，如一个苹果、一只猫、一个盘子，学习起来就会更加有兴趣。

同样道理，准妈妈在教"2"这个数字时，也要尽可能从身旁的材料中找出适当的例子，如"浮在水面上的天鹅的倩影"和"发条的一端加上一根横棍儿"的样子。当然不要忘记清楚地发好"1""2"的读音。

准妈妈可以举一反三，在教"8"这个数字的时候，告诉胎儿"8"的形状看上去像两个圆粘在一起，上面的圆比下面的圆要稍微小一点，然后用手指临摹几次。再从 1 数到 8，一边扳着手指出声地数 1、2、3、4……

按照这种方法，每天教 5 个，也可以只教 2 个到 3 个，教到 50 以后，再回到 0，这回把乘除运算写在图画纸上，到了 50 以后，不同颜色的"算式设计图"就能装满一个纸箱。

2. 将实物与卡片对照运用

将实物与卡片对照运用，是通过深刻的视觉印象将卡片上描绘的数字、图形的形状和颜色，以及准妈妈的声音一起传递给胎儿，以立体形象传递会更有效果。

（1）教图形时，先用彩笔在卡片上描绘出圆形、方形、三角形，将其视觉化后传递给胎儿，并找出身边的实物来进行讲解。

例如教 1+1=2 的时候，可以说："这里有 1 个苹果，又拿来了 1 个苹果，现在一共有 2 个苹果了。"在胎教时，要尽量运用三维概念，即具体的、有立体感的形象。

在教加减法时，准妈妈要准备彩色的万能墨水笔和图画纸。例如，用很大的字来进行含有 8 的加减法运算，像 8-1=7，8-2=6，8-3=5，4+4=8，5+3=8，6+2=8 等。进行各个数字的组合，而且每个数字都用不同颜色，一张图画纸只写一个算式。

（2）如同人们在记住文字之前就会讲话一样，在记忆方面，第一步是"囫囵吞枣"。因此，准妈妈不要拘泥于"记住数字以后，再教算术"的常规，而要把注意力集中在眼前的苹果和算式上，要和胎儿一起思考，代替胎儿回答并传递给胎儿。

（3）用于算式的实物可以是一些好玩的东西，像台球、折的纸人，也可以选一些准妈妈喜欢吃的东西，像小饼干、梅子、糯米团子等。

3. 学习生活常识和自然知识

胎教就是为了让胎儿预先掌握生活中的智慧和一般常识，以便出生后对日常生活中的事物更加感兴趣。胎儿的大脑如同一张白纸，外界的信息在他们看来没有什么难易之分，好奇就接收，厌烦就一概拒绝。

因此，可以有选择地挑一些有趣的话题，通过感官和语言传递给胎儿，刺激胎儿的思维和好奇心。如做菜时，可以讲述有关炊具和烹调的方法，通过视觉将菜的颜色"告诉"胎儿，通过嗅觉将菜的气味"转达"给胎儿。

温馨提示

胎儿学习效果好

据新加坡《联合晚报》报道，美国加利福尼亚州希霍市产科医生连尼·凡特卡设计了一套胎教方法。他的合作者为心理学家和医生，他们招收尚未出生的胎儿为学生，创办了世界上第一所胎儿大学。自1979年至今，已培养出千余名毕业生。胎儿自母亲妊娠5个月时入学，直到呱呱坠地时毕业。毕业时，校长给他们颁发四方帽和文凭。在胎儿大学要上3门必修课，即英语、音乐和体育。上英语课时，准妈妈用一个喇叭形话筒向胎儿不断重复一些单词和短语。音乐课是准妈妈把一个玩具木琴放在肚子上，演奏一连串的音符；或者用录音磁带，播放简单而优美的旋律。体育课是准妈妈轻拍自己的肚子与胎儿沟通，胎儿在肚子里不断踢脚，过了不久，胎儿就能向感觉到妈妈的手的地方踢。胎儿每天只上两节课，每节课5分钟。这是人一生中最早的超早期教育。

Section

14

胎教安全：有效缓解孕吐的方法

朵朵妈吃早餐的时候就觉得不对劲，有吃不下去的感觉。中午也没胃口，就给朵朵奶奶打电话："妈，我晚上想喝粥了。""好，妈晚上给你煮鱼片瘦肉粥喝。"朵朵奶奶乐呵呵地答应。可到了晚饭时，等朵朵奶奶把粥一端上来，朵朵妈一闻见鱼腥味，就觉得胃在翻涌。她一下子冲进卫生间，干呕了一会，没有东西呕出来。朵朵奶奶赶紧安慰她："没事的，一会就好。赶紧吃吧，不然凉了。"可朵朵妈刚坐到餐桌前，却又是一阵翻涌，来不及跑到卫生间，只好一扭身就着垃圾桶呕了出来。

准妈妈孕吐的原因

1. 肠胃变得脆弱。有些准妈妈的胃肠道对孕早期的各种变化更为敏感，所以更容易感到难受。

2. 准妈妈以前口服避孕药时出现过恶心或呕吐等副作用，这很可能与身体对雌激素的反应有关。

3. 怀孕期间嗅觉和对气味的敏感度提高了。比如，有人在隔好几个房间的地方煎香肠，一个刚刚怀孕的妇女竟然能闻到这种气味，并立刻引起恶心的反应，这种现象并不少见。这种敏感性也可能是雌激素水平升高所造成的。

4. 准妈妈有晕车史。

5. 准妈妈具有在孕期易出现孕吐的基因。如果准妈妈的妈妈或姐妹有严重的孕吐反应，那么准妈妈发生这种情况的可能性也比较大。

6. 准妈妈曾患有偏头疼。

7. 准妈妈可能怀的是女孩。一项研究结果表明，如果恶心和呕吐很严重，准妈妈怀女孩的可能性比怀男孩的可能性高50%。

孕吐对宝宝的影响

准妈妈在孕期轻度到中度的恶心以及偶尔呕吐一般不会影响宝宝的健康，而长期严重的呕吐会增加早产、低体重出生儿和体形过小新生儿概率。因此，只要没有出现脱水或进食过少的情况，即使在孕早期体重没有增加，也没什么问题。多数情况下，准妈妈应该能够很快恢复胃口，并开始增加体重。如果孕期的呕吐、恶心感使准妈妈无法保证饮食平衡，就一定要服用孕期维生素来获得身体所需要的营养。

缓解孕吐的四种方法

1. 食疗法

孕早期胎儿生长缓慢，并不需要太多的营养。此时，准妈妈可以选取在口味上满足自己的食物，并尽量减少每次进食的量，少食多餐，多喝水，多吃富含维生素的食物，防止便秘，便秘会加重早孕反应。

尽可能多地变换就餐环境，这样能激发食欲。为了减轻孕吐反应，多吃一些较干的食物，如烧饼、饼干、烤馒头片、面包片等。如果孕吐严重，多吃蔬菜、水果等偏碱性的食物，以防酸中毒。

2. 运动疗法

一些适当的运动也能减轻孕早期的呕吐反应。因此，准妈妈应适当参加一些轻缓的活动，如室外散步、做孕妇保健操等，都可改善心情，强健身体。

如果准妈妈因为恶心呕吐就整日卧床，不吃饭，心情烦躁，体力欠佳，这样只能加重早孕反应。如果准妈妈活动太少，恶心、食欲不佳、倦怠等症状就会更为严重，长此以往便形成恶性循环。

孕期小知识

· 孕吐小偏方 ·

苹果： 早起吃一个苹果，能有效缓解恶心和呕吐，有助于保持肠道畅通，预防便秘。

生姜： 研究发现，生姜可以帮助缓解孕吐症状。准妈妈可以自己试着制作姜茶。切两片硬币大小的生姜，用开水浸泡5～10分钟。取出生姜，加入红糖、蜂蜜或柠檬就可以了。

黄瓜： 黄瓜的清香会让准妈妈不舒服的感觉一扫而光。

蜂蜜： 起床前，将一勺蜂蜜含在嘴里，可以帮助身体吸收一部分血糖，使血糖浓度不致过低，孕吐的次数就减少了。

3. 药物疗法

一些准妈妈在孕期呕吐现象比较严重，为了保证母体及胎儿健康，准妈妈应补充营养剂。比如服一些 B 族维生素和维生素 C，还可以减轻妊娠反应的不适。值得注意的是，准妈妈呕吐切莫多服维生素 B_6。

4. 心理疗法

妊娠反应与心理压力有一定关系，心理压力过大，妊娠反应会更加严重，因此，心理放轻松比什么都重要。其实，孕吐是正常现象，只要在正常范围内，准妈妈就不用担心会给胎儿造成不良影响。

另外，准妈妈要了解一些相应的科学知识，多与周围的妈妈和准妈妈交流，相互学习，解除心理压力。也可以多和自己的体检医生交流，把自己的情况告诉医生，看看有没有必要进行相应的孕吐治疗。

缓解孕吐的十个小窍门

1. 少食多餐

准妈妈可以吃些能够提得起胃口的东西，也可以随时吃点零食，总之，一刻都不要让自己的胃空着，因为空腹是最容易引起恶心的。另外，多吃富含蛋白质的清淡食物，这类食物有助于抑制恶心。

2. 吃冷食

试着吃些凉的或室温状态下的食物，这些食物的气味没有热的食物那么强烈。

3. 夜晚的小零嘴儿

在床头放点饼干等简单的小零食。准妈妈睡醒后，可以先吃上几片饼干，然后休息 20～30 分钟，再起床。如果半夜醒来感到恶心，准妈妈也可以吃点饼干来缓解一下。

4. 不强迫自己

如果准妈妈觉得好像吃什么都会恶心，不要着急，那就吃那些能提起准妈妈胃口的东西，哪怕这些食物不能让准妈妈达到营养均衡也没关系。不管什么东西，多少吃进去一点，总比大吃一顿但全都吐出去要强很多。另外，要尽量避免出现可能会让准妈妈觉得恶心的食物或气味。

5. 避免高脂肪

高脂肪的食物需要更长的时间才能消化。因此，准妈妈要避免吃油腻、辛辣、酸味和油炸的食物，这些食物会刺激准妈妈已经变得脆弱的消化系统。

胎教百味屋

关于孕吐的有趣报告

过二人世界的小夫妻与和公婆共同生活的小夫妻相比，前者孕吐的现象较为严重。这可能是因为夫妻两个人生活没有顾忌，而和公婆相处，就张罗三餐，或是整理家务，琐事分散了对孕吐的注意力。

生活在陌生环境的孕妇，其孕吐症状比较严重，例如在国外生育的人，父母、朋友都不在身边，难免觉得紧张孤寂，再加上语言不够通畅，自然也会产生不安。

6. 小口喝水

准妈妈喝水时不要"牛"饮，虽然喝水对预防脱水非常重要，但如果准妈妈一口气猛喝，把胃涨满，胃里就盛不下其他防吐食物了。另外，如果准妈妈吐得很频繁，可以尝试含有葡萄糖、盐、钾的运动饮料，这能够帮助准妈妈补充流失的电解质。

7. 避免空腹服用孕期维生素

准妈妈可以试着在吃东西时服用维生素，也可以在晚上入睡前服用，要尽量避免早晨起床后空腹服用孕期维生素。准妈妈也可以问问医生，是否可以暂时换一种含铁较少的孕期补充剂，因为准妈妈脆弱的消化系统已经很难承受铁这种矿物质。

8. 试试含姜的食物

研究显示，姜能够让准妈妈的胃感到舒服一些，姜茶、姜糖都是不错的选择。准妈妈可以把生姜切碎，用热水冲泡，给自己做一杯姜茶。

9. 戴穴位腕带

准妈妈可以通过戴穴位腕带来缓解孕吐。在药店可以买到柔软的棉质腕带，它最初是为预防晕船设计的，准妈妈戴上它，也能防止孕吐。佩戴方法是：将腕带在手腕上系紧，腕带上的塑料"扣"正好轻轻地压在手腕内侧的一个穴位上，这样可以会对大脑里的呕吐中枢起到抑制作用。准妈妈也可以向医生咨询，并佩戴电子腕带，这种腕带看起来像手表，是利用微弱的电流刺激相应的穴位，很安全，研究表明，它对一些孕妇很有效。

10. 维生素 B_6

虽然人们不知道为什么维生素 B_6 可以止吐，但有些准妈妈发现它确实有效，因此，准妈妈可以问问医生自己能不能服用维生素 B_6。维生素 B_6 的推荐剂量是每天 1.9 毫克（mg），但是如果准妈妈的呕吐症状严重，医生也可能让准妈妈每天服用 3 次、每次 1025 毫克（mg）的剂量。需要注意的是，准妈妈在没有征求医生的意见之前，不要擅自服用维生素 B$_6$ 或任何其他补充剂。

哪些情况要就医

虽然孕吐一般情况下不会影响身体健康，但也有约 1% 的情况十分严重，导致脱水，体重下降。准妈妈一旦出现脱水、晕眩、心跳加速或呕吐次数频繁，不能进食，呕吐物中夹有血丝，都必须马上去医院。

提醒：很多准妈妈都特别担心孕吐会影响胎儿的营养供给，希望能够尽早控制孕吐，其实完全没有必要。一旦发生孕吐现象，应该顺其自然，因为孕期呕吐症状一般都较轻微，而且多数在妊娠 12 周左右自行消失。

温馨提示

治疗孕吐食疗方

传统中医有一些食疗方对治疗孕妇呕吐比较有效，下面推荐几款食疗方供呕吐严重者使用：

1. 方法：糯米120克，按常法熬汤喝，每天分4次温服，禁食硬、冷食物。

   功效：益气、和中。

2. 方法：将甘蔗洗净去皮，捣烂取汁(半杯)，鲜姜洗净捣碎取汁(一汤匙)，然后将两种汁倒在一起，和匀稍温后饮服。

   功效：和胃止呕。

3. 方法：鲜芹菜根10克，甘草15克，鸡蛋1枚，先把鲜芹菜根、甘草洗净熬汤，水沸后打入鸡蛋趁热服。

   功效：清热，降逆。

4. 方法：韭菜200克，鲜姜200克，白糖适量。将韭菜、生姜洗净切碎，捣烂取汁，用白糖调匀饮服。

   功效：温中止呕。

5. 方法：黄连1.5克、苏叶3克。将黄连、苏叶泡水代茶，频频饮服。

   功效：清热和胃。

Section 15

温馨胎教：胎儿也有生活规律

深夜，朵朵爸带着室外的凉气回到家里。他把头放到被吵醒的朵朵妈肚子上，大声地说："朵朵，爸爸回来了！你有没有想爸爸啊？"朵朵妈连忙把他推到一旁，嗔道："大半夜的，小点声，朵朵在休息呢，不要吵醒她。"朵朵爸很不服气："你怎么知道她休息了？难道她和大人一样也有规律的作息时间？"朵朵妈有点含糊地说："反正我休息她就跟着休息……"

准妈妈肚子里的胎儿，从 4 个月大开始，各种感知能力就逐渐发育起来，如触觉、平衡感、听觉、味觉、嗅觉等。因为胎儿已经具备平衡感，可以自己调整自己的位置，所以"逆产儿"的比例不高。

你吵醒宝宝了。

宝宝，爸爸回来了。

胎儿的"早晨"

胎儿的视觉尚未发育完全，不过他们在子宫里用眼睛干什么呢？

当胎儿眼部构造刚形成的时候，上眼睑和下眼睑是粘在一起的，怀孕 25 周左右胎儿的上下眼睑才可以分开，并可以流出少量的眼泪。宝宝出生后 3 个月左右，才能彻底看清物体。而在胎内，最多只能感受到光线的明暗变化。

准妈妈胎内，黑夜时一片漆黑，白天时光线也很暗，相当于室内夜间照明的亮度。不过，准妈妈肚子中的胎儿可以感受到微弱的光线变化。

怀孕 34 周以后，胎儿就可以判断黑夜和白昼了，并且已经开始和准妈妈一起度过每天 24 小时的循环性规律生活了。

对于胎儿来说，微弱的光线就能让他们感知到现在已经是"早晨"了。

胎儿的"生物钟"

人体内都有一个"生物钟"，人们的脉搏、呼吸、血压、新陈代谢、荷尔蒙的分泌都是以 24 小时为周期变动的。

但是，严格来讲，人体的"生物钟"周期比 24 小时稍长一点，大约为 25 小时。也就是说，多出了一个小时。人体如何调节这一个小时的偏差呢？就是靠早晨的阳光。当天亮时，我们的大脑就会产生反应："已经是早晨了。"然后将"生物钟"调节到以 24 小时为周期。

胎儿把自己的"生物钟"调节为以 24 小时为周期，需要借助两种手段。第一种是通过胎盘从母体那里获得一种叫做"褪黑素"的荷尔蒙；第二种就是感受到早晨的阳光。

如果准妈妈喜欢熬夜，很晚才睡觉，第二天上午很晚才起床，那么不仅准妈妈不能很好地调节自身的"生物钟"，就连胎儿的"生物钟"也无法以 24 小时为周期正常运转。

胎儿喜欢规律生活

胎儿按照 24 小时的周期过规律生活，怀孕的母亲必须有规律地生活，才能使胎儿的生活规律保持正常。

生活不规律容易导致大脑、心脏、肝脏、肾脏等所有器官的"生物钟"紊乱，破坏身体平衡，对人体非常不好。其实，胎儿在 4 个月大左右，内脏器官就基本上发育完成，并开始工作了。胎儿发育到 7 个月大的时候，脑的机能也开始运转了，这时胎儿已经过起了有规律的生活，至少他们已经能够感受到准妈妈的生活规律了。

"肚子时钟"也非常重要，它使人体以 24 小时为周期规律地生活。我们大脑的活动是需要能量的，每天早晨吃过早餐后，人的体温升高，大脑才开始活跃起来。因此，不吃早饭的习惯对身体是非常有害的，如果孕妇不吃早饭，后果更加严重。为了保证自己有规律的生活，也为了保证胎儿有规律的生活，孕妇一定要好好吃早饭。

准妈妈规律生活一览

1. **睡眠**：每天不少于 8 小时，中午应有 1 小时的休息。室内应保持空气新鲜、流通。
2. **衣着**：要宽大，注意保暖，不穿高跟鞋，不用窄紧的袜带和裤带，以免影响血液循环和胎儿发育。

3.运动：适度地做体操和散步，避免剧烈运动。可参加一般的劳动，后期避免腹部受挤。

4.乳房卫生：妊娠 5～6 月起要用肥皂和水每日擦洗乳头一次。有乳头凹陷者常用手将乳头向外牵拉，以防产后婴儿吸吮困难。

5.清洁：要经常洗澡，勤洗外阴，勤换内衣。

6.大便：由于肠蠕动减弱，易发生便秘，必须多饮水，多吃蔬菜和水果。养成定时排便的习惯。便秘只能用缓泻剂，以免引起子宫收缩。

7.用药：很多药物均可通过胎盘而进入胎儿体内，特别是孕早期，致畸率较高，用药必须慎重。正确的做法是在医生指导下根据病情合理用药。

8.心理：妊娠中母亲精神状况，直接影响胎儿的发育，所以要保持心情舒畅，不激动，不恼怒，生活规律、恬静。

温馨提示

规律生活很重要

　　即使胎儿在腹中，准妈妈的生活规律已经开始对胎儿发生影响了，而且成为出世后的生物节律的基础。一般早起的准妈妈所生的孩子一生下来也有早醒的习惯；而晚睡的准妈妈所生的孩子同样具有晚睡的习性。为了使孩子将来有个好的生活习惯，准妈妈应该注意按时休息，早睡早起。每天要有适当的运动，如孕妇体操。

　　如果准妈妈生活不规律，简单说就是三餐不规律，睡眠不规律，说白了就是该吃饭时吃不上，该睡觉时睡不了，别人休息吃饭时工作，就会直接影响胎儿发育，甚至会出现发育畸形和流产。

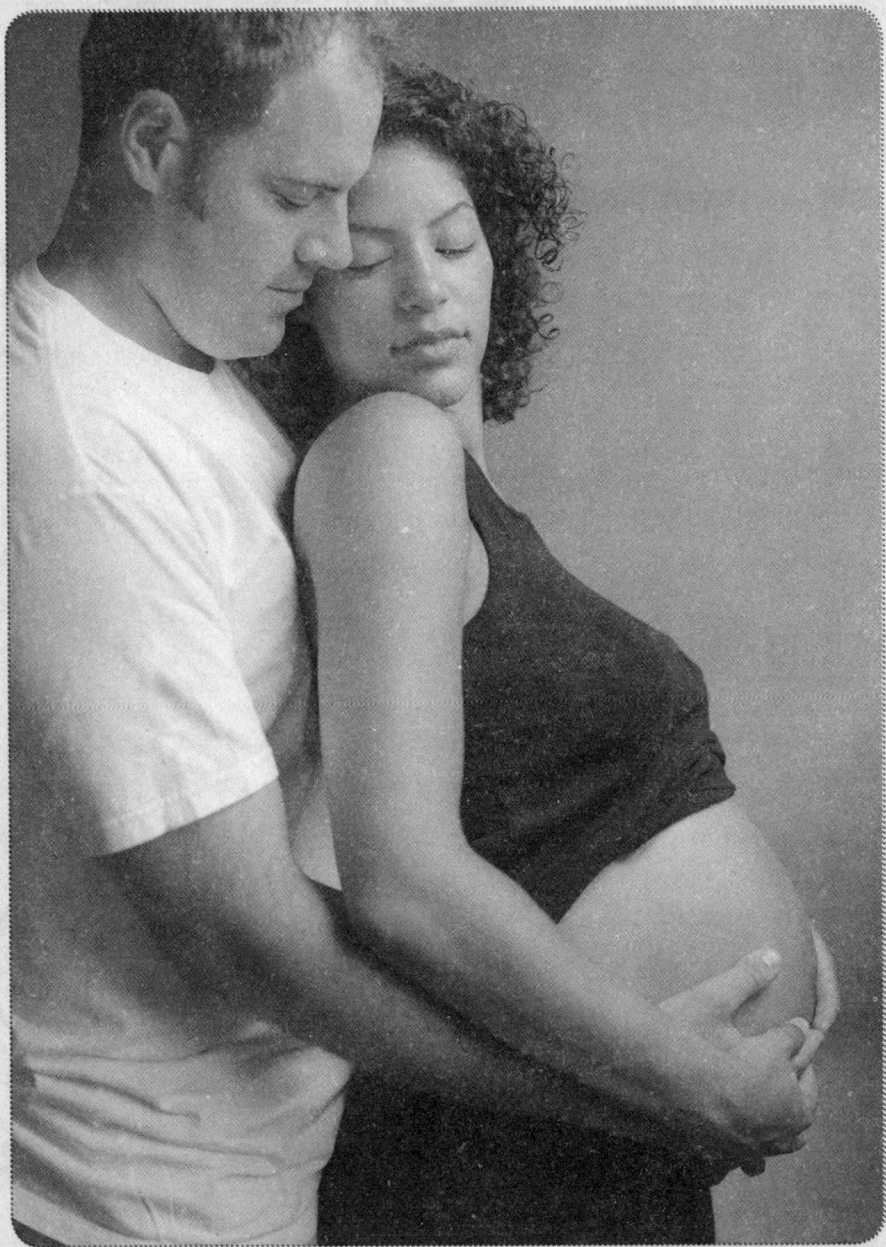

第 3 章

孕 3 月胎教完全方案

　　孕 3 月了，抚摸着肚中的小宝贝，作为准父母的你们，是否有着很多期望和想法？是否幻想着孩子的成长与未来？在这个月里，准妈妈的孕期反应会愈加明显，准父母的胎教工作也会愈加细致。下面就请和我一起关注孕 3 月准父母的胎教方案。

Section
01

怀孕3个月，有什么不一样

朵朵妈怀孕3个月了，孕吐越来越严重。她觉得自己每天都在和食物作斗争，还要强打精神进行胎教。"老公，我饿！我要吃东西！"朵朵妈有气无力地喊道。面对叫苦连天的妻子，朵朵爸使出浑身解数："老婆，妈正在厨房里做呢。你还想吃什么？我去给你买！"朵朵奶奶端进来一碟煮花生米："来，先垫一口。"朵朵妈刚吃几粒，就感觉反胃。朵朵爸连忙把花生拿得远远的。

孕3月胎宝宝指标

孕3月，胎宝宝的身长大约3～10厘米，胎重约4～40克，颜面更接近于人脸，面颊、下颌、眼睑及耳廓等五官都已发育成形。此时的胎宝宝，头在整个身体中显得格外大，之前的尾巴也已完全消失，能清晰分辨出眼睛、手指和脚趾，四肢在羊水中能够自由活动，双手能够伸向脸部，左右腿可以交替做屈伸动作。在器官方面，此时的胎宝宝已经形成了自身的血液循环，并有了输尿管可以排出一点点尿，肋骨、皮下血管、心脏、肝脏、胃肠更加发达，骨骼和关节还在继续发育，外生殖器分化完毕，可以辨认出性别。此时的准妈妈还感觉不到胎动，因为胎宝宝此时活动并不强烈。

胎儿发育提示：本月就要结束孕早期了，3个月来胎儿发生了巨大变化。仅仅70多天的时间，胎儿就初具人形了。

孕3月准妈妈指标

准妈妈从孕3月开始，食欲有所增加，之前因妊娠反应而有所下降的体重也开始回升。胚胎此时刚刚形成，对外界的很多因素和刺激异常敏感，因此，准妈妈在生活中要加倍呵护自己。在骨盆腔充血与黄体素持续旺盛分泌的影响下，准妈妈盆腔内内脏血液聚集，发生充血和淤血，阴道的分泌物比平时有所增多。此时，由于增大的子宫开始压迫位于前方及后方的膀胱和直肠，膀胱容量减少，准妈妈容易出现尿频尿不净的感觉，但是，准妈妈不能刻意不喝水或者憋尿，否则会造成尿路感染。由于直肠受子宫压迫，准妈妈易精神忧虑，容易出现便秘或腹泻现象。乳房除了有胀痛的感觉外，开始进一步长大，乳晕和乳头色素沉着更明显，颜色变黑。子宫在3个孕月末时，已如握拳大小，但下腹部还未明显隆起。妊娠反应最重的阶段是本月的前2周，之后随着孕周的增加开始减轻，不久将自然消失。

胎教百味屋

孕初期忌吃热性水果

60%～70%的准妈妈都阴血偏虚，内热较重。因此，在孕初期的40～50天里，准妈妈最好不要吃性温或大热的水果。像桂圆、荔枝或是进口的热带水果，都是热性的，准妈妈吃了很容易"火上加火"。

在孕早期，准妈妈最好还是多吃一些苹果、桃、杏、菠萝、乌梅等中性水果。

孕3月饮食要点

1. 饮食提示

早孕反应严重的准妈妈，常会消化不良、食欲不振，此时，要尽量选择自己较想吃的食物，少吃多餐，还应挑选容易消化的、新鲜的食物，尽量避免吃油炸、辛辣的食物。

2. 营养补充

在孕3月初期，胎儿体积还比较小，所需的营养重质不重量。11周以后胎儿迅速成长发育，准妈妈对营养的需求量日渐增多，尤其需要保证含蛋白质、糖和维生素较多的食物供给，如肉、鱼、豆、蛋、奶等食物。

3. 孕妇食谱

什锦烧豆腐

营养分析：此菜营养丰富，尤其是含有丰富的铁，对于防治孕期贫血很有效果。

制作方法：先把豆腐洗干净切成方块，把猪肉、鸡肉、火腿和笋切成片，然后把锅置火上，放油烧热，放姜末、虾米，炒后立即放入切好的豆腐、肉片、鸡片、火腿片、笋片等，并倒入酱油、料酒炒匀，加入肉汤，待烧开后倒入沙锅内，移在文火上煮 10 余分钟。

孕 3 月护理要点

孕 3 月，准妈妈应为胎儿事先安排，保持安全距离，由于外界环境的某些因素可能会导致胎儿受到伤害，如挥发性化学物质、辐射线等。这个月胎儿着床的情况还不是很稳定，所以准妈妈要安心养胎，给胎儿一个健康、安宁的环境，防止意外流产。

1. 头痛

在妊娠早期，头痛与恶心呕吐一样，也是一种早孕反应，准妈妈没有休息好、睡眠不足也可能引起头痛。因此，在怀孕早期，准妈妈要保证足够的休息和良好的睡眠质量。如果出现持续头痛，需要检查头疼的原因，如高血压、视力、睡眠问题等。

2. 孕期性生活

准妈妈通常性趣较为冷淡，因为性交可能会引起流产或早产的发生，因此，准爸爸要多加体谅。一般建议在正常怀孕过程中，性行为不宜太过激烈或深入，应使用保险套，减少精液中前列腺素的刺激。

3. 体重控制

根据准妈妈们孕前体重指数（BMI= 体重（千克）÷ 身高（米）的平方）来计算孕期体重增加量。如果准妈妈的 BMI<18.5，建议孕期总增重量为 10 ～ 12 千克；如果 BMI 为 18.5 ～ 25，建议总增重量为 7 ～ 10 千克；如果 BMI > 25，则建议总增重量

孕期小知识

• 皮肤有纹路与体质有关 •

妊娠纹、成长纹、肥胖纹等纹路的形成，属于同样的道理，都是由于皮肤在短时间内被拉扯，皮下纤维扯断，形成了一道道平行的纹路。一般来说，成长纹出现在大腿内部、膝盖附近，肥胖纹长在腰部，妊娠纹出现在肚皮上。一些人的体质本身不会长这些大条皱纹，但有些人的体质却长得很明显。

现代医学中，整形外科以脉冲光、染料镭射等手术来消除刚生成的红色妊娠纹，以激光来消除白色妊娠纹，但效果有限。医生指出，皮肤的这些纹路与体质有关，即使手术，效果也有限，涂抹保养品，也不一定能保证妊娠纹就不会长出来，全都得看自己体质。

为5～7千克。所以，怀孕期间体重过重者最好减少饭、面等淀粉类和甜食的摄取量，以合理控制体重的增长。

孕3月疾病要点

孕3月流产危险相对比较大，也是胎儿致畸的敏感期，但准妈妈却经常会在这时期患一些妊娠并发症。

1. 妊娠剧吐

症状： 呕吐频繁，吐出胆汁和血，滴水不进，体温升高，尿少，黄疸，肝功能受损，视网膜出血，意识模糊，昏睡等。

治疗： 在医生的指导下用药，并注意休息。一般2～3天会好转。如积极治疗仍无好转，要考虑终止妊娠。

预防： 准爸爸要多安慰准妈妈，对准妈妈给予心理治疗。准妈妈可以适当改变饮食时间，少食多餐，多换花样。

2. 葡萄胎

症状： 没有正常的妊娠物，多是胎盘绒毛形成大小不等的水疱样胎块，相互间有细蒂相连成串，形如葡萄。

治疗： 一旦诊断明确应立即做刮宫术，至少两年预防恶变，两年内应严格避孕。

预防： 20岁以下、40岁以上的准妈妈，及连续自然流产的准妈妈，容易得这类病症。

3. 妊娠合并卵巢囊肿扭转

症状： 一侧下腹部剧痛，伴有恶心呕吐。

治疗： 应做急症手术。

预防： 孕早期必须做生殖道检查，及早发现有无卵巢囊肿大。

Section 02

准爸爸不能当甩手掌柜

肚子里有了小宝宝以后，朵朵妈会突然想吃某样小吃或零嘴，朵朵爸忙碌之余不禁感慨："这样吃下去怎么得了啊？"朵朵妈对此却很不以为然："怀宝宝的是我，辛辛苦苦的也是我，你什么也不做，没资格质疑！"朵朵爸委屈地说："我真的什么都没做吗？我可经常三更半夜地出门给你买零食啊。"

要和准妈妈一起度过孕期

准爸爸首先要做好心理准备，要有意识地学习怎样做个好丈夫、好父亲，树立起应有的责任感与自豪感，做好吃苦受累的心理准备。

1. 准爸爸要安排好家庭饮食、起居、生活和工作，多分担些家务，避免让准妈妈提重物或进行剧烈活动，保证准妈妈有充足的休息时间。

2. 不少准妈妈在孕早期会出现恶心、呕吐、进食减少、倦怠、无力等妊娠反应，准爸爸除了要安排准妈妈少食多餐、分次进餐外，还应陪妊娠反应重的准妈妈

怀孕的是我，辛苦的也是我，你什么都不用做！

我可经常半夜三更出去给你买零食呀。

到医院就诊。

3. 准爸爸要争取让准妈妈保持心情愉快。如：准爸爸可以经常陪准妈妈在室外散步，可以谈谈孩子出生后的一些设想，给准妈妈买喜欢的衣物和爱吃的食物，可以按照准妈妈的喜好和实际需要将居室装扮得更怡人温馨，可以为准妈妈选择些有关孕育方面的科普报刊，经常播放些轻松的乐曲等。准爸爸幽默风趣的话会使准妈妈心情舒畅、感情更丰富，从而促进胎宝宝的健康发育。

4. 准爸爸要经常跟胎宝宝对话，把手指或手掌按放在准妈妈的腹上，"协助"胎儿做"体操"，协助准妈妈把握胎儿性格。

5. 夫妻生活要有节制。在早孕期（妊娠的前 3 个月）、晚孕期（妊娠的后 3 个月）最好避免性生活，以防流产、早产、胎膜早破和宫内感染。

6. 准爸爸要督促、陪同准妈妈定时进行产前检查，特别是有妊娠高血压综合征、贫血、心脏病、双胎、前置胎盘等产科合并症或并发症的，要遵照医嘱增加检查次数。

7. 与准妈妈一起接受产前教育。

要了解孕期准妈妈的期望

准爸爸要多了解准妈妈对丈夫的期望，帮助准妈妈顺利度过孕期。以下是大多数处于孕中期的准妈妈对丈夫的期望：

期望一：饮食营养方面——随着孕中期的到来，胎儿开始迅速生长发育，准妈妈也度过了早孕反应阶段，对各种营养物质的需求大大增加，甚至会特别喜欢吃某些丈夫根本就不喜欢甚至厌恶的食物。此时，准妈妈从内心希望准爸爸能学习、了解基本的营养知识，帮助准妈妈纠正偏食的不良习惯，合理安排一日三餐，提高自己的厨艺。

期望二：家务方面——进入孕中期，准妈妈身体开始显得笨拙，不能再像以往那样操持家务、为丈夫洗衣做饭。此时，准妈妈希望准爸爸能照顾好自己，同时学习料理家务，为将来共同照顾孩子做好准备。

期望三：家庭保健监护方面——进入孕中期，监护胎儿发育、健康状况是家庭保健监护的重要内容，此时，准妈妈希望准爸爸能帮助准妈妈数胎动、听胎心、量体重、测血压、量腹围。准妈妈希望得到丈夫的帮助，并体验孩子的运动，以增加母子、父子之情。当准妈妈大腹便便时，不要忘记提醒准妈妈坚持不懈。

期望四：胎教方面——孕中期是早期施行胎教的好时机，此时胎宝宝已逐步建立自己的听觉、视觉、味觉、动觉、触觉，与意识有关的脑皮质也开始成熟。因此，准妈妈希望准爸爸能一道关注孩子的成长，一起感受孩子带来的兴奋，感受孩子的胎动，感受孩子的心声，感受他对准父母的反应，经常一起与胎儿谈话、欣赏音乐，通过腹壁和孩子交流情感，刺激孩子对外界反应的灵敏性。准妈妈从内心希望丈夫能同步地感受孩子的成长历程。

期望五：准妈妈护肤方面——准爸爸要支持准妈妈保护皮肤的健康。随着怀孕月份的增加，准妈妈开始感到自己的皮肤正在发生变化。准妈妈担心自己生产后变得丑陋，特别希望丈夫能够了解自己的心情，并一起寻找保护皮肤健康的方法，帮助准妈妈每天进行 20 分钟的皮肤护理。

胎教百味屋

胎教格言

每位准妈妈和胎儿都是独一无二的个体，状况自然也会各有特点，好比书上说，怀孕初期会有害喜的现象，但并不是没有害喜就不正常，这是因人而异的。因此书只能作为参考，"尽信书，不如无书"，认为只有书上写的才对，那还不如不要看书！

准爸爸的爱心检阅

在承担家务方面，准爸爸不是"回家务工"人员，最关键的是脑筋要急转弯，树立"安全重于泰山"的绝对信念。其实，准妈妈完全可以快乐安全地做家务，一如既往地学习和工作。因此，准爸爸要把家务分为"准妈妈该干的"和"准妈妈不该干的"两大类。

劳动是最好的胎教方式之一，有利于顺利生产，因此，"准妈妈该干的"一类要大大方方地转让给准妈妈，让她体会健康正常的孕育时光。

1. 准妈妈该干（可以转让）的

轻松家务，可以坐着干的事，不着急的事，没有环境污染或不良刺激的事，时间短的事等等。

举例：家庭清洁，简单餐饮；操作家用小电器；简单购物（注意去人少环境好的商场，一定要少购）；女红手工等等。

2．准妈妈不该干什么

需要腹部用力，弯腰、下蹲、久站、向上"够"的所有家务；需要在过凉过热环境中作业的家务；需要速度的家务；需要到拥挤的环境中做的家务等等。

举例：搬煤气罐；换饮用水；取晾衣物；倒垃圾、端重盆、拖地；用凉水洗衣服做饭；做烟熏火燎的食物；赶在关门前或收车前去邮局商店等等。

明确类别后，准爸爸不可大意，准爸爸对整个家居安全负有重大责任，必须把家居仔细审视一遍，加以"修改"，才可以放心让准妈妈"劳动是美丽的"。

温馨提示

准爸爸的爱妻守则

对于身材变形这件事，女人比男人更敏感。因此，当准爸爸发现这个事实时，千万别像发现新大陆般大声宣扬，因为准妈妈多少已经为自己变胖的身躯感到烦闷，再从亲密爱人的口中说出来，打击更大，也容易导致情绪不佳。

准妈妈在孕期特别敏感，也不宜使用激将法。如在看电视时，有意无意说着某某女星身材多辣，甚至在老婆面前陶醉地回忆着以前的女朋友腰有多纤细、体重有多轻盈，再大方的老婆大人，也不会喜欢听到丈夫在自己面前，拼命称赞别的女人，更别说是在怀孕这个非常时期。

Section 03

准妈妈要关注睡眠质量

朵朵妈一到单位，同事就问："怎么了，脸色这么差？"朵朵妈无精打采地说："不知怎么搞的，昨晚没睡好，早上起来就变成这个样子了，中午我要趴一会儿。"同事听了，说："你不能不当回事啊，要是老休息不好，会影响肚子里宝宝的。"朵朵妈打了一个长长的哈欠，说道："今晚睡前我得喝杯牛奶，促进睡眠。"

准妈妈在怀孕 6 周以后，常出现食欲减退、偏食、恶心、呕吐、头晕、倦怠等早孕反应，精神委靡不振，欲卧思睡，睡眠比平时会多一些。怀孕 12 周以后，这些症状即自行消失。怀孕 13～14 周，准妈妈的快动眼睡眠明显增加，但慢波睡眠的第 3、4 期，即深睡眠常会有所减少。在怀孕的后 12 周以内，由于胎儿增大，子宫体积日渐膨胀，准妈妈常入睡困难，起夜与醒转的次数都会增加，其深睡眠与快动眼睡眠也就相应有所减少。

准妈妈睡眠好的重要性

1. 良好的睡眠有助于准妈妈缓解精神压力，增强神经系统和免疫系统的功能，降低产后患抑郁症的概率。

2. 良好的睡眠可以使细胞能量得以补充，帮助准妈妈恢复体力，减轻疲倦。

3. 睡眠少于 6 小时的准妈妈剖腹产概率更大。睡眠严重障碍的准妈妈产程长，剖腹产概率为正常人的 5.2 倍。

4. 良好的睡眠有助于胎儿形成良好的"作息制度"。如果准妈妈是一个"夜猫子"，宝宝出生后也多数是个"夜猫子"。

导致睡眠差的四大原因

原因一：尿频

孕初期可能一半的准妈妈尿频，孕后期将近 80% 的准妈妈尿频，准妈妈晚上起床跑厕所，会严重影响睡眠质量。增大的子宫压迫到膀胱，让准妈妈总有"尿意"。

原因二：半夜抽筋

准妈妈在孕后期常会发生抽筋，这也影响到睡眠的质量。如果准妈妈情绪不稳定、饮食中甜食和肉食过多，都很容易让血液偏酸性，造成局部肌肉抽筋。

原因三：焦虑、压力大

准妈妈常因为担心胎儿的发育状况，而感到焦虑，情绪容易紧张，工作压力太大，作息不正常，也会影响到准妈妈的睡眠质量。

原因四：饮食习惯改变

很多准妈妈想让胎儿营养充足而吃很多东西，半夜都消化不了；或者吃饭时觉得恶心，吃饭很少，睡到半夜就饿了。

准妈妈改善睡眠九大诀窍

诀窍一： 咖啡、茶能提神，油炸食物、难消化食物不利于睡眠，准妈妈最好不吃喝这类东西。精淀粉食物，如白面包、白米饭、甜食等，准妈妈也尽量在睡前少吃。上午多喝水，下午和晚上少喝水是缓解准妈妈尿频严重的好办法。为防止隔日醒来头痛，准妈妈睡前可适量吃一些点心。

诀窍二： 准妈妈可以在入睡前两小时喝牛奶加蜂蜜，因为高蛋白零食能提高血糖水平，防做噩梦、头痛、发热，有助于入睡。

诀窍三： 临睡前洗一个热水澡，请家人帮忙热敷和按摩来帮助足部保暖、防抽筋，柔和灯光、温度适宜的良好睡眠环境，都有一定的催眠作用。

诀窍四： 准妈妈在睡前 3～4 小时内尽量不做运动。另外，准妈妈也可以在睡前读书看报，一方面有助于胎教，另一方面也能使准妈妈安静入睡。

诀窍五： 准妈妈可以在睡前搓搓脚心。准妈妈的活动量比较少，且晚上常常睡眠不好。睡觉之前搓一搓脚心，不但可以补充运动量少的缺憾，刺激脚心神经，还能滋阴补肾、颐养五脏六腑，提高睡眠质量。

诀窍六： 准妈妈可以在睡前用醋、姜水泡脚。每天在睡前用醋、姜、花椒和水一起煮成的酸辣泡脚水泡泡脚，有很好的保健作用，尤其对于睡眠质量不高、怕冷的人能起到很好的效果。

诀窍七： 准妈妈可以在睡前吃蜂蜜藕粉，补五脏，和脾胃，益血补气。中医认为，生藕性寒、味甘，能清热生津，止渴除烦，凉血止血，消散淤血。生藕加工成藕粉后其性也由凉变温，既易于消化，又增强了健脾益气、养血止血之功效，

孕期小知识

● 两个小秘密睡得好 ●

秘密一：利用90分钟的睡眠循环规律，好好睡觉！

人的睡眠不是总保持在同样一种深度的。睡下之后很快就会进入深度睡眠，之后一段时间又会进入浅度睡眠。深度睡眠和浅度睡眠基本上是按照90分钟循环的。最初的深度睡眠即使时间很短，也会有一种熟睡的感觉。睡下后的6个小时、7个半小时和9个小时正是睡眠较轻的时间，这个时候如果起来会觉得神清气爽。

秘密二：把握午睡时间很重要，应该避免傍晚时睡觉。

午睡10～15分钟，人们就会觉得头脑很清爽，如果有时间能睡上90分钟当然更好。不过，最好不要趴在桌子上睡，如果休息室里有沙发可以躺最好，没有沙发则可以靠在椅子上小憩一会儿，不过最好把脚搭在另外一张椅子上，这样可以避免脚踝肿胀。另外，下午14点左右午睡效果最好。

能养心生血，补益脾胃，补虚止泻，生肌。

诀窍八：准妈妈可以在睡前根据自身状况适当做一些孕妇瑜伽。准妈妈在练习瑜伽时，以个人的需要和舒适度为准，练习不同的瑜伽姿势，与自己的身体状况协调。练习时如有不适感，可以改用更适合自己的练习姿势。

诀窍九：准妈妈在睡前梳头能够提高睡眠质量，加快入睡。很多女性都为拥有一头飘逸的长发而感到高兴，不过，通常在孕育宝宝的时候，它可能成为你的"累赘"。所以，专家建议，准妈妈最好留比较易于梳理和护理的发型，短发是比较好的选择。

准妈妈最佳睡眠姿势

专家提醒，左侧卧是准妈妈孕期合理的睡眠姿势，尤其是怀孕6个月以后。准妈妈正确的睡眠姿势，能防止各种病变的发生，确保准妈妈自己和胎宝宝的健康。

随着孕周的增加，胎宝宝在准妈妈体内不断生长发育。为了满足和适应胎儿的需要，准妈妈的身体会发生一系列变化，特别是子宫逐渐增大，子宫的血流量大大增加。到了临产前，准妈妈的整个腹部几乎都被子宫占据，对心脏、肺、泌尿器官必然会产生不同程度的推移或挤压。

仰卧位睡眠姿势和右侧卧睡眠姿势，均不适合准妈妈，尤其是进入孕中期后。

首先，准妈妈采取仰卧位睡眠姿势，增大的子宫就会压在子宫后方的主动脉上，使子宫的供血量明显减少，直接影响胎儿的营养和发育。

其次，如果准妈妈患有妊娠中毒症，更不适合采取仰卧位睡眠姿势。因为仰卧位睡眠姿势会影响肾脏的血液供应，使肾脏血液流量明显减少，排尿量也随之减少，不能及时排出准妈妈体内的钠盐及新陈代谢过程中产生的有毒物质，加重妊娠中毒症的病情，出现血压升高，蛋白尿、下肢及外阴部浮肿等现象，甚至发生抽筋、昏迷，医学上把这种现象称为"子痫"，如果处理不当，将威胁母子的生命安全。

再次，准妈妈采取仰卧位睡眠姿势，增大的子宫还可能压迫下腔静脉，使回流到心脏的血液量急剧减少，大脑的血液和氧供应也会随之减少，对全身各器官的供血量也明显减少。这时准妈妈会出现胸闷、头晕、恶心、呕吐、血压下降等现象，医学上称之为"仰卧位低血压综合征"。

最后，准妈妈经常采用右侧卧睡眠姿势不利胎儿的发育和分娩。准妈妈不断增大的子宫会挤压腹腔内其他器官，有时，下腹腔内乙状结肠受挤压，准妈妈的子宫就会不同程度地向右旋转，从而使维护子宫正常位置的韧带和系膜处于紧张状态。系膜中为子宫提供营养的血管如果受到牵拉，就会影响胎儿的氧气供应，造成宫内胎儿慢性缺氧，严重的还会引起胎儿窒息或死亡。

温馨提示

准妈妈好梦建议

1. 戒烟戒酒；

2. 减少摄入咖啡因；

3. 睡前3～4小时内避免做运动；

4. 适当时间进行午休；

5. 按时作息；

6. 在床上与丈夫温存谈心；

7. 不要把忧虑带进卧室；

8. 睡不着时干点别的分散注意力；

9. 睡前吃些点心减轻恶心；

10. 睡前避免进食难消化或辛辣的食物；

11. 傍晚之后要少喝水；

12. 实在睡不着也不要过分担心。

Section
04

胎教：用实际行动传递爱

朵朵爸起床后发现今天是一个难得的好天气，而朵朵妈和宝宝的身体状况都很稳定。于是他催促朵朵妈快点起床，好下楼散步去。朵朵妈懒洋洋地否定了这一提议："老公，我不想动，早饭就别叫我了。"看看快到中午了，朵朵妈还没吃早饭，朵朵爸只得把早饭拿进卧室，只见朵朵妈吃着零食在看杂志。朵朵爸非常不悦，说："你这样饮食不规律，对身体不好的。来吃饭吧。""我不爱动嘛，老公。"朵朵妈撒娇道。朵朵爸皱皱眉，只好哄着："你得给宝宝做个榜样啊，乖，吃完活动活动啊！"

行为是无声的胎教

准妈妈的行为也是一种胎教，只不过它是一种无声的胎教。准妈妈的行为通过信息传递可以影响到胎儿。

古人认为，胎儿在母体内就应该接受母亲言行的感化，因此要求妇女在怀胎时应该清心养性，恪守礼仪，循规蹈矩，品行端正，给胎儿以良好的影响。

> 周文王的母亲怀孕时特别注意胎教，目不视恶色、耳不听淫声、口不出傲言、坐立端正。

明代一位医生也认为："妊娠以后，则需行坐端正，性情和悦，常处静室，多听美言，令人诵读诗书，陈说礼乐，耳不闻非言，目不视恶事。如此则生子福寿敦厚、忠孝贤明，否则生子鄙贱不寿、愚顽透顶。"

温馨提示

准妈妈应该清心养性，守礼仪，品行端正，给胎儿以良好的影响。

爱抚运动

爱抚是准妈妈向胎儿传递爱的一种方式。准妈妈经常抚摸腹部，与胎儿交流，也是一种胎教，能促进胎儿全身发育更加完善，为胎宝宝将来获得较高的智商和健壮的体魄打下基础。

作用：在胎宝宝发脾气、胎动激烈及各种胎教方法之前都可应用此方法。每次2～5分钟。此运动在妊娠三个月时就可以进行。

姿势：准妈妈仰卧在床上，头不要垫得太高，全身放松，呼吸均匀，心平气和，面带微笑，将双手轻放在腹部。也可将上半身垫高，采取半仰姿势。无论采取哪种姿势，都以舒适为第一准则。

方法：双手从上至下，从左至右，一边轻柔缓慢地抚摸胎儿，仿佛双手在爱抚着可爱的小宝宝，一边说一些类似"小宝宝真舒畅""小宝宝快快长，长成一个聪明可爱的小宝贝"的言语。

"体操"运动

准妈妈还可以做适当的体操，保持适当的锻炼，不仅有利于准妈妈的身体健康，也能促进胎儿身心发育良好。

作用：锻炼四肢和腰部，清晨和晚上都可以进行。

孕期小知识

美国南加利福尼亚大学心理学家梅边尼克用30余年的时间，专门从事犯罪和家庭成员关系的研究。在他对1447名丹麦男性的研究中发现，如果父母是清白公民，子女成为经济罪犯的比率为13.5%；而如果父母是经济罪犯，其孩子成为经济罪犯的可能性高达20%～24.5%。

华盛顿大学医院的精神病科医生罗伯·克洛宁格也从事过这方面的研究。在大量调查后，克洛宁格提出一份报告，认为如果父母是罪犯，男孩出生后即使给别人养育，长大后比起亲生父母并非罪犯的人来说，犯罪的可能性要高4倍左右。他还发现，如果父母其中一位是经济罪犯，那么他们的儿子很可能也成为经济罪犯；不过，女儿却并不是这样。然而，令人困惑的是，女儿往往患有头痛之类的毛病。

从以上事例说明：父母尤其是准妈妈行为的好坏会影响胎儿甚至胎儿未来一生的行为。

姿势及方法：

第一套： 准妈妈自然坐在床上，两腿前伸成 V 字型，双手放在膝盖上，上身右转，保持两腿伸直，脚趾向上，腰部挺直，目视右脚，慢慢数 10 个数。然后再转至左边，同样数 10 个数，恢复原来的正面姿势。

第二套： 准妈妈仰卧在床上，膝部放松，双足平放床面，两手放在身旁。将右膝抱起，使之向胸部靠拢，然后换左膝。

第三套： 准妈妈仰卧在床上，双膝屈起，手臂放在身旁，肩不离床，滚向左侧，用左臂着床，头向右看，恢复原来姿势。然后以同样的方式向右侧滚。

第四套： 准妈妈跪在床上，双手双膝平均承担体重。保持背部挺直，头与脊柱成一直线。慢慢将右膝抬起靠近胸部，抬头，并伸直右腿。然后改用左腿做这一动作。

胎教百味屋

《吉檀迦利》节选

当我送你彩色玩具的时候，我的孩子，我了解为什么云中水上会幻弄出这许多颜色，为什么花朵都用颜色染起——当我送你彩色玩具的时候，我的孩子。

当我唱歌使你跳舞的时候，我彻底地知道为什么树叶上响出音乐，为什么波浪把它们的合唱送进静听的大地的心头——当我唱歌使你跳舞的时候。

当我把糖果递到你贪婪的手中的时候，我懂得为什么花心里有蜜，为什么水果里隐藏着甜汁——当我把糖果递到你贪婪的手中的时候。

当我吻你的脸使你微笑的时候，我的宝贝，我的确了解晨光从天空流下时，是怎样的高兴，暑天的凉风吹到我身上的是怎样的愉快——当我吻你的脸使你微笑的时候。

泰戈尔（著），冰心（译），译林出版社

帮助胎儿做运动

准妈妈在通过一段时间的抚摸、按压胎教之后，胎宝宝能逐渐适应准妈妈的手法，并且会跟随准妈妈手法的变化，进行轻柔的蠕动。此时，准妈妈可以引导胎儿做运动训练。

姿势： 准妈妈平卧在床上，休息片刻，做一些放松动作，如闭上眼睛，让全身的肌肉放松，用鼻子进行有意识的呼吸，吸气默念"一"，呼气时自然放松，保持一定的节律。这样持续 3～5 分钟，同时想象美好的事物，想象胎儿的美好形象。

方法：

第一套：准妈妈捧着腹部，从上到下，从左到右抚摸 3 分钟。

第二套：准妈妈用手指在腹正中反复按呼吸的节奏轻敲腹部一下，歇一下，连续做 2 分钟。

第三套：准妈妈轻推腹部，用手在腹部左侧轻推 5 次，使胎儿借助外界的力量在母腹内上、下、左、右运动。

第四套：准妈妈轻拍腹部，用手在同一个地方轻轻拍腹壁 3～5 次，再换一个地方轻拍，连续做 3 分钟。

第五套：准妈妈缓缓地转动身体做左侧卧位 5 分钟，然后复原。

温馨提示

运动是一种很有效的胎教方法，但是不合理的运动就是胎教中的大忌了。与胎儿做运动联络时，要轻轻抚摸胎儿，每天 2～4 次为宜。有时胎儿也会不遵母命，此时就要耐心等待，不要急于求成。做运动胎教时，动作不宜过猛。

Section 05

营养胎教："食现"聪明宝贝

晚上，小夫妻俩窝在沙发上看电视。电视里，一位经济学专家正在针对当前经济形势侃侃而谈。朵朵妈忍不住感叹道："看看人家的大脑里能自己分泌润滑油似的，转得那么溜。要是咱们的小孩能这么聪明就好了。"朵朵爸信心十足："你放心吧，有他老爸这超强悍的基因，再加上精英教育，绝对没问题的。"看着"雄赳赳气昂昂"的老公，朵朵妈狠狠地给了丈夫一个大白眼："老公，孩子智商的绝大部分是取决于妈妈的。专家说，智力是母亲的遗传大。"朵朵爸立刻讨好地递上一颗核桃仁："您重要，请吃个核桃。"看着老公递过来的核桃，朵朵妈突然反应过来了："我说你怎么最近一直给我买核桃吃，原来你早就知道，早就有图谋了啊。"

> 前3个月是宝宝脑神经细胞激增期，准妈妈要特别注意营养的摄入。

大脑是这样发育的

孕期的最初 3 个月是胎儿大脑发育的关键时期，孕期第 4 周，由受精卵发育而成的内囊胚开始变为胚胎，并出现三个不同的胚层，将发育成不同的器官、肌肉、皮肤、骨骼等等；第 10 周时，脑迅速发育，每分钟约有 25 万个神经细胞形成；到第 22 周时，脑神经基本发育完善，胎儿开始有了感觉和意识。因此，孕期的最初 3 个月被称为脑神经细胞激增期。

胎儿脑组织发育有一个特点，就是脑细胞增殖是"一次性完成的"，错过这个机会，便再也无法补偿。因此，准妈妈在这一时期要保证充足的营养，若营养不良，胎儿的脑细胞分裂增殖就减少，造成脑细胞永久性减少，同时脑细胞的体积增大和髓鞘形成均受到影响，致使智力发生障碍。因此，在胎儿大脑发育的这个阶段，准妈妈能摄入充足的营养是生育健康聪明宝宝的前提。

孕妇营养和胎儿智力

多数准妈妈在妊娠早期（孕1～3月）会出现恶心、呕吐、食欲减退、偏食等早孕反应，这样就会影响营养的摄入，进而影响胎儿智力发育。因此，为了胎宝宝的将来能够聪明健康，准妈妈应努力进食，可以少吃多餐，想法控制呕吐，稳定情绪，以多样化的食物引起食欲，保证营养的平衡。即使是吐了，也要及时补充营养。

一般认为，准妈妈每天大约需要摄取10000千焦的热量，并保障一定的蛋白质、脂肪、矿物质和维生素的摄入。准妈妈在饮食上应粗细粮搭配，不必有太多的"忌口"，可以多吃些蛋类、牛奶、鱼、肉、动物肝脏、豆制品、海带、蔬菜、水果等食物。这样，既促进了食欲，保证了准妈妈本身的营养需求，又为胎儿大脑的发育提供了物质基础。

胎教百味屋

"五音不全"不可怕

在进行音乐胎教时，不少准妈妈有这样的担心，自己尚且"五音不全"，没有"音乐细胞"，可怎么给胎宝宝唱歌呢？其实，准妈妈不必有这样的担忧，不要把给胎宝宝唱歌等同于登台演出。给胎宝宝唱歌，最重要的是准妈妈对胎宝宝的浓浓的母爱、对胎宝宝的一片深情，并不需要太多的天赋和技巧。准妈妈带着深情哼出的每一个音符，在胎宝宝听来都是十分悦耳的。

因此，准妈妈在闲暇时，可以经常哼唱一些自己喜爱的歌曲，通过歌声把自己愉快的心情传递给胎宝宝，使胎宝宝分享妈妈的喜悦。值得注意的是，准妈妈在唱歌时，尽量使声音往上颚集中，把字咬清楚，并要唱得"绵甜柔爽"，这样胎宝宝会更喜欢。

最佳补脑食品

深色绿叶菜： 深色绿色菜中含有丰富的维生素，其中维生素 B_6 和 B_{12} 可以防止类半胱氨酸氧化。类半胱氨酸是蛋白质食物新陈代谢过程中产生的一种物质，其本身对人体无害，但如果含量过高就会引起心脏病和认知方面的障碍。如果类半胱氨酸一旦氧化，会对动脉血管壁产生毒副作用。

鱼类：鱼类脂肪中含有 $\Omega-3$ 脂肪酸，能保护人的神经系统，起到健脑的作用。研究表明，与很少吃鱼的人相比，每周至少吃一顿鱼特别是三文鱼、沙丁鱼和青鱼的人，老年痴呆症的发病率会低很多。另外，吃鱼还有助于加强神经细胞的活动，从而提高学习和记忆能力。

全麦制品和糙米：糙米中含有丰富的维生素，对于保持认知能力有重要作用，尤其是维生素 B_6 对于降低类半胱氨酸水平至关重要。因此，一般认为，增强机体营养吸收能力的最佳途径是食用糙米。

大蒜：大蒜能够促进葡萄糖转变为大脑能量。人的大脑活动的能量主要来自葡萄糖，而维生素 B_1 能促进葡萄糖发挥应有的作用。其实，大蒜本身并不含大量的维生素 B_1，但它能增强维生素 B_1 的作用，因为大蒜可以和 B_1 产生一种叫"蒜胺"的物质，而蒜胺的作用要远比维生素 B_1 强得多。

鸡蛋：鸡蛋是补脑的佳品，首先，鸡蛋中所含的蛋白质是天然食物中最优良的蛋白质之一，富含人体所需要的氨基酸；其次，蛋黄含有丰富的卵磷脂、钙、磷、铁以及维生素 A、B 族维生素、维生素 D 等。

豆类及豆制品：豆类及豆制品中含有人体所需的优质蛋白和 8 种必需氨基酸，富含卵磷脂、丰富的维生素及其他矿物质，能增强脑血管的机能，很适合脑力工作者。大豆脂肪中含有 85.5% 的不饱和脂肪酸，其中又以亚麻酸和亚油酸含量最多，能降低人体内胆固醇，有效预防和控制中老年脑力劳动者的心脑血管方面的疾病。

核桃和芝麻：现代研究发现，核桃和芝麻含有丰富的不饱和脂肪酸，能为大脑提供充足的亚油酸、亚麻酸等分子较小的不饱和脂肪酸，排除血管中的杂质，提高脑的功能。另外，核桃中含有大量维生素，对于治疗神经衰弱、失眠症，松弛脑神经的紧张状态，消除大脑疲劳效果很好。

水果：准妈妈可以通过多样化的水果来补脑。例如，柠檬能提高人的接受能力；菠萝富含维生素 C 和重要的微量元素锰，对提高人的记忆力有帮助；香蕉可向大脑提供重要的物质酪氨酸，而酪氨酸可使人精力充沛、注意力集中，并能提高人的创造能力。

推荐食谱

1. 早餐

鸡蛋 1 只（提供蛋白质）

全麦面包（提供 B 族维生素和维生素 E、纤维素和铁）

酸乳酪 250ml（富含钙）

鲜橙汁 200ml（维生素 C 和水分）

晨间点心：全麦消化饼 2 块（富含 B 族维生素和纤维素）

牛奶 250ml（富含蛋白质和钙）

香蕉 1 只（提供适量的钾，有助于铁的吸收，钾能稳定情绪）

2. 午餐

花菜（提供叶酸、钙）

米饭（提供纤维素和碳水化合物）

沙丁鱼（提供优质蛋白质和钙、维生素 D）

午间点心：水果色拉（提供维生素和矿物质）

3. 晚餐

马铃薯（富含纤维素和碳水化合物）

鸡肉（提供优质蛋白质）

蔬菜（提供纤维素和维生素）

新鲜水果

夜宵：牛奶、干酪和全麦饼干

温馨提示

胎儿胖瘦由谁决定

　　胎儿胖瘦与人的代谢率有一定关系。不同的人代谢率不同，没有绝对的说法，通常来看，代谢率较低的人容易长胖。如果父母属于那种容易长胖的类型，孩子就容易偏胖。如果父母中有一人肥胖，孩子发胖的机会是30%。如果父母双方都肥胖，孩子发胖的机会是50%～60%。由此可见，孕前准爸爸准妈妈保持身材很重要。

Section 06

情绪胎教：让心情美丽绽放

朵朵妈擦着眼泪感叹道："太感人了！"朵朵奶奶急忙走过来，拿起遥控器，把电视换了一个频道。朵朵妈很不解，问道："妈，您不喜欢看那个电视剧啊？"朵朵奶奶说："不是妈不喜欢看，而是你不能再看那个电视剧了，你眼睛都哭红了。""那不是因为剧情太感人了么？""你现在怀着宝宝，可不能总掉眼泪。不然，将来孩子就有可能是个爱哭鬼。""真的么，妈？为什么啊？""因为你的情绪会影响到肚子里胎儿的情绪啊！"

好心情，很重要

准妈妈的心情对胎儿有直接影响，自从小生命进入母体子宫"定居"，便与准妈妈相依为命，直到小宝宝降临人间，在这280天里，准妈妈的子宫好比是胎儿的天堂，胎儿不仅有着优越的物质生活，还享受着丰富的精神食粮。

> 太感人。

> 你现在怀了小宝宝，不能哭天抹泪的。

准妈妈和胎儿心心相印，准妈妈的情绪会直接向胎儿传达信息，妊娠期间准妈妈的喜、怒、哀、乐等情绪波动，对胎儿的发育有很大影响。因此，为了使出生后的小宝宝身心健康得到很好发展，准妈妈在孕期要保持良好的心理状态。

情绪是一种复杂的心理现象，胎儿所在的母体不断受着物理、化学变化的影响，因此，准妈妈的一举一动、情绪是否稳定，都会对胎儿的身心健康产生影响。胎儿不是一直沉睡，毫无知觉，其实，准妈妈的情绪变化，尤其是剧烈变化，会通过多种通道冲击到胎儿。相关资料显示，在战争时期或动乱时代出生的孩子，神经系统出现畸形者占6.5%。

好心情，这样做

方法1：坚信孩子是健康的。准妈妈要调整自身的最佳状态，要坚信只要是一个正常的怀孕的过程，孩子出生以后95%都是健康的，都是没问题的。

方法2：孕中期做简单的运动，还可以适当找一些家务活干，如收拾收拾屋子，布置婴儿房，畅想一下将来怎么教育孩子。

方法3：写孕期日记，这是给宝宝非常好的礼物，回头再看这个过程会觉得很美好。

方法4：应胸怀宽广，乐观舒畅，多想孩子的远大前途和美好未来，避免烦恼、惊恐和忧虑。

方法5：把生活环境布置得整洁美观，赏心悦目。例如，卧室可以挂几张可爱的娃娃头像，准妈妈天天看，想象腹中的胎儿也是这样健康、美丽、可爱。准妈妈也可以多欣赏花卉盆景、美术作品和大自然美好的景色，多到野外呼吸新鲜空气。

方法6：饮食起居要有规律，要持之以恒地进行劳动和锻炼。准妈妈的衣着打扮、梳洗美容应首先考虑是否有利于胎儿和自身健康。

方法7：常听优美的音乐，常读诗歌、童话和科学育儿书刊。不看恐惧、紧张、色情、暴力类型的电视、电影、录像和小说。

方法8：准爸爸在情绪胎教中负有特殊使命。例如，准爸爸应了解怀孕会使准妈妈产生一系列生理、心理变化，应加倍安慰、体贴准妈妈，做准妈妈有力的心理支柱，尽可能使准妈妈快乐，多做美味可口的食物，创造美好、恬静的生活环境，谈吐幽默诙谐，多憧憬美好的未来。

孕期小知识

• 什么是情绪胎教 •

情绪胎教，是通过调节准妈妈的情绪，使准妈妈忘掉烦恼和忧虑，为准妈妈和胎儿创造清新的氛围、和谐的心境，通过准妈妈的神经递质作用，促使胎儿的大脑得到良好发育。

情绪胎教能不断提高准妈妈的修养，增加孕期生活品味，完成由女人向母亲角色转变过程中的内心品质提升，达到母仪胎儿的目的，对胎儿的情绪、性格、健康、心理也起着至关重要的作用。

情绪胎教能保障孕期母子心理健康，它不仅决定着母子关系的和谐，决定着孩子后天心理素质及心理健康，也直接影响家庭关系，能保障孕期健康。

胎教百味屋

准妈妈的快乐餐——柠檬鸭肝

原料：鸭肝100克，青椒100克，柠檬1个，胡萝卜20克，高汤、盐、白糖适量。

做法：

1.洗净鸭肝，焯水待用。

2.将柠檬、胡萝卜切片，青椒洗净待用。

3.锅内放入高汤，放入柠檬、胡萝卜，加白糖、盐少许调味，放入鸭肝，用小火焖熟入味，稍煮片刻后放入青椒，汤汁快收干时即可出锅装盘。

功效：与猪肝一样，鸭肝中也含有丰富的铁质。青椒中含有丰富的维生素C，能帮助更好地吸收食物中的铁。

好心情，要注意

1. 准妈妈好心情

准妈妈在孕期要坚持有好的心情、有好的心态。一颗平常心可以孕育一个天才，一双勤劳的手可以描绘出一个漂亮的孩子，一个好的起居习惯，可以保障整个孕期的顺利和安全，保障母子平安，也是母子亲密、和谐的人生体验。

2. 夫妻共同参与

夫妻双方要共同参与情绪胎教，确定彼此在家庭的定位。首先准爸爸要具有责任心、事业心、安全感，准妈妈也一样。准爸爸的责任与准妈妈的行为，决定着未来家庭教育成功与否。

3. 打造全才宝贝

准爸爸准妈妈同心协力，启动夫妻双方遗传基因中最优秀的部分，使胎儿的发育达到最佳状态，因此可以说，情绪胎教能打造全才后代。准爸爸准妈妈自身的修养和品质决定了胎儿的品德，父母的爱创造着奇迹，将人类的主观美好愿望传递给下一代，强烈的欲望加上正确的方式，情绪胎教就是这样来打造全才后代的。

4. 选对情绪胎教"工具"

情绪胎教承载着家庭教育的重要使命。情绪胎教的工具包括健康的心理，以及好的图片、音乐、书籍、环境、衣着、形象。夫妻双方的心理健康，是支持情绪胎教的决定因素。

　　需要注意的是，阅读相关的育儿书籍，已经是现代准妈妈的习惯，但是真正的家教成功不在书上，而在父母的心里。父母有多大的决心，育儿成功就有多大的保障。

5. 准妈妈不要过分担心

　　准妈妈在孕期经常会有一种不能自控的担心，甚至害怕胎儿畸形或残疾，因此，准妈妈要做好产前检查，了解胎儿状况，不要将这种不良的想象和担心扩大化，并且要相信自己的胎宝宝是绝对杰出的！只有准妈妈的信心，才能建立胎儿的自信，促使胎儿的性格及身体器官发育达到最佳状态。

6. 准妈妈要避免孤单

　　情绪胎教是一种交流胎教，是实现梦想的翅膀。准妈妈要避免孤独、封闭自我，多做户外运动，例如，在孕早期应积极在家人的陪伴下外出，在大自然的山水中使自己的灵魂稳定、安静、平实，保持心如止水的爱。

温馨提示

准妈妈不良情绪对胎儿的影响

　　准妈妈的情绪会对胎儿产生直接影响，如焦虑往往使出生后的婴儿多动、易怒、好哭，早期准妈妈紧张、恐惧不安，会导致胎儿发生腭裂或形成早产儿及未成熟儿，巨大的恐惧还可以导致死胎，或足月胎儿体重过低。临产准妈妈过度不安，肾上腺素分泌增加，还可能发生滞产或产后大出血、难产率增高。

Section 07

性格胎教：宝宝性格我做主

> 一天，朵朵爸和朵朵妈在聊天中谈到宝宝的性格。朵朵妈说："不知道宝宝将来是像你一样慢性子，还是像我一样急性子？"朵朵爸笑着说："我觉得都不好，最好是能综合一下。"朵朵妈不高兴了，提高音量说："你是不是开始嫌弃我啦？"朵朵爸很委屈，低声说："这是哪跟哪呀。"过了一会儿，朵朵妈觉察到了自己的无理，撒娇道："嗯，你说得也有道理，最好我们的宝宝脾气好又有担当。"朵朵爸悬着的心放了下来。

胎教可塑造胎儿性格

人与人性格存在个体差异，早在胎儿时期就已表露出来，有的安详文静，有的活泼好动，有的淘气调皮。这既和先天神经类型有关，也与怀孕时胎儿所处的内外环境有关。

先天和后天两种因素影响人的性格形成。就先天而言，与父母性格的遗传基因有关，也与出生前胎儿在子宫内所受到的影响有关；后天因素则是在其出生后的社会实践过程中逐步形成的。

例如，准妈妈劳累的生活，过度紧张的情绪，过重的腹部压力及外界强烈、持久的噪声，都会引起胎儿躁动不安。这种强烈的反应是对父母敲的警钟，它不但会引起流产、早产，而且能对出生后的孩子的性格行为带来不良影响。

可以说，胎教对胎儿性格有关键性作用。如果准妈妈生活在和谐、温暖、充满慈爱的家庭，胎儿幼小的心灵将受到同化，潜意识里等着自己那个美好的世界，逐步形成热爱生活、相信自己、活泼外向等性格。相反，如果准妈妈生活在充满了吵架、打骂甚至充满敌意的怨恨、离婚等不和谐、不美满的家庭氛围中，或者准爸爸准妈妈不欢迎小宝宝的到来，从心理上排斥、厌恶小宝宝，胎儿也会体验到周围的冷漠、仇视，形成孤寂、自卑、多疑、怯弱、内向等性格。

胎儿在子宫内的心理体验为以后的性格形成打下基础。准妈妈的子宫是胎儿所接触的第一个环境，胎儿在这个环境里的感受将直接影响到胎儿性格的形成和发展。

准妈妈要以身作则

胎儿接受准妈妈的影响是自然而然的，特别在胎儿 6 个月以后，能把感觉转换为情绪。因此，在怀孕过程中，准妈妈要时刻注意当好胎儿的老师，塑造胎儿良好的性格。

研究表明，准妈妈的精神状态、情感、行为、意识可以引起体内激素分泌异常，影响到胎儿的性格形成。如果准妈妈能积极对待孕期反应带来的烦恼，坚强地克服怀孕后期和分娩中的痛苦，这种坚强的意志会影响到胎儿，为胎儿出生后能有自尊自强、勇于与困难作斗争的好性格打下基础。反之，如果孕妇心情忧郁，缺乏活力，胎宝宝出生后就爱长时间啼哭，长大后感情脆弱，比较抑郁。

准爸爸要有"精神刺激"意识

有意识地对准妈妈进行"精神刺激"，由准爸爸来做，实际上就是准爸爸逗着准妈妈玩，时常制造一些小惊喜，使准妈妈有片刻的情绪波动，并且让准妈妈的这种情绪波动影响胎儿，使胎儿得到锻炼。

例一： 不少准妈妈在怀孕早期会出现恶心、呕吐、厌食的情况，这时，如果准爸爸把一份亲自做的酸甜可口、色香味俱全的美餐放在准妈妈面前，说："亲爱的，看我特地为你和小宝宝做了一份好吃的。"当准妈妈看到准爸爸亲自做了她平时最爱吃的美餐，她一定会很感动，并为准爸爸对她和胎儿的关爱感到无比欣慰，食欲大增。

例二： 到了孕中期，准妈妈能明显感觉到胎动，胎儿有时文静，有时乱踢乱动。这时，准妈妈往往会产生各种猜测，想得最多的便是胎儿的性别，怕生了女孩准爸爸不高兴，家人不喜欢。此时，准爸爸可以和准妈妈猜猜小宝宝是男还是女，准爸爸可以先装出喜欢男孩、讨厌女孩的表情，刺激准妈妈，然后再解释，无论生男生女都非常高兴。

例三：准爸爸可以在准妈妈怀孕后期，为准妈妈买一件纪念品，或趁准妈妈不备时给将要出生的小宝宝买漂亮的衣物，悄悄放在床头，给准妈妈一个意外的惊喜。

这些有益的刺激，能为胎儿日后养成坚强、自信的性格奠定基础。

胎教百味屋

不吃妈妈奶的女婴

这是发生在瑞典的一个胎教趣事。一个名叫克列斯蒂娜的女婴，长得很健壮，但是，她情愿去吸别人妈妈的乳汁或奶瓶的奶，也不愿吮吸妈妈的奶，每当妈妈把奶头对着她，她就会把头转过去。调查后发现，原来妈妈在发现怀孕时打算流产，但因丈夫执意不肯才勉强生下了克列斯蒂娜。因此，克列斯蒂娜在胎儿期已经感受到准妈妈对自己的不欢迎，出生后就心怀不满，拒绝吃妈妈的奶，对妈妈仍存有戒心。

实施性格胎教三注意

"江山易改，禀性难移"，一旦不良性格形成，要想改变是很困难的，因此，为了宝宝一生的幸福，准爸爸准妈妈要抓住这一关键时期，争取在娘胎里就为胎儿提供一个良好性格形成的环境氛围，努力为腹内的小生命创造一个充满温暖、慈爱、宽松、积极的生活环境，努力避免各种不良的刺激，使胎儿拥有一个健康美好的精神世界，使其良好性格的形成有一个理想的开端。

第一，为了能使准妈妈有一个意外的惊喜，准爸爸要在准妈妈毫无心理准备的时候进行；

第二，准爸爸要选择准妈妈心情最好的时候，如果准妈妈心情不好，有一些烦恼，对胎儿不利；

第三，准爸爸对妻子精神上的刺激不能过强，只能是小小的、短暂的、心情愉悦的。

准爸爸可以与准妈妈讨论为孩子取名的问题，各自陈述理由，在反复的思考中既体现出准爸爸对胎儿的亲情，又能促进准妈妈思想不断地活动，使胎儿的神经系统得到锻炼。

温馨提示

预防"兔唇"六方法

1.营养均衡：均衡而多元化的饮食在孕期非常重要。准妈妈要多吃新鲜蔬菜和水果，少吃含糖分、盐分和经过加工的食物。

2.情绪稳定：如果准妈妈出现忧虑、焦急、暴躁、恐惧等不良情绪，肾上腺皮质激素可能造成胎儿唇裂或腭裂。

3.疾病早治：如果准妈妈有糖尿病、贫血、妇科病及甲状腺功能减退等疾病，要尽早治疗。

4.用药慎重：准妈妈在孕期使用激素或抗肿瘤药物、抗组胺药物，可能导致胎儿畸形。

5.避免感冒：调查发现，导致兔唇的一个重要因素是很多兔唇儿母体在孕前期都感冒过。

6.防范病毒：准妈妈在孕期要特别注意预防风疹等病毒感染。

Section
08

音乐胎教：怎样根据不同性格选择胎教音乐

朵朵爷爷是个葫芦丝爱好者，这不，为了培养孙子从小对葫芦丝的兴趣，特意买回来两张葫芦丝乐曲的光盘，叮嘱朵朵妈："这几支曲子都是我精挑细选的，你没事的时候，就多放给朵朵听听。""好的！"朵朵妈赶紧答应。朵朵奶奶也选出几首钢琴曲，并特意强调："这几首乐曲都是音乐大师的，有丰富的艺术内涵，给朵朵多听听啊！""知道了，妈。"朵朵妈连声答应着。回头再看自己已经选好的胎教音乐，朵朵妈有点犯愁了："这么多！该听哪首呢？"

音乐胎教应根据孕妈妈的情况及孕期不同来选择。

根据不同性格选择胎教音乐

音乐胎教，如同中医治病讲究"辨证论治"，每个人都有各自的性格特点。因此，在选择胎教音乐时，要因人而异，应根据准妈妈的性格特点，选择曲调、节奏、旋律、响度不同的乐曲，绝不可用恒定的胎教乐曲，让所有准妈妈去聆听。

情绪不稳、性情急躁、胎动频繁的准妈妈，适合选择二胡曲《二泉映月》、古筝曲《渔舟唱晚》、民族管弦乐曲《春江花月夜》、琴曲《平沙落雁》等。这些乐曲缓慢柔和，轻盈安详，充满诗情画意，能够使准妈妈及胎儿逐渐趋于安定状态，有益于胎儿的身心健康。

性格阴郁迟缓、胎动较弱的准妈妈，适合选择《春天来了》、《江南好》、《步步高》，及奥地利作曲家约翰·施特劳斯的《春之声圆舞曲》等。这些乐曲轻松活泼，优美酣畅，起伏跳跃，节奏感强，既可以为准妈妈振奋精神，解除忧虑，也能为胎儿增添生命的活力。

温馨提示

胎宝宝也会发脾气

与我们平常认为的不一样，胎儿是有思维的。从孕5周起，胎儿就能对刺激作出反应；孕8周时，他们开始通过蹬脚、摇头等动作来表示喜好或厌恶；孕6个月开始，他们甚至会在不满意时发点小脾气，情绪生活非常积极。最新研究表明，母亲相当细微的情绪、情感差异甚至都能影响到胎宝宝的情绪。胎宝宝把妈妈分为这样四类：

第一类：理想妈妈。这些妈妈真心欢迎胎宝宝的来到，她们怀孕感觉最佳，分娩也最顺利，小孩出生后身心也最健康。

第二类：矛盾妈妈。这类妈妈虽然表面上欢迎胎宝宝，但潜意识里却对怀孕这件事充满矛盾和排斥。对于妈妈内心里的纠结，胎宝宝也能够注意到。这些胎宝宝出生后，大部分会出现行为问题和肠胃问题。

第三类：冷漠妈妈。这类妈妈在不想要孩子的时候孩子却出现了，她们虽然没有特别排斥孩子，但是却对孩子持冷漠态度。她们的这种态度也被胎宝宝感受到，这些胎宝宝出生后会让人感觉情感冷漠。

第四类：不理想妈妈。这类妈妈根本不愿意接受孩子，并排斥孩子。这样的妈妈早产率最高，婴儿出生常会出现体重过轻或情绪反常。

不同孕期胎教音乐的选用

孕期不同，准妈妈生理与心理需要不同，性格特点也往往不同。一般来说，孕期头3个月妊娠反应比较明显，准妈妈常常忧郁、疲劳；孕中期，准妈妈情绪乐观，食欲旺盛，精力充沛；孕晚期，准妈妈身体笨重，常常会想到分娩以及产后的问题，思想压力较大，焦虑现象也多。

鉴于怀孕不同时期的不同需求，准妈妈要灵活选择胎教音乐，大大提高胎教效果。

1. 孕早期（孕1月～孕3月）：此时适宜听轻松愉快、诙谐有趣、优美动听的音乐，力求在音乐中消除孕妇的忧郁和疲乏。

《春江花月夜》、《假日的海滩》、《锦上添花》等轻松优美的曲子适合孕早期准妈妈聆听。特别是《春江花月夜》，全曲就像一幅色彩柔和、清丽淡雅的山水画，和谐、优美、明朗、愉快，听者仿佛看到了夕阳西下，泛舟江上，游船箫鼓齐鸣的动人情景。

2. 孕中期（孕 4 月～孕 6 月）：这时，孕妇开始感觉到胎动，胎儿也有了听觉功能，从这段时间开始，胎教音乐可以选择更多样化的音乐。

除了继续听早孕期听的音乐之外，还可再增添一些阳光、温暖的乐曲。比如柴可夫斯基的《B 小调第一钢琴协奏曲》，曲调中充满了青春与温暖的气息，表达了对光明的向往和对生活的热爱，值得孕妈妈反复听。

3. 孕晚期（孕 7 月以后）：胎儿发育逐渐成熟，体重已达 3～4 千克，孕妇很快就要分娩，心理上难免有些紧张。这时应选择一些柔和而充满希望的乐曲。如舒曼的钢琴套曲《童年情景》中的 13 首曲子，尤其以当中最脍炙人口的《梦幻曲》为宜；奥地利作曲家海顿的乐曲《水上音乐》也非常合适。这些音乐能够让孕妈妈平复舒缓紧张的情绪，以轻松而自信的心态迎接即将到来的分娩。

Section 09

环境胎教：为胎宝宝打造无污染的生存环境

休息间里，几个同事正在讨论影院新上映的大片，对面的李梅问朵朵妈："朵朵妈，你看过这部片子了么？"朵朵妈摇摇头："还没去看呢。既然你们都说好，那这周末我就和我老公一起去看。"李梅想了想，说："片子挺精彩的，值得一看。就怕你老公不让你去看。"朵朵妈肯定地说："不会的，我老公也喜欢看电影。"李梅看了看朵朵妈的肚子，说："你现在可是怀着小宝宝呢！"朵朵妈很惊奇："没关系吧，只是去电影院看电影，又不是从事什么危险活动。"

那么，准妈妈去电影院等公共场所真的没关系么？答案是否定的。

少去公共场合

电影院等公共场合人多嘈杂、热闹拥挤，对孕妇及胎儿有许多极为不利的因素。因为人多的地方，尤其是空气不流通的地方，空气混浊，致病微生物的密度也远远高于其他场合，准妈妈最好少去。特别是在传染病流行期间，准妈妈更应远离人多嘈杂的公共场合，以免被传染。

胎教百味屋

我国近代著名教育家蔡元培对胎教也有相当的研究，他十分重视胎教中环境美的作用。他曾倡导设立国家胎教院，并要求胎教院应当具备这些条件：有环境清新的空气，恬静的园林，雅致的陈列品；而孕妇在里面可以观平和、乐观之文学，听优美之音乐。认为，只有准妈妈处于平和和活泼的气氛和环境里，才能对胎儿产生良好的影响。

五招打造安全居室环境

准妈妈的居室环境也要注意保持安全状态。下面的这些办法可以让准妈妈居住环境更健康。

1. 空气新鲜，流通顺畅，光线充足。准妈妈的居室要注意空气流通，经常开窗换气；最好朝南，能晒到太阳。住房温度要适宜，不要过暖也不要过冷。在这样的环境下，准妈妈自然会心情轻松、愉快。夏季室温应以 27℃～28℃为宜，室内外温差不要太大，空气湿度应保持在30%～40%。冬季室温最好保持 16℃以上。

2. 和谐的居室装饰。家具布置需方便生活；装饰色彩应搭配和谐，以清新淡雅为宜。比如乳白色、淡蓝色、淡绿色等，都是适合孕期居住的颜色。

当然还要具体考虑准妈妈的状态，如果准妈妈经常处在紧张、安静，要求神经经常保持警觉状态的环境中工作，家中不妨用一些粉红、橘黄等颜色。因为这些颜色能够给人一种健康、活泼、鲜艳的感觉。这种生机盎然、轻松活泼的环境能够帮助准妈妈从单调、紧张的工作状态中得到松弛和恢复。

3. 适宜的绿化。居室绿化应以轻松、温柔为主格调，无论盆花还是插花，都应以小为佳，不宜采用大红大紫的风格，不宜种植香味浓郁的植物。

4. 适当的墙面装饰物。墙面装饰物可以选择一些景象壮观的油画，或者隽永的书法作品。漂亮的油画不仅能增加居室的自然色彩，还能让人开阔视野。试想，森林茂密、泉水淙淙、

> **孕期小知识**
>
> 人类从受精卵→胚胎→胎儿直到出生瞬间成为新生儿，这一过程大约需要280天。胚胎从外表到内脏、从头颅到四肢大都是在早孕8周内形成；而胚胎发育不成熟，不具备解毒机能，极易受到伤害。所以，孕56天内是环境致胚胎畸变的高敏时期。

我想周末和老公去看。

你怀着小宝宝，还能去电影院吗？

苍穹雄鹰、海浪逐沙……这些多么令人神往呀。即使是忙碌了一天，在这优美的环境里准妈妈也能得到很好的休息。

书法作品其内容通常是令人深思的名句，悬挂于居室之内，准妈妈时时欣赏，不仅能体会书法本身的美，还能感受到其内容健康向上的力量。

5. 体现生命力。孕期不能养猫狗等小动物，不妨养几条小金鱼，准妈妈可以从中感受到旺盛的生命力，进而产生美好的联想。

Section 10

联想胎教：宝宝模样的"哥德巴赫猜想"

宝宝：今天你李茜阿姨告诉妈妈，如果想让孩子将来的模样遗传父母双方中的哪一点，就可以用意念进行引导。如果想让孩子长成什么形象，也可以把这一形象的照片拿来经常看看。

妈妈觉得爸爸的鼻子挺漂亮，所以妈妈时常在脑海里加深爸爸高挺的鼻子的样子，并且跟宝宝说，"朵朵，咱鼻子也要长得这样挺拔哦。"宝贝，你要乖啊，就那么长哈！

爸爸听了妈妈的这个安排非常得意。

——选自朵朵妈的《准妈妈日记》

怀孕期间，准妈妈常常设想宝宝的美好形象，即使是相貌平平的父母，也能生出非常漂亮的宝宝。

当我们知道自己怀孕的那一刻开始，我们就不厌其烦地在心中描绘着宝宝的样子：他最好长着爸爸那样高挺的鼻子，长着妈妈那样水汪汪的大眼睛和秀美的眉毛，至于脸形，最好比爸爸的圆一点，比妈妈的长一点……宝宝的模样究竟是由什么决定的呢？这几乎就是另一个"歌德巴赫猜想"呢！

用想象塑造理想中的宝宝

准父母可以用想象来塑造理想中的宝宝，无论是性格还是模样。这也是胎教的重要内容。

通过意念构成胎教的重要内容，转化渗透于胎儿的身心感受中，从而影响着胎儿的成长发育。

对孕妈妈来说，这也是有利的。正因为心中存着美好的愿望，所以能够体现在言行举止中。正因为有了对宝宝将来的期望，才能在孕期非美不视、非美不做。

因此，准父母可以强化"我的孩子应该是这样的"愿望，用自己的意象来塑造理想的宝宝。

把美好的愿望具体化

在用想象塑造宝宝的时候，应当具体化、形象化，不要笼统地想，"我的宝宝一定要漂亮"。可以看一些喜欢的儿童画和照片，并仔细观察夫妻双方的相貌特点，择取各人长处进行综合，在头脑中给宝宝画一个明晰的画像，并反复强化。每一遍的强化都默默地告诉宝宝："你会长得这样哦。"时间一长，这些就会潜移默化地被胎儿接受，成为胎教。

有些科学家认为，如果准妈妈怀孕期经常设想宝宝的形象，那么胎儿出生后会在一定程度上与这种设想中的形象相同。这是因为母亲通过自己与胎儿在心理和生理上的相通，将这种信息传递给了胎儿。

另一个原因是，准妈妈在构想胎儿的形象时，情绪会非常好，从而促使体内具有美容作用的激素增多，这些激素利于胎儿面部器官的结构组合和皮肤发育，从而塑造出孕妈妈理想中的宝宝。

所以，我们经常会看到一些相貌平平的父母却生出了非常漂亮的宝宝，这在一定程度上离不开怀孕时母亲对宝宝形象的经常强化。

胎教百味屋

什么是联想胎教

联想胎教是一种重要的胎教形式，它通过对美好事物的想象，使准妈妈处于一种美好的意境中，并通过与胎儿在生理与心理上的相通，把这种美好的情绪和体验传递给胎儿，使胎儿也感受到美。比如，准妈妈可以想象漂亮的娃娃，想象美丽的风景等等。

准妈妈用脑做呼吸

所谓的脑呼吸是指利用气能量的有意识呼吸法，孕妈妈可以利用它来进行联想胎教，使胎儿的发育更加完善。

在进行脑呼吸之前，先熟悉脑的各个部位的名称和位置，然后闭上眼睛，默默在心里顺序感受大脑、小脑、间脑的位置。

最开始进行脑呼吸最好在安静的环境中进行。等到熟悉之后，可增加脑呼吸的次数。而吃饭前，身体比较轻快，这时候进行将更有效果。每次进行5～10分钟即可。

孕妈妈还可以用脑呼吸来和胎儿进行对话。进行的时候，孕妈妈在脑海里想象胎儿的各个身体部位，用心来感觉胎儿的存在。

宝宝模样的"哥德巴赫猜想"

妈妈的卵子和爸爸的精子通过遗传因子将基因传给了孩子，孩子的身高、皮肤的黑白、直发或卷发、单眼皮或双眼皮等大都是从父母那儿遗传而来。

在中国，关于长相的遗传有这样两句"老话"：一是"女孩像爸爸，男孩像妈妈"；二是"娘矮矮一个，爹矮矮一窝"。这两句话有道理吗？

我们先来看看第一句话。实际上，孩子从妈妈和爸爸那里所获得的遗传因子的影响力是相同的，所谓"女孩像爸爸，男孩像妈妈"的说法是不太科学的。从眼睛、鼻子、嘴等面部特征到体形特征，宝宝会同时从父母那里继承到各种身体要素的遗传因子，因此很难说父母哪一方的特征更容易遗传给孩子。

第二句话也是误传。身高属于多基因遗传，决定身高的因素35%来自爸爸，35%来自妈妈，其余30%则与营养和运动有关。所以，"娘矮矮一个，爹矮矮一窝"的说法

孕期小知识

• 显性遗传和隐性遗传 •

遗传一般是指亲代的性状在下代表现的现象，遗传学上，专门是指遗传物质从上代传给后代的现象，这是生物界的普遍现象。宝宝会长得像父母，就是因为父母的性状遗传给了孩子。遗传分为显性遗传和隐性遗传。

所谓显性遗传，是指一对基因中只需要带有一个显性基因，而不用成对，其决定的性状就会表现出来，比如头旋、双眼皮都属于显性遗传。

所谓隐性遗传，是指决定表现性状的基因要成对存在，否则单个基因所影响的性状只会隐藏起来，比如小眼睛、直发都属于隐性遗传。

可见，一个人的相貌如何，是遗传与特定环境相互作用的结果。

同样不科学。妈妈个子高孩子不一定就高，爸爸个子矮也不见得孩子一定会矮。

温馨提示

准妈妈要注意营养摄取

孕早期的孕吐反应致使很多准妈妈没有胃口，甚至害怕进食。这就容易造成对主食、肉类、蔬菜和水果等各种营养摄入不足，致使孕妈妈营养不良或营养素摄入不均衡。如果平时在烹饪时没有注意方法，营养素就会流失更多，这种情况就会更严重。

孕早期，准妈妈的营养状况对胎宝宝的生长发育非常重要。如果营养不良或营养摄入不均衡，严重时会引发流产、畸胎及大脑发育异常。尤其是叶酸的缺乏，将大大增加胎宝宝神经管畸形（无脑儿、脊柱裂、脑膨出）的发生率。

Section 11

胎教健康：水痘妈妈病宝宝

电视里《康熙大帝》中，康熙"出天花"为他登上帝位加了不少分，看到这里朵朵妈很不解。朵朵奶奶忙解释道："天花就是我们现在说的水痘，古代医疗条件不好，小孩子得这种病是很严重的。""那大人就不会得了么？""不是的哦，年纪愈大长水痘愈是危险。以前还有妈妈故意让小孩被传染上水痘呢……""我就没得过。"朵朵妈说。"那你可要注意，你现在怀着宝宝，而水痘传染性很强的。不然，会对宝宝很不利的。"听了朵朵奶奶的话，朵朵妈立刻紧张起来。

朵朵奶奶有一点说错了，天花并非水痘。水痘是由水痘带状疱疹病毒初次感染引起的急性传染病，多在秋冬及早春季节发生，学龄前儿童最容易被感染。感染前期的症状通常类似感冒，表现为发热、乏力，之后会出现丘疹，整个过程是丘疹→旁疹→症疹→脱症的演变，脱症后不会留下疤痕。而天花全身反应更重，一开始就会出现39℃～40℃的高热，热度下降后发疹，皮损中央有明显的凹陷，愈后会遗留凹陷性疤痕。

孕妇染水痘，胎儿有危险

除了小孩，孕妇也要特别预防患水痘。如果孕妇感染了水痘，将有可能把疾病传给胎儿，使胎儿患上先天性水痘，严重时甚至会致使胎儿畸形。因此，孕妈妈一定要加倍预防水痘，避免与水痘患者接触。

如果孕妈妈在孕4月～5月时感染水痘，水痘带状疱疹病毒将有7%～9%的概率会通过胎盘使胎儿发生先天性水痘综合征，将可能导致宝宝出生后出现一系列的问题，包括体重减轻、肌肉和神经萎缩、指趾畸形、皮肤瘢痕变、白内障及弱智等，而且大多数患病宝宝会于一两年内死亡。

如果孕妈妈在妊娠后期感染水痘带状疱疹病毒，胎儿虽然出生时已无明显症状，但可能会直接发生带状疱疹。

如果在产前四五天或者是产后两天，孕妈妈感染水痘，那么婴儿在出生后的5～10天里也很容易发病，会因此而死亡。

出水痘的饮食禁忌

1. 宜食

中医认为水痘是因体内有湿热蕴积、外感时邪病毒所致，因此宜清淡饮食，不用特别加强营养。稀粥、米汤、牛奶、面条和面包，再外加一些豆制品和瘦猪肉即可。

在出水痘期间，因发热或会出现大便干燥，此时要多饮水，多吃新鲜水果及蔬菜。

2. 忌食

生冷、油腻食物忌食；

发物忌食，如鱼、虾、螃蟹、牛肉、羊肉、香菜、茴香、菌类（香菇）等含有丰富蛋白质的食物容易产生过敏原，使机体发生过敏反应，从而使病情加重；

辛辣刺激性食物，如辣椒、胡椒、姜和蒜等，会引起上火现象，不利于早日康复。

三个办法预防孕期出水痘

1. **加强锻炼，增强体质。** 孕妇要注意提高自身的抗病能力，加强锻炼，增强体质。

2. **远离传染源。** 水痘好发季节，孕妈妈不去人群过于密集的地方，不要去易感地带。

3. **注射水痘疫苗。** 在孕前进行抽血检查，检测血液中有没有水痘抗体。如果以前没有注射过水痘疫苗或者感染过水痘，可以在孕前注射水痘疫苗。水痘疫苗是一种活性减毒疫苗，应在注射疫苗 3 个月后再怀孕。

如果孕妇感染了水痘病毒，则需要进行检查来确定胎儿是否被传染。检查大多是利用抽取羊水或胎儿脐带血测定抗体和病毒基因，以此确认胎儿是否有直接的感染。但这种检查属于侵犯性的，其本身是有风险的，除非确实需要，否则不建议进行此检查。

孕妇患水痘还要不要胎儿

孕妈妈感染水痘后到底要不要继续保住子宫内的胎儿呢？这需要视具体情况而定。但如果出现了以下情况，我们建议最好选择不要：

1. 孕妇患有高危水痘，出现高热及全身中毒症状，体温在出疹 1 周后仍高达40℃～41℃。

2. 孕妇由水痘发展成肺炎或其他器官受损的情况。

3. 在彩超等检查中，如果发现有异常情况，医生建议不要胎儿的。

但是，如果根本没有证据表明胎儿已受到感染，产检时各项指标也很正常，那就可以继续怀孕。

孕妈妈需要知道的是，产前诊断是一个概率性的事情。虽然很多时候孕妈妈希望得到 100% 的答案，但人生总是有意外的，所以这个时候无论如何选择都是一种冒险。

温馨提示

孕期鼻出血怎么办

孕期鼻出血一般都是鼻子的一侧出血，出血量也不会很大，有时只是在鼻涕中夹杂着一些血丝。

如果是鼻的一侧出血，通常情况下只需要把出血那一侧鼻翼向鼻中隔压紧，或者塞入一小团干净的棉花，再按压一下即可以止血。

如果两侧鼻孔都出血，可以用拇指和食指捏紧两侧鼻翼，压迫鼻中隔前下方的出血区5分钟左右。在鼻部敷上冷毛巾或冰袋也可以减少出血，加速止血。

鼻出血时，不需要惊慌，精神紧张只会使血压增高而加剧出血。如果血液流到了鼻后部，不要咽下去而应该吐出来，否则将会刺激到胃黏膜，引起呕吐。

如果上述措施并不能止住血，那就要立即去医院处理。

Section 12

胎教宝典：胎宝宝感觉胎教法

朵朵妈仔细端详着刚从医院拿回来的片子，试图看出宝宝相貌的端倪，但是最后不得不沮丧地放弃。朵朵爸安慰她："朵朵还小呢，再过几个月就能看到了。""唉，真想看到朵朵的小耳朵，小鼻子，还有小眼睛。""呵呵，我觉得你现在已经把他当成一个懂事的孩子了，等以后你就会发现，他其实什么都不懂。""哪有你这样当爸爸的，尽泼我冷水。等孩子长大了，看我不告诉她！"

我们在前面也提到过，胎儿并非没有感觉的，相反，他的感觉之发达超过了我们的想象。下面，我们就来看看这个小家伙各阶段的感觉发育情况，以及各阶段的胎教重点吧。

1～2个月胎教重点：听觉

孕后6周，胎儿的听觉就开始发育了。但由于还处于最初的发育阶段，胎儿还听不到声音。所以，孕初期，听觉胎教的重点是准妈妈通过音乐来舒缓自己的情绪，所有能安抚准妈妈情绪的音乐都可以作为听觉胎教音乐。

3个月胎教重点：味觉、触觉、视觉

味觉胎教：孕11～12周，胎儿的味觉发育完成，可以感受甜、酸等多种味道。所以，这时候准妈妈应该吃各种味道的食物，最好做到五味俱全，以利于胎儿味觉的发育。

触觉胎教：孕后8周胎儿皮肤的感觉开始出现，到12周左右其发达程度与成人相比也不逊色。此时，准妈妈可以进行轻柔的运动和舞蹈，使羊水轻轻晃动从而达到刺激胎儿触觉的目的。有人将皮肤称为人的"第二大脑"，对胎儿皮肤的刺激也能促进大脑的发育。

视觉胎教：孕后4周胎儿的视网膜开始形成，至28周时胎儿能感觉到光线的明暗。虽然胎儿在准妈妈的肚子里面不可能看到外界事物，但他可以通过妈妈的视觉间接感受外在世界。所以，准妈妈可以观赏展览会、画展，也可以到大自然中去观赏自然风光，这些都可以加强对胎儿的视觉刺激。

4个月胎教重点：听觉、味觉

听觉胎教：孕4月的胎教规律最好和生物钟结合起来。从胎儿的生物钟来看，晚上8时许是其听觉神经最敏锐的时期，这时候进行听觉胎教最合适。当然，听觉胎教并不仅限于晚上8时进行。

味觉胎教：实验发现，如果给孕妇注射葡萄糖，胎儿的心脏跳动频率会增加，这是因为胎儿能够通过血液感受到葡萄糖的味道。此时准妈妈应摄入品种繁多、营养丰富的食品，不应偏食。

5个月胎教重点：嗅觉、听觉、触觉

嗅觉胎教：胎儿喜欢新鲜的空气，因为其中负离子丰富，能促进多种神经传达物质的合成，有利于大脑的发育。这时期，胎盘相对稳固，准妈妈可以抽空就近旅游一次。

听觉胎教：这一时期，胎儿听觉更加发达。他们能区分出爸爸和妈妈的声音，还能听到妈妈的心跳声，如果听到令他们讨厌的声音甚至还会皱眉头。

触觉胎教：在孕后 18 ～ 20 周，第一次胎动出现了，当然此时胎动并不强烈。当准妈妈感觉到胎动时，用手轻轻地抚摸一下腹部，胎儿会作出收缩的反应。这时候，进行触觉胎教能使胎儿的感性认识更丰富。

重点：听觉、视觉、嗅觉

听觉胎教：如果准妈妈经常愉快地和胎儿谈话、打招呼，胎儿也会心情愉快的。准妈妈应时常听听有助于心情平静的音乐。

视觉胎教：准妈妈可以简洁地向胎儿描述所看到的一切美好事物。腹中的胎儿虽然看不到外面的景色，但能通过妈妈感受到相关信息。

嗅觉胎教：孕 20 周，胎儿形成了向大脑传达味觉的器官。尽管胎儿闻不到外界的气味，但能闻到共同呼吸的准妈妈的味道。

同时，如果准妈妈闻到令自己心情舒畅的气味，身体就会流动着健康的激素，这些激素能通过胎盘传达到胎儿的大脑，让胎儿感受到妈妈的好心情；如果准妈妈闻到不好的气味感到不快，胎儿同样能感受到妈妈的这种不快。

胎教百味屋

胎教故事——狒狒的雨伞

狒狒撑着雨伞在树林里散步，路上碰见了长臂猿。长臂猿非常热情地与狒狒打招呼："你好啊，狒狒！好些天没见到你了，身体好吧？哟！这么大晴的天儿怎么还打伞哪？"狒狒回答说："我挺好的。我打伞是为了防备下雨，可现在我在伞下却享受不到明媚的阳光了。"长臂猿建议道："你可以在伞上挖个洞，这样阳光就能照到身上了啦！"狒狒照办了，温暖的阳光照在身上好舒服啊。可是，不一会儿倾盆大雨就落了下来，举着伞的狒狒和没拿伞的长臂猿一起都被浇成了落汤鸡。

这个故事告诉我们：别人的建议不要盲目听取，要先想想是否适合自己。

7个月胎教重点：听觉、嗅觉

听觉胎教：胎儿能够认知节奏和旋律了，有时还会以用胎动对声音作出回应。这时候如果孕妇对孕妇学习班感兴趣的话，可以去参加了。孕妇学习班最大的优点不是讲课内容本身，而是孕妇间的交流。通过这些交流，可以有效地缓解孕妇的不安。

嗅觉胎教：闻到不好的气味时胎儿也会皱眉头啦！鲜花店的花香及面包房中飘出的诱人面包香，胎儿都感受得到。准妈妈吃美味食物时，胎儿也能感知。

8个月胎教重点：味觉

味觉胎教：孕后32周左右，胎儿能分辨出羊水的味道了。孕妈妈在进食时应尽量保持喜悦的心情。妈妈吃得香，胎儿才会心情愉快。

9～10月胎教重点：视觉

视觉胎教：孕37周，胎儿几乎能感知任何光线，并作出反应，他的眼睛也能够灵活地眨动了。尽管胎儿还不能准确区分外界事物的形态和颜色，但这些却可以通过妈妈腹壁的光线，作为大脑的视觉信息而被胎儿接受。尤其是妊娠末期，准妈妈腹壁变薄，时明时暗的光线会使胎儿的心跳加速。胎儿不喜欢过强的视觉刺激，在电影院内，明暗变化频繁的银幕及喧闹的声音都让胎儿很烦躁。为了让胎儿好好休息，家中的照明最好不要频繁地打开或关闭。

温馨提示

色彩在胎教中的作用

作为一种外在的刺激，色彩能够影响人的精神和情绪。一般说来，红色能鼓舞人的斗志，让人激动、兴奋；明快、灿烂的黄色则易让人感觉温暖；清新、宁静的绿色给人以希望；而蓝色则让人产生明静、凉爽的感觉；白色显得干净、明快；粉红和嫩绿则使人充满活力。

由于体内激素的变化，准妈妈常常性情急躁，情绪波动较大。所以准妈妈可以有意识地多接触一些偏冷的色彩，以利于情绪稳定，如绿色、蓝色、白色等。为了免于产生烦躁、恐惧等不良心理，影响胎儿的生长发育，准妈妈最好少接触红、黑等色彩。

Section 13

胎教过程中准妈妈的自律训练

朵朵妈回到家，看见朵朵奶奶正在听郭德纲的相声，于是也坐下来听起来。才听了一会儿，她就哈哈大笑起来了。朵朵奶奶说："你没事就应该多听听相声，乐呵乐呵多好。"朵朵妈想了想，说："妈，我觉得还是算了吧。情绪大起大落的，对胎儿没什么好处。淡定，要淡定。"朵朵奶奶一想也是那么回事："那行，不听相声了，省得激动，你听音乐吧。"

孕期应避免让情绪出现大的波动，朵朵妈的这种自律是很值得提倡的。下面，我们就来看看孕妈妈如何自律。

自律训练三方法

怀孕以后，很多准妈妈会因为过分注意生活细节而搞得草木皆兵，紧张得不行。其实大可不必如此。胎儿喜欢妈妈心情轻松，那么，准妈妈如何自觉地保持轻松呢？

1. 听音乐

一旦感觉焦躁不安，准妈妈立刻以一种最舒服的姿势，或躺或坐，来聆听美妙的音乐，让音乐平复烦躁，让自己融入音乐的意境中忘掉恼人俗务。

2. 倾听自然之声

清晨睁开眼之前，先聆听一下窗外的声音：鸟声、风声，又或者会听到雨点敲打着窗棂……大自然的天籁会让你保持一天的好心情。

3. 想象

想象一些美好的事物，比如，想象一下宝宝未来的模样、你和丈夫恋爱时的快乐场景，等等。

4. 唱歌

俄罗斯的科学家们鼓励孕妇大声唱歌，他们认为歌声不仅能平复孕妇心中的焦虑，对胎儿来说也是很好的胎教。情绪不佳时，孕妈妈们不妨放歌一曲。

5. 读童话书

童话里令人吃惊的想象力让大人也沉醉其中。你可以每天选择一个固定的时间，给"宝宝"读一个感动你的童话故事。它不仅能帮助你缓解焦虑，而且对培养宝宝的想象力、创造力也很有好处。

温馨提示

海外准妈妈的精神放松法

1. 日本

准妈妈们会选择插花，或是有关盆景制作的胎教课程。在上课之前，她们会在一间灯光柔和的房间里，尽量地放松自我，使身体和精神都达到稳定状态。

与一般的胎教教学不同，这些手工课程是借此来协调和舒缓准妈妈的情绪、感觉和心境，来愉悦准妈妈的身心，从而促进胎宝宝健康成长。

2. 俄罗斯

准妈妈在专家倡导下，将要给胎宝宝说的话，唱成歌曲给胎宝宝听，开创了语言胎教和音乐胎教的"结合体"。

歌曲的韵律大多取材于一些充满童真的诗歌，歌词中既有表达母亲的内容，也包括小朋友做游戏的情节，还有一些讲述天气和动植物知识的内容。

自律训练之冥想

冥想也能帮助准妈妈自觉地摆脱坏情绪。

训练前，先用温水泡泡脚让自己紧张的身体松弛下来，然后换上宽松舒服的穿着。

冥想时，需要一个安静的环境。你可以坐在椅子上，或是平躺在床上，然后闭上眼睛进行冥想。

1. 放松全身，把空气吸入腹部，再通过腹部呼出，反复2～3次；

2. 心中默念"内心平静、双臂沉重"，把意识集中于四肢，努力体会沉重的感觉；

　　3."内心平静、双臂沉重"和"双脚温暖、内心平静"各念两遍，体会手脚温暖的感觉；

　　4. 双臂前移，移动手指，将胳膊肘弯曲后再打开，然后伸个懒腰，冥想结束。

　　冥想能够帮助你消除紧张情绪，使你集中精神、安定身心。

Section
14

胎教安全：孕检为胎教保驾护航

第一次孕检的结果还没有出来，朵朵妈很紧张地等待着。朵朵奶奶劝她："没事的，你和朵朵爸都健健康康的，别瞎想。"朵朵妈勉强笑笑："妈，我还是担心。""呵呵，当初我怀着朵朵爸的时候哪有条件做产检啊，可你看朵朵爸不也啥毛病没有！放心啊……"

孕妈妈们应该定期到医院做孕检，充分重视孕检，这样才能确保自己和胎宝宝的健康，胎教才能有的放矢，起到应有的效果。

整个孕期需要做很多次检查，检查的项目也非常多。那么，孕妈妈在体检时，要做好哪些准备呢？有哪些需要注意的事项呢？下面我们就来简单介绍一下吧。

没事啦，我们那时候哪有什么条件，照样生下健康的孩子。

例行检查

每次上医院做孕检，尿样、体重、量腹围和宫高、听胎心和胎动等这些项目都是必备的。做这些检查的目的是监测孕妈妈和胎宝宝的状况，使孕妈妈顺利度过整个妊娠期。

1. 尿样

如果尿样中的蛋白含量高，孕妈妈先不用慌，有可能是因为孕妈妈没有取中段尿样。

2. 体重

如果体重增长过快，医生会让孕妈妈增强运动、控制饮食；当然如果体重增长过少，医生会建议孕妈妈多补充些营养，保证腹中胎儿的健康成长。

3. 胎心、胎动

传统检测胎心、胎动的方式是使用听筒，现在很多医院都普及了多普勒胎心检测仪。胎心跳动比成年人快很多，在 120～160 次／分钟都是正常的。

4. 腹围

胎宝宝在子宫中不断长大，孕妈妈最明显的变化就是肚子变大了。进入妊娠中后期，孕妈妈的肚脐通常会鼓出来，有时甚至都看不到脐孔了，整个肚皮都是圆滚滚的。腹围的数据我们在后面还有说明。

5. 宫高

孕妈妈自己通常测不到或测不准，而需要借助医生的专业手法。宫高的数据我们在后面还有说明。

定期检查

下面这些项目，是妊娠进行到一定阶段，孕妈妈们需要做的检查。它们包括 B 超、血常规、胎心监护和脐血流等。

1. B 超

整个孕期孕妈妈至少会接受 3 次 B 超检查，通常会安排在 12 周后、24 或 25 周后和 36 周后。如果医生认为有必要，也会安排孕妈妈进行更多的 B 超检查。

2. 血检

通常会在孕妈妈第一次产检时进行。这一次，医生会让孕妈妈进行一次全面系统的检查，其中就包括血常规。通过它，可以了解到孕妇是否有孕期糖尿病的征兆，以及是否患有其他疾病。在第一次产检中，医院会为孕妈妈建立档案。

3. 胎心监护

胎心监护会从孕 36 周开始做。每次最少 15 分钟，通过它，可以记录下宝宝的活动。如果发现宝宝活动不明显或很少，可能是宝宝正处于休息状态，但也有可能是宝宝

孕期小知识

• 例检注意事项 •

体检时宜穿宽松易穿脱的衣服，不要穿长筒袜，尤其是袜裤。检查的事项很多，最好准备一个袋子，将所需的检查单放置在一起，避免手忙脚乱找不着。

平时在家中如果对自己的身体反应有疑惑，或者有看不明白的检查结果，都要记录清楚，检查时再向医生询问。

的情况不太好，医生会根据实际情况来判断需不需要采取进一步的治疗措施。

在临产前，胎心监护则能测出孕妈妈是否处于阵痛阶段。

4. 脐血流

这项检查是通过多普勒仪进行的，检查的是胎宝宝的血液供应情况，以此来查看是否有宫内缺氧等情况。

胎教百味屋

孕检时间

1. 从妊娠开始到第7个月：每月1次。

2. 妊娠8～9个月：每月2次。

3. 临产前的一个月：每周1次。

如果有某种异常的预兆，比如流产或妊娠中毒症等，可以增加检查的次数。

其他检查

1. 孕早期：地中海贫血症的筛检、梅毒抗体检测、病毒抗体检测；

2. 妊娠14周：阴道的子宫颈评估检查，曾有习惯性流产纪录的孕妇必须进行此项检查，它可以预知是否需要采取措施以避免早产；

3. 妊娠16周：母体血清筛查，包括胎儿蛋白及游离乙型绒毛膜性腺刺激素的筛查，如果有不正常的数据，应进一步确认；

4. 妊娠16～18周：行羊膜穿刺；

5. 妊娠18～23周：对胎儿形态外观、成长趋势及羊水量进行评估检查，如果有重大胎儿畸形及缺陷，则应终止怀孕；

6. 妊娠24～26周：施行常规糖尿病筛查；

7. 妊娠28周之后：有早产迹象的高危孕妇，包括多胞胎妊娠、羊水过多症、先前有流产记录者、红斑狼疮患者、糖尿病患者等等，需要做早产预测检查，以及早防范；

8. 妊娠36周以后：若胎动减少，尽快到医院检查；

9. 妊娠36～38周：针对胎儿成长、羊水量及脐动脉血流速波形图变化，对子宫、胎盘功能做出终期评估，以及早发现问题，减少围产期婴儿的发病率及死亡率。

温馨提示

孕3月第一次产检

孕早期产检主要内容包括：

1.记录既往病史、药敏史、家族史、月经史、妊娠史等；

2.了解有无影响妊娠的疾病或异常情况；

3.全身检查：血压、体重、身高、心、肺、肝、脾、甲状腺、乳房等，了解孕妇发育及营养状态；

4.妇科检查：子宫位置、大小，确定与妊娠月份是否相当，并注意有无生殖器炎症、畸形和肿瘤；

5.化验血常规、尿常规、乙肝表面抗原、肝功能、肾功能、梅毒筛查等，及心电图检查。

Section 15

温馨胎教：孕早期保胎备忘录

从医院出来后，朵朵妈心有余悸地对朵朵爸说："老公，我刚才遇到一个流产的，她脸色惨白，样子很吓人，我有点害怕。"说完还不放心地摸了摸肚子。朵朵爸连忙安慰妻子："亲爱的，咱们朵朵很健康，平时注意些，不会有事的。"

其实朵朵妈的担心有一定的道理，保胎安胎是准妈妈必须要注意和重视的问题。

威胁胎宝宝成长的四个因素

1. 营养因素

如在胎儿时期营养不良，宝宝出生后会体格生长落后，大脑的发育也会受到影响。

2. 遗传因素

胎宝宝生长发育的特征、潜力、趋向都会受到父母双方的遗传因素的影响。遗传会影响到胎宝宝出生后的皮肤、头发的颜色、脸形特征、身材高矮、性成熟的迟早以及对疾病的易感性等。一些遗传性疾病更可严重影响胎宝宝生长发育，这些疾病包括代谢性缺陷病、内分泌障碍、染色体畸变等。

3. 环境因素

良好的居住环境、健康的生活习惯、科学的护理、正确的教养和体育锻炼、完善的医疗保健服务等，都是确保胎宝宝生长发育达到最佳状态的重要条件。

4. 准妈妈的身体因素

妊娠早期准妈妈发生病毒性感染会使胎宝宝先天畸形；如果准妈妈严重营养不良则可能引起流产、早产和胎宝宝体格生长迟缓以及大脑发育迟缓；如果准妈妈受到某些药物、放射线辐射伤害、精神创伤等，则可能导致胎宝宝发育受阻。

不能勉强保胎，特别是盼子心切的夫妇，要认真听取医生的意见，不可盲目保胎。

保胎三方法

1．一般疗法

卧床休息，严禁性生活；避免重复的阴道检查；少做下蹲动作，避免颠簸和剧烈运动；尽可能避免便秘和腹泻。

2．精神疗法

焦虑、恐惧、紧张等不良情绪易加速流产，家人应给予孕妈妈精神鼓励，让其保持心情舒畅，以利安胎。

3．保胎期限

原则上保胎时间为 2 周，2 周后症状还没有好转的，则表明胚胎可能出现了发育异常，需进行 B 超检查及 β－HCG 测定，以判断胚胎的情况，采取相应的处理办法。必要时应该终止妊娠。

需不需要保胎，应听取医生的意见，以免造成稽留流产、感染，甚至子宫内膜炎症或输卵管炎而致不孕。如果胎儿稽留时间过长，会发生凝血功能障碍，危及孕妇生命。

保胎的四项须知

第一，一旦确定为怀孕，孕妈妈应该保持心情舒畅，情绪稳定。

第二，孕妈妈在孕期当谨慎用药，避免接触放射线及有毒物质，不吸烟不喝酒，预防病毒性疾病感染，节制性生活。

第三，孕妈妈饮食应补充足够的蛋白质、维生素和矿物质，忌生硬，忌偏食，不要过饥或过饱。

第四，远离汽车多的场所，不要生活在电池厂、油漆厂附近，以免有毒的铅被孕妈妈吸入体内，危害胎儿。

走出保胎四大误区

误区一：卧床休息即可保胎

33 岁的网友 Amy 两次怀孕都是在妊娠 50 天左右流产，去年她第三次怀孕。经过两个半月的卧床休息，胎儿安然在子宫内，全家人都松了一口气。但是 B 超检查结果却显示，胎儿在 50 天时已经停止发育了。

警示：这样的孕妇应该将情况告诉医生，在孕初期接受 B 超等相关检查，以了解胚胎发育情况，寻找流产原因。如发现异常，要积极听取医生的建议对症治疗，单纯的卧床休息并不能保证胎儿健康。其实，如果没有阴道出血就不需要一直卧床休息；一旦出现阴道出血，则应及时到医院查找原因。医生会根据具体情况决定是不是需要进一步治疗，是不是需要保胎。

误区二：孕期不能服用活血药

有一位孕妈妈在医院安胎。到了第 3 个月的时候，B 超提示胎心音明显增快，每分钟高达 180 次。胎心音增快一般情况下是胎儿宫内缺氧的提示，于是医生建议使用复方丹参注射液。但这位孕妈妈认为丹参有活血功能，拒绝治疗。在使用吸氧等方法均无效后，该名孕妈妈只好接受丹参治疗。用药 3 天，胎心音下降，10 天后恢复正常。妊娠期满，她生了一个足月健康的女婴。

警示：丹参虽然是活血药，但临床显示，只要使用得当就能起到防止血栓形成、改善胎盘血流的作用，从而有效预防流产、胎死腹中、胎儿宫内发育不良等情况的发生。但是，此类活血药一定要在医院使用。

误区三：忽视孕期检查

网友 Sammy 多次流产，去年终于怀孕。在孕前产检时，医生建议她进行孕后激素水平监测检查。结果发现，她体内缺乏可以避免胎儿遭受来自母亲体内的免疫攻击的封闭抗体。于是，医生从她丈夫的血液中分离出淋巴细胞，再注射到她的体内。经过治疗，Sammy 在妊娠期满后生下了一个足月的男婴。

警示：孕前检查中，各项抗体、激素水平非常重要，尤其是一些孕前检查显示正常的习惯性流产女性，孕期检查更要特别注意这一点。

误区四：盲目保胎

有一位孕妈妈曾经五次流产，经过检查，医生发现夫妻俩的染色体都有问题，提醒她不要再怀孕。但是夫妻俩特别想要孩子，于是冒险第 6 次怀孕。六个月后到医院进行 B 超检查，显示胎儿发育一切正常，但是医生依旧劝她及早终止妊娠。她没有听从医生的建议，结果生了一个多发性畸形残疾儿。

警示：有一些怀孕早期的自然流产是为了避免畸形儿出生，属于自然淘汰。盲目保胎有可能保住的只是染色体异常的胎儿和病态畸形胎儿。所以，如果夫妇双方或一方染色体存在着严重的异常情况，就不要保胎了。

保胎吃什么好

1. 最佳防早产食品：鱼

调查发现，孕期每周吃一次鱼的孕妈妈，发生早产的可能性为 1.9%，而从不吃鱼的孕妈妈发生早产的可能性则为 7.1%。鱼以三文鱼、鳕鱼等深海鱼为佳。

2. 莲子

莲子对预防早产、流产，及孕妈妈腰酸最有效。

安胎食谱

1. 安胎鲫鱼姜仁汤

原料：鲫鱼 1 条约 400 克，生姜 6 克，春砂仁 15 克，猪油、精盐、味精少许。

做法：

①鲫鱼去鳞、内脏，洗净；②春砂仁洗净，沥干，研末，放入鱼肚；③生姜去皮，洗净，切丝，待用；④炖盅内放入鱼、姜丝，盖上盅盖，隔水炖 2 小时；⑤加猪油、精盐、味精调味，稍炖片刻，即可食用。

功效：安胎、止吐、醒胃。对于妇女妊娠期间呕吐不止、胎动不安，有较好的疗效；同时，还能增加孕妇食欲。

2. 莲子糯米粥

原料：莲子 50 克，糯米 100 克，白糖适量。

做法：

①温开水浸软莲子，去皮、芯，清水洗净；②糯米淘洗干净，清水浸泡 1～2 小时，捞出沥干，待用；③煮锅内放入莲子、糯米，清水适量，置火上，煮成粥，白糖调味，即可食用。

功效：补中益气，清心养神，健脾和胃，养胎。对孕妈妈腰部酸痛有一定疗效，常食可以养胎，防止习惯性流产。

温馨提示

保胎饮食五不宜

一不宜高脂肪饮食。

孕妇长期高脂肪膳食，将增加婴儿罹患生殖系统癌瘤的危险。

二不宜高蛋白饮食。

孕妇每日蛋白质的需要量应达90～100克。但孕期高蛋白饮食，会影响孕妇的食欲，增加胃肠道的负担，并影响其他营养物质摄入，致使饮食不均衡。

三不宜高糖饮食。

摄入过多的糖分会削弱人体的免疫力，使孕妇机体抗病力降低，易受病菌、病毒感染，不利胎儿健康成长。

四不宜高钙饮食。

孕妇补钙过量，胎儿有可能得高血钙症；出世后，患儿会囟门过早关闭、腭骨变宽而突出、主动脉窄缩等，既不利生长发育，又有损颜面健美。可见孕妇盲目地进行高钙饮食，大量饮用牛奶，加服钙片、维生素D等，对胎儿有害无益。

五不宜过咸饮食。

过咸饮食易诱发妊娠高血压综合征。该病的主要症状为浮肿、高血压和蛋白尿，严重者伴有头痛、眼花、胸闷、晕眩等症状，甚至发生子痫而危及母婴安康。

第**4**章

孕 4 月胎教完全方案

　　十月怀胎是辛苦的，也是幸福的。在经历了最初的早孕反应和忐忑不安的三个月之后，准妈妈的心情也越来越放松。为了更好地进行胎教，并为胎教保驾护航，请准父母们仔细阅读下面的文字，它能给孕 4 月的胎宝宝带来更贴心的关爱。

Section 01

怀孕 4 个月，有什么不一样

这几天，朵朵妈的孕吐情况慢慢好转，她感觉自己吃什么都香，什么都想吃。朵朵爸看她吃得太多，有点担心，"老婆，咱家又不是没饭吃，你少吃点，暴饮暴食对胃不好。""没关系，终于不用吃什么吐什么了，感觉真好。"朵朵妈高兴地晃晃手里的零食。"是啊，四个月了，终于不用小心翼翼了。"

孕 4 月胎宝宝指标

这时候，胎长达 10 ～ 18 厘米，胎重达 40 ～ 160 克。头渐渐伸直，脸部已有了人的轮廓和外形，并且长出了一层薄薄的胎毛；头发也开始生长；面颊骨、鼻梁骨等开始形成，耳廓伸长；乳牙也迅速增加到了 20 颗；四肢的肌肉和骨骼继续发育；手脚能够稍微活动了；皮肤逐渐变厚不再透明；脊柱、肝、肾都进一步得到发育；听觉器官基本完善，对声音刺激开始有反应；腹部与母体联结的脐带开始成形，可以进行营养与代谢废物的交换了。

在这个月里，准妈妈可以第一次感受到胎动了。当然，由于胎宝宝的力气还很小，所以准妈妈还不能明显感觉到，此时的胎动就像是胃肠蠕动的感觉。准妈妈应记录下第一次胎动的时间，并在去医院检查时告诉医生。

孕 4 月准妈妈指标

孕早期的妊娠反应几乎消失不见，孕妈妈食欲增加。这个时候，孕妈妈要补充足够的营养，以满足迅速长大的胎宝宝的生长需要。

由于胎盘已经形成，所以流产的可能性明显降低，孕妈妈终于松了一口气。

孕妈妈会突然发现，阴道分泌的"白带"增多，它是阴道和宫颈的分泌物，是非常自然的现象，正常的分泌物应是白色、稀薄、无异味。如果分泌量多而且颜色、性状有异常，应请医生检查。

现在，孕妈妈的子宫开始增大，腹部开始隆起，看上去已是明显的孕妇模样。但这带来的一个连锁反应就是尿频、尿急，让孕妈妈总想去厕所。这是因为增大的子宫开始压迫位于前方及后方的膀胱和直肠，膀胱容量减少，由此出现排尿间隔缩短、排尿次数增加、总有排不净尿的感觉。这时，孕妈妈要做的是，不要刻意不喝水或者憋尿，以免尿路感染。

除了腹部的变化，孕妈妈的乳房也开始增大，并且乳周发黑，乳晕更为清晰，乳头甚至还可以挤出一些看上去就像刚分娩后分泌出的乳汁。

孕4月饮食要点

从这月开始，胎宝宝开始迅速生长，每天需要大量的营养素。孕妈妈应摄入足够的营养，以满足胎宝宝成长及母体营养储备的需要。但孕妈妈需要注意的是，不要过多摄入脂肪和过于精细的饮食，以免体重增加过快。

为了使胎宝宝的发育良好，孕妈妈需要摄取充分的蛋白质、钙、铁、维生素等营养素，保证均衡饮食，不要偏食。此时，孕妈妈有可能出现妊娠期贫血，所以应特别保证铁的摄取。

孕4月护理要点

1. 保证睡眠

除了8～9个小时的睡眠时间，孕妈妈尽量保证0.5～1小时的午休。睡眠姿势最好保持左侧卧位。如果睡觉的时候用枕头把脚垫高，会有助于血液循环。这时候腹部日渐隆起，孕妈妈要注意盖好腹部，以防受凉。在日常生活中也要特别注意保护腹部。

2. 选择宽松的穿着

不要穿紧束胸罩及衣裤，穿着应以松软、宽大为宜。鞋子最好选择有防滑纹的，以免滑倒。硬底的高跟鞋和皮鞋能不穿就别穿。

3. 保证居室空气流通

保证居住卧室的空气流通。夏天最好不用空调和电风扇，确实需要用到电风扇时，应当选用近似自然风的一档。

4. 避免劳累

增大的子宫开始压迫静脉回流，会造成下肢静脉曲张和痔疮，孕妈妈应避免干重活以及长时间的站或坐。

5. 皮肤养护

自本月起进入孕中期，这时候孕妈妈的皮肤色素沉着开始明显，皮肤也变得较为粗糙并失去原有的光泽。这时候，孕妈妈的皮肤应尽量避免日光直射，并每天按摩皮肤，以促进皮肤血液循环。同时，准妈妈不要涂口红、指甲油，也不要烫发和染发。

孕期小知识

胎教故事：小公鸡学本领

这一天，天气晴朗，小公鸡决定独自出去，找一些本领学学。

小公鸡走呀走，来到了树林里。看见猫妈妈正在教它的孩子学爬树。小猫学着妈妈的样子，很快就爬到了树顶。小公鸡想："我就学习爬树吧，我要比小猫爬得还高。"小公鸡抱着一棵树就爬。谁知她不一会儿却"哎哟，哎哟"地叫起来了。原来，树皮把它的羽毛弄掉了一撮儿。猫妈妈对小公鸡说："小公鸡，你还是学习别的本领吧。"

小公鸡来到了草地上，看见几只小鸟在练飞。小鸟们张开翅膀，很轻松地就飞到了蓝天上。小公鸡想："我也学习飞吧，我要成为出色的飞行家。"小公鸡学着小鸟的样子，张开翅膀，使劲儿往上飞。没想到刚飞几下，就"嗵"地一声，重重地掉了下来。幸好掉进了沙坑里，小公鸡爬起来，疼得直揉屁股。小鸟对小公鸡说："小公鸡，你还是学习别的本领吧。"

那么，后来小公鸡学成本领了吗？"喔——喔——喔——"你听，催我们起床的歌唱家就是那只小公鸡呀。

孕4月疾病要点

进入孕4月，子宫增大明显，准妈妈的身体状况也会发生很大的变化，并有可能会出现妊娠期特有的疾病，准妈妈要注意预防。

1. 便秘

许多准妈妈会出现便秘的烦恼，大便次数减少或者排便不畅，粪便干，严重的甚至2～4周才排便1次。

出现这种情况，准妈妈可以吃一些含纤维素的蔬菜和水果，如芹菜、韭菜、香蕉、梨等；坚持每天做一些适量的运动，如散步、做广播体操；并养成每天定时排便的习惯。

如果便秘特别严重，准妈妈可以酌情用一些缓泻剂，但必须得到医生的准许后再用，因为泻药可能引起流产或早产。

2. 痔疮

有的准妈妈会出现便血，大便时反复多次地出血，这就是痔疮。其实，只要准妈妈预防便秘，不要长时间站立，并保持愉快的心情就可以有效地预防孕期痔疮。

准妈妈患上痔疮后，应以保守疗法为主，如多吃高纤维素食物、采用温水坐浴及软便剂治疗，局部软膏及栓剂也有疗效。用药时，准妈妈一定要特别取得医生的许可，要注意用药安全。

3. 贫血

如果准妈妈出现这些症状，则可能是贫血：容易疲劳，头晕；脸色苍白；指甲变薄易折断；呼吸困难；心悸；胸口疼痛。

准妈妈的血色素在100克以上，可以通过饮食来解决，只要多吃富铁食物，做菜时多用铁炊具烹调，多吃富叶酸食物就可以有效地使准妈妈的血色素达至标准水平。但是，如果低于100克，那么准妈妈就需要在食补的基础上增加药物。

温馨提示

保胎饮食五不宜

一、不宜酸性饮食。酸性物质，容易大量聚积于胎儿组织中，影响胚胎细胞的正常分裂增殖与发育生长，并容易诱发遗传物质突变，导致胎儿畸形发育。所谓酸性食物，并不是指味道酸的食物，而是指经过消化吸收和代谢后产生的阴离子占优势的食物。常见的酸性食物有蛋黄、鱼子、白米、面条、面包、馒鱼、章鱼等。

二、不宜滥服温热补品。温热性的补药、补品，比如人参、鹿茸、鹿胎胶、鹿角胶、桂圆、荔枝、胡桃肉等，会导致阴虚阳亢，气机失调，气盛阴耗，血热妄行。如果孕妇经常服用，会加剧孕吐、水肿、高血压、便秘等症状，严重时甚至会流产或死胎。

三、不宜食用霉变食品。被霉菌毒素污染的农副产品和食品，会诱发急性或慢性食物中毒，孕妇食用后不仅会影响自身健康还会殃及胎儿。

四、不宜长期素食。如果蛋白质供给不足，可使胎儿脑细胞数量减少，影响日后的智力，还可使胎儿畸形或营养不良。而鱼肉类蛋白质含量高，是高蛋白质摄入的最有效途径。

五、不宜食用刺激性食物。如冷饮凉食、酸辣食物，都可能造成胎动不安和孕妇腹痛腹泻，准妈妈不宜食用。

Section 02

准妈妈要学会抓住胎教良机

朵朵妈一边梳头，一边跟腹中的朵朵说着话："从前有座城，城里有幢楼，楼里有间房，房里有妈妈，妈妈在讲话。讲给谁听呢？讲给肚子里的小娃娃听……"朵朵爸听着觉得很有趣："老婆，你念的是什么啊？""这是我自己给咱家朵朵编的顺口溜啊！"朵朵妈略带一点小得意地说。"不错，我老婆真厉害！但是现在这么早，朵朵还在睡觉吧，你也不怕把她吵醒了？"朵朵爸提醒道。

晚上8点到晚上11点都是适合胎教的时间，准父母应充分利用这最佳胎教三小时。

胎宝宝在母体内是有知觉的，他能够因为准妈妈身体的变化、情绪的改变而作出相应的反应；还能够将外界的刺激，如声、光、触摸等储存于记忆中一直到出生。这些就为胎教提供了科学依据和实施条件。

胎教的最佳时机和方法

心理学家研究发现，新生儿能分辨出妈妈的声音，他喜欢听到妈妈的声音，不喜欢听陌生人的声音。这也告诉我们，宝宝在母亲肚子里就已经有记忆了，只要正确地进行胎教，宝宝将会表现得更加出色。

一名音乐学院的教授曾经做过一个很有名的胎教实验来研究怀孕期间听古典音乐对儿童智力的影响。这位教授让一组孕妈妈从怀孕5个月开始一直到出生，每天2次、每次5分钟听特定的古典音乐，而另一组孕妈妈则完全不接受音乐刺激。宝宝出生后，教授每隔一两周就去拜访参加实验的两组宝宝，一直持续到孩子10岁。教授发现与无音乐胎教组的儿童相比，音乐胎教组儿童提前3～6个月开始说话，有更多的音乐天赋，学习成绩也更好。这个实验告诉我们，胎教对儿童语言和音乐等方面的认知发展有显著的影响。

那么，是不是应该如胎教实验中那样，在孕5月再对胎宝宝进入音乐激刺呢？答案是否定的。

医学实验发现，妊娠1个月后，胎宝宝不仅初步形成了所有的器官，而且皮肤也具有了接受信息的能力。胎宝宝的听觉器官到4个月时已开始工作，会对母亲的血流声、心音、肠蠕动音等声音的刺激和震动作出反应。甚至，他对母体外的各种音响，比如音乐、噪声等都能听到。所以，从本月开始，准父母可以全面实施胎教了。

胎宝宝苏醒时的胎教最有效

科学研究发现，胎宝宝也有苏醒的时候，但他们的睡眠比苏醒的时候要长很多，一般保持在18个小时以上。处于熟睡状态时，无论对胎宝宝进行多么积极的胎教，都是收效甚微的。只有在胎宝宝苏醒的时候进行胎教才能达到事半功倍的效果。

那么，什么时候胎宝宝会苏醒呢？根据胎宝宝的生物钟，一般晚8点至11点为他们的苏醒状态，因此在这个时候进行胎教最有效。孕妈妈也应该参照胎宝宝的生物钟以及自己的人体生物钟来安排一天的作息。下面我们为孕妈妈制订了一个简单的作息时间表。

上午7点：孕妈妈体温上升，脉搏增加。孕妈妈起床并吃营养全面的早餐。

上午10点至11点：这个时间段内，孕妈妈的精神状态最好，可以最大限度地承受各种疼痛，应付不安情绪。因此可以安排解决一天中最繁琐的工作。

中午12点：人们的视力处于最佳状态，可以明朗清晰地看到周围的一切。相对应地，孕妈妈可以欣赏优美的自然环境或者绘画作品。

下午1点至2点：记忆力会有所减弱。孕妈妈可以在这个时间小睡片刻。

下午3点至4点：人体运动细胞处于最活跃的状态，各种机能处于最高运作阶段，

孕期小知识

· 补脑最佳食品 ·

准妈妈多吃补脑食品也能够让宝宝将来更聪明。下面这些食物都有补脑的功效：

1.大豆及其制品。大豆含大脑所需的优质蛋白和八种人体必需的氨基酸，能增强脑血管的机能，抑制胆固醇在体内的积累，预防心血管病。

2.芝麻与核桃。有补气、强筋、健脑功效。

3.龙眼与红枣。龙眼含有磷脂和胆碱，有助于神经功能的传导。红枣能健脾开胃，对防治神经衰弱有明显疗效。

4.金针菜，即黄花菜。它能够防治神经衰弱和失眠，神经过度疲劳的人应大量食用。

5.各种脑髓食物。各种动物的脑子都含大量脑磷脂和卵磷脂，是补脑佳品。

孕妈妈可以在这个时候安排重要的事情。

下午5点：食欲最旺盛的时间。孕妈妈可以适当地补充一些食物。这个时间段也是发生家庭冲突的高发期，因此准爸爸尤其要照顾准妈妈的情绪。

晚8点：这个时间是听觉神经最敏感的时间，也是最佳的胎教时间。准爸爸和准妈妈都下班回到家中了，这时可以共同对胎宝宝进行胎教啦。

呼吸法提高胎教效果

如果准妈妈在进行胎教时情绪不好或者注意力不集中，会使胎教效果大打折扣。这里，我们介绍一种呼吸法，以帮助准妈妈胎教时稳定情绪和集中注意力。

穿着宽松的衣服，坐在床上或者在沙发上，也可以坐在地板上。先尽量使腰背舒展，全身放松，双目微闭，将手自然地放于身体两侧或者腹部。

用鼻子慢慢吸气，以5秒钟为标准，一边吸气，一边在心里数数1、2、3、4、5……肺活量大的人可以吸气6秒钟，若感到困难也可以吸气4秒钟。吸气时，要让自己感到气体被储存于腹中。

慢慢地将气呼出来，以嘴或鼻子都可以。总之，要缓慢地、平静地呼出来。呼气的时间是吸气时间的两倍。也就是说，如果吸气的时间是5秒的话，那么呼气的时间就是10秒。反复呼吸1～3分钟后，你就会感到心情平静，头脑清醒。实施呼吸法的时候，尽量不去想其他事情，要把注意力集中在吸气和呼气上。一旦习惯了，注意力就会自然集中了。

这样的呼吸法不仅可以在胎教前做，孕妈妈也可以在每天早上起床时、中午休息前、晚上临睡时各进行一次，这样还可以改善妊娠期间动辄焦躁的精神状态。

温馨提示

胎宝宝性别的奥秘

精子和卵子在受精成胎前，必须经过一次"减数分裂"。23对染色体一分为二，分裂后每个细胞内染色体减半，只有23条。卵子的性染色体是两个X，分裂后各带一个X，精子的性染色体是一个X和一个Y，分裂后带X和带Y的各占一半。如果带X的精子与卵子结合，受精卵的性染色体为XX，便是女胎；带Y的精子与卵子结合，受精卵的性染色体为XY，则是男胎。所以，生男生女由父亲决定，其可能性各占50%。

Section 03

胎教就是做胎宝宝喜欢的事

"我今天去老同学家串门，她家有一只松狮狗，特别可爱！我逗它玩了好一会。它还能把我扔出去的球球叼回来，向我讨赏……"朵朵妈眉飞色舞地讲述着今天的经历。朵朵奶奶听着听着脸色就变了："朵朵妈，你今天和小狗玩儿了？""嗯，玩儿了一会。""那赶紧去洗个澡，然后把衣服换下来，我给你洗了。你现在是孕妇，要远离小动物！你也太不注意了！"看着生气的婆婆，朵朵妈怯怯地道歉："妈，我下次一定注意，我今天一高兴就忘了！"

正确的胎教其实并不难，就是做让胎宝宝喜欢的事情。那么，胎宝宝喜欢哪些事情呢？

胎宝宝害怕小动物

胎宝宝不喜欢小动物，因为小动物身上通常带有许多的细菌。猫身上可能携带有弓形虫病菌，一旦感染了弓形虫，不仅会影响胎宝宝的正常发育，还有可能造成流产、早产及先天畸形；狗身上可能有慢性局灶性副黏液病毒寄存，它进入血液后会侵害骨细胞，危害胎宝宝的健康。所以准妈妈如果养了小猫、小狗，那么最好准备怀孕前就请别人收养。如果实在喜欢喂养小动物，倒是可以养几条小金鱼，这是很安全的。

生病时，胎宝宝信任医生

有些准妈妈因为害怕药物对胎宝宝造成伤害，在生病的时候也不愿接受任何种类的药物治疗，其实这是不对的。医生是值得信赖的，延误病情反而会危及宝宝的健康，实际上有许多药物已被证明在妊娠期是安全的。

当然，还有一部分准妈妈喜欢自行用药。为了慎重起见，最好避免这样做，任何药物在使用前都要征求医生的意见。

妈妈欢喜，胎宝宝快乐

有研究表明，大悲大喜等精神刺激对准妈妈和胎宝宝伤害最大，尤其是孕早期的 1～3 月。甚至在宝宝将来的成长中，还会受到妈妈孕期焦虑的影响，容易出现情绪问题。

这时胎宝宝和准妈妈虽然神经系统尚没有直接联系，但已经开始有了血液及内分泌的交流，准妈妈的情绪变化已经能够通过引起某些化学物质的反应而传染给胎宝宝，使胎宝宝能够对妈妈的快乐和悲伤感同身受。所以，想让宝宝快乐成长，准妈妈一定要打起精神，保持心态的平和。

> ### 孕期小知识
>
> **·常饮水有利排毒·**
>
> 孕妈妈应避免与有任何潜在危害的物质接触。为了排毒，孕妈妈应常饮水。不要等到口渴才喝水，尽量每隔2小时就喝1杯，这样体内的有毒物质能够及时从尿液中排出。

胎宝宝喜欢学习

很多准妈妈怀孕后生怕累着影响胎宝宝，什么也不想干，什么也不想学。这样就矫枉过正了，其实胎宝宝是很喜欢学习的。现代胎教学认为，准妈妈和胎宝宝之间信息传递可以使胎宝宝感知到母亲的思想。如果准妈妈孕期既不思考也不学习，胎宝宝也会受到影响，变得懒散；如果准妈妈孕期保持旺盛的求知欲，胎宝宝的大脑神经细胞发育也会不断接受刺激。所以，如果身体允许，准妈妈还是应该适当地学一些东西。

胎宝宝喜欢运动

运动中，准妈妈会心情愉快，胎宝宝自然喜欢。

胎宝宝喜欢美味

进入孕 4 月，早孕反应消失，准妈妈胃口越来越好，吃很多营养丰富的食品，以保证胎宝宝健康成长。

胎宝宝喜欢交流

　　胎宝宝喜欢与外界交流。如果孕妈妈身处和谐、温暖、慈爱的气氛，胎宝宝会感觉得到；如果准妈妈身处充满敌意、怨恨的气氛中，胎宝宝同样能感觉到。要是准妈妈不欢迎胎宝宝的出现，胎宝宝同样会痛苦地感受到这种冷漠和仇视，长大后就容易形成孤寂、自卑、多疑、怯弱、内向的性格。

孕期准妈妈应远离的20个危险动作

1. 去拥挤的市场购物	2. 长久弯腰熨烫衣服
3. 长久弯腰拖地板	4. 举胳膊并伸长上半身晾衣服
5. 长久擦洗浴盆	6. 长久在厨房里做家务
7. 长久蹲在地上干活，如择菜、擦皮鞋	8. 长久站立或坐着
9. 长久擦拭家具	10. 肚子较大了还经常开车
11. 跪在地上干活，如擦地板	12. 用搓衣板洗很多衣物
13. 用手去抬或搬重物	14. 踩小凳子拿高处的物品
15. 骑自行车特别是长时间在颠簸的路上骑车	16. 双手拎着重东西
17. 改变动作时过急，如猛然起身	18. 上下楼梯时猫着腰或过于挺胸腆肚
19. 过较窄的桥或小路	20. 突然弯腰拾地上的东西

Section 04

亲子胎教：准爸爸不能这样做

吃晚饭时，朵朵妈坐在丈夫身边皱了皱眉头，还换了一个位置。朵朵爸很是诧异："怎么了，老婆？""你身上有烟味，你抽烟了？""呵呵，刚才在楼下抽了一支。就一支，你太敏感了。""你不知道抽烟对孕妇和胎儿都不好啊？"朵朵妈很不高兴。"知道啊，所以我从来不在家中吸烟，实在忍不住的时候，我也只是躲到阳台上或楼下过过瘾，进家里的时候身上基本都没有烟味了。"朵朵爸很委屈。

胎教需要准爸爸的参与，如果准爸爸做出一些不合适的事情，将会影响到准妈妈和胎宝宝的健康，准爸爸一定要多注意！

总在妻子面前"吞云吐雾"

很多男性在妻子准备怀孕时，会暂时性地减少吸烟或者不吸烟。但一旦妻子怀孕后又马上恢复吸烟，甚至会在怀孕的妻子面前"吞云吐雾"。他们完全没有意识到被动吸烟对孕妇和胎儿的危害。

医学研究表明，被动吸烟甚至比主动吸烟危害更大，其进入人体内的苯并芘（致癌物质）比吸烟者高出5倍。

另外，烟草中有20多种有害成分，可使染色体和基因发生变化，对早期胚胎的危害最严重。容易导致胎儿发育迟缓、畸形和先天性心脏病；会引发颌面部或口腔发育畸形，从生命起点便埋下口腔不健康的隐患，使宝宝出生后难以拥有健康结实的牙齿；同时毒害胎儿的大脑，对智力发育造成一定的影响；可以引起流产、早产和胎儿死亡。

为了胎宝宝的健康，无论是妻子妊娠前还是妊娠后准爸爸都不应该吸烟。如果准爸爸烟瘾难挡，可以出去抽，或使用一些戒烟用品，如往鼻子里喷戒烟药水，吃戒烟糖或使用戒烟牙膏，一定不要在准妈妈面前吸烟。

> 你不知道抽烟对孕妇和宝宝都不好呀？

> 你太敏感了，我就是在外面抽了两口。

让妻子经常接触家用洗涤剂

家用洗涤剂会造成一定的化学污染，并损害人体健康。特别是在不恰当使用时，比如洁厕剂与消毒剂混在一起使用。洁厕剂中的氯含量很高，当遇到含氨类清洁剂时，会产生氯气刺激人的眼、鼻、咽喉，甚至损害肺部。喷雾型的消毒剂、清洁剂与除臭剂、空气清新剂混用时，也会产生化学反应，损害人体健康。对孕妇和胎儿来说，这种损害就更大了。

准爸爸应把家里的清洁工作接管过来，凡是要亲手接触各种洗涤剂，包括洗衣粉在内的工作，都自己来做。同时，浴室洗涤类、洁厕类、厨房洗涤类用品等分开使用，洗涤剂、消毒剂等不要混合使用。

蓄须

男性的胡须会吸附并收容许多病菌和空气中的酚、苯、甲苯、氮、铅等污染物，浓密的胡须更是如此。如是准爸爸蓄须，在亲吻妻子时，就容易使胡须中的污染物进入妻子的呼吸道和消化道，容易引发妻子的呼吸道或消化道感染，对胎宝宝的健康发育造成危害。

在妻子准备怀孕的前半年，准爸爸应将胡须刮掉；妻子怀孕后，准爸爸更要经常刮胡须。

性生活不节制

有关数据显示，10%～18%的流产是由于性生活不当造成，尤其是孕早期。这时候，胎盘还没有完全形成，胚胎组织还没有在子宫壁上牢固附着。如果性生活频繁或动作激烈，容易刺激子宫收缩，导致胎膜早破。在怀孕的最后3个月也不应无节制地进行性生活，因为性生活容易把外来病菌带进阴道，引发感染，造成早产。特别是临产前的1个月，性生活会加大腹压，导致早产、宫内感染、产褥期感染等。相对而言，进入孕4月，孕中期的性生活还是比较安全的。

因此，在孕期准爸爸要体贴妻子，自我克制，尤其是孕早期和孕晚期一定要节制性生活。如果准妈妈有自然流产史和习惯性流产史，准爸爸更要当心，最好在孕早期和孕晚期禁止性生活。

虽然进入孕4月，性生活相对较安全，但动作要轻柔。应该选择不压迫胎宝宝的姿势，同时使用避孕套，以免精液中的前列腺素刺激子宫，引起强烈收缩。

对妻子保护过度

很多准爸爸会对怀孕的妻子保护过度，把所有的注意力都集中在准妈妈身上。家务活自个儿全包揽下来，准妈妈要外出自然是不可以的——万一坐车时被挤碰着怎么办？小心翼翼，生怕有闪失。在这样的保护下，准妈妈活动越来越少，吃得是越来越多。

在前面，我们讲过运动胎教，说过运动对孕妇和胎儿的好处。准爸爸关心准妈妈的心情是可以理解的，但一味地包干包揽，不让准妈妈做一丁点体力劳动，只会让准妈妈的体质变弱，腹肌收缩力减弱。这样分娩时就会出现产力不足的情况，会增加难产的发生率。

准妈妈不运动，还会影响胎宝宝的生长发育。当准妈妈运动的时候，胎宝宝同样也在运动！而孕妇的运动表现会直接影响孩子今后身体的平衡能力，甚至是体质的好坏。

让准妈妈吃得过多也不好，这样会导致胎宝宝体重增加过快，造成大体重儿，增加准妈妈的分娩难度和施行剖宫产的概率。

准爸爸应为准妈妈制订适当的运动计划。当然，准妈妈做运动、做家务时一定要做好保护工作，要在安全的前提下进行。准妈妈可以选择的运动形式我们在前面也有过介绍，除了散步等较常规的休闲运动，还可以做一些比较柔和的项目，比如舒缓的韵律操，轻柔的形体舞和瑜伽等。准妈妈运动的时候准爸爸最好一起参与，这样可以提高准妈妈的积极性。

忽略对妻子的保护

另一类准爸爸则恰恰相反，他们认为，妻子身体好，即使怀孕了也不需要特别注意，平时怎么吃孕期就怎么吃，平时干什么活孕期就干什么活。这样粗放型的作风也是我们不提倡的。太过小心翼翼确实没必要，但完全不管不顾也是绝对不可以的。很多时候，正是孕期的一些不起眼的小事情造成了母子意外。

下面，我们就列出了几件容易被准父母们疏忽的，但后果会很严重的事情。各位准爸爸可以对照一下，看看自己身上有没有出现这种情况：

- 让准妈妈搬重物、爬梯子登高；
- 和准妈妈一起看恐怖片、恐怖小说；
- 带准妈妈去游乐场坐碰碰车、激流勇进，甚至是过山车；
- 让准妈妈陪着一起熬夜；
- 外出就餐或参加聚会时让准妈妈喝酒；
- 带着准妈妈与朋友 K 歌超过 2 小时；
- 让准妈妈泡水温超过 39℃ 的热水浴 1 小时以上。

平时总被妻子照顾的准爸爸，在这个特殊时期必须担负起应有的责任。可以先研究一下专业书籍和育儿杂志，从中找到有关的知识，哪些是她可以做的，哪些是绝对不允许的；哪些是她身体条件可以承担的，哪些对她来说是有危险性的。然后再根据妻子的实际情况帮她规划孕期生活。总之，准爸爸一定要保证准妈妈和胎宝宝的健康。

温馨提示

孕妇做饭三注意

第一，注意做饭姿势。不要弯腰或蹲着，以免腹部受压，影响胎儿血液循环。

第二，注意通风换气。厨房应安装抽油烟机并保证良好通风换气，以减轻有害气体对孕妇及胎儿的损害。

第三，注意少碰冷水。洗菜洗碗时，尽量用温水。因为过凉受寒可诱发流产。

Section 05

营养胎教：让宝宝生来爱蔬菜

朵朵妈看完电视上播放的一个关于孩子挑食、不爱吃蔬菜的节目后，忧心忡忡，对朵朵爸说："隔壁的乐乐就不爱吃蔬菜，他妈妈每次吃饭的时候都说他，可是不起作用啊。""是啊，"朵朵爸回答，"听张哥说，软硬兼施，乐乐还是不爱吃蔬菜。别看那个孩子胖乎乎的，就爱吃肉。"朵朵妈说："如果将来我们的孩子也挑食可怎么办呢？"

妈妈在怀孕期间对胎宝宝进行"营养胎教"，刻意多吃某种蔬菜，能帮助胎宝宝培养对这些蔬菜口味的喜好。

孩子喜欢吃什么也是可以通过胎教刻意训练的。美国科学家发现：只要妈妈在怀孕和哺乳期有意识地对宝宝进行"营养胎教"，刻意多吃某类蔬菜，就能够使宝宝对这些蔬菜保持喜好。这对妈妈来说，真是一个好消息。

孕妈妈通过什么影响胎宝宝的饮食喜好

那么，孕妈妈通过什么影响胎宝宝的饮食喜好呢？答案是羊水与乳液。通过羊水与母乳，孕妈妈把平时自己吃的食物的味道传递给胎宝宝。这样一来，只要孕妈妈定期吃某种固定的食物，宝宝就会慢慢习惯并喜欢上这种食物。比如，如果一位孕妈妈希望宝宝将来喜欢吃胡萝卜，那么就可以在孕期和哺乳期按照一定规律吃胡萝卜。这样，宝宝以后也不会抗拒吃胡萝卜。

营养胎教调宝宝口味

这种办法适用于多种蔬菜和水果。

在一次实验中，研究人员让一组正在怀孕的女性和另外一组正在哺乳的女性定期喝胡萝卜汁。后来随访这两组女性的孩子发现，比那些没有定期喝胡萝卜汁的女性的孩子，她们的孩子更喜欢喝胡萝卜汁。

而在一次针对水果的类似实验中，研究人员让一组正在怀孕的女性和另外一组正在哺乳的女性定期吃桃子。后来随访这两组女性的孩子发现，比那些没有定期吃桃子的女性的孩子，她们的孩子更愿意接受桃子。

吃点野菜好

孕妈妈适当地吃一点野菜有好处。与蔬菜相比，野菜养分更丰富，它的蛋白质含量高，矿物质更高达数十种之多。比如，野蕨菜的铁质、胡萝卜素、维生素C的含量分别为大白菜的13倍、1.6倍、8倍；马兰头，含铁量是苹果的30倍、橘子的10倍；红苋菜叶酸含量超过栽培蔬菜中属于"叶酸之冠"的菠菜，每100克含量高达420微克。

野菜不仅营养价值高，而且污染少，对母胎双方都较安全；同时，野菜的口味清新，可以激发食欲，减轻厌食症状，利于优孕。

孕妈妈饮食应少脂多蔬果

脂肪是准妈妈孕期不可缺少的养分之一，也是胎宝宝正常发育所需的养分之一。准妈妈每天应从植物油、动物油、鱼肉等食物中摄取脂肪酸11～12克，这样才能保证胎宝宝的正常发育。但这并不是说孕期脂肪补充越多越好。研究发现，孕期过多摄入脂肪，有可能使女婴成年后罹患生殖系统癌症的危险增大2～5倍。

孕期小知识

· 孕中期营养原则 ·

营养原则一：荤素兼备、粗细搭配，食物品种多样化。

营养原则二：不挑食、不偏食，避免矿物质及微量元素的缺乏。

营养原则三：少吃油炸、油腻的食物和甜食（包括水果），避免自身体重增加过快。

营养原则四：适当补铁及维生素C。可以通过进食含铁丰富的食物来补铁，如动物肝、血和牛肉等，预防缺铁性贫血。补充维生素C能够增加铁的吸收。

营养原则五：适当补钙。可以通过多食用含钙较多的食物来补钙，如奶类、豆制品、虾皮和海带等。

多吃蔬果则可降低婴儿成年后患癌的风险。科学家将 160 名脑癌病患者的母亲与同等数量的健康者的母亲的孕期食谱进行对照分析发现，健康儿童的母亲孕期摄入大量的鱼、谷物、绿色蔬菜、土豆。这表明，准妈妈不吃蔬菜，其后代患癌的危险增大 4 倍，如果增食果蔬，患癌的危险会减少 50%。

为什么母亲孕期少脂多蔬果能够降低孩子将来患癌症的风险呢？原因在于蔬果中含大量的维生素，而维生素 A、维生素 C、维生素 E、叶酸等可以阻止亚硝酸胺的生成，从而降低了患癌的危险。

婴儿拒绝苦味是天性

婴儿为什么不喜欢苦的食物？科学家表示，这可以追溯到人类漫长的进化过程。因为植物毒素里面所含的生物碱通常是造成苦味的源头，这些毒素是植物为了防止自己被吃掉而分泌出来的。人类在进化的过程中渐渐对这种苦涩的味道产生了本能的抗拒，因此刚生下来的婴儿也会拒绝苦味。

那么，如何让婴儿接受苦的蔬菜呢？美国一位科学家这样说："婴儿天生就不喜欢苦味。如果母亲希望她们的孩子喜欢吃蔬菜，特别是绿色蔬菜，她们就得让孩子适应这些蔬菜的口味。"

看来想让宝宝尝一尝苦瓜等蔬菜，准妈妈们必须在孕期多吃苦瓜。

营养过犹不及

各种营养素并不是越多越好，有的营养素过犹不及。

1. 维生素 A 和维生素 D

过度补充维生素会对胎宝宝造成很大的损害。如果准妈妈每天服用超过 1 万单位的维生素 A，则有 1/4 机会造成胎宝宝先天性心脏病以及眼睛、腭裂、耳朵的畸形，还有 1/4 机会造成胎宝宝智障。

如果准妈妈每天补充维生素 D 超过 15 毫克，则准妈妈的软组织容易发生钙化。

2. 锌

如果准妈妈每日补充锌超过 45 毫克，则容易造成早产。

3. 水果

有些水果，如西瓜、葡萄等，糖分含量很高，摄入过多，可能引发妊娠糖尿病。

4. 过度饮食

在怀孕的 280 天里，吃得太多太好，又不运动，就会使体重大大超标。准妈妈超重不仅容易在孕期出现并发症，还不利于胎宝宝的成长；在分娩时，还增加了难产的概率。

温馨提示

准妈妈的正确坐姿

准妈妈的正确坐姿是让后背紧靠在椅背上，必要时还可以在靠近肾脏的地方放一个小枕头。

如果准妈妈的工作需要长期伏案，那么每隔45分钟就应起来走动一下，这样有助于血液循环，还可以预防痔疮。

Section
06

音乐胎教：让胎宝宝听到声音

宝贝，你每天听妈妈心跳声和血液流动声，是不是觉得有些单调呢？呵呵，来，听点新鲜刺激的声音吧。你听到了吗，我的宝贝……传来清脆优雅、婉转轻松的音乐了，多么新鲜有趣、优美悦耳呀！

——选自朵朵妈的《准妈妈日记》

只有让胎宝宝听到各种各样的声音，才能更好地激刺胎宝宝，实现胎教的目的。

五种音乐胎教形式

1. 家庭音乐会

从怀孕 4 个月起，准妈妈可以在每天固定的时间聆听有利于胎宝宝的音乐。要特别注意多听一些舒缓的古典音乐。古典音乐的节奏与母亲的心跳音很相近，胎宝宝一直住在母亲的子宫里，对母亲每分钟 72 次左右的心跳音最有安全、亲密感。

注意：胎教音乐，必须重视音乐的质量，选择正规的专用胎教音乐，质量不过关的音乐会伤害胎宝宝的大脑和听觉；频率过高、节奏过强的音乐对胎宝宝不利，不要选择。

2. 听准妈妈唱

准妈妈也可以自己唱歌给宝宝听。唱给胎宝宝听时，准妈妈应该心情舒畅，饱含母爱，就像对着尚未谋面的可爱宝宝倾诉母爱一般轻轻哼唱，从而实现爱子心音的谐振。相信胎宝宝在妈妈肚子里也会感觉到妈妈的爱。

有乐谱识别基础的准妈妈则可以教一些简单的乐谱给胎宝宝。准妈妈的反复教唱，可让胎宝宝产生记忆印迹，培养其音乐才能。

注意：准妈妈轻声哼唱即可，不必放声大唱，以免伤害嗓子对胎宝宝和自己造成不好的影响。唱歌的时候，准妈妈还可以随着音乐节拍轻轻摆动，当然动作幅度不要过大，以保证安全。

3.听准爸爸唱

准爸爸除了每天摸着准妈妈的肚皮和胎宝宝说说话之外，还可以尝试着唱歌给胎宝宝听。准爸爸的声音浑厚、深沉，富有磁性，这样的嗓音唱出来的歌肯定和准妈妈唱出来的完全不同。对于胎宝宝来说，这可是一种未曾有过的全新体验呢。

注意：准爸爸在给胎宝宝唱歌时，应回避男性比较喜欢的重金属音乐，选择一些舒缓的歌曲。

4.剧院音乐会

有机会的话，准父母也可以带胎宝宝去音乐厅听一场地道的现场音乐会。现场演奏大气磅礴，会让正在妈妈肚子里成长的宝宝享受音乐的熏陶。

注意：不要选择节奏太过激烈的音乐会，孕期最好听曲风和缓的音乐会；如果听的过程中孕妈妈感觉疲劳即要离场。

5.大自然音乐会

大自然的天籁之音也是胎宝宝喜欢的音乐会。小鸟啁啾，小溪哗啦，树叶沙沙，蛙鸣阵阵……这是无论制作得如何精良的 CD 都无法比拟的。准父母可以一边听一边告诉胎宝宝，什么样的小鸟在叫，什么样的溪水在流，树叶是什么形状的……

注意：在户外游玩时妈妈要注意休息，不能太过劳累。

四种音乐胎教方法

下面，我们具体地来讲讲如何进行音乐胎教。简单地说，准妈妈可以用四种方法来进行音乐胎教，它们是音乐熏陶法、母唱胎听法、母教胎唱法以及朗诵抒怀法。

1. 音乐熏陶法

每天欣赏几支固定的音乐名曲或几段轻音乐，在欣赏与倾听当中准妈妈借曲移情，浮想联翩，和胎宝宝一起时而沉浸于春花如海的仙境，时而徜徉于碧海蓝天的美景。

爱好音乐并善于欣赏音乐的准妈妈都可以采用这种方法。喜欢音乐的人，一听到音乐就会进入音乐的世界，心情愉快、心境宁静。

2. 母唱胎听法

通过哼唱一些自己喜爱的歌曲，准妈妈把愉快的信息通过歌声传给胎宝宝，让胎宝宝一起来分享喜悦。

这是一种良好的音乐启智方式，适宜于每一个准妈妈采用。唱的时候准妈妈们不必在意嗓子好不好，只需在哼唱时凝神于腹内宝宝即可。

3. 母教胎唱法

准妈妈选择好曲子，想象着在教腹内的宝宝唱歌，自己唱一句然后想象着宝宝也跟着学唱了一句。这样，准妈妈就可以和宝宝进行互动了。

虽然宝宝还没有见面，但母胎之间是有"感通"作用的，准妈妈可不要忽视哦。

4. 朗诵抒情法

把听到的音乐讲给宝宝听，或者把自己的感受变成诗篇朗诵给宝宝听，这就是朗诵抒情音乐胎教。有条件的话，朗诵可以在音乐伴奏中进行。抑扬顿挫的诗篇配合乐曲，肯定能让胎宝宝和准妈妈一起感悟人生。

Section
07

抚摸胎教：触觉从胎宝宝时期开始

午休时间，朵朵妈用右手轻轻地抚摸着肚子，一脸母性的光芒。同事李梅微笑着打趣道："怎么？在找妈妈的感觉呢？"朵朵妈一脸幸福的表情："我在胎教呢，书上说，这样和宝宝交流，可以促进宝宝的智力发育。""哈哈，这是抚摸胎教吧？你这样也太简单了，难道说抚摸胎教就只是轻轻抚摸胎宝宝？不太可能，你啊，还是再了解了解吧。""这样啊，好吧，我回去再学习学习。可千万不能耽误了我家朵朵的成长啊！"朵朵妈认真地回答道。

什么是抚摸胎教

所谓的抚摸胎教，是指准妈妈或者准爸爸用手在孕妇的腹壁轻轻地抚摸胎宝宝，刺激胎宝宝的触觉，以促进胎宝宝感觉神经及大脑的发育。

医学研究表明，孕4月，胎宝宝的第一次胎动开始出现，胎宝宝体内绝大部分细胞已具有接受信息的能力，能够通过触觉神经来感受体外的刺激，而且会作出逐渐灵敏的反应。这时候，准父母可以对胎宝宝进行抚摸胎教，

> 在找妈妈的感觉呢？

> 书上说这样和宝宝交流，有利于孩子的智力发育。

通过抚摸的动作配合声音与子宫中的胎宝宝进行交流，使胎宝宝获得安全感，感觉舒服、愉快。

抚摸胎教的益处

1. 加快胎宝宝的智力发展。抚摸胎教可以锻炼胎宝宝皮肤的触觉，使胎宝宝通过触觉神经感受体外的刺激，从而促进胎宝宝大脑细胞的发育，加快其智力发展。

2. 促进运动神经的发育。抚摸胎教能激发胎宝宝活动的积极性，促进运动神经的发育。研究发现，在母腹中经常被父母进行抚摸胎教的足月儿，对外界环境的反应较没有接受抚摸胎教的孩子更机敏，出生后翻身、抓握、爬行、坐立、行走等大运动发育也较没有接受抚摸胎教的孩子有明显提前，肌肉活力也更强。

3. 让胎宝宝感受到家人的爱。在进行抚摸胎教的过程中，胎宝宝将充分体会到父母的关爱，使胎宝宝情绪愉悦。同时，准妈妈也会心情放松、精神愉快。

> **孕期小知识**
>
> · 何时不宜进行抚摸胎教 ·
>
> 1. 在孕早期以及临近预产期的准妈妈；
>
> 2. 有不规则子宫收缩、腹痛、先兆流产或先兆早产的准妈妈；
>
> 3. 曾有过流产、早产、产前出血等不良产史的准妈妈。

抚摸胎教前的三个准备工作

准备一：抚摸胎宝宝之前，准妈妈应排空小便；

准备二：抚摸胎宝宝时，准妈妈应保持稳定、轻松、愉快、平和的心态，避免情绪不佳；

准备三：进行抚摸胎教时，室内应空气新鲜，温度适宜。

抚摸胎教的四个方法

1. 来回抚摸法

在腹部完全松弛的情况下，准妈妈或者准爸爸用手从上至下、从左至右，来回抚摸。

注意：抚摸时动作要轻，时间也不要过长。

2. 触压拍打法

触压拍打法相对于来回抚摸法要稍复杂一点：

- 准妈妈平卧，放松腹部；
- 准妈妈或者准爸爸用手在腹部从上至下、从左至右来回抚摸，并用手指轻按然后抬起；
- 轻轻地按压和拍打腹部，给胎宝宝以触觉的刺激。

刚开始时，胎宝宝不会作出反应，但准妈妈要坚持地做下去。一般几个星期后，胎宝宝就会出现身体轻轻蠕动、手脚转动等反应。

注意：开始时间不宜太久，每次5分钟即可；胎宝宝作出反应后，每次可延长至5～10分钟。同时，在对胎宝宝进行按压拍打时，动作一定要轻柔。准妈妈要时刻注意胎宝宝的反应，如果感觉到胎宝宝用力挣扎或蹬腿，则说明他不喜欢，要立刻停止。

3. 推动散步法

准妈妈平躺在床上，全身放松，准妈妈或者准爸爸轻轻地来回抚摸、按压、拍打腹部；也可以用手轻轻地推动胎宝宝，让胎宝宝在宫内"活动活动"。

注意：为避免因用力不当而造成的腹部疼痛、子宫收缩，此练习一定要在医生的指导下进行。如果练习不当，严重的甚至会引发早产。练习时动作要轻柔自然，用力要均匀适当，切忌粗暴。如果胎宝宝反应剧烈，要立刻停止，并用手轻轻抚摸腹部，让胎宝宝尽快地平静下来。

4. 亲子游戏法

准妈妈或者准爸爸先用手在腹部从上至下、从左至右轻轻地、有节奏地抚摸和拍打，当胎宝宝给予还击时，再在胎宝宝给予反应的部位轻轻拍两下。一会儿胎宝宝就会再次还击，这时准妈妈可以改拍离原拍打位置不太远的地方，胎宝宝会很快再次在拍打的位置还击。如此反复几次。

注意：最好在每晚临睡前进行，此时胎动最频繁；同时时间不要过长，以免让胎宝宝过于兴奋影响准妈妈的睡眠。

准爸爸参与很重要

准爸爸是准妈妈的得力助手，胎宝宝喜欢准妈妈的抚摸，也喜欢准爸爸的抚摸和声音，准爸爸一定要参与到抚摸胎教中来。准爸爸可以隔着肚皮轻轻地抚摸胎宝宝，并协助准妈妈让胎宝宝进行一些宫内运动；准爸爸还可以加入到亲子游戏中来，一家人一起玩游戏最是其乐融融，这样和睦的家庭氛围胎宝宝最喜欢了。

虽然胎宝宝还未出世，但也会与准妈妈闹矛盾，比如胎宝宝的活动过于激烈时就会让准妈妈有些难以忍受了。这时，调解员准爸爸就要上场了。他一边隔着肚皮轻抚胎宝宝，一边温和地说："乖宝宝，爸爸和你商量个事儿，动作轻点好吗？妈妈感觉有些吃不消啦。"

胎教百味屋

抚摸肚皮须注意的细节

1.**应有规律性**。每天2次，坚持在固定的时间段内进行，这样胎宝宝才能心领神会地在此时间里作出反应。

2.**配合其他胎教方法**。如果能在进行抚摸胎教时配合对话胎教和音乐胎教等，效果会更佳。

3.**时间不宜过长**。每天做2次，每次5分钟左右即可。

4.**动作要轻柔**。在抚摸及触压胎宝贝时，动作一定要轻柔，不可用力，以免出现危险。

5.**随时注意胎宝宝的反应**。触摸时胎宝宝如果"拳打脚踢"，准父母应马上停止。因为这即预示着胎宝宝不舒服了。

温馨提示

抚摸胎教应长久坚持

任何胎教都有一个度，孕妇要掌握好各项胎教的内容、时间等，并按一定的规律去做，这样胎教才能达到预期的效果，抚摸胎教也不例外。如果心血来潮时就进行，心情不好就不做，这样无论哪种胎教都不足以和胎宝宝建立起亲密联系。抚摸胎教也应如此，只有规律进行才能使胎宝宝领会到其中的含义，并积极响应。

Section
08

语言胎教：和胎宝宝对话说这些

"小红帽唱着歌，快乐地在森林里走着，原来啊，她是要去看望住在森林深处的外婆。这时，一只凶恶的大灰狼从路边跳了出来……"朵朵妈绘声绘色地给肚子里的小宝宝讲着故事，口渴了，就喝几口水，再接着讲，不仅表情生动，神态也很认真，仿佛小宝宝就坐在她面前一样。朵朵奶奶看着媳妇，夸奖道："你这认真劲儿，都可以去学校当老师，给学生们讲课了！"听到朵朵奶奶的肯定，朵朵妈很高兴："妈，人都说这语言胎教很重要，决定将来孩子的口才好不好呢。"

充满亲情爱意的语言胎教，会使宝宝日后拥有出色的语言能力。

语言，特别是准妈妈的语言，对胎宝宝的智力发育有着极为重要的作用。实践表明，充满母爱的语言胎教会使宝宝日后拥有出色的语言能力。

准妈妈亲切的语调，温和的语言，将会通过语言神经的震动传递给胎宝宝，使他们产生一种安全感，从而增进宝宝与母亲的感情，可以说，准妈妈经常与胎宝宝进行语言沟通，虽不曾谋面，但已经在母子心灵中架起了一座爱之桥。

同时，准妈妈的语言还能促进胎宝宝的大脑发育，使其大脑产生记忆，有利于宝宝早期智力的开发。同时，它还能使宝宝日后与他人的交流沟通更顺畅，从而促进其健全人格的培养和形成。

胎教童谣

1. 鸡公公

鸡公公，挺挺胸，它说一口吃个龙。什么龙？不是龙，原来是条毛毛虫。

大家知道捂嘴笑，羞得鸡公冠子红。

2. 动物叫

小猫怎么叫，喵喵喵；小狗怎么叫，汪汪汪；小鸡怎么叫，叽叽叽；

小鸭怎么叫，嘎嘎嘎；小羊怎么叫，咩咩咩；老牛怎么叫，哞哞哞；

老虎怎么叫，嗷嗷嗷；青蛙怎么叫，呱呱呱。

3. 小青蛙

小青蛙，呱呱呱，哭着哭着找妈妈。

燕子哄，蜻蜓劝，一起说着悄悄话：

你的妈，我的妈，田间捉虫护庄稼，

我们一起玩，长大学妈妈。

4. 小鸭子

小鸭子，嘎嘎嘎，不爱吃米爱吃虾；

河里游，就数它，一到岸上就找妈。

5. 一只小蜜蜂

一只小蜜蜂呀，飞到花丛中呀，飞呀，飞呀。

二只小耗子呀，跑到粮仓里呀，吃呀，吃呀。

三只小花猫呀，去抓小耗子呀，追呀，追呀。

四只小花狗呀，去找小花猫呀，玩呀，玩呀。

五只小山羊呀，爬到山坡上呀，爬呀，爬呀。

六只小鸭子呀，跳到水里面呀，游呀，游呀。

七只小百灵呀，站在树枝上呀，唱呀，唱呀。

八只小孔雀呀，穿上花衣裳呀，美呀，美呀。

九只小白兔呀，竖起长耳朵呀，蹦呀，蹦呀。

十个小朋友呀，一起手拉手呀，笑呀，乐呀。

6. 上山打老虎

一二三四五，上山打老虎。老虎打不到，打到小松鼠。

松鼠有几只，让我数一数。数来又数去，一二三四五。

7. 月亮和星星

月亮月亮是妈妈，星星星星是娃娃。月亮嘴巴笑一笑，星星眼睛眨一眨。

月亮好，好妈妈，星星好，好娃娃。

8. 猫咪的胡子

我笑猫咪不像话，生来就想当爸爸。猫咪趴到我耳边，跟我说句悄悄话：

没有胡子像娃娃，老鼠见了不害怕！

9. 小老鼠上灯台

小老鼠，上灯台，偷油吃，下不来，叫妈妈，妈不在，叽里咕噜滚下来。

胎教儿歌

1. 数字歌

一二三，爬大山；　　　　　　　　四五六，翻筋斗；

七八九，拍皮球；　　　　　　　　伸出两只手，十个手指头。

2. 拍手歌

你拍一，我拍一，一个小孩穿花衣。　　你拍二，我拍二，二个小孩梳小辫儿。

你拍三，我拍三，三个小孩吃饼干。　　你拍四，我拍四，四个小孩写大字。

你拍五，我拍五，五个小孩敲大鼓。　　你拍六，我拍六，六个小孩吃石榴。

你拍七，我拍七，七个小孩坐飞机。　　你拍八，我拍八，八个小孩吹喇叭。

你拍九，我拍九，九个小孩交朋友。　　你拍十，我拍十，十个小孩站得直。

3. 红月亮

小弟弟，画月亮，画好月亮拍手唱；　　我的月亮红又红，好象太阳一个样！

4. 对数儿歌

我说一，谁对一，哪个最爱把脸洗？　　你说一，我对一，小猫最爱把脸洗。

我说二，谁对二，哪个尾巴像扇子？　　你说二，我对二，孔雀尾巴像扇子。

我说三，谁对三，哪个跑路一溜烟？　　你说三，我对三，兔子跑路一溜烟。

我对四，谁对四，哪个圆圆满身刺？　　你说四，我对四，刺猬圆圆满身刺。

我说五，谁对五，哪个蹦跳上大树？　　你说五，我对五，猴子蹦跳上大树。

我说六，谁对六，哪个扁嘴水里游？　　你说六，我对六，鸭子扁嘴水里游。

我说七，谁对七，哪个叫人早早起？　　你说七，我对七，公鸡叫人早早起。

我说八，谁对八，哪个鼻子长又大？　　你说八，我对八，大象鼻子长又大。

我说九，谁对九，哪个天天沙漠里走？　　你说九，我对九，骆驼天天沙漠里走。

我说十，谁对十，哪个耕地有本事？　　你说十，我对十，黄牛耕地有本事。

胎教古诗

1. 桃夭

桃之夭夭，灼灼其华。　　之子于归，宜其室家。　　桃之夭夭，有蕡其实。

之子于归，宜其家室。　　桃之夭夭，其叶蓁蓁。　　之子于归，宜其家人。

2. 汉广

南有乔木，不可休息。　　汉有游女，不可求思。　　汉之广矣，不可泳思。

江之永矣，不可方思。　　翘翘错薪，言刈其楚。　　之子于归，言秣其马。

汉之广矣，不可泳思。　　江之永矣，不可方思。　　翘翘错薪，言刈其蒌。

之子于归，言秣其驹。　　汉之广矣，不可泳思。　　江之永矣，不可方思。

3. 有女同车

有女同车，颜如舜华。　　将翱将翔，佩玉琼琚。　　彼美孟姜，洵美且都。

有女同行，颜如舜英。　　将翱将翔，佩玉将将。　　彼美孟姜，德音不忘。

4. 式微

式微，式微，胡不归?　　微君之故，胡为乎中露!

式微，式微，胡不归?　　微君之躬，胡为乎泥中!

5. 秋葛

彼采葛兮，一日不见，如三月兮!　　　彼采萧兮，一日不见，如三秋兮!

彼采艾兮，一日不见，如三岁兮!

温馨提示

语言胎教三忌

一忌不健康的内容。低级下流、污秽、打斗、杀戮的文学作品，世俗人情写得过分悲惨、凄厉的文学作品，都不宜讲给胎宝宝听。

二忌不合理的语言教育。大声粗暴地训话会造成胎宝宝烦躁不安，胎宝宝出生后，也会变得十分神经质，严重的甚至会对语言持反感和敌视的态度，孕妈妈要特别注意。

三忌过于疲劳。不能说语言胎教好就废寝忘食，通宵达旦，这样不仅达不到胎教的目的，反而会影响孕妈妈的健康和胎宝宝的成长。

Section
09

艺术胎教：让胎宝宝感受特别的美

吃完晚饭，朵朵爸拿出两张门票，给朵朵妈："亲爱的，明天咱们和咱朵朵去看画展吧。"朵朵妈对这个向来不感兴趣："我在家听听音乐，看看书。""亲爱的，你还是去吧，就算是你不喜欢，也要为宝宝着想啊。""听音乐还不是一样对宝宝进行艺术熏陶。""对胎宝宝的艺术熏陶怎么少得了绘画呢！乖，别任性啊！"朵朵爸哄着朵朵妈。朵朵妈想了一下，自己平时还真对绘画方面没有什么兴趣，为了给肚子里的宝宝起个好的榜样作用，朵朵妈妥协了："好吧，我去。"朵朵爸连忙夸她："我老婆真是一个好妈妈！"

艺术胎教指的是孕妇通过一些艺术类练习，比如书法、绘画等，来提高自身的文化素养，从而为胎宝宝营造一个安宁与舒服的生活环境。

明天我们带宝宝去看画展，你顺便受下艺术熏陶。

画画对胎宝宝的益处

画画具有和音乐治疗一样的效果。心理学家认为，画画能够提高人的审美能力，使人产生美的感受，还能让人通过笔触和线条来释放内心情感，调节心绪平衡。

你可以持笔临摹美术作品，也可以随意地涂抹，只要感到自己是在从事艺术创作，并感受到快乐和满足，你就可以画下去。画的时候，你可以对宝宝解释所画的内容。当然，你也可以临摹一些儿童画，在这些充满童趣的绘画中步入儿童世界。

读到这里，有的孕妈妈会担心地问："我并不会画画呀。"没关系，即使不会画画，在涂涂抹抹之中你也能够自得其乐。实在不想画，你也可以像朵朵妈那样，带着胎宝宝一起去美术馆感受一下美术作品的别样美感。

剪纸，也是一种艺术胎教

如果平常不太会剪，可以先勾轮廓，然后再细细地剪。可以剪个胖娃娃，或者"双喜临门"，也可以是"喜鹊登梅"等。不要怕麻烦，也别说没时间，更不要说不会剪。你剪得好不好没关系，只要心情宁静愉悦，那就达到艺术胎教的目的了。

读好书

一位哲人说过："读一本好书，就像是与一位精神高尚的人在谈话。那精辟的见解、分析，丰富的哲理，风趣幽默的谈吐，都会使人精神振奋，耳目一新。" 关于利用阅读来进行胎教，我们在后面还会有详细的说明，这里就不做过多阐释了。

艺术胎教的三点原则

用艺术养胎绝对是有益的，无论孕妈妈在孕前是否喜欢艺术，接触文艺活动多不多。孕妈妈很快就会发现，经常进行艺术胎教会让自己保持良好的情绪，更重要的是还能培养孩子的艺术气质。进行艺术胎教有这样的三个原则：

1. 时刻与胎宝宝分享

当自己置身于艺术氛围当中而感觉舒适、愉快时，孕妈妈要及时地将自己所看所感通过和宝宝说话的方式与腹中胎宝宝分享。

2. 定期参与

如果孕前较少地接触艺术，要想为胎宝宝来点艺术的熏陶，孕妈妈就要定期地进行艺术活动，比如定期看看演出、展览，听听讲座、才艺课程等。这些都是孕妈妈不错的选择。

孕期小知识

· 艺术胎教的正确态度 ·

进行艺术胎教在态度上，准妈妈要做到的最重要的一点就是克服"过度焦虑"和"要求成果"。

准妈妈要有积极而正面的态度外，不要把一定要让腹中宝宝成长后成为大音乐家或者画家作为目标，而应该持有一份放松的心情。要知道，无论孩子将来对艺术有没有兴趣，在艺术方面的成就有多少，都不是最重要的。让孩子成为一个幸福的人才是父母们的终极目标。

没有地缘便利的妈妈可以多动手，在家画画或者剪纸，也可以对胎宝宝进行艺术胎教。

3. 在生活中接触"美"

多听好听的音乐，多看漂亮的事物，只要孕妈妈善于发现，生活中会有许多的美。孕妈妈要善于发现美、接触美，让胎宝宝也感受到美。

温馨提示

职场准妈妈选择服装要点

第一，不要过多强调职业气质。孕期坚持工作的准妈妈在挑选孕妇装时，不需要特别突出自己的职业特点，人们对孕妇的穿衣打扮不会要求苛刻的。

第二，以V字领、圆领为宜。领口不易过厚，一般不要选择翻领衫。

第三，夏天适合连衣裙。夏天，准妈妈最好选择上小下大的连衣裙，它是孕妇装中的经典(形似韩版裙)。这样的裙可以让孕妈妈显得比较美，而且宽松的裙摆穿起来方便凉快，也利于胎宝宝的成长。

第四，多选择上下身分开的拼装。这样的款式易于穿脱，将会大大降低孕妈妈因身材臃肿所带来的不便。

四种美术胎教方法

1. 欣赏名画

孕妈妈可以选择自己喜欢的画，与胎宝宝一起欣赏，以启迪胎宝宝对艺术的感觉和共鸣。注意，孕妈妈在选择画作时不必以名气为标准。有的画很有名，艺术价值也非常高，如果孕妈妈不喜欢，看了就会感觉枯燥，这样当然也不能唤起胎宝宝的兴致。

2. 一边画画，一边向胎宝宝说明画的内容

画画时，孕妈妈可以在画的过程中向胎宝宝说明画的内容。通过这一过程，将会给胎宝宝许多有益的刺激。当然，画作完成之后再向胎宝宝说明也是可以的。

孕妈妈想象一下吧，和自己的孩子一起绘画，心情该多好呀！

3. 画出想象中胎宝宝的脸庞

你的宝宝会像夫妻当中的谁多一点呢？可以和丈夫一起想象一下，然后画出来。

在这个过程中，腹内的胎宝宝肯定会非常高兴，因为他感受到了爸爸妈妈的爱。

4. 向胎宝宝讲述画册内容

这种方法可以在妊娠晚期进行。这时候身体变得非常臃肿，画画也变得艰难起来，看画展更是累，于是舒适地躺着翻阅画册是很好的艺术胎教法。孕妈妈在一边看的时候应当一边给宝宝讲述画册内容："宝宝，妈妈正在看一本介绍荷兰的画册。那里有风车在风中旋转，还有许多五颜六色的郁金香，真的很漂亮呀。"

Section 10

运动胎教：孕期瑜伽九大益处

下班后，朵朵妈兴致勃勃地回到家里，拿出一张漂亮的小毯子。朵朵奶奶奇怪地问："朵朵妈，你这是要干什么呢？"朵朵妈说："我要练瑜伽，这是练习毯。"朵朵奶奶一听可吓坏了："朵朵妈，你现在可怀着朵朵呢，练瑜伽又是弯腰又是劈叉的，多危险啊。""妈，我练的时候会注意动作的，那些高难度、负荷大的我不会做。"朵朵奶奶还是不放心："我看电视里的瑜伽动作幅度都很大，你还是小心点吧。"朵朵妈赶紧解释说："妈，主要是因为瑜伽对孕妇和胎儿都有好处，我才想练的。我先练习看看，要是效果不好我就不练啦。"

孕期进行适度的瑜伽练习，不但有利于生产，还有利于产后身材的恢复。下面，我们就一一说明孕期瑜伽的好处。

孕期瑜伽九大益处

益处一：呼吸顺畅，身心放松

瑜伽可以让孕妈妈获得正确的呼吸技巧和放松方法，从而使心脏和肺部肌肉处于良好状态，为顺产和产后的身体恢复打下基础。

益处二：改善血液循补，缓解身体不适

通过瑜伽的练习，孕妈妈的血液循环可以得到有效改善，使肌肉的力量和伸缩性得到加强；瑜伽还能锻炼子宫的髋部、脊柱，使腹部肌肉更有力，强化关节及肌肉，预防骨骼耗损和肌肉劳累，有效地缓解了孕期腰酸、背疼等不适。

益处三：控制腹部肌肉力量，缩短产程

练习中，孕妈妈的腹部肌肉得到了锻炼，骨盆得到了扩张，从而有利于孕妈妈缓解或减少生产过程中的痛楚和不适感。

益处四：建立自信，平和心态

练习瑜伽可以帮助准妈妈建立自信，使准妈妈对顺产和产后的身材恢复充满信心，从而使准妈妈的心态更平和。

益处五：提高注意力，减少焦虑

> 电视上的瑜伽动作都很大，你现在怀孕，还是别练了。

> 书上说练瑜珈对孕妇和宝宝都好，我会小心的啦。

瑜伽呼吸法可以让准妈妈紧张的情绪得到放松，从而提高注意力去了解自己的身体及胎宝宝的发育状况，这对平缓准妈妈的产前焦虑、紧张和恐惧有很大的助益。

益处六：增强身体平衡感

坚持一段时间的练习之后，准妈妈会发现自己整个肌肉组织的柔韧度和灵活度都会得到大幅度的提高，即使肚子一天天变大变沉重，走路也依然平稳。是的，瑜伽能够让准妈妈平衡感更好。

益处七：缓解气短和压抑，让呼吸变得更顺畅

由于瑜伽练习能够刺激和控制准妈妈的荷尔蒙分泌腺体，使准妈妈的血液循环得到增加和加速，从而很好地控制呼吸，让准妈妈孕期胸闷气短的现象得到很好的改善。

益处八：对抗失眠，改善睡眠

练习瑜伽之后，准妈妈会发现失眠消失了，自己睡得更香了，以前怎么躺都别扭的情形不复存在了。

益处九：使胎宝宝灵活敏锐，健康成长

准妈妈练瑜伽也会给使胎宝宝的发育更健康。这是因为准妈妈在练瑜伽的时候，能够给予胎宝宝适当而温和的刺激和按摩，从而使胎宝宝对外界的反应增加，让胎宝宝变得更加灵活和敏锐。

准妈妈练瑜伽的四点注意

女性在孕中练习瑜伽还是与孕前有一些区别的，要特别注意适度及适量。下面，我们就来说说孕期瑜伽的注意事项。

1. 注意练习时间

孕早期，准妈妈会感觉特别懒散，不想做任何费力的事情。建议准妈妈从妊娠的第 4 个月开始进行瑜伽锻炼。每周练习 2 ～ 3 次即可，每次练习的时间视自己的身体情况灵活掌握。

2. 循序渐进、慢加量

如果准妈妈没有流产史而且身体健康，那么只要你觉得准备好了就可以进行了。动作应当是轻柔的，慢慢地提高肌肉柔韧性和张力，同时需要注意运动量，不要突然加大运动量和延长运动时间。

有习惯性流产史或身体特别虚弱的孕妈妈应当谨慎选择练习动作，最好在专门的瑜伽教练的指导下进行练习。

3. 适宜的姿势

10 个月的妊娠全程，准妈妈可以根据不同时期的身体状态练习不同的瑜伽姿势，但必须以身体的舒适为准。

练习瑜伽是一项因人而异的运动，准妈妈必须选择与自己的身体状况相协调的姿势进行练习。要集中精力关注自己，不要太关注其他人的动作。如果练习途中有不适感，就要马上停下来请教练调整。

4. 安全第一

孕期的锻炼练习是必要的，但一定要在安全的前提下进行，切不可过量。如果出现轻微出血或者医生要求卧床休息，则要停止锻炼。

三个简单的瑜伽动作

动作一：枕臂侧躺

步骤：侧躺，一胳臂枕于头下，另一胳臂置于弯曲的大腿上；置于底下的大腿保持放松伸直的姿势，置于上部的大腿稍微弯曲。做完一侧后以同样方式换另一侧。

时间：以身体舒服为度。

功效：消除背部压力，放松背部肌肉。

动作二：仰躺放松

步骤：仰卧，双脚分开，间隔为两脚宽，双手掌心朝上，放于身体两侧，双眼轻闭；从下往上，依次放松身体的各个部位，脚趾、脚踝、小腿、大腿、膝关节、胯部、手指、腹部、胸部、颈部、肩部、口、鼻、睫毛、眉毛和前额部位；面部器官逐渐地放松、舒缓。

时间：孕前期每天做 3 次，一次 10 分钟。然后逐渐减少为 2 分钟。

功效：可给你带来真正的平静和安详。孕中期，建议用"枕臂侧躺"的方式放松。孕 5 月后，仰卧的时间更应减短。

动作三：坐姿聆听

步骤：坐在席子或毯子上，背靠墙，或者坐在椅子上，靠住椅背；双腿伸展，手臂自然放松，双手手心朝上，放在大腿上；闭眼，颈部、睫毛、脸部放松；聆听有节律的、细微的声音，或听些轻柔的音乐。

时间：以身体舒服为度。

功效：被动的轻松聆听可以使人冷静、放松。

Section 11

胎教过程中请隔离电器辐射危害

朵朵爸托老同学给买的防辐射服拿回来了，朵朵妈穿在身上对着镜子左照右照。"一点都不好看。"朵朵妈不满地说。朵朵爸安慰她："好不好看有什么关系，能隔离电脑辐射就行。""嗯，说的也是，这回我用电脑的时候就不用提心吊胆了。""尽信防辐射服不如无服，你还是得悠着点。"朵朵爸叮嘱道。

家电辐射可能对胎宝宝产生的危害

相关研究发现，电脑及众多的家用电器会产生低频电磁场，这些低频电磁场产生的电磁辐射波是一种看不见的污染源，会随着人体的血液、淋巴液和细胞质发生改变，伤害细胞内的脱氧核糖核酸（DNA）、染色体，还可促进遗传基因发生突变，诱发胚胎染色体改变。如果孕妇生活在这种低频电磁场中，可能会引发流产或对胎宝宝造成不可修复性的损伤。

低频电磁场产生的电磁辐射波对胎宝宝的损伤随着孕期的不同而不同：

1. 在孕早期的 1～3 个月，孕妇受到强电磁辐射有可能导致流产，也可能造成胎宝宝肢体缺损或畸形；

2.在孕中期的 4～5 个月，电磁辐射可能损伤胎宝宝的中枢神经系统，导致婴儿智力低下；

3.在孕晚期的 6～10 个月，电磁辐射会导致宝宝出生后免疫功能低下，体质弱，抵抗力差。

而且，如果准妈妈在孕期受到了过量的辐射，那么孩子日后患白血病的可能性也将升高。

准妈妈四招预防家电辐射

准妈妈如何预防家电辐射呢？

第一招，与家电保持一定的距离；

第二招，让家人及时清除家电灰尘；

第三招，用液晶电视代替普通电视，并在电视旁尽量少摆放其他电器；

第四招，养一些抗辐射的绿色植物，比如芦荟、仙人掌。

特别提醒：准妈妈看电视的时候也要注意，电视也有辐射哦。要降低辐射，首先要与开机状态中的电视保持 3～4 米的距离，每天看电视的时间不宜太长，最多 1～2 小时；看电视的时候要开窗换气，每半小时休息 10 分钟以上；看完电视洗一下手和脸，以免落在皮肤上的尘埃和微生物刺激皮肤，引发炎症。

准妈妈如何降低电脑辐射

电脑已经走进了千家万户，大家都知道

孕期小知识

·三种防辐射服·

现在市面上大致有以下三种面料的防辐射服：

1.镀层的（最好的也就是镀纳米银）防辐射孕妇装。这种防辐射孕妇装缺点是手感硬，透气不好，不能水洗，而它最大的缺点是：镀的金属物容易脱落变成粉末状。若被孕妈妈吸入肚子里，会影响胎宝宝的健康成长。

2.金属丝混纺制品防辐射孕妇装。这种防辐射孕妇装手感好，透气好，还可以水洗，屏蔽效果也不错，但缺点是质量好坏不容易区分。有些追求利润的生产厂家会用含铬成分高的粗金属纤维织成防辐射孕妇装，以屏蔽手机信号，但是这种含铬成分高的防辐射孕妇装对电脑、电视等一些其他常用有辐射的电器不起作用。建议各位孕妈妈应该为了胎宝宝的健康，慎重选择这种金属纤维铬防辐射孕妇装。

3.离子银纤维防辐射孕妇装。这种防辐射孕妇装防辐射效果好，轻薄、透气、柔软，能水洗，抗菌、除臭。它也是直接将金属纤维进行聚合的面料，且含量明显优于混纺，可以达到90%以上。但因为不能染色，只能用于里料，所以其一般为双层的。因银有很多对人体有益的因素，所以离子银纤维防辐射孕妇装的效果在实际应用中明显优于其他，但在价格上也会比前面的两种贵。

电脑的辐射很大，那么准妈妈如何来避免电脑辐射呢？

第一，不要长时间连续操作电脑，每半小时休息 10 分钟；

第二，工作环境保持良好通风换气；

第三，光线要适宜；

第四，最好使用液晶显示器，如果是一般的显示器则应安装防护装置，削弱电磁辐射的强度；

第五，用完电脑清洁皮肤；

第六，注意补充营养，适当吃一些抗辐射的食物，比如西红柿、海带、紫菜等。

小提示：孕期，特别是孕早期，孕妈妈最好少用电脑。用电脑时也要尽量穿上孕妇专用的防辐射服。

准妈妈要避免使用微波炉

质量好的微波炉只会在门缝周围形成一些辐射，不会对身体造成什么伤害，但对于准妈妈则不然。尤其是在孕早期，微波炉高强度的微波可致畸形胎、流产或死胎，是名符其实的"辐射大王"。

微波炉在电路接通时其辐射强度可一下子增加到 350 毫瓦，超过国家对其规定的最低标准 7 倍左右。准妈妈在使用微波炉时，一定要做好自身防护。首先，使身体尽量远离微波炉，眼睛不要看着炉门，更不要在炉前久站。炉内的食物取出后，先放置几分钟再吃。

胎教百味屋

准妈妈要避免制冷制热家电辐射

北方空气干燥，许多人喜欢用加湿器，殊不知加湿器也是一个厉害的辐射源呢。所以准妈妈在使用时一定要将加湿器放在较远的地方。电热毯同样也是一个不可忽视的辐射源，对孕妇、儿童、老人的损害非常大。因为电热毯本身就相当于一个电磁场，即使关上电源，辐射仍然会扰乱体内的自然磁场。

要排除生活中隐藏的七大电磁波辐射

1. 电子小闹钟、MP3 等微量辐射产品。睡觉时可以放在离身体稍远一些的地方。

2. 冰箱。为了减少辐射量，可以经常用吸尘器吸掉冰箱后侧或下方散热管线上的灰尘。

3. 电吹风机。开启和关闭时，尽量保持 15 厘米以上的安全距离；使用时，最好将电吹风与头部保持垂直，不要连续长时间使用。

4. 避免在房间内摆放多个电器。有些人喜欢把电视、电脑、冰箱全部摆放在卧室，还经常同时使用，这是非常不健康的做法。

5. 无绳电话。它的辐射非常大，孕妈妈能不接触就不要接触。

6. 电熨斗。为了减少辐射，不要边加热边熨衣服，可以一次加热到位，用一会儿再继续加热。

7. 拔掉电源插头。如果不使用，最好拔掉电器的电源插头，这样也能减少电磁波。

温馨提示

车内接手机辐射大增

手机虽然看起来很小，但在使用时也会产生电磁辐射，尤其是使用手机时必须将手机置于耳旁，这样更容易对准妈妈造成伤害。在车里接电话，辐射更是增强许多。据测定，手机在车内接通产生的电磁波辐射强度，要比其他场所增强好多倍。

准妈妈要尽量避免在汽车内接电话，平时，准妈妈也要尽量少用手机。接打电话的时候最好用耳机，使身体与手机保持一定的距离。

Section
12

健康胎教：按摩益处知多少

朵朵爸看见朵朵妈躺在床上不停地唉声叹气，忙问："老婆，怎么了？""我觉得一天下来，很累啊，浑身上下都疼……"朵朵妈对着丈夫撒娇道。朵朵爸坐在床边，心疼地望着妻子："来，我给你按摩一下，让你解解乏。"朵朵妈不相信地看着丈夫："我怎么不知道你会按摩，哈哈，吹牛！""就是轻轻拍打，让肌肉放松呗。放心吧，你要对老公我有信心啊！""我对你的想法有信心，但是对你的手法没信心。你还是先找个师傅学学，再在我身上练手吧。"

孕期按摩有很多好处，相关研究发现，孕期定期做按摩可以放松准妈妈的身体、心灵和精神。对准妈妈来说，按摩能够使其精神平静下来，有助于缓和孕期的身体酸痛和手脚肿胀，甚至能提高她们的睡眠质量。对准妈妈进行定期按摩，还会降低其尿液中的应激激素，从而降低发生早产以及胎儿产后并发症的风险。

具体来说，孕期按摩有这些好处：

> 来，我给你按摩一下，解解乏。

> 你会按摩，吹牛！

益处一：唤醒面部肌肤

由于孕期生理上的变化，大多数准妈妈会出现面部皮肤粗糙、松弛、生黑斑等现象。脸部按摩可以有效改善这些状况，唤醒面部肌肤，重塑美丽容颜。

每隔3天，准妈妈可以在睡前洁面后做3至5分钟的面部按摩，然后用热毛巾敷一下就可以了。方法如下：

1. 按摩额部。左右手的中指及无名指放在额头上，分别自额心向左右两边做小圆按摩。连续按摩6圈后，在左右两边太阳穴上轻轻压一下。

2. 按摩眼角。两手手指自两边眼角沿着下眼眶按摩6小圈，然后绕过眼眶，回到眼角处轻轻压一下。

3. 按摩眼周。手指沿眼周围做绕圈按摩，按摩6圈后在太阳穴上轻轻压一下。

4. 按摩鼻部。手指自太阳穴沿额头鼻梁滑下，在鼻头两侧做小圈按摩，自上而下按摩8小圈。

5. 按摩嘴部周围。双手的两食指分别自下巴沿着嘴角，向上按摩至唇上，再从唇上按摩至下巴。

6. 按摩脸颊部。双手的两食指分别沿脸颊四周做大圈按摩，共按摩8圈，然后至太阳穴处轻轻压一下。

7. 按摩拍脸：双手四指并拢，左右交替在脸上轻轻拍击，共拍击约60次。

益处二：淡化妊娠纹

据统计，大约有70%的准妈妈会在妊娠时出现妊娠纹。如果孕期在妊娠纹最常出现的部位进行适度按摩，可以有效地预防和淡化妊娠纹。

在按摩的时候，力度要轻柔。如果用力过度，会造成皮肤张力增加、胶原纤维断裂，反而会让妊娠纹更容易出现。按摩时最好使用安全的预防妊娠纹的按摩油，这样效果会更好。具体方法如下：

1. 臀部。由下往上沿臀部边缘按摩，左、右边都要进行按摩。

2. 胸部。从两胸的中间开始，由下往上沿胸部边缘到颈部按摩，左、右两边都要进行按摩。

3. 腹部。以肚脐为中心点，由内向外顺时针方向按摩腹部；从腹部外侧开始，由腹部下方往上推向中间。

4．大腿内侧。从大腿内侧开始，逐步向上按摩。

益处三：预防感冒

孕期感冒的危害我们在前面有过叙述，它不仅会对准妈妈产生危害，对刚刚形成的胚胎也会有损害。除了平时保暖以外，经常对人体的某些穴位或部位进行按摩，也可以帮助准妈妈提高抵抗力，预防感冒。准妈妈最好每天早晚各按摩一次，这样坚持下来才能达到防治感冒的效果。具体方法如下：

1．揉搓鼻子。两手合掌，手指交缠，把大拇指置于眉尖的印堂穴上，往下一直推至鼻子两侧的迎香穴。

2．揉搓迎香穴。两手食指按住鼻翼两侧的迎香穴，按照顺时针和逆时针的方向各搓摩 36 次，会有酸胀感向额面放射。

3．搓摩脸部。先将手掌搓热，然后用两手指尖向上按住额头，再由上往下、沿着鼻子的两侧至下巴做搓摩，直到感觉发热为止。

4．搓摩两耳。待脸部搓摩发热后，两个手掌的指尖由下巴沿脸颊两侧往上靠拢，到达耳部后用食指和拇指抓住耳垂轻轻往外拉，把耳垂拉红了也没有关系，做 64 次。

益处四：缓解腰酸背痛

这需要准爸爸的参与。准妈妈最好跨坐在椅子上，椅子前放一张桌子，在桌面叠一或两个枕头，在按摩时准妈妈可趴在枕头上休息。按摩不要平躺着进行，这样会使子宫的血流量增加，对胎宝宝造成伤害。

准爸爸按摩时，力度要恰到好处。如果准妈妈感觉不适，要马上停止按摩。有伤口、感染、红疹或静脉曲张的地方不要进行按摩；压踝关节及足跟部之间的地方也要避免按摩，因为这里直接关联子宫及阴道，如果在妊娠晚期重压可引发早产。具体方法如下：

准爸爸双手搓热按摩油后将手放在妻子腰围下的背部位置，慢慢向上移动再伸向脊椎两侧，这时千万不要直接在脊柱上进行按摩。按摩到肩膀的时候再伸展到背部上方进行轻按，最后再回落到开始的地方重复以上动作。按摩时间以准妈妈感到背部的肌肉开始有温热和放松为止。

另外，准父母要特别注意的是，孕 1～3 个月要绝对禁止按摩，孕 4～6 个月，每周按摩 1 次；最后的 3 个月，每周按摩 2 次。

益处五：预防脚抽筋

到了怀孕后期，由于身体负担过重，大多数准妈妈都有过在睡梦中被小腿或脚部突然抽筋的疼痛惊醒的经历。适当的按摩可以预防及缓解脚抽筋的现象。具体方法如下：

1.缓解痉挛。准妈妈一旦发生痉挛立刻让准爸爸用手掌按压脚掌，并轻轻拉伸小腿。等痉挛缓解后，再以旋转的手法按摩小腿的肌肉。也可以在小腿后侧用热水袋或热毛巾敷，使肌肉得到放松。

2.预防痉挛。洗澡或用温水泡脚后，按摩小腿 3 分钟左右。

预防腿脚抽筋除了按摩之外，还有一些其他的办法。首先是注意饮食。准妈妈要多喝水，多吃富含镁、钙和维生素 C 的食物，饮食不要过于肥腻。其次是避免长时间坐着或站着，坐着时不要翘"二郎腿"。另外，还要注意做适当的运动。每天做几次踮脚然后再还原，这能够伸展小腿肌肉，从而有效预防脚抽筋。

益处六：抚摸胎教

按摩腹部可以锻炼胎宝宝皮肤的触觉，并通过触觉神经感受体外的刺激，从而促进了胎宝宝大脑细胞的发育，加快胎宝宝的智力发展。方法如前面所提到的触摸胎教。

温馨提示

孕期按摩八大注意事项

1.按摩前暖好手并摘去饰物。

2.选择安全的按摩油或按摩膏，这有助于手掌在皮肤上的滑动。

3.如果按摩时孕妈妈感到不适，要立刻停止。

4.妊娠20周后不要俯躺按摩，也要尽量避免仰卧按摩。

5.不应直接按摩脊椎，也不要在伤口、感染、红疹或静脉曲张的地方按摩。

6.不要挤压踝关节及足跟部之间，这里直接关联到子宫及阴道，如果孕晚期重压这些部位容易引发早产。

7.腹部要轻轻抚摸，切不可用力过大。

8.从来没有按摩过的人最好请专业按摩师指导后再开始。

Section 13

胎教宝典：准妈妈不可犯的"美丽"错误

怀孕4个月了，朵朵妈已经习惯走路放慢、脾气放缓，但是一早洗头的时候还是有些上火。因为感觉弯腰费劲，而自己的头发又很长，于是想把长头发剪了，还方便坐月子。朵朵妈想着头发剪短后一定得烫一下，这样才会好看一些，于是打电话给朵朵姑姑陪自己去。朵朵姑姑却说："嫂子，我听说孕妇最好不要烫发，因为那些化学药水对宝宝不好。而且烫发很伤头发的，容易干枯、掉头发。"朵朵妈一听后果这么严重，连忙打消了烫发的念头 。

准妈妈染发烫发应慎重

染发是时尚女性必不可少的装饰，因此一些时尚"辣妈"也迫不及待地想把头发颜色变一变。但为了自己和腹中宝宝的健康，时尚"辣妈"染发应该慎重。

有些染发烫发的药剂会引起皮肤的过敏反应，皮肤出现异位性皮炎，或是接触性荨麻疹，还有一些人因为染发之后，头皮发炎、红肿，甚至掉发。所以，以前没有染过发的人，最好不要在孕期尝试，以免造成皮肤过敏。发质不好的人也不要染、烫发，会让发质更糟糕。

特别想染、烫头发的准妈妈，应尽量在妊娠中晚期进行。因为怀孕的前三个月，胎宝宝正处于器官发育期，最容易造成畸形。尽量减少染、烫发的次数，以免药物累积对母胎造成大的影响。为了减少人体对染发剂和烫发剂的吸收，染发或烫发时应远离头皮，只处理头发中、尾段。

染指甲可能会流产

指甲油以及其他化妆品往往含有一种名叫邻苯二甲酸酯的化学物质。如果准妈妈用指甲油的话，指甲油中的邻苯二甲酸酯会通过母亲的呼吸系统和皮肤进入体内，危害到她们未来所生育的男婴的生殖系统。

哺乳期间的妈妈也不能使用含有邻苯二甲酸酯的化妆品，因为它能够通过乳液进入孩子的身体，特别是男孩，长大后，可能会患上不孕症或阳痿。这是邻苯二甲酸酯阻碍雄激素发挥作用造成的恶果。 所以，忠告那些爱美的女性，美甲的方法很多，尽量不要涂指甲油，以免犯"美丽"的错误！

谨慎选择美白祛斑化妆品

孕期，准妈妈的皮肤性状会发生变化。孕前是干性皮肤，这会儿有可能变成油性；孕前是油性皮肤，这会有可能会更油；有一些准妈妈会发现皮肤没有了孕前的柔软感，变得干燥、粗糙；还有一些准妈妈由于激素影响，皮肤变得敏感脆弱，脸上多了暗淡的色斑。

但不要因为肤色暗淡长斑就选择美白和祛斑的化妆品，科学实验证明，皮肤增白及祛斑类除色素化妆品中含有无机汞盐（氯化汞或碘化汞）和氢醌等有毒的化学成分，很容易被正常皮肤吸收，并有积聚作用。经常接触汞，染色体畸变率升高。而且这些物质可经母体胎盘转运给胎宝宝，使胎宝宝蛋白质分子变性和失活，减慢细胞生长和胚胎发育速度，导致胚胎异常。

这时候，准妈妈选择护肤品只需要记住一条——保湿，而且必须是质量有保证的天然保湿产品。大部分化妆品含有一定的防腐剂和化学药品成分，特别是质量不合格的化妆品，往往铅、汞等重金属含量超标，会对胎宝宝发育产生不良影响，有致畸的可能，甚至会诱发流产、早产等。质量有保证的，无防腐剂，色素、香料，低酒精的天然化妆品才是准妈妈的最佳选择。买的时候要注意询问销售员或仔细查看说明书，以免买到含有致敏成分的化妆品。

准妈妈穿衣不可过紧

准妈妈的衣服应以宽松、柔软为宜，这样的穿着会让人方便舒适。切不可紧胸束腹，这样对准妈妈很不利。因为怀孕后女性的生理变化很大，胸部横径加宽，周径增大，膈肌上升；孕中期，膈肌活动的幅度相应逐渐减少，准妈妈呼吸以胸式呼吸为主。这时候，如果上衣过紧，就会影响到胸部的呼吸，并妨碍乳腺的发育，对产后母乳喂养造成不利影响。

同样，裤子也不能穿得过紧。否则，腹部会受到挤压，从而影响子宫血流。裤带也不宜扎得过紧。紧扎的裤带会使增大的子宫不能上升，日久则胎位不正。另外，内裤应选择透气吸水性好的棉质内裤。

准妈妈莫涂口红

口红多含有油脂、腊质、颜料等，其中，油脂为羊毛脂，是从漂洗羊毛的废液中提炼回收的天然动物脂肪。羊油脂能渗入人体皮肤，具有较强的粘合性。其危险之处在于可以吸附空气中飞扬的尘埃、各种金属微粒、细菌和病毒，经过口腔在不知不觉中进入体内，一旦身体抵抗力下降就会染病。而有毒、有害物质以及细菌和病毒还能够通过胎盘对胎宝宝造成一定的损害。

油脂有害，口红中的颜料也有害。目前国内外口红多采用酸性曙红的红色粉末做颜料，这种酸性曙红本身就是对人体有害的一种色素。相关研究发现，它能损害遗传物质——脱氧核糖核酸，引起胎宝宝畸变。

而且，准妈妈涂着口红到医院做产前检查，也会掩盖嘴唇的真实色泽，从而使医生忽略掉一些疾病表征。

准妈妈洗澡五不宜

怀孕后，由于孕激素的影响，女性的汗腺及皮脂腺分泌旺盛，皮屑多，阴道分泌物也增多，因此准妈妈要特别注意皮肤清洁，勤洗头洗澡，更换内衣。由于身体不便，准妈妈在洗澡时要特别小心谨慎，注意以下五不宜：

一不宜高温洗澡。妊娠期间皮内血管扩张，太热的洗澡水会对皮肤造成强烈的刺激，从而影响全身血液循环，不利于胎宝宝的生长发育。

二不宜盆浴。采用盆浴，细菌更容易进入阴道，引起上行性感染。而且，准妈妈进出澡盆或浴缸也容易滑倒。因此，准妈妈应采用淋浴。

三不宜饭前饭后洗澡。空腹洗澡，易诱发低血糖而虚脱昏倒；饭后马上洗澡，则会令皮肤血管扩张，血液过多流向体表，从而影响食物的消化，甚至引发昏厥。

四不宜持续长时间洗澡。浴室内通风不良，空气混浊且湿度大，加上洗澡时血液流向体表，而使准妈妈大脑和胎盘血液相对减少，洗澡时间长对母子都不利。

五不宜用碱性肥皂或高锰酸钾清洗外阴。用这些东西可能会损害局部皮肤。

温馨提示

孕妇装的尺码

随着怀孕月份的递增，准妈妈会发现变大的不止是腹围，胸围、臀围、腿围都会不断地增大。所以孕妇装应当选择比身材大一号的尺码，一是出于舒适度的考虑，穿宽大的衣服活动更自由；二是出于经济的目的，稍肥大的衣裤可以从当季开始穿两三个月。

同时，选择的孕妇装，不管是上衣还是裙子，都应选择两侧配有腰带的款式。刚穿时可以把带子系上，以达到最好的视觉效果。

Section
14

安全胎教：炎症何时消

朵朵妈这两天总是感觉不舒服，下身老是有异味，感觉是炎症，可是又不敢随便吃药，因为肚子里怀着宝宝呢，只得偷偷地和朵朵爸说了。朵朵爸建议她打电话问问表姐李茜，她是大夫，一定有办法。

那么，一般情况下，准妈妈在怀孕期间得了炎症，应该怎么治疗？用什么药好呢？

四种女性常见炎症

1.霉菌性阴道炎

霉菌性阴道炎由霉菌感染引起，是怀孕女性最常见的妇科炎症。人体内的霉菌有许多种，最主要的是白色念珠菌，有80%～90%的阴道感染是由白色念珠菌引起的，所以霉菌性阴道炎又经常称为念珠菌阴道炎或阴道念珠菌病。

发生霉菌性阴道炎后，外阴及阴道会剧烈瘙痒，瘙痒可由轻度到不能忍受，常让人不自觉地抓挠导致外阴肿胀、潮红，甚至红肿、溃烂，有烧灼感。同时，白带增多，为白色凝乳样或豆腐渣样物，严重时会略带臭味，并夹有血丝。

患上霉菌性阴道炎后，准妈妈应选择对胎宝宝毒性小的抗真菌药物。比如制霉菌素片剂、克霉唑片（凯妮丁片）、硝酸咪康唑栓（达克宁栓）等，以克霉唑最为安全、有效，准妈妈可以在医师的指导下于晚上临睡前于阴道内塞药。安全的外用药膏有克霉唑软膏、达克宁软膏，可以每日涂抹外阴部。为了加快康复时间，患者可以同时用清水或中药制剂洗外阴部。准妈妈要慎用口服抗真菌药物，最好不要用。

霉菌会在产道感染胎宝宝，使新生儿得一种叫鹅口疮的疾病。准妈妈治疗阴道炎要彻底，以防分娩时产道的真菌侵袭胎宝宝。

2. 盆腔炎

盆腔炎是一种常见的妇科病，分为急性盆腔炎和慢性盆腔炎。引起盆腔炎的原因有很多，常由经期、分娩、流产、手术时细菌进入内生殖器所引起。盆腔感染后常会出现小腹隐痛、腰痛、白带多，甚至不孕。有时急性发作，会发烧、肚子剧烈疼痛。

准妈妈患有急性盆腔炎的很少，如果发病一定要及时住院治疗，在产科医生的指导下选择对胎宝宝安全的治疗方式。如果孕前出现盆腔炎则会导致后遗症，比如会使输卵管发生粘连，导致它狭窄、堵塞就会影响受孕；此时，如果受孕则可能会因为宫腔感染，牵连胎盘急慢性炎症，使胎宝宝出现宫内生长受限、宫内窘迫，甚至胎死宫内。

> ### 孕期小知识
>
> **·孕期常见阴道炎·**
>
> 孕期女性易患滴虫性阴道炎、霉菌性阴道炎、加特纳菌性阴道炎、淋菌性阴道炎。
>
> 出现阴道炎，孕妇要特别谨慎用药。宜在妇科专家的指导下，根据阴道炎类型选用外用药局部治疗，以防止药物导致胎宝宝畸形。

3. 宫颈炎

宫颈炎又常常被称为宫颈糜烂，为宫颈慢性细菌感染，使原本光滑的宫颈变得毛糙，易出血。其主要表现是白带增多、黏稠，偶尔也可能出现脓性、血性白带，并常伴随着腰酸、腹痛及下腹部重坠感，性生活时也可能会引起接触性出血。

从肉眼看起来，宫颈糜烂与宫颈癌很难区别，所以医生通常会在治疗前做一个宫颈细胞检查，以排除宫颈癌的可能。宫颈炎有多种治疗方法，主要是局部治疗，常用方法有上药、激光、冷冻、热烫等。

最好能在孕前治疗宫颈炎，如果孕前患有轻度宫颈糜烂而没有治愈便怀孕，因物理治疗和药物治疗都会影响胎宝宝，所以妊娠期一般只能放任不管，这样有可能使感染加重，甚至引起阴道出血，容易和流产混淆。同时，感染还可引起胎膜早破，发生流产、早产、宫腔感染、胎宝宝体重和生存能力降低、产妇患产褥期感染，甚至败血症。

4. 细菌性阴道病

细菌性阴道病是多种细菌复合感染所致，曾被称为非特异性阴道炎，也是孕妇经常出现的炎症。症状轻时表现为阴道分泌物增多，加重时则表现为白带稀薄呈灰白色或黄色脓性水样、有恶臭味（鱼腥味），有时伴有轻度外阴瘙痒或烧灼感，性生活时有疼痛感。更严重时会诱发尿道炎，出现尿频、尿急、尿痛等症状。治疗细菌性阴道炎需要在医生的指导下用药。

细菌性阴道病容易导致准妈妈出现早产、绒毛膜羊膜炎、胎膜早破、产褥感染以及新生儿感染。

孕期预防炎症的四个方法

准妈妈要做好孕期炎症的预防，下面是一些有效的方法：

1. 应勤换、勤晒内衣，少吃或不吃辛辣刺激的食物，以免助湿生热，诱发各种炎症；

2. 适当运动，注意营养，以增强身体抵抗力；

3. 多吃些富含维生素C、B族维生素以及维生素E等营养元素的食物；

4. 胡萝卜素和锌都能对准妈妈抵抗感染有一定帮助，是准妈妈的食谱中不可或缺的营养元素。

患妇科炎症后，有些准妈妈习惯于用药物来冲洗阴道，这种方法是有风险的。因为，冲洗时由于不知深浅，很易引发先兆流产或流产。一旦患上了阴道炎，准妈妈需要在医生的指导下，对症选用恰当的治疗方法。

四种孕期常见疾病

除了上面提到的那几种炎症之外，孕期还要预防这样几种疾病：

1. 尿路感染

如果准妈妈患了尿路感染，就会出现尿频、小便灼痛及小腹疼痛等症状。治疗不及时，甚至会出现血尿和高烧等。一旦患病，准妈妈要及时去医院治疗，拖延只会使病情更加重，甚至转为肾炎，这就有可能引起流产或早产。

2. 疱疹

疱疹主要表现为阴道内外出现水疱，并伴有疼痛。如果是第一次患疱疹，而且出现在孕期，分娩时又出现溃疡时，医生会让准妈妈采取剖腹产，以免感染新生儿。因为一旦新生儿被感染，则有可能会损伤新生儿大脑。

3. 弓形体病

一旦胎宝宝也感染了弓形体病，就有可能会引发流产或死胎，甚至会使新生儿患上精神疾病或失明等。最可靠的预防办法是孕前打疫苗。

4. 李氏杆菌病

患病时，症状与流感和胃肠炎相似。但孕妇一旦患上此病危害就大了，必须采取引产措施，因为它会导致早产、流产或死胎。由于引产胎宝宝不足月，抵抗力差，可能容易生病，因此应注射抗生素，防止败血症或脑膜炎。

温馨提示

孕期阴道炎症要重视

孕期出现阴道炎症后，不仅准妈妈会遭受痛苦，腹中胎宝宝也会受到影响。病菌会使患病孕妇在妊娠期发生胎膜早破、早产及产褥感染等，而新生儿经产道分娩时也容易被感染。孕妇在确诊为阴道炎症后，切不可自行用药，更不能滥用抗菌素或激素类药物，以防胎宝宝因药物致畸。正确的处理办法是去医院诊治，在医生的指导下选择对胎宝宝无害或是影响较小的药物。同时，用药治疗时一定要彻底，绝不能因症状减轻就自行停药，以防复发。

Section 15

温馨胎教：准妈妈孕中期备忘录

朵朵在妈妈肚子里呆了4个月了，已经进入怀孕中期，小两口松了一口气的同时，也不敢松懈。"老公，怎么这么多的注意事项啊？"朵朵妈拿着丈夫打印出来的文件抱怨着。朵朵爸憨厚地笑笑："老婆，多注意些有好处。好好学习，你的孕期生活才会更充实、快乐……" 面对丈夫的关爱，朵朵妈感动了，动情地说："你啊，现在说话都一套一套的了。只要你一直爱我，将来一直爱朵朵，每一天就都是幸福的……"温馨的气息萦绕在他们的周围……

这时候准妈妈的肚子还不是很明显，子宫内的胎宝宝也不是很大，不适感也不会特别明显；同时，准妈妈已经在心理上基本习惯了妊娠的状态，加上离分娩还有相当长的一段时间，所以心情也比较轻松。这个时候，胎宝宝已经稳稳地居住于母亲子宫内，流产的可能性也大大降低。总之，孕4月，是整个妊娠过程中准妈妈身心最安定的时候，也是异常情况最少的时候，但这并不意味着就可以粗心大意、放松警惕了。下面的这些事项，准妈妈还是要特别注意的。

老公，怎么有这么多的注意事项呀？

老婆，多注意些有好处。

产前检查及胎宝宝监护

孕 4 月，即孕 16 周以后，准妈妈血液中的甲胎蛋白测定结果可以作为筛选指标，疑有畸形或遗传病胎宝宝可以进一步做宫内诊断。诊断方法包括 B 型实时超声、羊水细胞培养及染色体分析、血型检查、生化检查。有需要的，医生会建议做基因诊断、羊膜镜及胎宝宝镜等检查。

这时候，准妈妈也可以自己进行胎宝宝监护，如听胎心、数胎动。关于数胎动、听胎心的方法，在后面的章节里会详细说明。

孕中期生活备忘录

1. 有规律的生活

准妈妈一定要安排好作息时间，过有规律的生活。这时候，饮食起居等生活节奏一旦被打乱，身体就容易出现异常。

2. 充分的休息与睡眠

有的准妈妈还在上班，会常常因为工作而忽视了休息，这样对身体是不利的。尽管身处职场，但不要做"拼命三郎"，每天保证 8 小时以上的睡眠，只要稍感疲劳就要休息一会儿。同时，别忘了常常提醒自己，时刻保持轻松的心态。

3. 适当的运动

为了防止体重增长过快，也为了顺利分娩，孕期做一些适量而适当的运动是很有必要的。对准妈妈来说，散步是最合适的，可以呼吸到新鲜空气，改善血液循环，还可以增进食欲，有效促进睡眠。

4. 性生活

由于孕吐现象减轻，心情也开始变得愉快，生理变化可能使准妈妈有着比平时更强的性要求。准父母们不必自我压抑，适当的性生活有利健康，但需要注意的是性交体位。有关孕期性生活的问题，我们在后面的章节还要详细说明。

孕期小知识

·准妈妈需控制 B 超检查次数·

专家提醒妊娠期的女性，要控制好 B 超检查的次数，尽量避免不必要的超声检查。有的准妈妈会因为担心胎宝宝的健康，而经常要求进行 B 超照射，这样的做法是不妥的。虽然现在并没有证据说明 B 超会对胎宝宝造成不良影响，但也没有实验说明 B 超照射不会对胎宝宝造成不利影响。

专家提醒妊娠期女性，这个时期的准妈妈，最重要的是预防妊娠合并高血压疾病。妊娠合并高血压疾病对准妈妈和胎宝宝的健康都不利，但它是可以预防的。注意饮食以及经常做产前检查都是预防手段。

5. 美容和健康

由于分泌物增多，血液循环不畅，很多准妈妈开始出现手脚浮肿、腰酸腿痛等情况。所以，可能的话，准妈妈应每天洗澡，这不仅可以让身体保持清洁，还能促进血液循环、松弛肌肉、放松神经，从而缓解浮肿。如果洗澡时能辅以颈部、手足部按摩，效果就更好了。

有的准妈妈会出现皮肤粗糙的问题，按摩可以缓解这种状况。另外，牛奶、蜂蜜、蔬菜、海藻等食物也可以有效改善皮肤粗糙。同时，这些食物对预防便秘也很有好处。

6. 外出与旅行

为了呼吸新鲜空气，可以适当地安排外出。要注意的是，外出应避开上下班时间，一般上午 10 点到下午 3 点之间不是早晚高峰，可以安排外出。另外，如果状态不是很好，就不要外出。嘈杂而喧闹的地方不适合孕妇，应尽量避开。

妊娠过程中的旅行，最好还是选择短距离的，时间控制为 1 ~ 2 天。关于孕期旅行的相关事宜，我们在后面的章节里将详细说明。

7. 积极的生活态度

无论做什么事情，准妈妈都不要勉强自己，累了就要休息。如果有些事情不愿做，可以让丈夫或家人代劳，一定要保持轻松积极的心态。

孕中期饮食安排

1. 饮食构成和量

每天的饮食构成和量应保持这样的标准：

谷类主食 350 ~ 500 克，如米、面、玉米、小米等；

动物性食物 100 ~ 150 克，如牛、羊、猪、鸡、鱼肉、蛋等；

动物内脏 50 克，每周 1 ~ 2 次；

水果 100 ~ 200 克；

蔬菜 500 ~ 750 克；

奶及其制品 250 ~ 500 克；

豆类及其制品 50 克，如豆腐、豆浆、豆制品、绿豆、黄豆等；

油脂类 25 克，如烹调油等。

2. 注意两个搭配

粗细粮的搭配——精制食品中缺乏 B 族维生素，而粗粮中含有丰富的 B 族维生素，所以孕期应注意粗粮、细粮的搭配弥补，使营养摄入更全面。

荤素菜搭配——荤菜可以提供胎宝宝生长发育所需要的蛋白质、脂肪等营养素，素菜能提供维生素和膳食纤维，所以孕期应注意食物互补。

3. 热量分配比例

早餐要吃得好，热能应占全天总热能的 30%；

午餐要吃得饱，热能应占全天总热能的 40%；

晚餐要吃得少，热能应占全天总热能的 30%。

温馨提示

准妈妈洗衣宜与忌

1. 孕期忌用很冷的水洗衣服，应适当兑些热水；

2. 孕期洗衣时姿势宜稳，忌蹲位洗衣，这样会使子宫受压，影响血液循环；

3. 孕期洗衣忌用力过猛，忌搓板顶住腹部，这样会使子宫受压；

4. 孕早期洗衣忌使用洗衣粉，因洗衣粉里的化学物质可能会损害受精卵；

5. 晒衣服时动作宜轻柔，晒衣绳应适当系低一些，忌向上伸腰。

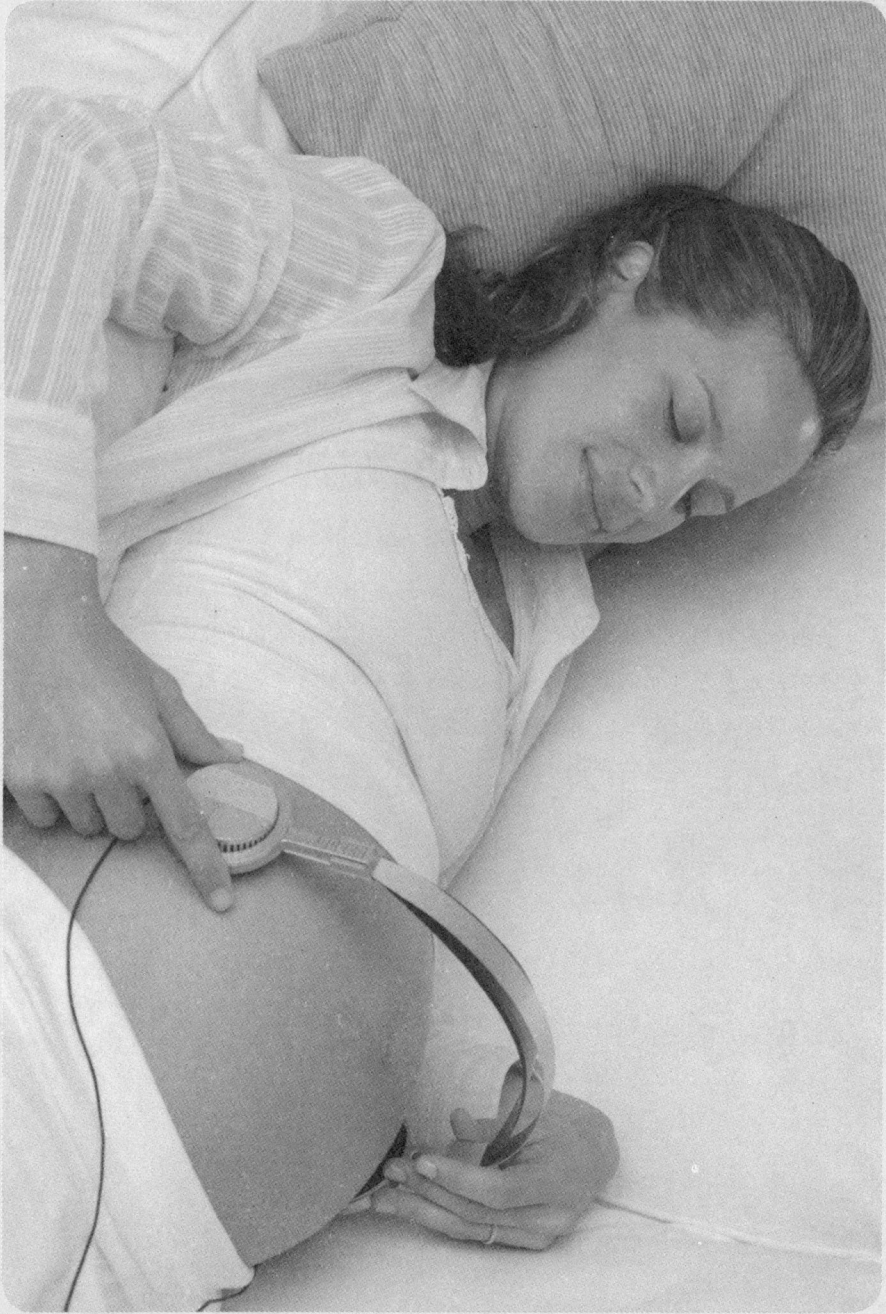

第 5 章

孕 5 月胎教完全方案

作为准妈妈的你，用全部的身心在关照着你未出生的小宝宝，希望他聪明，希望他漂亮。你常常抚摸着肚子和他说话，你相信宝宝能听懂你的每一句话；而他似乎真能明白你的每一样心思，他专门传递给你的每一个细微小动作都牵动着你的感官神经！下面就请从对孕 5 月的认知开始，为生个伶俐可爱的健康宝宝而努力吧！

Section 01

怀孕 5 个月，有什么不一样

翻开一页日历，朵朵妈对丈夫说："咱们家朵朵今天五个月了哦。""呵呵，咱们的宝贝又长大了一点。""老公，我们该想想怎么进行这个月的胎教了。""这可是很艰巨的任务呀，慢慢来，还要听听专家的意见。""嗯，要保证咱们朵朵茁壮成长！哈哈……"

孕 5 月胎宝宝指标

胎宝宝的眉毛和眼睑已经完全发育成熟了，虽然眼睑依然闭合着，但是眼球很活跃，可以移动。耳骨也完全形成，并长到了正常的位置上了。

胳膊和腿已经与身体的其他部分成比例了；手指和脚趾都长出了指甲，并隆起；胎宝宝还会用嘴舔尝吸吮拇指，就像在品尝手指的味道；他的皮肤仍然很薄，但他的动作变得灵活多了，不仅活跃而且协调，他会交叉腿、后仰、踢腿、屈体、伸腰、滚动，也能够听到周围的声音，并以更加活跃的动作来回应。

在脑部，分管触觉、味觉、嗅觉、视觉和听觉的神经细胞正在分化。如果子宫内是女孩，她的子宫和输卵管已经形成，并且已各就各位；如果是男孩，通过 B 超你可以看到他的生殖器了。

上上周穿得多还看不出来，现在别人一眼就能看出我是孕妇啦。

嗯，你现在是名符其实的大肚婆了！

孕5月准妈妈指标

受到骨盆腔充血与黄体素持续旺盛分泌的影响，准妈妈的盆腔内内脏血液聚集，发生充血，阴道分泌物也比平时有所增加。子宫日渐增大，在肚脐下方约1.8厘米的地方，就能够很容易摸到自己的子宫。日渐增大的子宫将腹部向外挤，致使肚子向外鼓胀。由于子宫增大，压迫盆腔静脉，准妈妈的下肢静脉血液回流不畅，双腿会出现水肿。下午和晚上水肿会加重，早上起床时则会减轻。

准妈妈的皮肤上出现暗色斑块，对大多数女性来说不用太在意这些暗色斑块，因为它在分娩后不久就会消失。但是准妈妈现在仍然需要做一些防护工作，特别不要在阳光下暴晒。

孕5月饮食要点

这段时间准妈妈需要补充维生素D和钙来帮助胎宝宝的骨骼生长。另外，如果平时饮食荤素搭配合理，营养一般不会有什么问题。但是，如果孕妈妈担心发胖或胎宝宝过大而特意限制饮食，则有可能造成营养不足，严重的甚至会患上贫血，影响到胎宝宝的生长发育。

孕5月护理要点

这个月，准妈妈的腹部隆起更明显，准妈妈行动也更困难，所以准妈妈出行时要特别小心。同时，这个月应注意监测胎动。

1. 乳房

乳房进一步胀大，左、右乳头之间的距离开始变宽，双乳开始向腋下扩展并下垂。如果周围的皮肤缺乏弹性和张力，双乳的外侧有可能会出现少量的妊娠纹。这时候乳头会比较干燥，有的人会出现乳头内陷现象。

对策：为缓解乳房下垂，应穿戴合适的胸罩以支撑乳房；对付妊娠纹，则要涂些天然护肤油。每天可以用手轻柔地按摩乳房，以促进乳腺发育和缓解乳房肿胀甚至疼痛的症状。

2. 指甲

由于内分泌的变化，孕妇的指甲长得很快，但特别脆，很容易折断。

对策：不留长指甲，做家务时，带上防护的塑胶手套；经常涂抹护手霜。

3. 脚部

双脚开始肿胀、干燥，甚至会出现疼痛。

对策：用 40℃ 左右的热水清洗后进行脚部按摩。按摩的时候先涂上保湿类的足底护理霜然后开始以划圈方式从上往下按摩，促进吸收。

4. 数胎动

每天早、中、晚在固定的时间里各数 1 小时，每小时胎动大于 3 次，则胎宝宝情况良好。也可将早、中、晚三次数得的胎动次数相加后乘以 4，即 12 小时的胎动次数。如 12 小时胎动达 30 次以上，则胎宝宝情况良好；少于 20 次，说明胎宝宝有可能出现了异常情况；如果胎动少于 10 次，则可能是胎宝宝宫内缺氧，准妈妈应上医院检查。关于数胎动的一些知识，我们后面还有详细说明。

胎教百味屋

孕5月最适合的胎教方法

饮食胎教，可以选择大枣和柿饼促进胎宝宝骨骼生长，摄取纤维以预防便秘。

运动胎教，可以进行适当的运动，但不要长时间地平躺。

按摩胎教，可以缓解肩背、腰部和头部疼痛。

孕 5 月疾病要点

这个月，胎宝宝迅速地生长，快速地撑大子宫。准妈妈需要特别注意的是胎宝宝的发育情况，防止发育迟缓。同时，准妈妈需要注意这些疾病：

1. 牙齿疾病

刷牙时出血；牙龈红肿；牙齿有不同程度的松动；有口臭。

对策：早晚刷牙，吃饭后及时漱口，常吃豆制品、肉蛋类、新鲜蔬果等，也可以在平时用手指对牙龈进行适度按摩来改善。如果很严重，可去医院牙科进行治疗。医生会进行简单的、保守的牙科治疗，例如补牙、洗牙或牙科例行检查。

2. 阴道炎症

关于阴道炎症，在前一章里我们有过详细说明，这里就不再赘言。

3. 胎宝宝宫内发育迟缓

孕 28 周后，需要每周测量宫高，如果连续 2 次测量的宫高值小于正常值的 10% 以上，或者准妈妈体重连续 3 周没有增长，则可能为胎宝宝宫内发育迟缓。

对策：避免感冒等传染病，避免接触有毒物质和放射性物质；加强营养，保持好的休息，以增加胎盘血流量。如果出现胎宝宝宫内发育迟缓的现象，可在医生的建议下进行药物治疗；加强监护，观察胎动。

温馨提示

孕5月生活细节提示

1. 睡眠时最好侧卧，俯卧会挤压子宫和乳房。
2. 注意去户外晒太阳，特别是冬季。
3. 避免出现便秘等腹压增加的情况，排便时不要过于屏气用力，衣带要宽松。
4. 定期产前检查，每月或四周检查一次，以便即时发现孕期异常情况。
5. 有节制地进行性生活。
6. 避免过度劳累，劳逸结合。

Section 02

令胎宝宝快乐的七件事

> 宝贝：今天妈妈去商场给你买了件漂亮的小衣衣。妈妈非常喜欢，你一定也会喜欢的。妈妈知道你不喜欢吵闹喧嚣的环境，所以特意避开高峰时段，悄悄地去给你买的。嗯……妈妈觉得你一定能够感受到那种安逸舒适的环境，还有妈妈高兴的心情。妈妈可是很爱很爱你的哦，你不喜欢的事情，妈妈都会尽量不去做的。所以，你可以在梦里悄悄地告诉妈妈你喜欢什么不喜欢什么哦……
>
> ——选自朵朵妈的《准妈妈日记》

在怀孕的280天里，胎宝宝和准妈妈心心相通，准妈妈的感情会直接传达给胎宝宝！

到出生以前，胎宝宝将在准妈妈的子宫中度过大约 280 天的时间。这段时间里，胎宝宝和准妈妈完全是心心相通的，准妈妈对胎宝宝的影响远远超过了准妈妈的想象。准妈妈不仅每天通过脐带给胎宝宝输送营养和氧气，让胎宝宝健康成长，还能将自己细微的情绪变化传递给胎宝宝。那么，准妈妈应该怎样做，才能将最美好的感觉传递给胎宝宝呢？我们先看一看胎宝宝喜欢什么。

在前面我们讲到过，胎宝宝喜欢准妈妈做的活动有：大声唱喜欢的歌；散步；找件自己喜欢做的事；多喝白开水，少喝饮料；读书；听舒心的音乐；有规律地进食。除此之外，以下也是胎宝宝喜欢准妈妈做的事情。

待在人群里

准妈妈待在人群里与人交流，能够使自己把对怀孕的注意力转移到别的地方，从而消除紧张情绪。所以，我们建议，如果身体条件允许，孕期尽量保持工作。

依靠食物纤维和乳酸菌防止便秘

孕妈妈不喜欢便秘，胎宝宝也不喜欢便秘。那么胎宝宝喜欢准妈妈如何防止便秘呢？答案是食物纤维和乳酸菌。如果把话梅和无花果混到酸奶中食用，也可以有效地预防便秘，准妈妈们不妨一试。

远离咖啡因

胎宝宝不喜欢咖啡因，咖啡、红茶、可乐等含有咖啡因的饮品胎宝宝都不喜欢。因此，准妈妈最好远离它们。

非常喜欢喝咖啡的准妈妈，可以用热的纯牛奶来冲咖啡，并逐次提高牛奶的比例。久而久之，准妈妈就会只喝纯牛奶啦。

细细咀嚼

食物好还要吸收好才行，提高吸收率的最好方法就是细细咀嚼。准妈妈可以尝试一下，让一口食物在嘴里至少咀嚼20下再吞咽。长久下去，自然消化就好了。

注意通风换气

尽量保持室内的空气流通，让室内空气保持清新。准妈妈呼吸的空气将直接传递给子宫内的胎宝宝，一定要当心环境污染。

孕期小知识

·孕期水肿不能限制饮水·

有人认为当准妈妈出现浮肿时，应该控制饮水量。这种做法是不对的，要控制浮肿主要是控制摄入的盐分，如果饮水不足，会使血液循环不畅，营养就难以传给胎宝宝了。所以这时候准妈妈千万不要控制饮水。当然，准妈妈补水也要适当，每天8杯水，大约1200毫升就比较合适。

避免使用吸尘器

用吸尘器来吸灰尘的时候反而会释放一些灰尘，准妈妈在打扫卫生的时候，尽量用湿抹布吧。

戴口罩跟污浊的空气说 bye –bye

戴口罩是对付空气污染的好办法，经常出入公共场所，尤其是经常坐公交车或地铁的准妈妈应该戴口罩。当然最好的办法是少去人多的地方。

温馨提示

日常搭配错的食物

小葱拌豆腐：豆腐中的钙与葱中的草酸，会结合成白色沉淀物——草酸钙，造成人体对钙的吸收困难。

豆浆冲鸡蛋：鸡蛋中的黏液性蛋白会与豆浆中的胰蛋白酶结合，从而失去二者应有的营养价值。

茶叶煮鸡蛋：茶叶中除生物碱外，还有酸性物质，这些化合物与鸡蛋中的铁元素结合，对胃有刺激作用，不利于消化吸收。

炒鸡蛋放味精：鸡蛋本身含有许多与味精成分相同的谷氨酸，所以炒鸡蛋时放味精，不仅不会增加鲜味，反而会破坏和掩盖鸡蛋的天然鲜味。

Section 03

科学胎教：关注胎宝宝的五官发育

朵朵爸在白纸上认真地画着：两只眼睛、一个鼻子、一张嘴巴、两只小耳朵，还有短短的头发……朵朵妈看了看："你画的是谁啊？""咱们家朵朵啊！""你画得不好看，耳朵也太小了。""现在朵朵才5个月，五官长得当然小了。""那倒也是，不过耳朵就是小也应该能够听到声音了。""看你糊涂的，宝宝的发育状况你都不清楚！"

过去医学界普遍认为，胎宝宝没有感觉。事实不同，胎宝宝在子宫中已有了感觉、视觉、味觉、反应、学习和记忆，并有了强烈的好恶之分。温柔的声音、旋律简单的音乐、有节奏感的运动及准妈妈抚摸腹部时的舒适是他所喜欢的；而尖锐嘈杂、旋律起伏不一的音乐（如重金属音乐），强光及快速颠簸的运动则是他所讨厌的。事实上，他对外界的激烈能够作出回应，并渴望与外界进行沟通交流。

视觉：讨厌强光

虽然胎宝宝在子宫里与外界隔着准妈妈的肚皮，但强光仍然很容易穿透肚皮和子宫。当准妈妈在晒太阳的时候，胎宝宝能够感受到刺眼的强光，当然，他看见的太阳光只是红色的亮光。

自妊娠第4个月起，胎宝宝就能够感受到光亮了，如果光线太强，他还会转身避光。尤其是闪烁的强光，他会举起手来遮脸或背离光源，也会变得焦躁不安。

刚出世的婴儿，视野大概只限于距离自己30厘米的范围内，这也说明了在子宫内他的视觉是很发达的，正是产前一直住在狭小的子宫内，所以视线才会狭窄。

嗅觉：像狗鼻子一样

怀孕后，你会突然发现自己的鼻子变得超级敏感，任何轻微的味道都能甄别出，简直像狗鼻子一样。准妈妈灵敏的鼻子正是胎宝宝带给她的，胎宝宝不喜欢烟味也不喜欢酒味以及一切不利于健康的味道。

准妈妈需要注意，要保持心情愉快，全心全意地接纳宝宝；如果还在为接不接受他而犹豫，胎宝宝也能感受得到，并在嗅觉、性格和大脑发育方面受到影响。

味觉：喜欢海洋食品

胎宝宝似乎知道海洋食品是有利于自己生长的，会让准妈妈喜欢上大海的味道，喜欢吃海洋食物。

准妈妈需要注意的是，不要吃鲨鱼、旗鱼、鲭鱼、方头鱼，因为这些鱼含有大量的汞，不利于胎宝宝的成长。

胎教百味屋

胎教故事——睡着的狗与狼

有条狗睡在羊圈前面，狼窥见后，冲上去袭击它，想把它吃掉。狗请求暂不要吃它，说道："我现在还骨瘦如柴，你再等几天，我的主人要举行婚礼，那时我将吃得饱饱的，定会变得肥肥胖胖的，你再来吃不是更香些吗？"狼听信了狗的话，便放了它。过了几天狼再来时，发现狗已睡到了屋顶上，它便站在下面喊狗，提醒狗记住以前的诺言。狗却说："喂，狼呀，你若以后看见我睡在那羊圈前面，用不着再等婚礼了。"

这故事说明，聪明的人一旦脱离险境后，终生都会防范这种危险。

听觉：胎宝宝喜欢赞美

胎宝宝喜欢准妈妈的声音，会随着准妈妈声音的律动而作出不同的反应，当准妈妈提高音调时，他可能会在准妈妈的子宫内踢动回应。

在胎宝宝醒着的时候，准妈妈或准爸爸要多对胎宝宝讲话。时间一长，这样的语言刺激会在胎宝宝大脑中留下初浅的痕迹。当然，也不用长时间地与胎宝宝讲话，一般5～10分钟即可。可以多讲赞美的话，胎宝宝虽小，但也喜欢称赞而讨厌批评。

你可以这样对胎宝宝说："宝宝真乖！""宝宝是妈妈的好朋友！""宝宝真漂亮！""宝宝真懂事！""宝宝长得漂亮又聪明！""宝宝将来会像爸爸一样能干哦！"

在讲话开始或结束时，可以用固定的语言，比如"宝宝快醒醒，妈妈和宝宝说话了""宝宝再见""宝宝，明天见"等。

触觉：胎宝宝喜欢柔和的光和准妈妈的手

多陪宝宝说说话，多晒晒太阳，多抚摸肚子，这些声音、光线、触摸等都能以电脉冲的形式在胎宝宝大脑细胞之间传递。在传递过程中，大脑细胞也伸展出了更多的树突，许许多多的树突联系在一起就形成了突触。突触越多，宝宝的大脑网络越丰富，大脑储存信息的容量也就越大，宝宝大脑也就有了先天的物质基础。

温馨提示

胎宝宝会有饥饿感

你知不知道，胎宝宝也会有饥饿感呢！

通常人们总以为胎宝宝在母体内是最安全的，也不会饥饿。是的，如果母亲一天都不吃东西，胎宝宝是不至于变瘦。但是胎宝宝会夺取母体所积蓄的营养，会对母体造成影响。而且，当母亲呈空腹状态、感觉饥饿时，饥饿感也会传达给胎宝宝；同样母亲吃饱后也会把饱足感传递给胎宝宝。那么，胎宝宝是如何了解这种感觉的呢？

这是因为胎宝宝是用脑中负责吸收营养的部分来感觉饥饿感或饱足感的。当母亲空腹感觉饥饿时，母体血液中的葡萄糖水平会慢慢降低。血液经过胎盘传给胎宝宝后，会使胎宝宝的脑部也感受到血液中葡萄糖水平的降低从而感觉到饥饿。有趣的是，如果胎宝宝感觉饥饿时，也会像出生后感觉饥饿一样，津津有味地吸吮手指。有关实验证实，如果给空腹状态的母亲注射葡萄糖，子宫中的胎宝宝会马上停止吸吮手指的动作。

胎宝宝的呼吸与训练

正常发育的胎宝宝很早就出现呼吸了，在 B 超里可以清楚地看到随着妊娠月份的增加胎宝宝逐渐演变的呼吸运动。

孕期准妈妈子宫的生理性收缩和松弛能够帮助胎宝宝呼吸。子宫的生理收缩使胎宝宝呼吸道内的液体或进入的羊水排出；子宫松弛时，则可以使羊水向胎宝宝呼吸道返流。

准妈妈也可以有意识地训练胎宝宝的呼吸。如果孕妈妈常做短促呼吸运动，就能够促进胎宝宝呼吸系统的发育。方法是：略微提气，用鼻子短促地反复吸气五六次，然后再慢慢把气呼出来，嘴要轻轻张开。

Section
04

营养胎教：准妈妈宜吃的蔬菜

这两天朵朵妈没什么胃口，朵朵奶奶精心烹制的红烧鲤鱼也只吃了一口就再也不想吃了。看着她恹恹的样子，朵朵奶奶很着急，又拌了个清淡的凉菜，给她调换口味。看着婆婆忙碌的样子，朵朵妈觉得很幸福，甜甜地对朵朵奶奶说："妈，我不想吃太油腻的东西，想吃些蔬菜。"

"行，你先查查孕妇吃什么蔬菜好，然后我给你做。"朵朵奶奶应道。

蔬菜是孕妇必吃食品之一，各种蔬菜对孕妇都有好处，在日常膳食中最好变换着菜式吃各种蔬菜。

富含维生素和食物纤维的蔬菜是准妈妈必吃食品之一。孕期女性维生素的需求量比平时每日增加了 0.22 毫克，如果摄入不足，有可能导致胎宝宝早产、死胎，甚至畸形儿的发生或产下先天性维生素缺乏症的婴儿。妊娠期女性如果少吃或不吃蔬菜和水果，还会引起大便秘结、痔疮、肛裂等。因此，为了母胎的健康，在日常膳食中孕妇应多吃新鲜蔬菜。下面，我们给准妈妈介绍几种孕期宜吃的蔬菜。

青萝卜

青萝卜中含有大量的维生素 C，其维生素 C 的含量比苹果高 6 倍。但是，萝卜不宜与水果同食，否则会加强硫氰酸抑制甲状腺的作用。准妈妈常吃萝卜可以防病健身。

食谱：炖奶汤鲫鱼萝卜丝

原料： 鲫鱼 1000 克，青萝卜 200 克，肥膘肉 150 克，盐 5 克，料酒 10 克，味精

5克，大葱5克，姜5克，香菜5克，醋5克。

方法： ①将活鲫鱼去鳞、鳃、内脏，清水洗净，两面剞成斜刀口备用；②猪肥膘肉切成片，葱、姜切丝，香菜切段；③青萝卜切细丝后用沸水焯一下捞出，投凉；④烧热锅后放入植物油，用葱丝、姜丝炝锅，添入奶汤（400克），加入醋、料酒、猪肥膘肉片、精盐、味精，再放入鲫鱼，盖上锅盖，炖10分钟后放入青萝卜丝；⑤改用小火炖5分钟，盛出撒上香菜即可。

菜花

菜花含有蛋白质、脂肪、钙、磷、铁，及维生素K、维生素A、B族维生素、维生素C等营养素。孕妇产前经常吃菜花，可预防产后出血并增加母乳中维生素K的含量。同时，菜花还能增强肝脏的解毒能力，提高机体的免疫力，常吃有预防感冒、防治坏血病的功效。

食谱：香炒西兰花

原料： 西兰花300克，食用油15毫升，盐5克，胡椒粉少许。

方法： ①菜花洗净分成小株，略为氽烫；②烧热锅后倒油，加入菜花、盐及胡椒粉，翻炒数下即可。

茭白

茭白，又称菱笋，富含蛋白质、碳水化合物、钙、磷、铁、锌、粗纤维素及维生素 B_1、维生素 B_2、维生素C等营养成分。常吃能够清热利尿、活血通乳。孕期，用茭白煎水代茶饮，可防治妊娠水肿；常吃茭白炒芹菜，可防治妊娠高血压及大便秘结。

食谱：茭白炒芹菜

原料： 芹菜，茭白，胡萝卜，猪瘦肉，盐，味精，料酒，姜，葱。

方法： ①芹菜去根择去黄叶，洗净后切寸段。很多人吃芹菜只吃茎，不吃叶，其实芹菜叶营养成分比茎更丰富，而且香味更浓。②茭白去外皮后切丝，胡萝卜去皮切丝。③猪瘦肉切丝后加入盐、料酒、葱姜、生粉拌匀腌制片刻。④大火烧热锅倒油，下肉丝翻炒几下，变色后盛出。⑤锅内再放油，放入胡萝卜丝煸炒，然后倒入芹菜和茭白丝一同翻炒，变软后倒入肉丝，加盐、味精翻炒均匀即可出锅。

莲藕

莲藕不仅清淡爽口，还营养丰富，含有大量的淀粉、维生素和矿物质，能够健脾益胃，润躁养阴，行血化淤，清热生乳。产妇常吃莲藕，能增进食欲，帮助消化，促使乳汁分泌。

食谱：姜拌脆藕

原料：鲜藕250克，精盐、酱油、食醋、味精、香油、姜各适量。

方法：①鲜藕洗净，去皮，切成薄片，再用清水洗一下，冲洗藕眼中的泥；②姜洗净，去皮，切末；③用沸水将藕片汆一下，迅速捞出，放入凉开水中浸凉捞出，控水，撒上姜末；④用精盐、酱油、醋、味精、香油调和成汁，浇在藕片上，调拌均匀即可。

海带

海带含有大量的碘和铁，是孕妇和产妇补碘、补铁佳品。

食谱：松仁海带

原料：松仁50克，海带100克，鸡汤、盐各少许。

方法：①松仁用清水洗净，海带用水发开后洗净切丝；②锅置火上，放入鸡汤、松子仁、海带丝，用文火煨熟，出锅前加盐调味。

菠菜

菠菜含有丰富的叶酸，每100克菠菜的叶酸含量高达50毫克，名列蔬菜之首。但菠菜含草酸较多，而草酸可干扰人体对铁、锌等微量元素的吸收。要消除此弊端，可以先将菠菜用开水焯一下，这样大部分草酸就会被破坏了。

食谱：碧绿鱼肚

原料：菠菜600克，鱼肚50克，萝卜花10克，姜5克，大葱5克，植物油15毫升，料酒、盐、淀、白砂糖、香油、胡椒粉各少许。

方法：①菠菜洗净，切段，用开水焯一下；②用盐、淀粉、糖、香油、胡椒粉、清水搅拌成芡汁料，备用；③鱼肚洗净放入姜葱，开水中煮两分钟，取出切丝，滴干水分；④倒入上汤，放入植物油、料酒后再放入鱼肚煨5分钟，取出沥干；⑤烧热锅，下油放入菠菜、萝卜花炒熟，加入鱼肚及芡汁料翻炒拌匀即可。

温馨提示

蔬菜去毒的八种方法

1.多洗。不合时令、提早上市的菜，因与气候不合，往往施用大量农药，要多洗几遍。清洗蔬菜最好用清水，施有脂溶性农药的蔬菜用盐水反而不容易洗干净。

2.不可先切后洗，否则会让营养流失。

3.不要生吃。如果一定要生吃，那就要多洗几遍。

4.烫菜比煮菜好。因为烫菜时，一些农药会随着水汽被蒸发掉。

5.先浸泡再冲洗。洗菜时，先把菜放在盆中浸泡片刻，再放在水龙头下冲洗。

6.洗包心菜、大白菜时，先去掉外围的叶子，然后再一片片地冲洗。

7.洗鸡毛菜、小白菜等，应把菜根切除，然后放在水龙头下直接冲洗。

8.洗苦瓜、小黄瓜等，如果不削皮就要用软毛刷刷洗。

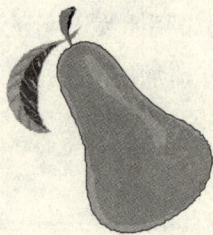

Section 05

音乐胎教：关于"莫扎特效应"

朵朵妈听音乐听得有点累了，就躺在沙发上，让朵朵爸给她按摩小腿。朵朵爸看她懒洋洋的样子，打趣道："你听得出这首曲子的美妙之处么？""嗯？听着不累。"朵朵妈随口答道。"你啊！漫不经心的，估计是一点都没听出来这音乐的意境！""哎呀，亲爱的，你也知道，平时我也就听个流行歌曲啥的。这种没有歌词、纯粹的音乐……还这么舒缓的……"朵朵妈撒娇道。"你啊，别抱怨了，给宝宝听，这样的音乐是最好的！"

怀孕4个月后，胎宝宝就有了听力，可以进行音乐胎教了，最好选择舒缓的音乐。

音乐胎教应当遵循胎宝宝在母体内的发展特征，围绕着准妈妈在整个孕期中的生理和心理的变化来进行。在孕早期、孕中期和孕晚期，准妈妈需要接受不同方式的音乐胎教，比如聆听式音乐胎教法、歌唱式音乐胎教法、吟诵式音乐胎教法及律动式音乐胎教法等。

什么是"莫扎特效应"

音乐胎教，有一个所谓的"莫扎特效应"，这是20世纪90年代初美国科学家的研究结论。

莫扎特是古典音乐三巨头之一，他3岁成名，作品从室内乐到歌剧，涉猎广泛。美国加州大学艾文分校在20世纪90年代做了一个实验，让孕妇在孕期聆听莫扎特的音乐，并在她们的孩子出生后进行跟踪调查。结果发现，这些孩子IQ和EQ的平均值明显高于胎儿期未聆听音乐的孩子。实验表明，音乐可以帮助大脑皮质发展思考机制。因为测试的曲目采用了莫扎特的音乐，所以这个实验报告又叫"莫扎特效应"。

那么，是不是莫扎特的所有音乐都适合当胎教音乐呢？

莫扎特音乐不能全盘皆收

由于"莫扎特效应"选用了莫扎特的乐曲，所以有些人误认为莫扎特的所有音乐都能当作胎教音乐，有些发行商于是不加甄选地将莫扎特的曲目包装为胎教音乐，这实际上给胎宝宝带来了极大的危害。

莫扎特的一生创作颇丰，作品主题多样、风格各异，有些音乐并不太适合准妈妈聆听。比如那些表现强烈情感的音乐，或忧伤或狂热或悲壮，对准妈妈来说过于激烈了。其实，许多作曲家的作品也同样适合孕期聆听，比如巴赫的复调音乐能促进胎宝宝恬静、稳定。我国部分传统音乐对促进胎宝宝智力、情商的发展也很有好处。

另外，有些发行商只追求经济效益，并不注重质量，使许多名不符实的"胎教音乐"光盘在市面上销售。这些音乐，节奏与胎宝宝的心率不和谐，音量也难以掌握，不仅对胎宝宝起不到教育作用，还会让胎宝宝产生不安。

孕期小知识

夏季音乐胎教，因"时"制宜

1.听节奏欢快的音乐

都说"春困秋乏夏打盹"，夏天特别容易犯困，准妈妈更是如此。这时，准妈妈可以用节奏欢快的胎教音乐来赶走"瞌睡虫"，以舒畅的心情和胎宝宝一起在美妙的音乐里徜徉。

2.进行室外音乐胎教

如果环境适宜，准爸爸可以牵着准妈妈的手，一起到室外用带有外放功能的音乐播放器做音乐胎教。

3.缩短音乐胎教的时间

夏天特别容易疲劳，尤其是大腹便便的孕妇。为了照顾孕妇的身体状况，进行音乐胎教可以适当缩短时间。每次播放2～3首音乐即可，不要超过15分钟。

音乐胎教的四个注意

1. 选择合适的音乐种类

准妈妈应该听优美、宁静的音乐，这才能愉悦准妈妈的心情，稳定准妈妈的情绪；也可以选择一些轻松、活泼、明快的音乐，胎宝宝会喜欢它们。

2. 选择合适的曲目

合适的胎教音乐曲目，我们在前面已有介绍，这里就不再复述了。

3.调整合适音量

播放音乐时，音量以准妈妈不感觉嘈杂为标准。市面上出售的打着"胎教音乐"招牌的 CD 很多，选择时要注意甄别优劣。有的 CD 录制杂音大，放音效果失真，这会降低音乐胎教的效果，甚至成为影响胎宝宝神经系统发育的噪声。

4.舒适的姿势

准妈妈在欣赏胎教音乐时，或坐或躺，以自己舒服为标准。另外要注意，不要长时间保持卧位，这样会加重子宫对下腔静脉的压迫，容易导致胎宝宝缺氧。

温 馨 提 示

音乐胎教注意安全

胎宝宝听觉系统还非常稚嫩，对音量的承受能力也极其脆弱，要特别注意胎教音乐的音频。市场上销售的大多数"胎教音乐"CD虽然标明音频范围是500～2000赫兹，但检测的结果却不尽人意，有的音频甚至高达5000赫兹以上，听这样的音乐肯定会对胎宝宝造成伤害。

有一些孕妈妈采取了不正确的聆听方式，也会对胎宝宝的听力造成损伤，比如把耳机贴在肚皮上。

Section 06

想象胎教：准妈妈的心境平和之旅

宝贝：妈妈从怀孕开始，就给你订阅了《为了孩子》、《婴儿画报》等刊物。妈妈最喜欢在每天晚上睡觉前，给你绘声绘色地念故事听，你爸爸最喜欢的是和妈妈一起听你的胎音、摸你的小脚，还有跟你说话。书上说，小宝宝最喜欢听爸爸的声音，也不知道是不是真的。但是你爸爸很懒，说不了几句就不高兴了，所以啊，下次你在爸爸说话的时候，一定要告诉他你在很认真地听哦。

——选自朵朵妈的《准妈妈日记》

胎教是准妈妈提高自身修养、磨练自己性情的一个过程，是一门"性"、"命"双修的课程。所谓"性"，即一个人的性格品质，是道德修养；所谓"命"，即一个人的机体活动，是身体煅炼。所以孕妈妈要进行胎教首先应当修身养性，改掉自身的坏毛病，如此才能对胎宝宝施以积极的影响。

你去哪里了？手机为什么关机？

准妈妈的坏脾气

由于孕激素的影响，准妈妈的情绪很不稳定，脾气容易急躁，这不仅对自身健康不利，也会对腹中宝宝造成不好的影响，容易生出急脾气的宝宝来。

那么，准妈妈如何改变自己的急脾气？首先要真心地认识急脾气的害处，下决心去改；其次就是找出急躁的原因。

脾气急躁通常是因为不理解事物发展的客观规律，单凭主观愿望，急于求成。另一个原因是要求别人的想法、情绪和行为符合自己的愿望，一旦发现别人的言行不顺自己心意，就会特别急躁。

很明显，脾气急躁的原因都是出于非理性的想法。所以，准妈妈要理性地认识事物发展的规律，并从内心承认别人和自己的不同，别人有权按自己喜欢的方式行事。做到这一点，准妈妈就会对周围不顺心的事情持宽容态度，逐渐改变急躁的坏脾气。

准妈妈的猜疑心

孕期，准妈妈的猜疑心会特别重。胎宝宝在子宫里一天天地长大，这个小人在准妈妈肚子里不断活动，一会儿踢踢准妈妈这里，一会儿又蹬蹬准妈妈那里，好像怕准妈妈会忘了他。这时，准妈妈就会猜测了：胎宝宝为什么那么好动？他不舒服吗？他会不会很健康？长得漂亮吗？

孕中的女性也特别敏感，一旦准爸爸稍有疏忽，她们就会想：是不是因为怀孕变丑了所以丈夫不关心自己？丈夫是否能够和自己一样衷心地欢迎这个孩子？

想象胎教，保证心境平和

如果准妈妈把不必要的怒火和猜疑换成有意义的想象，就是想象胎教。

想象是一种意念，这种力量会作用于自身，也会作用于他人。相关实验显示，当人们想象美丽的花朵、草原、瀑布时，就会产生"舒适"的感觉。积极的想象是激励我们的重要精神力量，也是个人存在与发展的重要精神支柱。所以，准妈妈在急躁或者不断猜疑时，不妨想象一些自己喜欢的情景。比如，对宝宝心生忧虑的时候，可以想象一下宝宝出生后聪明可爱的样子。

当然，准爸爸也要加以正确引导，让准妈妈放心与安心，多想一些对胎宝宝有益的事和物。

信心对胎教很重要

多想象顺利的分娩，这能帮助准妈妈更有自信。日常生活中，凡是信心不足的人大多很难把事情做成功。胎教也是同样的，所以会有心理难产的现象。准妈妈要相信自己，相信宝宝一定会聪明可爱，相信自己一定能够顺利生下宝宝。

如果怕坚持不下去，一定要告诉准爸爸以及家人，让他们当自己坚强的后盾，提醒自己、鼓励自己。

温馨提示

如何让胎宝宝有文学细胞

孩子的大脑发育主要在胎宝宝期，这时接受的良性刺激越多，大脑的发育就越完善。而且，胎宝宝的大脑会产生记忆。相关研究发现，接受语言胎教的孩子智商较高，反应敏捷。所以，想让宝宝将来有文学细胞，准妈妈就要多给宝宝做语言胎教，给宝宝读优美的文章诗歌。

Section 07

环境胎教：准妈妈漂亮计划进行时

朵朵妈的姐妹淘给她从香港捎回来一件品牌孕妇装，颜色亮丽，剪裁很巧妙地突出了腹部的曲线，非常好看，朵朵妈非常喜欢。但是朵朵奶奶却认为孕妇着装应该简单实用，要多穿些素色的衣服，还劝朵朵妈说："朵朵妈，你这件衣服颜色太鲜艳了，换一件素净的穿吧。"朵朵妈很费解，心里说："这是什么理论啊？"当然，她也不好当面顶撞婆婆，只好私底下向朵朵爸抱怨："难道孕妇就不能打扮得漂漂亮亮吗？真是谬论！"

都说"怀孕中的女人最美丽"，因为准妈妈脸上洋溢出的幸福能放出眩目的光彩。实际上并不是所有的准妈妈都能在孕期保持一张光洁的脸，斑点、毛孔和坏气色是准妈妈最大的烦恼。如何让准妈妈实现美丽计划呢？下面的这些内容可以帮助你。

这件太鲜艳了，孕妇装还是简单大方素净的好看。

这是什么理论呀？

不做"斑妈妈"

也许我们还记得，妈妈指着自己脸上的斑对我们说："我年轻时皮肤很好，都是怀你之后才长的斑。"妈妈的话总是让我们无言以对，心里在升涌着感动之外还有对怀孕的恐惧：因为怀孕就要变成"斑妈妈"吗？其实，只要注意预防，这些现象是可以避免的。

预防最有效的办法就是防晒。平常懒得用防晒品的人，这时可得认真一点，出门前一定要带上防晒用品，如果是夏天还要记得打伞。当然，如果是冬天，准妈妈就要做好保湿工作了。

另外一个办法就是食物预防，这部分内容我们会在第 8 章里着重讲解。

腰身变粗毛孔不要变粗

老一辈的人会告诉你：女孩美妈妈，如果怀的是女孩，那么准妈妈的皮肤可能会比怀孕前更红润光滑；但如果怀的是男孩，皮肤就会变糟。其实，这可不能当真，荷尔蒙变化因人而异，与胎宝宝的性别关系不大。

如果你是干性皮肤，那么在孕期可能会觉得皮肤分泌的油脂量刚好；如果你是油性皮肤，那就比较麻烦了，你会觉得脸上总是油乎乎的，毛孔也会变粗。这是因为孕期荷尔蒙分泌旺盛，皮肤油脂的分泌量也会跟着增加。这时候，油性皮肤的准妈妈可以使用调节油脂平衡的护肤品。

如果脸上长了很多的痘痘，也大多是荷尔蒙分泌所致，置之不理就行了。不要用去痘产品，因为它们很多都含孕妇禁用的化学成分——A 酸。

还有一些人会为皮肤的异常敏感而焦头烂额，所以，怀孕期间最好继续适当使用怀孕前感觉不错的护肤品，不要轻易更换，以免皮肤过敏。如果一定要更改的话，也要选择无香料、低敏感的护肤品。

气色不好怎么办

很多女性一旦怀孕，气色就会非常好，但也有一些人不同，她们会在孕期气色很差。想让自己看起来气色好，需要保持愉快的心情以及营养均衡的膳食搭配。例如，准妈妈可以多吃一些含铁量丰富的食物（猪肝、鸭血、蛋黄、豆类、番茄、红枣等），以益气补血、改善气色。

孕期小知识

·准妈妈着装衣料质地需注意·

准妈妈的衣料质地应以纯棉为主，尤其是内衣，应选择透气性强的天然材质，如纯棉、真丝等。夏天的衣物，纯棉是首选，透气、柔软、还吸汗、耐洗。

准妈妈不宜穿着化纤质地的衣服。化纤布料在加工过程中需要用化学药剂进行处理，如果直接与孕妇皮肤接触，容易让孕妇敏感的皮肤出现发炎状况，而这些化学物质对胎宝宝也不利。

孕妇买了新衣服后，尤其是要与皮肤直接接触的衣服，一定要清洗后再穿。

准妈妈漂亮衣经

1. 不要刻意去遮盖渐渐隆起的腹部，大肚子是上天的礼物！挺着大肚子穿行在大自然中是一道最美的风景线。

2. 选择亮丽的颜色。无论你是什么肤色，亮丽的颜色都会适合你，因为它会让你的心情也跟着亮起来。

3. 宽松舒适。不用选择专门的孕妇装，一些设计宽松的款式准妈妈们穿着就很好，而且经济，生完宝宝还可以继续穿。

温馨提示

准妈妈怎样穿得漂亮

以下是孕妇装购买和搭配的一些建议，爱美的准妈妈们一定能从中得到启发的。

1. 方格图案

方格是最经典的图案之一，端庄大方。在颜色的选择上，除了惯常的大地色系和黑白灰，也可以选择亮蓝、浅紫等颜色，既明艳又不失恬静，很适合孕期穿着。

2. 圆点图案

圆点，时髦活泼，用在衣服上，体现出了一种圆融和谐的美感。但需要注意的是，不要挑选圆点过大的，在色彩上也应选择深色系。浅色的、过大的圆点具有膨胀感，会显得准妈妈身体更臃肿。

3. 斜条条纹

准妈妈也可以选择能够减小膨胀感的斜条图案。在颜色上，则应以沉稳的色系为主。

准妈妈孕中期美丽重点

1. 食物美容为主

准妈妈最安全可靠的美容办法当然是食物美容。多吃含维生素多的食物，保证充分的休息和睡眠，就能让皮肤状态好起来。

为了使皮肤保持柔软和弹性，可以涂上一些安全的保湿产品。

2. 做好清洁

由于孕期汗腺更发达，准妈妈在夏天非常容易长湿疹和痱子，所以，孕期要注意卫生，出汗后要马上擦干，勤换内衣。

如果你已经长了湿疹和痱子，那就要注意调养，注意不要让湿疹破溃和感染。

Section
08

营养胎教：准妈妈饮食远离"甜与贵"

朵朵妈觉得胃不舒服，赶紧打开抽屉，趁周围的同事们没注意，拿出一袋棉花糖吃起来。软软的棉花糖口感很好，朵朵妈吃得不亦乐乎。吃完一袋，还不过瘾，又拿出一块巧克力……一同事看到提醒她说："陈姐，你吃得太甜了吧？""没事，糖和巧克力都是提神的。"朵朵妈这样喜欢吃甜食，对腹中的宝宝好吗？有什么需要注意的吗？

准妈妈吃什么，怎么吃，这是家庭中的头等大事。有些人以为怀孕后就要吃贵的，因为贵的肯定是好的，这是一种误区。准妈妈的饮食只要营养均衡即可，营养专家提醒准妈妈：孕期少吃糖，因为孕期糖分摄入过多，宝宝易近视；也不能只挑贵的吃，平价菜一样含有丰富的营养成分。

> 吃太多糖对宝宝不好哎。

> 没事，我吃糖和巧克力提神，不然讲课要睡着了。

宝宝的生理性远视

宝宝刚出生，眼球小，眼轴短，几乎都是远视，或兼有远视散光。这是眼睛发育的正常过程，叫生理性远视。

随着年龄的增长，宝宝的眼睛也跟着不断发育，眼轴增长，于是成为正视眼（无远视、近视、散光）。如果眼轴继续延长，那宝宝就是近视眼了。如果婴幼儿时期就出现近视眼，这类现象为病理性近视，发病率仅 1%～1.5%。

生理性远视的正常值为：3～4岁远视200度以内，4～5岁远视150度以内，

6～8岁远视100度以内。

糖分"吃出"近视宝宝

孕期摄糖量与宝宝近视有什么关系呢？

正常人如果摄入糖分过多，就会造成体内糖分堆积，而糖分在体内新陈代谢需要大量的维生素，这时维生素就会因消耗过大而不足，孕妈妈更是如此。而此时，胎宝宝眼部视细胞的发育也需要大量维生素的参与。所以，如果孕妈妈摄入糖分过多，就会影响胎宝宝晶体的发育环境，使眼轴发育过快，出现近视。

现在儿童近视的情况逐渐增多，许多儿童眼睛视力过早成人化，直接"跳过"了生理性远视，生下来就是正视眼，这就缩短了发展到近视的时间，增加了儿童近视的可能性。母亲怀孕时摄入糖分过多，儿童晶体发育过早，便产生了近视宝宝。

"精米"没有多少"利眼维生素"

现在生活水平提高，人们吃的都很"精"，精米，精面粉……粗食在餐桌上并非寻常食物。以精米为例，在加工的过程中，一层层脱壳导致维生素大量流失。当加工为精米后，对眼睛发育有益的维生素已经所剩无几了。

为什么父母辈的近视比较少？即使他们小时候常趴在被窝里用手电筒看小人书，这就与饮食有关系了，准妈妈一定要重视这个问题。

准妈妈饮食要粗细搭配

为了胎宝宝能够健康成长，准妈妈需要一个科学、系统的怀孕食谱。食谱应粗细搭配、营养全面，主食、副食、水果一个都不能少，而且要掌握好数量与种类。

主食应该粗细搭配，多吃一些全麦、豆子、高粱米、玉米等粗粮；要避免过多摄入饮料，这会导致摄入糖分过高，喝白开水是补充水分最好的方法。

对胎宝宝眼睛发育有益的食物也要多吃，如含有大量维生素的水果和蔬菜。注意，准妈妈每天水果的摄入量不应超过1斤，以防摄入糖分过高。

坚果类食物对胎宝宝眼睛的发育有利，准妈妈也可以多吃一些。如核桃、栗子、松仁等，所含的亚油酸、亚麻酸对视网膜的形成有促进作用，所含的维生素及钙、锌等矿物质对视力的正常发育也有直接的影响，能够促进视细胞的发育。

温馨提示

后天可塑的遗传

声音：人的声音具有遗传性，男孩像父亲，女孩像母亲。但是，如果不满意父母遗传下来的音质，是可以通过后天的发音训练来改变的。所以，即使一个人天生的声音条件并不理想，但只要进行科学、刻苦的练习，也能拥有一副好嗓子。

腿形：如果从父母那里遗传了堆满脂肪的腿也不用着急，只要进行充分的锻炼也可以让"大象腿"变得修长。当然，如果双腿过长或太短，那就没有办法了。

Section 09

科学胎教：孕育漂亮宝宝的三个秘诀

进入孕中期，朵朵妈的食欲逐渐好转。这不，朵朵奶奶每天都换着花样地做菜，开始了大规模的营养补充计划。朵朵奶奶说不仅要朵朵妈把前段时间的营养损失补回来，还要在孕晚期胃口变差之前，把营养储存个够。朵朵妈对这个问题倒不是很在意，她更在意宝宝的相貌。"老公，你说咱们的宝宝要是能够大眼睛、双眼皮，皮肤白白的，头发黑黑的，该有多好！"朵朵妈满怀期待地说。"宝宝的相貌是先天决定的，听天由命吧。""不嘛，我想生个漂亮宝宝。"朵朵妈很不甘心。

"孩子他爸个子不高，怎么让宝宝将来长高个呢？""我和他爸皮肤都有点黑，有什么办法能使宝宝皮肤白一点呢？""我们夫妻俩都是近视眼，孩子会不会被遗传上呀？"类似这样的问题经常困扰着准妈妈们。

宝宝聪明漂亮是所有准父母的愿望，自身条件一般的准父母如何才能生下俊男靓女呢？其实也并非完全没有办法，只需注意孕期性生活、孕期饮食和胎教 3 个方面。

和谐的孕期性生活可以孕育漂亮宝宝

和谐的性生活才可以让人感受到高潮。高潮状态下，脑海中会有许多美丽的画面。在这个过程中，胎宝宝也会感受到父母的愉悦。

通常情况下，一些很有夫妻相的夫妻感情很好，他们充分感受到了彼此的爱意，于是越来越相像了。已经完全定型的成人都会发生这样神奇的变化，更别说脸部正处于形成阶段的胎宝宝了。

曾经有一女士很郁闷地告诉专家：自己是家中二男二女中的最大的孩子，兄弟姐妹都英俊、漂亮，唯独自己长相不尽如人意。而当时，母亲怀着她时，父亲一直在外地出差。"因此我在母亲肚子里的时候根本就没有得到过父亲身体上的关爱。"她这样总结道。

饮食秘诀可让你拥有漂亮宝宝

孕期饮食可是决定宝宝出生后漂亮与否的主要因素。

1. 维生素 C 改善偏黑皮肤

有的父母肤色偏黑，那么孕期里准妈妈可以多吃一些富含维生素 C 的食物。维生素 C 对皮肤黑色素的生成有干扰作用，能减少黑色素沉淀，让宝宝出生后皮肤白嫩细腻。

富含维生素 C 的食物包括番茄、葡萄、柑橘、菜花、冬瓜、洋葱、大蒜、苹果、刺梨、鲜枣等，尤以苹果为最佳。苹果富含维生素和苹果酸，常吃能增加血色素，不仅能使皮肤变得细白红嫩，对贫血的准妈妈也有极好的补益功效。

2. 维生素 A 告别粗糙肤质

如果父母皮肤粗糙，那么孕期准妈妈应该多吃一些富含维生素 A 的食物。维生素 A 能保护皮肤的上皮细胞，让宝宝出生后皮肤细腻有光泽。

富含维生素 A 的食物包括动物的肝脏、蛋黄、牛奶、胡萝卜、番茄以及其他绿色蔬菜、水果、干果和植物油等。

3. B 族维生素预定乌黑光泽的头发

如果父母有少白头或者头发枯黄，那么孕期准妈妈可多吃一些富含 B 族维生素的食物。

富含 B 族维生素的食物包括瘦肉、鱼、动物肝脏、牛奶、面包、豆类、鸡蛋、紫菜、核桃、芝麻、玉米等。这些食物可以改善宝宝发质，让宝宝出生后头发浓密、乌黑，而且有光泽。

4. 维生素 D 提高身体"海拔"

如果父母个头不高，那么孕期准妈妈应多吃一些富含维生素 D 的食物。维生素 D 可以促进骨骼发育，促使人体增高，而且对于胎宝宝、婴儿最为明显。

富含维生素 D 的食物包括虾皮、蛋黄、动物肝脏，以及一些蔬菜。

5. 预定良好的视力

如果父母视力不佳或患有近视，孕期准妈妈可以多吃一点富含维生素 A 的食物。

富含维生素 A 的食物包括动物肝脏、蛋黄、牛奶、鱼肝油、胡萝卜、苹果等。其中尤以鸡肝含维生素 A 最丰富。

胎教百味屋

胎教趣事：我希望……

美国斯坦福大学的一项研究发现，如果孕妇经常对胎宝宝诉说梦想，与没有这么做的孕妇相比，孩子出生后更容易朝着母亲希望的方向发展，而且这种差异在宝宝一岁后就表现得比较明显了。

所以，准妈妈可以经常对胎宝宝说：我希望……

比如，准妈妈可以在看美丽图画时，对胎宝宝说："希望你以后成为一个喜欢画画的好孩子。"这样宝宝出生后，会对图画有着浓厚的兴趣。其长大成人后，成为优秀画家的几率也更大。

有位母亲知道自己怀孕后就常常对人说："我希望我的宝宝将来成为一名优秀的舞蹈家。"后来，她的孩子出生后果然在舞蹈方面表现出了非凡的才能，最后成了一个小有名气的舞者。

愉悦的胎教为你带来漂亮宝宝

1. 多听轻音乐

多听音乐是一个让准妈妈保持良好心情的好办法，这样肚子里的胎宝宝也会跟着心情好。这个办法可以贯穿整个孕期。

2. 多看可爱宝宝照片

有网友用这样的方法进行胎教：

听人说，想生一个什么样的宝宝，最好天天看着这个宝宝的照片，比如想生一个大眼睛的宝宝，就找一张大眼睛宝宝的照片天天看，生出来的孩子就会漂亮。为了生一个漂亮的宝宝，怀孕时我在屋子贴满了各式各样可爱宝宝的照片。每天一睁眼，就能看到这些可爱的宝宝。

这是一个舒缓孕妇心情的好办法，是可行的。

温馨提示

准父母怎样给胎宝宝讲故事

讲故事的方式主要有两种：一种是读故事书，一种是由母亲自由编故事。如果母亲想象力丰富，表达好，就可任意发挥，随意编一些好听的故事来讲给胎宝宝听。当然，故事内容最好始终以胎宝宝为主人公。如果母亲表达能力一般则可以选择读故事书，可以选那些短小的童话故事，主人公必须是正面形象。读的时候，如果把主人公换成胎宝宝的名字，这样就更容易进入故事氛围，效果当然也更好啦。

Section 10

胎教安全：易导致胎儿畸形的五大因素

看到电视上关于残疾儿童的公益广告，朵朵妈心有戚戚然，对朵朵爸说："亲爱的，我们给残疾人基金会捐点款吧？""好啊。你现在是母爱泛滥啊！""才不是呢！我一直是很有爱心的！不过我觉得那些残障儿童太可怜了，尤其是那些畸形儿。真不知道，当初他们的父母都在忙什么？为什么不好好检查？让这些孩子承担一生的痛苦……"朵朵妈义愤填膺，简直都愤慨了。朵朵爸拍拍她："别激动，别生气。很多儿童的畸形都是妈妈不小心造成的。其实很多悲剧只要小心一点就能避免的。"

要想生个健康、聪明的宝宝，准妈妈一定要注意身边隐藏的危险。一个不小心可能就会伤害到胎宝宝。准妈妈特别要警惕的危险因素包括这些：

一、射线和辐射

X射线不但可造成胎宝宝畸形、夭折等，还可能增加宝宝10年后血癌的患病几率。即使是在孕前3个月接受X射线照射，仍有可能对胎宝宝造成不良影响。所以，婚后女性一定要注意避免X射线的照射。

二、药物

国外有过这样的报道，在有缺陷的新生儿里，

2%～3%是药物所致，还有一半以上原因不明的出生缺陷儿，可能与药物和疾病的相互作用有关。

很多时候，孕妇都是在不知道怀孕的情况下服用了对胎宝宝有害的药物，特别是孕初期的一些妊娠反应，易被当做疾病对待，于是使得孕妇自行服药。所以，婚后女性一定要谨慎服药，不要无意中给宝宝造成终身的痛苦。

当然，也并不是说孕期不能服药，必须吃药时也不能硬挺着。比如新闻报道过的，有一位准妈妈感染了H1N1病毒，因为怕吃药会影响胎宝宝，就不吃药也不治疗，最终导致死亡。

对于孕期该不该吃药这个问题，要客观地对待。不能自行吃药也不能有药不吃药，安全的做法是及时看医生，在医生的指导下选择对胎宝宝无害或者影响较小的治疗方案。

胎教百味屋

胎宝宝适应环境的能力超乎想象

不要把胎宝宝想象得过于柔弱，他们适应环境的能力是超乎想象的。很多南非女性经常会担心她们在怀孕期间如果继续运动，会由于身体过热而对胎宝宝造成不利影响。科学家们说，她们的担心完全是多余的，因为胎宝宝有热保护机制。

科学家们经过研究发现，当孕妇因运动而造成体温上升时，通往胎盘的血液循环系统就会相应发生变化，调整母亲身体过热对胎宝宝的影响，从而使胎宝宝处于一种稳定的内环境当中。而且，这种调节作用伴随着整个孕期，以保证胎宝宝一直处于一种稳定的环境中。科学家把这种现象称为胎宝宝热保护机制。

当然也有例外的情况——当孕妇因为感冒而导致体温升高时，这种热保护机制就会失去作用。所以由感冒而引起的孕妇体温上升会对胎宝宝造成不好的影响。

三、遗传疾病

现在已被认识的遗传病有5000多种，包括镰刀型细胞贫血症、囊性纤维化病、血友病、白化病等。所以准妈妈一定要进行产前检查，以及时筛查，保证生出健康的宝宝来。

四、病毒感染

病毒感染同样可以通过产检进行筛查，主要包括 STORCH。

S 是 Syphilis(梅毒) 的缩写；

T 是 Toxoplasmosis(弓形虫) 的缩写；

O 是 Other(其他) 的缩写；

R 是 Rubella(风疹) 的缩写；

C 是 Cytomegalicvirus(巨细胞病毒) 的缩写；

H 是 Herpessimplex(单纯疱疹) 的缩写。

若准妈妈感染了这些病毒可导致流产、死胎、胎儿畸形、早产等。

目前还没有更好的治疗办法阻止病毒对胎宝宝的感染，因此，准父母们一定要做好预防工作。

孕前检查时，医生可能会为准妈妈做病毒感染检测。一旦出现阳性结果，准父母就要做好心理准备了。另外，还有乙肝病毒。由于目前已有了乙肝免疫球蛋白和乙肝疫苗，而且乙肝病毒尚无致胎宝宝畸形的案例，所以携带乙肝病毒的准父母们不必惊慌。

五、营养

现在人们生活水平都提高了，孕期营养缺乏的情况很少，营养过剩的情况反而很多。如果准妈妈营养过剩就有可能出现巨大儿，这样就增加了剖腹产率和难产率。由于难产率的增加，也造成了伤残儿出生率的增加，并为不少成人疾病埋上了隐患。

另外，虽然营养不良的准妈妈减少了，但膳食结构不合理的准妈妈却很多。这导致准妈妈孕期营养失衡，缺乏微量元素和宏量元素、维生素，所以患有孕期综合征的准妈妈依然不少。因此，在加强营养的同时准妈妈更要注意膳食的合理搭配，不要偏食，不要吃得太精细，也不要吃太多的加工食品。

温馨提示

五类女性容易生畸形儿

1.孕早期发生高热的孕妇

孕早期发生高热会对胎宝宝造成不利的影响，即使孩子出生后没有明显的外观畸形，但脑组织发育有可能受到不良影响，可能会出现智力低下、学习和反应能力较差的情况。

2.爱接近猫狗的孕妇

就如我们在前面讲到的，猫和狗容易携带病菌，导致胎宝宝畸形。

3.浓妆艳抹的女性

美国的一项调查显示，每天浓妆艳抹的孕妇胎宝宝畸形的发生率是不化妆孕妇的1.25倍。

4.孕期精神紧张的孕妇

我们在前面多次讲到孕妇精神紧张会对胎宝宝造成不良影响。因为肾上腺皮质激素与人的情绪变化有密切关系。孕妇情绪紧张时，肾上腺皮质激素可能阻碍胚胎某些组织的融汇作用，如果孕期的前3个月孕妇总是精神紧张、情绪不佳，胎宝宝出现唇裂或腭裂等畸形的概率就非常大。

5.饮酒的孕妇

我们在前面多次讲到过，如果孕妇饮酒，酒精可通过胎盘进入胚胎，对胎宝宝产生严重的损害。研究发现，孕期每天饮2杯酒以上，对胎宝宝有影响；每天饮酒2～4杯，则有可能导致胎宝宝畸形，如脑袋很小、耳鼻极小、上嘴唇宽厚等。

Section
11

胎教关注：准妈妈减肥须谨慎

同事看着朵朵妈有些变圆的脸蛋，开玩笑道："朵朵妈，怀孕了，变成大熊猫级别了吧！看你脸都圆了。"另一个同事接着打趣道："我看，再过几天朵朵妈的双下巴都得出来了……"朵朵妈笑着反击："你们啊，就是妒忌我天天吃得好，睡得香！"但过后心里却有些失落：以前的苗条可真是找不到了！是不是要减减肥呢？

准妈妈为什么会增重

有些准妈妈担心发胖影响产后体形的恢复，或是担心胎宝宝太大不能顺产，就节制饮食，尽量少吃。其实，这种做法并不对，对自己和胎宝宝都会有不利影响。

怀孕以后，随着妊娠期的增加，准妈妈体重也会增加，这是正常的现象。只要增加的体重在正常范围内就不属于肥胖，更用不着节食减肥。

孕期，由于新陈代谢更旺盛，与妊娠有关的组织器官也会出现增重。其次，胎宝宝、胎盘、羊水、子宫、乳腺及准妈妈血容量等的增加是准妈妈体重增加的主要

> 要不要开始减肥呢？

原因。另外，脂肪的储备也会有所增加，这是为即将到来的分娩及哺乳做准备，这种脂肪是一定不能减掉的。

准妈妈减肥须谨慎

所谓"先天不足，后天难养"，在很大程度上，先天营养决定了胎宝宝生命力的强弱。如果营养供应不足，胎宝宝的发育就会受到阻碍，甚至出现早产、流产、死胎等严重后果。

营养不良对于准妈妈本身的危害也非常严重。营养不良的准妈妈会出现浮肿、贫血、腰酸腿痛、体弱多病的症状。

由此可见，准妈妈不可随意减肥。当然，孕期营养的摄取也要合理、适度，以为只要是营养品就可以吃，并且认为吃得越多越好的观点是片面的。

准妈妈须控制体重

对准妈妈来说，理想的情况下，怀孕体重增加保证在8～12公斤为宜。不论怀孕前体重如何，如果在孕中、晚期，每月体重增加少于1公斤或每月体重增加3公斤以上都是需要特别注意的。

虽然减肥须谨慎，但准妈妈必须控制体重，否则除了身材变形外也容易增加分娩的难度。

准妈妈不发胖的进食小技巧

1.改变进食行为

改变进餐顺序：喝水→喝汤→吃青菜→吃饭和肉类；

三顿正餐一定要吃；

吃生菜或者水果时，不要放沙拉酱；

不要吃肥肉；

不吃油炸食品；

喝汤时撇掉浮在上面的油；

带汤汁的菜，将汤汁沥一沥再吃；

以水果取代餐后甜点；

多喝开水，不喝加糖的饮料。

2. 改变烹调方式

尽量用水煮、蒸、炖、凉拌的烹调方式，避免红烧、烤、烫、烩、卤的烹调方式；

烹调时少加糖，少用勾芡，少加料酒；

吃饭时不要淋肉臊、肉汤。

轻松简单的孕妇减肥运动

对于女人来说，怀孕期间的体重控制很重要，如果孕期体重增加过多，产后又没有很好地进行锻炼，体重就会再也回不到孕前的状态，所以怀孕期间一定不能放任体重增加。如果孕期体重增加过快，而由于怀孕期间营养的重要性又不能轻易节食，这时准妈妈怎么办呢？答案是运动。

1. 有氧运动，包括散步、做韵律操等

在孕期进行有氧运动能起到加强心肺功能、促进身体对氧气吸收的作用，对准妈妈和胎宝宝都有直接的好处。同时，它还能帮助准妈妈增强血液循环、减轻动脉曲张；增加肌肉力量而缓解甚至消除背痛、腰痛；增加身体耐力，为分娩做准备；还可以调节血压、血糖、控制体重的过度增加等。

韵律操是比较适宜准妈妈进行的锻炼方法。要注意的是弯腰和跳跃的动作尽量少做甚至不做。到了怀孕后期，特别要控制节拍。每次微微出汗时就可以停止了，不要太过劳累。至于散步，则是一种很安全的运动方式，而且能够增加人的耐力，对分娩也很有好处。

2. 水中运动，包括游泳、水中健身操等

水中运动对准妈妈有极大的益处，比如游泳。如果会游泳，孕前期可以经常尝试。游泳的好处很多：游泳时，水对胸廓的压力可以加强准妈妈的呼吸动作，增加肺活量，这对准妈妈日后在分娩时憋气用力有益。而且游泳可以减轻关节负荷，促进血液流通，促进胎宝宝的神经系统发育。而胎晚期，水中体位的变化还有利于纠正胎位，促进顺产。

不过，游泳运动一定要注意安全，身边还要人陪着。

3. Kegel 练习

这是由美国 Kegel 博士发明的运动，是一项通过自主地收缩骨盆底肌肉（群）而完

成的、对所有成年女性来说是终身受益的运动。这项运动可以加强子宫下部支撑肌群、阴道括约肌、尿道括约肌的力量。如果在孕期每周固定做 5 次，未来的生产将变得更加容易，而且能减少分娩时会阴撕裂的概率。

Kegel 练习可以随时随地进行，无论是站着、坐着还是卧着。具体做法是：在吸气的同时收紧会阴部肌肉，包括阴道、肛门的环状肌肉。这时，盆腔底部有被上提的感觉，当上提到顶点时，保持 8 ～ 10 秒，同时匀速吸气和吐气，不要屏气，然后放松。

温馨提示

这些特点会遗传给孩子

肥胖：胖不胖，大约有一半原因需要从父母身上去找。

秃头：相对而言，女孩子比较幸运，因为它只传给男性。比如，父亲是秃头，遗传给儿子的概率则有50%；就连母亲的父亲，也会将自己秃头的25%的概率留给外孙们。

青春痘：如果父母双方都长过青春痘，那么子女们长青春痘的概率将比那些父母没长过青春痘的人高20倍。

Section
12

孕5月准父母要关注胎动

宝宝：今天下午，正当妈妈我沉浸在工作的热情中，完全忘记了你的存在时，你显然是吃醋了，突然用力地踢了妈妈一脚！哇，厉害哦，妈妈全身都轻轻震动了，接着你又是毫不客气地一脚。妈妈顿时忘记了手头所有的东西，幸福地傻笑了。坐在妈妈对面的李梅阿姨说："看你笑的那个傻哦！"哈哈，又有谁知道，那时妈妈是多么幸福！就算给我9999块钱，也没有这样开心。宝宝，明确感受到你的活力，妈妈真的好高兴。哈哈哈！

——选自朵朵妈的《准妈妈日记》

第一次感觉到胎宝宝在动的时候，准妈妈从心底流露出的惊喜，是可以保存一辈子的甜蜜回忆！那个小生命变得如此真实！

何时能感觉到胎动

其实，在胎宝宝形成之初，就已经开始有胎动了，不过，那时候胎宝宝还很小，再加上有羊水的阻隔，准妈妈很难感觉到；直到怀孕16～20周，准妈妈才能明显地感觉到胎动。相对于初产妇，经产妇通常会更早感觉到胎动。

刚开始，胎动并不明显，但之后会愈来愈明显、愈来愈频繁，有时甚至可以直接看到准妈妈的肚皮局部隆起。胎宝宝这样兴奋的拳打脚踢，经常会引起准爸爸和准妈妈好奇的联想："宝宝为什么这样兴奋啊？"到胎宝宝将近足月时，因为胎宝宝体形的增大、羊水量的减少，子宫内的空间相对地变小，胎动会变得愈来愈少。

每一位准妈妈的具体情况都不同，对胎动的感受也存在着个体差异。有的准妈妈形容胎动像小球在肚子里面滚动；有的则感觉像是肠子在蠕动；还有的准妈妈说胎动好像气泡的运动；甚至还有的形容为蝴蝶在肚里闪过……那么，你的宝宝在肚子里活动的时候是什么样的感觉呢？

胎动的频率

胎动是宝宝生命力的证明，是宝宝健康的指针。正常情况下，一天平均的胎动次数在怀孕24周时约为 200 次，到 32 周时则上升到 575 次，这也是整个孕期的最高值；足月时，一天会减少至 282 次。当然，一般准妈妈可不会对胎宝宝的每次运动了如指掌，她们感觉到的数字会少很多。

> 我感觉到胎动了，你摸摸看，宝宝是不是在动？

> 老婆你怎么了？

那么一天当中，什么时候宝宝最活跃呢？就是准妈妈吃完饭后的一段时间。这时准妈妈血糖升高，心跳速率加快，胎宝宝心情也非常愉快。尤其是晚餐过后，胎动最频繁。

胎动的四种模式

1. 全身性运动：例如翻身这种整个躯干的运动。这种运动力量比较强，每一次动作持续的时间也比较长，能达到 3 ～ 30 秒。

2. 肢体运动：例如伸伸胳膊、扭一下身子等。这种运动持续时间一般为 1 ～ 15 秒。

3. 下肢运动：也就是我们常常感觉到的宝宝的踢腿动作。这种动作很快，持续时间一般在 1 秒以内，力量也比较弱。

4. 胸壁运动：这种运动时间较短而且力度较弱，一般准妈妈很难感觉得到。

两种状态下的胎动

只有胎宝宝的主动性的运动才能称之为胎动，如果胎宝宝是因为受到准妈妈咳嗽、呼吸等动作影响才运动的，就是被动性的运动，不能算是胎动。不过，就如新生儿一般，胎宝宝大多处于睡眠状态。所以，胎动可分为睡眠状态下的胎动和清醒状态下的胎动。这两种状态都可以利用超音波观察到。

睡眠状态：胎宝宝的睡眠可以分为安静睡眠期和活动睡眠期。所谓的安静睡眠期是指这时候胎宝宝处于完全睡眠的状态，对于外界的刺激或声音，没有明显的反应。因为不容易被吵醒，这时候几乎没有胎动产生。所谓的活动睡眠期是指胎宝宝处于睡眠状态，但有各种不自主的运动，如手脚运动、翻滚等，胎宝宝的心跳也会有加速的现象，容易感受到外来的刺激。此时，如果准妈妈稍微变换一下姿势，胎宝宝就可能会被惊动而醒来。

准妈妈必读

· 准妈妈数胎动时的注意事项 ·

胎动的强弱和次数，个体差异很大。有的准妈妈能在12小时内感受到100次以上的胎动，而有的只有30～40次，这些都是正常的。只要胎动有规律，有节奏，变化曲线不大，都说明胎宝宝是健康的。

清醒时状态：这时候，胎宝宝会有全身性和各部位的运动，例如肢体运动、脊椎屈伸运动、翻滚运动、呼吸运动、快速眼睑运动等。

五个胎动异常的原因

1. **胎盘功能不佳**：如果胎盘功能不佳，胎盘供给胎宝宝的氧气就会不足，胎动就会减少。

2. **脐带绕颈**：胎宝宝可以在羊水内自由地活动，所以经常会出现脐带缠绕住胎宝宝颈部的情况，这时如果脐带缠绕太紧，宝宝就会因缺氧而胎动减少，甚至死亡。

3. **胎盘剥离**：通常见于有高血压病史，或腹部曾遭外力撞击的孕妇。这时候孕妇会有剧烈的腹痛，阴道大量出血，胎宝宝心跳减速。如果孕妇在剧烈运动后，发现胎动有突然静止的情形就要注意了，应尽快去医院检查，以确保宝宝的安全。

4. **孕妇发烧**：轻微的发烧不会对胎宝宝造成很大的影响，因为羊水可以起到中介和缓冲的作用。但如果孕妇高烧不退，体温持续超过38℃以上，孕妇身体表层的血流量就会增加，从而导致子宫和胎盘的血流量减少，这时胎动也会变少。

5. **孕妇吸烟或服用镇定剂**：这会导致胎宝宝活动力减低、早产儿、宝宝体重过轻。

测量胎动的方法

现在有一些先进的科技仪器来测量胎宝宝的健康与活动状况，但是这些仪器通常花费比较大而且比较费时。简单实用的办法是孕妇自行测量，并记录胎动次数。

1.每天在一个固定的时间数胎动次数：从怀孕的第 28 周起，孕妇可以在每天的晚餐后（因为此时胎动较频繁），采左侧卧姿势，记录 10 次胎动所需的时间。如果所花时间为 2 小时，则表示胎动正常；如果没有感觉到胎动，或者所需时间大于 2 小时，则应尽快到医院做进一步的检查。

2.计算固定时段内的胎动次数：每天，准妈妈分别在早上、中午、晚上各保留一小时来测量胎动次数。若平均每小时少于 3 次，则表明胎宝宝可能出现异常。

3.白天测量胎动次数：这是最简单省事的方法。只要准妈妈在白天里感受到了 10 次胎动就说明胎宝宝一切正常。

温馨提示

当胎动减缓时该如何处理

如果感觉胎动减少，准妈妈应先让自己安静下来，停止手上的工作，先休息一下再观察胎宝宝的活动。如果胎动果真减少，甚至是停止了，那就尽快去医院做进一步的检查。

当然，即使胎动比较少，准妈妈也不必太过在意。虽然从胎宝宝在孕妇肚子里的活动，可以看得出他的健康程度，但妈妈和胎宝宝都是有个体差异的。有的妈妈很敏感，宝宝轻轻动一下就能感觉到；而有的妈妈只有在胎宝宝做大动作时才会有感觉；有的宝宝活动力旺盛，把妈妈的肚子当运动场；而有的宝宝则比较安静，偶尔才会踢一下。有些精神紧张的准妈妈只要一个小时感觉不到胎动，就会担心胎宝宝的健康，这只会加重心理压力，徒增烦恼。

Section 13

温馨胎教：全新解读孕期禁忌习俗

朵朵妈大学时的老师病逝了，朵朵妈赶紧回家换衣服，准备过去。婆婆急忙拦住她："朵朵妈，你现在是双身子，不能参加'白事'，你就不要去了。"朵朵妈眼圈一下子就红了："哪有这规矩啊？妈，让我去吧，我的老师是很和蔼的一个老人。""不行！"婆婆态度很坚决："这是老辈就传下来的规矩。"面对固执的婆婆，听着她口口声声地讲禁忌习俗，朵朵妈眼泪流了下来。

当你怀孕以后，身边总会有人来提醒你各种有关孕期的禁忌与习俗。他们会告诉你，如果你不遵守这些禁忌与习俗，一定会吃苦头。作为新时代的准妈妈，你要不要相信这些民间说法呢？那些流传的禁忌与习俗，究竟有没有科学依据呢？

你现在是双身子，不能参加"白事"！

哪有这规矩啊？

准妈妈的行为禁忌

民间流传的很多孕期禁忌虽然并不一定科学，但大多对保持准妈妈身心健康、胎宝宝正常发育是有利的，准妈妈还是应该适当遵守。

1. 怀孕期间不得参加丧礼、触碰棺木

参加丧礼容易使准妈妈产生难过的负面情绪。为了避免准妈妈过度伤心，破坏孕期该有的轻松心情，准妈妈还是不要参加这种令人悲伤的活动为好。

2. 孕妇不能随便拆修房子，也不能搬家

相传，这样就会动到胎神。当然，因为搬家时需要整理东西，搬动沉重的家具等，对于孕妇来说，这些活动肯定会增加发生意外的可能。从这个角度来说，这个禁忌是可以遵守的。

3. 孕妇不能缝针线、动剪刀

相传，这样小孩可能会出现缺陷。这个禁忌显然毫无道理。所有的胎宝宝都有不确定性，关键是按时做产前检查，及时发现异常情况。

4. 孕妇不能看产妇分娩，不然自己将来要难产

孕妇看到正在分娩的产妇的痛苦表情，听到产妇痛彻心扉的叫喊声，会形成一种精神压力，害怕分娩，甚至引发难产。所以这个禁忌是应该遵行的。

孕期小知识

· 胎教儿歌——宝宝睡着了 ·

摇啊摇，宝宝快睡觉

摇啊摇，宝宝快睡觉

我来亲亲你，乖乖睡睡好

闭上小眼睛，长呀长得高

m……m……宝宝睡着了

摇啊摇，宝宝快睡觉

摇啊摇，宝宝快睡觉

我来亲亲你，乖乖睡睡好

闭上小眼睛，长呀长得高

m……m……宝宝睡着了

孕期民间习俗

1. 多喝鲜奶，生出来的宝宝会皮肤白嫩

很多准妈妈相信多喝牛奶，宝宝出生后会皮肤变白，而多摄入暗色的饮品或者食物，宝宝的皮肤也会变黑变黄。实际上胎宝宝皮肤的颜色大部分受父母的遗传基因影响，孕期饮食影响甚微。

2. "生个孩子坏颗牙"

所谓"生个孩子坏颗牙"的说法，主要是因为以前的孕妇多半营养不良，或是在饮食上摄取营养不均衡，钙质补充不足。在怀孕时或生产后，自然就容易出现牙齿健康问题。

只要准妈妈注重营养均衡、多补充钙质，并做好怀孕期间的口腔卫生保健工作，完全可以拥有同孕前一样的"皓齿"。

3. 多吃水果对胎宝宝有益无害

这是很多人的观点。他们觉得水果营养丰富，对母亲和胎宝宝有百利而无一害，因此吃得越多越好。

实际上，一些很甜的、含糖量很高的水果，准妈妈不宜吃得太多，更不能把这些水果当做正餐来吃。否则容易致使体内血糖升高，引发妊娠期糖尿病。

4. 可以吃中药

很多人都相信中医的疗效，认为中药无毒，通过中医治疗或者中药食疗可以帮助腹中胎宝宝更好地发育。

实际上，中药虽然比较温和，但"是药三分毒"，有些药物同样有损胎气，甚至导致流产，所以要谨慎对待。

毒性较强，药性猛烈的药物有：巴豆、牵牛、大戟、斑蝥、商陆、麝香、三棱、莪术、水蛭、虻虫等，应完全禁服。

一些温燥性的药物，孕妇应慎用、少用。这些药物有：附子、干姜、肉桂、胡桃肉、胎盘等。它们容易使孕妇出现轻度不安、烦躁失眠，咽喉干痛等症状。

5. 准妈妈不忌口，宝宝皮肤会不好

这是完全正确的。虽然准妈妈的饮食与宝宝肤质并无直接的关系，但是如果准妈妈不忌口，摄取了过量高过敏原的食物，确实有可能造成宝宝出生后皮肤容易出现过敏的现象。

孕期，准妈妈应避免食用高过敏原食物，包括不新鲜的海鲜、过期食品、反式脂肪酸食物、高脂肪食物等。

6. 孕妇不可抱别人的小孩

这是完全正确的。孕妇最好不要抱体重超过 5 公斤的小孩，特别是进入怀孕中、后期的准妈妈。这与孕期不要提重物是相同的道理。

另外，如果小孩有传染性的疾病，如肠病毒、水痘、感冒等，孕妇最好不要近距离接触，以免被传染。

温馨提示

古人饮食养生经

1. 饮食勿偏："凡所好之物，不可偏耽，耽则伤身生疾，所恶之物，不可全弃，弃则脏气不均。"

2. 食宜清淡："味薄神魂自安"；饮食要"去肥浓，节酸咸"；"薄滋味养血气"。

3. 饮食有时："不饥强食则脾劳，不渴强饮则胃胀"；"要长寿，三餐量腹依时候"；"食味调和，百病不生。"

4. 适温而食："食宜温暖，不可寒冷"；"食饮者，热勿灼灼，寒勿沧沧。"

5. 食要限量："饮食有节，则身利而寿登益，饮食不节，则形累而寿命损"；"大渴不大饮，大饥不大食。"

第**6**章

孕 6 月胎教完全方案

时间在准父母的期盼中飞速地行走，转眼，胎宝宝已经 6 个月了。准妈妈脸上洋溢着幸福的微笑，家人之间的呵护也越来越默契，那么，肚子里的小宝已经长成什么样了呢？我们还可以为他做些什么呢？准父母们快来阅读吧，好让心爱的胎宝宝在妈妈的腹中获得更多的养分，成为聪明健康的优质宝宝。

Section 01

怀孕 6 个月，有什么不一样

"老婆，干什么呢？半天没吱声了。"朵朵爸打断朵朵妈的沉思。"噢，我在算预产期。""预产期不是早就算好了，你还在算什么？"朵朵爸很奇怪。"反正我在算日子，从今天开始，宝宝就 6 个月了，你一点都不关心我们……"朵朵妈很委屈地说。"这都是哪儿跟哪儿啊！你这歪理挑的……"话刚说一半，朵朵妈的脸色就变了，朵朵爸赶紧打住，"是我不够关心啊，老婆。不过，咱们朵朵都 6 个月了，真好，我可是盼着她早点出来呢！"

孕 6 月胎宝宝指标

现在，胎宝宝长 25 ~ 28 厘米，重 300 ~ 800 克。21 周时，胎宝宝的眉毛和眼睑已清晰可见。22 周时，胎宝宝的皮肤依然是红红的、皱皱的，样子像个小老头。这时，牙齿，主要是恒牙的牙胚也开始发育了。

胎宝宝的手指和脚趾也开始长出指（趾）甲，并且会在子宫羊水中游泳，时不时地还会用脚踢子宫，羊水也因此而震荡。

胎宝宝肺中的血管已形成，呼吸系统正在快速地建立，他已经能够听到声音了，还会不断地吞咽。现在的他虽然还不能排便，但会猛踢子宫壁了，尤其当子宫收缩或受

从今天开始，宝宝就 6 个月了，你一点都不关心我们……

这都是哪儿跟哪儿啊！你这歪理挑的……

到外方压迫之时。

孕6月准妈妈指标

准妈妈的身体越来越臃肿，每周约增加250克，腰部明显增粗。子宫进一步增大，子宫底已高达脐部，准妈妈自己已能准确地判断出增大的子宫。

由于子宫增大和加重，准妈妈的脊椎骨会自然向后仰，随之而来的，身体重心则自然向前移。身体的这种变化，很多准妈妈相当不习惯，很容易出现倾倒的现象，准妈妈一定要小心。另外，由于对身体的这种变化不习惯，腰部和背部也特别容易疲劳。现在，准妈妈坐下或站起时将会感到有些吃力了。

这时候，准妈妈的乳房更大了，乳腺功能发达，挤压乳房时还会流出一些黄色的黏性很强的稀薄乳汁。因此，准妈妈有时会发现自己的内衣被弄脏了。

孕6月饮食要点

胎宝宝越来越大，需要的营养越来越多。简单地说，本月准妈妈的营养重点是铁。

如果准妈妈体内储存的铁耗竭，就可导致血红素合成障碍而出现缺铁性贫血，妊娠期贫血以缺铁性贫血最为常见。妊娠期贫血属于高危妊娠，一旦发生，对准妈妈和胎宝宝都有很大的危害。如果准妈妈觉得不需要补充铁剂，那么就应该多吃含铁食物，以保证铁的摄入量。吃饭后，喝茶前，至少要留出30分钟的间隔。

孕6月九个护理要点

一是小心走路。由于身体重心前移，准妈妈们会觉得身体无端变得笨拙起来，容易前倾摔倒。

二是腿部抽筋。为了缓解这样的症状，可以在睡前用热水泡脚，对小腿后方进行3～5分钟的按摩。如果调整睡姿，尽可能采用左侧卧位，也能缓解腿部抽筋；伸懒腰时记得不要把两脚伸得过直；同时对下肢做好保暖工作，多晒太阳。

三是腹部瘙痒。这时，可以借助一些保湿乳液来给肌肤补水改善，同时也可以轻轻按摩，来增加肌肤的弹性。

四是后背发麻。后背发麻一般可以通过休息、锻炼等方法调适。如果后背发麻持续存在，休息也不能好转，就要尽快到医院检查，以防先兆流产或其他专科疾病。如果只是正常情况，发麻的症状多数在产后可以得到改善。

五是保证睡眠。由于庞大的子宫的压迫，这时候，睡眠往往是准妈妈需要面对的一个重要问题。为了保证睡眠，准妈妈需要做的是不喝含咖啡因的饮料，临睡前不要喝太多的水、不要做剧烈运动，养成有规律的睡眠习惯。这时，准妈妈最好选择左侧卧位睡觉，这样可以供给胎宝宝较多的血液，使胎宝宝在妈妈肚子里更舒服，这样准妈妈当然也能睡得舒服。

六是腹部疼痛。这是准妈妈要特别注意的一点。如果休息也不能缓解，就要立刻上医院检查。

七是腰酸背疼。要缓解这一点就要多休息，避免长时间站立和步行。上班族的准妈妈最好每工作 1 小时放松 5 ～ 10 分钟，将自己的活动量控制在体力能承受的极限之内。

八是头疼头晕。要解决这个问题，最简便的方法就是让自己睡得足、睡得香，心情轻松。

九是下肢浮肿。准妈妈特别容易出现这个问题。为了避免出现这类问题或者减轻浮肿，最好能经常把脚抬高让自己放松一下。多吃含维生素 B_1 的全麦粉、糙米、瘦肉，也有利于消除浮肿。另外，吃盐过多、喝水过多，都有可能加重浮肿，准妈妈需要特别注意。

孕 6 月疾病要点

这期间要注意的疾病有两类：胎盘早剥、晚期先兆流产。

1. 胎盘早剥

症状：由间断性腹痛变为持续性腹痛，腰酸背痛或恶心、呕吐、出汗、面色苍白、脉搏细弱、子宫硬、有压痛等种种不适，阴道流血。

预防：加强产前检查；在妊娠晚期采取左侧卧位，避免仰卧位；做好安全工作，避免腹部外伤。

治疗：纠正休克，尽快输血；及时终止妊娠。

2. 晚期先兆流产

症状：阴道有少量出血，有时伴有轻微下腹痛，下腹部规则性宫缩痛。胎动有下坠感，轻度腰酸腹胀。

预防：生活规律；着宽大衣物，不束过紧腰带，不穿高跟鞋；定时排便，注意个人卫生；心情舒畅，定期做产前检查；慎房事。

治疗：尽快到医院检查，以明确病因和胎宝宝的状况；尽量减少不必要的阴道检查，以避免对子宫的过多刺激。

温 馨 提 示

孕中期的饮食要求

孕中期，准妈妈食欲明显增强。但是如果准妈妈体重增加太快，则应限制甜食与动物性脂肪。该阶段很容易发生便秘，可多吃海带、黑木耳、竹笋、莲藕、空心菜、地瓜叶、芦笋、芥蓝菜、芥菜等。

Section 02

决定胎儿智力发育的四大因素

朵朵妈下班回到家，发现婆婆闷闷不乐，很奇怪，关心地问道："妈，你怎么了？身体不舒服吗？"朵朵奶奶没精打采地回答："没事，我挺好的。""那我怎么觉得您不太高兴呢？"朵朵妈追问道。"唉……"朵朵奶奶郁闷地说，"今天朵朵爸的小婶打电话来，说她儿子在大学里进学生会了，还参加了好多活动，得了好几个奖状……不就是儿子聪明，考上了一个好大学吗？！"忽然，朵朵奶奶抓住朵朵妈的手："媳妇，咱们家朵朵将来一定会聪明伶俐，上名牌大学……"看着婆婆满怀期望的眼神，朵朵妈实在是说不出拒绝的话，只能在心里暗暗发愁："可是，什么是决定胎儿智力发育的因素呢？我应该怎么做呢？"

影响胎儿智力发育的因素有哪些呢？我们先来看看大脑是怎么发育的。

健全聪明的大脑是怎样发育的

怀孕第 4 周，受精卵发育而成的内囊胚开始变为胚胎，出现了 3 个不同的胚层，这将为胎宝宝的不同器官、肌肉、皮肤、骨骼等的发育打下基础。大脑发育的重要阶段在第 10 周，这时候脑部迅速发育，每分钟约有 25 万个神经细胞形成。但胎儿脑神经一直到 22 周才基本发育完善，这时胎儿才真正有了感觉和意识。

什么是决定胎儿智力发育的因素呢？我应该怎么做呢？

你一定要生一个聪明的孩子，将来考上一所名牌大学……

由此可见，孕期的最初 3 个月是大脑发育关键期，也称之为脑神经细胞激增期。脑细胞增殖是"一次性完成的"，这就需要准妈妈在这一时期特别注意加强营养。如果营养不良，胎宝宝的脑细胞分裂增殖就有可能减少，从而就会造成脑细胞永久性减少，并影响脑细胞的体积和髓鞘的形成，最终导致智力障碍。

因素一：早孕反应影响胎儿智力

妊娠早期，准妈妈经常会出现强烈的早孕反应，比如食欲减退、恶心、呕吐、偏食等，从而使营养摄入不够。一旦妊娠前，准妈妈自身的营养储存量不够的话，就有可能影响胎宝宝智力发育。明白了这个道理，准妈妈就应想办法稳定情绪，缓解早孕反应，以保证营养的平衡。为了将来孩子的聪明健康，准妈妈应努力进食，少吃多餐，吐了再吃。

因素二：微量元素影响胎儿智力

胎儿在准妈妈肚子里，脑细胞的发育需要各种营养素的供给。以下几种微量元素，是胎儿脑细胞发育过程中所必需的，准妈妈们可一定要重视起来呀。

铁：如果准妈妈体内的储存铁耗竭，就可导致血红素合成障碍而出现缺铁性贫血，这样自然不能提供胎儿生长所需的血液和营养。

碘：碘的缺乏会造成智力发育迟缓，缺碘对智力发育的损耗是不可逆的。

锌：锌在中枢神经系统有神经调质作用、神经发育促进作用、神经元保护作用。据此，我们就能够了解锌在大脑发育中所起的重要作用。

维生素 A：缺乏维生素 A，可明显降低脑细胞中 DNA 和蛋白质的合成。

维生素 B_6：缺乏维生素 B_6，可影响新皮层神经元的生成。

以上提到的只是几种重要的微量元素，脑细胞的发育还需要其他的微量元素，这里不一一列举。总之，准妈妈一定要均衡饮食，保证营养的摄入。

孕期小知识

·健身单车很适合准妈妈练习·

单车，特别是对膝盖、腰背部都有很好保护的卧式健身单车，很适合准妈妈练习。卧式健身单车后有靠背、前有扶手，腿部不是向下蹬，而是与上身呈90°水平蹬车，从而有效地支撑住了准妈妈的体重，把骑单车时对下腹部的压迫减到最小。但是，动感单车并不适合准妈妈，这一点需要注意。

因素三：胎教与胎儿智力

准妈妈的精神情绪、行为举止以及周围环境都会对胎儿有所影响。现代医学研究证明，胎儿对外界刺激变化会有所反应。

所以，只要给予胎儿积极的影响，就能使孩子在出生后大脑发育更健全，学习更容易。这就是胎教存在的意义，实施胎教将对孩子的智商、情商的发展都起到一定的正面作用。

因素四：准妈妈用药也会影响胎儿的智力

据统计，90%的准妈妈在妊娠期间曾服用过至少一种药物，而有4%的准妈妈服食了超过10种的药物。某些药物能够通过胎盘屏障，进入到胎儿体内。所以，准妈妈用药不当则有可能影响胎儿发育，也有可能导致胎儿脑发育不全，影响智力。

为了宝宝的聪明健康，准妈妈千万不要自行服药。如确实需要服药，必须在医生的指导下服用。

温馨提示

三类食物不利于胎宝宝大脑的发育

妊娠5个月后，胎宝宝的大脑开始逐渐形成。为了利于胎宝宝的脑组织发育，这时期准妈妈要多吃健脑食品。同时，准妈妈更要注意少食用不利于胎宝宝大脑发育的食物。

（1）精绵白糖和精白砂糖。精白砂糖等可引起妊娠期糖尿病，此病症可造成胎宝宝脑发育异常，所以准妈妈切不可多吃。

（2）精白米和精白面。在米和面的精制过程中，丧失了很多成分，其中包括许多有益于大脑发育的成分，剩下的基本上就是碳水化合物了。因此，精白米和精白面不宜久吃。

（3）黄油。黄油其实就是脂肪块。脂肪很容易滞留在血管壁上，妨碍血液流动。大脑中有为数众多的毛细血管，通过这些毛细血管向脑细胞输送营养成分，如果脂肪使毛细血管不畅通，自然会引起大脑营养物质缺乏，从而影响大脑的正常发育。

Section 03

孕 6 月，准爸爸的温情胎教

朵朵爸把手轻轻地放在朵朵妈的肚子上，好一会儿，才把手拿开，还失望地说："老婆，为啥今天朵朵不和我打招呼了？"朵朵妈看着朵朵爸的表情，觉得很有趣，说："她不知道你在想她！要不，你再摸一会儿？"朵朵爸的确很不甘心，于是，很坚决地又把手放在了妻子的肚子上，还轻轻地抚摸着……忽然，朵朵爸高兴地对朵朵妈说："朵朵动了……又一下……"

胎宝宝虽然与我们未曾见面，但他也是一个实实在在的小人儿了，有自己的感知，希望在爸爸妈妈爱的呵护中成长。其实，即使没有特别的注意，很多准妈妈已经有意无意地对胎宝宝进行胎教了，她们经常会跟他说话，经常隔着肚皮抚摸他。但有的准爸爸却会忽略这件事，因为忙于工作，而没有在胎宝宝身上投注精力。其实胎宝宝特别想听到准爸爸低沉的、有磁性的声音，如果准爸爸抚摸他，他会更高兴。很多研究表明，准爸爸温情地参与胎教，胎宝宝会更健康、更快乐地成长。

> 宝宝动了……又一下……

踢肚游戏

这是一个非常经典又简易可行的胎教方法。当胎宝宝在踢准妈妈的肚子时，就是玩踢肚游戏的好时机。一旦胎宝宝在准妈妈的子宫里踢准妈妈的肚子，准妈妈第一时间告诉准爸爸，准爸爸就可以在胎宝宝踢的地方轻轻拍几下。

通常，胎宝宝会在一两分钟后再一次踢准妈妈的肚子，于是准爸爸再在踢的地方轻拍几下；又过一两分钟，胎宝宝会再次踢准妈妈的肚子。

准爸爸也可以在胎宝宝踢的不远处轻拍几下，这时胎宝宝竟也会跟着踢上去。

准爸爸可以一边和胎宝宝玩，一边对胎宝宝说："宝宝，爸爸在这里，踢一下给爸爸看看吧。"小家伙似乎很喜欢这种玩法，经常会"兴致勃勃"地长时间玩下去。但准爸爸要控制好时间，每次5分钟左右即可，不要一次持续时间过长；玩的频率也不宜过高，每天两次就行了。

与胎宝宝"亲密接触"

通常情况下，胎宝宝在傍晚时分会频繁地活动，所以，想要与胎宝宝做"亲密接触"的准爸爸们可以选择在这段时间里亲近胎宝宝。

先打开舒缓的轻音乐，然后让准妈妈在床上或沙发上选择一个最舒适的姿势半躺着；准爸爸轻轻地从上到下、从左到右抚摸准妈妈的腹壁。由于准妈妈的腹壁和子宫、羊水、胎宝宝都是紧密相连的，因此准爸爸也就间接抚摸到了胎宝宝。准爸爸可以想象一下，哪里是宝宝圆圆、硬硬的小脑袋，哪里又是他绵绵、软软的小屁股，还有经常动作的小手小脚，准爸爸可以和准妈妈一起猜一猜胎宝宝现在在做什么。

这种想象会让人很兴奋，通过这些，准爸爸可以和未出生的宝宝形成一种亲切的父子之情。

和胎宝宝聊天

提前给未出生的宝宝起个名字，每天把发生的有意思的事情讲给他听："宝宝，起床了，今天的天可蓝了。""宝宝，爸爸下班了，今天过得好不好？""宝宝，你要乖一点，妈妈很辛苦哦！"用快乐明朗的声音讲述着生活中点滴的欢乐，想象着胎宝宝和自己愉快地聊着天，再夹杂着轻松愉悦的笑声，怎么能不感染到胎宝宝呢？

孕期小知识

· 胎教儿歌 ·

我呀，未来的好爸爸
锅铲子唱歌嚓嚓嚓，
水龙头唱歌哗哗哗，
谁在那儿忙？
我呀，我呀，未来的好爸爸。
为了宝宝和他的妈，
爸爸我，辛苦一点不算啥！
像医学博士顶呱呱，
像幽默大师乐哈哈，
谁的本领大？
我呀，我呀，未来的好爸爸。
为了宝宝和他的妈，
爸爸我，要叫干啥能干啥！

给胎宝宝讲故事

给胎宝宝读《三只小猪》、《皇帝的新装》等欢快有趣的童话故事。也可以选择一些一些有趣的儿歌或诗歌，声情并茂地念给胎宝宝听。孩子都爱听故事、听韵律强的诗歌，即使在母亲的肚子里，他也会听得很高兴。

给胎宝宝选择合适的音乐

准爸爸做音乐胎教时尽量选择音量适中、格调清新、节奏舒缓的乐曲，不能使用节奏激烈的摇滚乐及弦律变化很大的交响乐。市场上有专门的胎教音乐，准爸爸可以细心选择。

但要注意，音响的位置不能离准妈妈的腹部太近。

温馨提示

准妈妈冬季起居五注意

第一，要注意室内空气质量。开窗通风是净化室内空气的好办法，可以在阳光比较好、白天温度相对较高的中午，开窗通风半个小时左右。

第二，不要过度加热食用油。在烹调时，不要过度加热食用油，否则会导致食物氧化分解，脂肪中所含的维生素A、维生素D则因脂肪氧化而失去营养。同时要打开抽油烟机，如果没有则要开窗换气。

第三，被褥、毛毯和地毯应经常在阳光下晾晒。

第四，选择家具。如果要选择家具，尽量不选密度板和纤维板等材质的家具，因为这些家具可能会造成污染。

第五，种植绿色植物。在室内种一些绿色植物，比如吊兰、仙人掌，也能起到一定的净化空气的作用。

Section 04

准妈妈要学会忌口

今天朵朵妈单位聚餐，一坐下她就对同事声明："我今天可就是带着耳朵和嘴巴来的，只管听和吃。"同事们也都很照顾她，给她要了一壶白开水，让她随意。任同事们喝得热火朝天，朵朵妈安然稳坐，吃得津津有味，心里想："终于没有人在身边看着我了！"又安慰自己："偶尔放纵一下自己的嘴巴，应该没事的。"于是辣辣的水煮肉片、香喷喷的烤鳕鱼……朵朵妈是吃得不亦乐乎。

这个时期的孕妇胃口特别好，什么都想吃，饭量也一下子增大起来。但是，准妈妈们一定不能贪美味就百无禁忌，有些东西还是要忌口的。

朵朵妈聚餐时吃的烤鳕鱼和水煮肉片，都对准妈妈和胎宝宝的身体有害。除此之外，下面的食物准妈妈也要注意，须忌口。

忌食一：热性香料

很多调味品都是热性香料，比如八角、茴香、花椒、胡椒、桂皮、五香粉、辣椒等，但孕妇不宜食用这些热性香料。

热性香料其性大热且具有刺激性，很容易消耗肠道水分，使胃肠腺体分泌减少，造成肠道干燥、便秘或粪石梗阻。妇女怀孕，体温相应增高，肠道也较干燥，就更容易发生肠道秘结。一旦出现便秘，孕妇必然用力屏气去解便，这样就使腹压增大，对子宫内的胎宝宝造成压迫，甚至造成胎动不安、胎宝宝发育畸形、羊水早破、自然流产、早产等不良后果。

忌食二：方便面

方便面中的营养成分含量非常少，主要成分是碳水化合物，汤料中含有的只是少量味精、盐分等调味品，根本无法满足准妈妈的正常营养需求。

虽然准妈妈吃方便面没有好处，但是有的准妈妈实在禁不住方便面的诱惑，也可以适当吃一些。在吃的时候，一定要做到这样几点：

一是每天最多只能吃一次；

二是同时佐以副食，以补充营养。

另外，一些患有肠胃疾病和胃口不佳、吸收不良的准妈妈，则一定不能吃方便面。

忌食三：含有酒精的饮料

对于准妈妈而言，一点点酒精都不可以摄入。任何含有酒精的饮料准妈妈都不应饮用，哪怕是啤酒或葡萄酒。因为其中不仅有酒精，还可能含有有害的化学物质，如添加剂，对胎宝宝的损害将很难估计。

忌食四：可乐型饮料

准妈妈还要忌喝可乐型饮料。一般可乐型饮料都含有咖啡因、可乐宁、色素等。而过多的可乐宁、咖啡因进入孕妇体内后，会导致其中枢神经系统兴奋，使其产生许多不良的反应，比如烦躁不安、呼吸加快、心动过速、失眠、耳鸣、眼花等。

同时，咖啡因会影响胎宝宝。咖啡因能够通过胎盘作用于胎宝宝，使胎宝宝出生时体重过低，甚至有可能导致胎宝宝死亡。

忌食五：桂圆

桂圆营养丰富，是上好的补品，但孕妇并不宜食用。因为桂圆性温大热，孕妇怀孕后易阴虚引起内热，如果再食用桂圆则会热上加热，使孕妇大便干枯，口舌干燥，从而引起胎热，还容易出现阴道出血、腹痛等先兆流产症状。

忌食七：木瓜

木瓜，尤其是青木瓜，会干扰孕妇体内的荷尔蒙水平，影响胎宝宝的稳定度，甚至导致流产。所以，孕妇应完全戒除青木瓜。

忌食八：久存的土豆

土豆中含有生物碱，存放越久，生物碱含量也越高。大量生物碱能够导致胎宝宝畸形。所以，孕妇应忌食存放过久的土豆，以免影响胎宝宝的发育。当然，人有很大的个体性差异，并非每位准妈妈食用久存土豆都会导致胎宝宝异常，但为了健康着想，还是不吃为妙。

忌食九：未消毒的蛋白质食品

牛奶、奶酪、海产品、冷冻的或熏制的肉类等高蛋白食品经常含有害的细菌，准妈妈需要忌口。还有一些食品孕妇最好能远离之，如烧得很嫩的海鲜、蛙肉、蛇肉，这些食品可能有潜在的细菌或寄生虫，会对母体和胎宝宝造成不必要的伤害。

当然，冷冻的或熏制的海产品熟煮后还是很安全的，准妈妈可以放心食用。

这里也要顺便提一下准妈妈如何选择牛奶的问题。准妈妈最好是喝鲜牛奶，因为鲜奶营养成分破坏很少，所以营养价值也比较高。但它的缺点是容易被污染而变质。

还有一部分准妈妈，由于自身缺少乳糖酶或乳糖酶活性偏低，奶中的乳糖不能在肠道中分解，而发酵产生大量的二氧化碳，导致腹胀、腹泻。这时，她们可以选择喝酸奶。

三种危险的食物搭配

危险搭配一：鸡蛋与豆浆

鸡蛋和豆浆不可以在一起吃，这样会降低人体对蛋白质的吸收。

生豆浆中的胰蛋白酶抑制物能抑制人体蛋白酶的活性，影响蛋白质在人体内的消化和吸收；而鸡蛋的蛋清里含有黏性蛋白，可以与豆浆中的胰蛋白酶相结合，阻碍蛋白质的分解，从而降低人体对蛋白质的吸收率。

危险搭配二：牛奶与巧克力

牛奶和巧克力一起吃很容易引起腹泻。

牛奶中含丰富的蛋白质和钙，巧克力中含有大量的草酸，若二者混在一起吃，牛奶中的钙会与巧克力中的草酸结合成一种不溶于水的草酸钙，食用后不但不能被吸收，还会使人腹泻，让人头发干枯，影响人体健康。

危险搭配三：萝卜与橘子

萝卜和橘子在一起吃容易诱发甲状腺肿大。

如果萝卜和橘子、苹果、葡萄等水果一起食用，水果中的类黄酮物质会在肠道经细菌分解后转化为抑制甲状腺作用的硫氰酸，进而诱发甲状腺肿大。

温馨提示

准妈妈驾车四大注意事项

第一，应平缓驾驶。准妈妈们在开车时要避免紧急制动、紧急转向，应平缓驾驶，以免冲撞力过大，使自己受到惊吓，从而影响到肚子里的宝宝。

第二，开新车要谨慎。新车内空气不太好，应放些竹炭、菠萝或者羊毛垫等物品来吸异味。同时，尽量开窗，放放车内的脏空气。

第三，注意空调温度。车内温度以26℃为佳，孕妇坐在里面最好不要低于这个温度。在不是太热的情况下，最好关掉空调，打开车窗改吹自然风。

第四，不要穿高跟鞋。女性开车穿高跟鞋本来就危险，因为在遇到紧急情况的时候很容易因为鞋跟高等原因不能把离合器踩到底。怀孕时脚又特别容易出现水肿，再穿上窄窄的高跟鞋，就更危险了。所以，准妈妈开车最好穿运动鞋或者布鞋。

Section 05

营养胎教：关注胎宝宝健康发育

晚饭后，朵朵奶奶和朵朵妈拿着菜谱，正在认真地讨论明天吃什么。朵朵妈每一餐都会从腹中胎宝宝的角度去考虑，吃什么、怎么吃对胎宝宝最好；而朵朵奶奶则更关心儿媳的身体，她认为只要朵朵妈的身体好了，朵朵的身体也一定会好。这不，为了一道菜，婆媳发生了矛盾："明天的凉菜拌个蔬菜沙拉。""沙拉对胎宝宝不好，吃松花蛋。""松花蛋是加工过的食品，最好少吃。"最后，还是朵朵爷爷打了圆场："我看就吃凉拌海带丝吧，补碘还爽口。"

准妈妈饮食备忘录

这个阶段，是准妈妈食欲高涨的阶段，准妈妈在日常的生活饮食中，不仅要注意加强营养，适量吃一些营养丰富的食物，同时也要注意一些饮食原则，避免饮食给自己及胎宝宝带来不必要的危害。这时，准妈妈们需要谨记这些原则：

原则一：不盲目补钙

一般来说，只要做到均衡饮食，孕妇在妊娠期所需要的钙，完全能够从日常的鱼、肉、蛋等食物中合理摄取，并不需要特别补充。盲目补钙反而会对孕妇自身和胎宝宝造成不良的影响。

原则二：远离高糖饮食

摄入过多的糖分容易使孕妇肥胖，并容易使孕妇血糖升高。血糖偏高会促使巨大儿、胎儿畸形率增高。肥胖孕妇更会增加妊娠和分娩的风险，所以准妈妈一定要远离高糖食物。

原则三：适量进食高蛋白食品

高蛋白食物适量进食，不可摄入过度。因为过多摄入蛋白质，人体内会产生大量的硫化氢、组织胺等有毒物质，它们可以使血液中氮质含量增高，加重肾脏排泄的压力，从而给孕妇和胎宝宝的健康带来不利影响。

原则四：拒绝高脂肪饮食

虽然脂肪是孕妇应注重摄取的营养之一，脂肪酸又是形成细胞膜的不可缺少的材料，但是过量摄取脂肪含量高的食物会对身体和胎宝宝都造成不好的影响。大量的医学研究表明，长期高脂肪饮食，会增加下一代生殖器官癌症的危险，还会使大肠内的胆酸和中性胆固醇浓度增加，从而诱发结肠癌。

原则五：不宜过度咸食

现代医学研究认为，吃盐量与高血压的发病率有一定的关系：食盐摄入越多，高血压病的发病率也越高。因此，孕妇不宜过度咸食，避免引发妊娠高血压综合征。专家建议每日食盐摄入量应为6克左右。

聪明准妈妈的饮食原则

通过以上的介绍，我们已经知道了准妈妈在孕期中所需要的营养物质以及各种营养物质的重要性。那么，到底要如何进食才是健康的呢？

其实，准妈妈孕期所需要的营养物质就在我们日常的食物中。只要准妈妈不挑食，正常的饮食是完全可以满足孕期宝宝的营养需要，不必专门补充。

中医认为"五谷为养，五果为助，五

孕期小知识

·准妈妈合理营养原则·

1.每天的膳食中应有蛋白质、脂肪、碳水化合物、纤维素、无机盐(包括微量元素)和水。

2.食物应易消化、吸收，并尽可能地多样化，同时还要能够促进食欲，并有助于产生饱腹感。

3.对机体有害的物质一定要剔除。

4.进行合理的加工烹调，以减少营养物质的流失。

5.保证营养物质的合理搭配。

6.不宜滥服温热补品。温热性的补药、补品，比如人参、鹿茸、鹿胎胶、鹿角胶、桂圆、荔枝、胡桃肉等，孕妇不宜经常服用。因为孕妇代谢旺盛，全身的血液循环系统血流量明显增加，心脏负担加重，血管也处于扩张、充血状态。这时，如果孕妇经常服用温热性的补药、补品，势必会加剧孕吐、水肿、高血压、便秘等症状，严重的甚至有可能发生流产或死胎等。

7.不宜长期吃素食。素食不能提供孕期需要的大量蛋白质，蛋白质供给不足，可使胎宝宝脑细胞数量减少，影响日后的智力发育，还可使胎宝宝发生畸形或营养不良。素食更不能提供充足的脂肪，如果脂肪摄入不足，容易导致低体重胎宝宝的出生。所以为了追求孕期的"体形健美"而长期素食是不可取的。

此外，孕妇不宜多喝冷饮，多吃凉食，以防胎动不安和腹痛腹泻。

畜为益，五菜为充。"蛋白质、脂肪、碳水化合物、维生素、无机盐和水就在我们的饭桌上。

当然，不同准妈妈的身体情况也不一样，有一些准妈妈可能因为自身的一些特殊原因，确实在怀孕的某一阶段需要补充一些营养物质，来满足身体的需要。

> 准妈妈对营养物质的实际需要量不一样，一定要按时做产检，遵从医生的指示，对饮食做合理的搭配。

有一个所有准妈妈都应遵循的原则：荤素兼备，粗细搭配，少吃多餐，品种多样。

温馨提示

两种食物准妈妈吃不得

1.爆米花。爆米花在制作过程中，容易沾染制作仪器中的铅，而铅是具有神经毒性的重金属元素，进入血液后，可引起机体代谢过程的障碍，损害神经系统，还可使中枢神经系统乙酰胆碱释放减少，从而导致学习困难和智力低下。所以准妈妈一定要禁食，以免影响胎宝宝的健康发育。与爆米花类似的食物是松花蛋，同样含有大量的铅，准妈妈不可吃。

如果确实嘴馋，忍不住，吃了怎么办？这时我们需要请出它们的克星——维生素C。维生素C能抑制人体对铅的吸收，与铅结合生成难溶于水而无毒的盐类，可随粪便排出体外。

2.油条。油条是由天然明矾和小苏打混合后加入面粉中制成的，成品中的含铝量较高。人体如果摄铝过多，会造成神经质传导阻滞，出现记忆力衰退、痴呆、智力发育障碍等症状。类似的食物还有粉丝、油饼、糕点、面包及饼干等。另外，食品添加剂、包装材料也含有大量的铝，准妈妈们需要警惕。

当然，铝也有克星，那就是维生素C和微量元素硒(存在于芦笋、蘑菇和蛋类食品中)。

Section 06

美育胎教：让胎宝宝感受灵性的美

朵朵妈翻着手中的画册，心思却不知道飘到了哪里。朵朵爷爷叫了她好几声，她才缓过神来："爸，什么事？""我今天去花市，看到一盆紫色的蝴蝶兰，开得很好，就买回家来了，你看喜不喜欢？"朵朵妈来到阳台上，一盆怒放的蝴蝶兰映入眼帘。她很高兴地对朵朵爷爷说："爸，您真有眼光！这盆花真漂亮！""呵呵，喜欢就好，喜欢你就多看看吧。"

什么是美育胎教

美育胎教包括对胎宝宝进行音美、色美、行美的信息刺激，是母亲通过自身对美的感受来实现的。

音美就是音乐胎教。色美是指孕妇通过欣赏一些有美感的绘画、书法、雕塑作品及戏剧、舞蹈、影视等文艺作品，接受美的艺术熏陶。观赏大自然的优美风光，把内心感受描述给腹内的胎宝宝也是色美胎教之一。所以准妈妈们可以尽可能地去领略大自然的美感，蓝色的大海、苍翠的山峦、灿烂的晚霞等，让胎宝宝也感受到美。行美是指孕妇美的言行举止。所以孕期，准妈妈应加强自身修养，使胎宝宝自然而然地受到美的教育。

爸，您真有眼光！这盆花真漂亮！

呵呵，喜欢就好，喜欢你就多看看吧。

美育胎教作用

要对胎宝宝进行美育胎教，先应该学一些美学知识。孕妇学点美学知识，不仅能提高审美能力，培养审美情趣，美化人的内心世界，还能陶冶情操，改善情绪，使胎宝宝能置身于美好的内外环境中，受到"美"的熏陶。

准妈妈可以学习的美育内容有很多，包括庭院绿化、家庭布置、宝宝装和孕妇装的设计、纺织、烹调、美容护肤等。在孕初期种一些花草；在房间里贴上美丽聪慧的婴儿像；自己设计、缝制宽松优雅的孕妇装婴儿服；利用家里的旧针织衣物给宝宝改做背心；利用闲暇时间给宝宝织毛衣、毛袜；学习烹调技术，做上一两道可口的饭菜，等等，这些都是美育胎教的内容，不仅容易做到，而且还会对母子产生一些好的深远影响。

尤其是编织工艺，更是孕妇妊娠期极好的一项活动。管理和支配手指活动的神经中枢在大脑皮层所占的面积最大，手指的动作精细、灵敏，可以促进大脑皮层相应部位的生理活动，提高人的思维能力。有研究表明，用筷子夹取食物时，会牵动肩、胳膊、手腕、手指等部位30多个关节和50多块肌肉，而更加灵巧的编织活动牵动的关节和肌肉也更多。如果准妈妈在孕期进行编织，通过信息传递的方式，可以促进胎宝宝大脑和手指精细动作的发育，使宝宝出生后"心灵手巧"。

绘画与剪纸的美

画画具有和音乐一样的效果，也是美育胎教的内容之一。心理学家认为，画画不仅能提高人

孕期小知识

· 如何欣赏美术作品 ·

欣赏美术作品需要做到下面的五项：

一是心理准备和审美态度。 恰当的心理准备和审美态度，可以使欣赏者已有的美术认识、文化修养和审美经验调动起来，使欣赏者艺术地、审美地与美术作品进行交流和对话成为可能。

二是审美联想和想象。 美术作品本身就是美术家联想和想象力的产物，欣赏者也只有以审美联想和想象为工具，才能将各视觉感受相融合，完整地把握和领悟美术作品中的美感和意蕴。

三是融入真实情感。 美术欣赏过程是一个饱含情感体验的过程，欣赏者只有用自己真实的感情才能获得审美感动和审美体验，从而构成审美共鸣。

四是理性思维。 美术欣赏是视觉感受的活动，但同时也是理解美术形象与内涵的活动。要想对美术进行深入完整的把握，就必须理性分析，这样才能深刻地把握作品的内涵和意义。

五是反复欣赏。 欣赏美术作品需要反复感受、反复体验、不断玩味，从而不断深入地认识，并最终全面地把握作品的形式和内容，获得更高层次的审美享受。

的审美能力，让人产生美的感受，还能通过笔触和线条，让人释放情感，进行心理调适。准妈妈可以持笔临摹美术作品，也可随心所欲地涂鸦，只要自己觉得是在从事艺术创作，感到快乐和满足，就可以画下去。

有的准妈妈会说，我不会画画，怎么用绘画进行美育胎教呢？其实不必有如此顾虑。准妈妈绘画的目的不是画画，而是心理调适，是提高审美能力。所以，准妈妈不必在意自己是否画得好，只要自得其乐即可。比如临摹一些儿童画，看看自己的笔下有没有童趣和稚拙感。通过这些，准妈妈就会步入儿童的世界。准妈妈在画画时最好同时向肚子里面的宝宝解释画的内容，告诉宝宝自己的心情和感受。

剪纸也是一种艺术胎教。准妈妈可以先勾轮廓，而后再剪。剪纸内容可以与宝宝有关，比如胖娃娃，或孩子的属相，如猪、狗、猴、兔等，也可以是一些喜庆的主题，如"双喜临门"、"喜鹊登梅"等，还可以剪自己喜欢的任何东西。不用担心剪得好不好，因为没有人会关注你剪得好不好，重要的是在剪纸的同时，你向胎宝宝传递的"美"的信息、传递的深深的"爱"意。

胎教百味屋

古代的美育胎教

汉代刘向的书中提到了周文王的母亲"不视恶色，耳不听淫声"、"食不邪味"、"夜则令瞽人诵诗"，并且常常静坐着观看美玉，特别注重美育的经验。宋代陈自明在他的书中说："欲子美好，玩白玉，观孔雀"，意思是说想要孩子长得美丽漂亮，就常常把玩白玉、观看孔雀。他认为美玉的柔嫩性质会使观看的人情绪变得温柔美好，美玉的晶莹剔透会使人产生清明感；孔雀美丽大方，其羽毛灿烂缤纷，看了能使人兴奋欢喜，这样的美的情怀和对美的感悟会潜移默化地影响胎宝宝，使他不仅长得美长得端庄，对美也会有天生的感悟能力。这里体现的就是中国古代的美育胎教法。

我国的传统注重人与环境、大自然的感应，这在胎教上则体现为外象内感的理论。古人认为，孕妇每天看到、听到的东西美不美，对胎宝宝的方方面面都会产生深远的影响。宝宝的容貌漂不漂亮、情感能不能愉悦宁静、品格是否高尚、性格是否稳重健全、有没有较高的审美情趣等，都与此有着很大的关系。如果母亲感受到美与善，胎宝宝也会变得美与善；母亲感受邪与恶，胎宝宝也会变得邪恶。可以说，美育胎教是中国胎教理论中最关键的部分。基于这样的原因，古人提倡孕妇如果有条件，最好每日能"视美玉"、看美画美文美诗、听美乐美诵，让孕妇沉浸在美好的情怀之中。

Section 07

环境胎教：母体环境可改变宝宝性格

一天，朵朵爸和朵朵妈在聊天中谈到宝宝的性格。朵朵妈说："咱家朵朵以后一定要聪明体贴，大方懂事，最好还能独立自主，遇事能冷静果断。"朵朵爸嘲笑她："孩子的性格哪里是父母能够决定的，还是顺其自然吧。"朵朵妈反驳说："其实孩子的性格是可以培养的。而且在现阶段，也就是在实施胎教的过程中，就可以影响和改变宝宝的性格。"朵朵爸大惊："真的假的？"朵朵妈应道："我还能拿宝宝开玩笑？以后呀，你得全力配合我，我一定要让咱家朵朵性格好，人见人爱，花见花开。"

有的宝宝出生后又乖巧又爱笑，而有的宝宝却烦躁不安、吵闹不休。同样是十月怀胎，为什么出生后性格差别这么大呢？这是困扰着众多妈妈的一个问题。其实胎教可以影响宝宝的性格。因此，在某种程度上，我们可以说宝宝的性格是能够定制的。

许多事实证明，准妈妈在怀孕期间拥有良好的心态，并且坚持对腹中的胎宝宝进行恰当的胎教，生出来的宝宝大部分拥有乐观开朗的性格和健全人格。

宝宝性格的决定因素之一：准妈妈的心情

许多研究表明，胎宝宝的性格形成受准妈妈情绪的影响。因为准妈妈的精神状态、情感、行为、意识可以影响体内激素分泌，从而影响胎宝宝的性格形成。比如，准妈妈心情忧郁，没有活力，宝宝出生后会性格忧郁、感情脆弱。如果准妈妈性格开朗，坚强、乐观地面对孕期和分娩中的一切情况，那么胎宝宝也会感受到妈妈的积极和坚强，长大后更容易养成自尊自强、勇敢乐观的好性格。

随着胎宝宝一天天地长大，胎宝宝和准妈妈的心灵感应也会日渐明显，如果准妈妈的心情好，胎宝宝自然也会安静愉快；如果准妈妈的心情乱糟糟，那么胎宝宝也会躁动不安、缺乏耐性。可以说，妊娠期准妈妈心情的好坏直接关系着胎宝宝性格的好坏。所以为了腹中的胎宝宝着想，准妈妈应该时刻注意调节自己的情绪，遇到不顺心的事，就要及时调整自己的心态，排除不良情绪，尽快恢复平静。

宝宝性格的决定因素之二：家庭环境

家庭环境也是影响宝宝性格的一个重要因素。如果准妈妈在妊娠期内，家庭纷争不断，那么准妈妈腹内的胎宝宝也会自然地吸收这些不良的信息，影响情绪和性格。当然，夫妻之间的磕磕碰碰是在所难免的，这时准妈妈和准爸爸要控制自己的情绪，相互谅解，尽量避免发生冲突，尤其是正面冲突。妊娠期内，准妈妈由于体内激素的变化，性情也会发生一些变化，情绪非常不稳定。准爸爸应当体谅准妈妈的辛苦，以耐心和爱心来关怀呵护自己的妻子，安抚妻子的情绪。

> ### 孕期小知识
>
> · 准妈妈保持好心情小秘诀 ·
>
> 准妈妈心情烦躁的时候可以尝试改变一下自己的形象，比如换个发型，或者买一件漂亮的孕妇装都是不错的主意。准妈妈也可以通过对家居环境进行适当的改变来让自己保持良好的心情，比如买些家居饰品，点缀一下家居环境。

如何避免家庭纷争呢？这里有两个小建议。

建议一：隔离

一旦有不愉快的事情发生，夫妻双方中的一方最好马上离开。这样有利于双方恢复理智，进行冷静思考，从而避免扩大争吵范围和程度。

建议二：低音量

一旦有分歧发生，在争辩过程中夫妻双方要尽量放低音量。低音量的好处是可以避免双方的火气升级，有利于理智地解决问题，结束纷争。这样，也不至于对准妈妈腹中胎宝宝的情绪产生重大影响。

宝宝性格的决定因素之三：不良习惯

准父母的不良习惯，同样会影响到胎宝宝的性格，使胎宝宝的性格发生偏差。比如吸烟、喝酒、饮酒、大量食用垃圾食品、听刺耳激烈的音乐等，都会使宝宝出生后的性格受到极大影响，形成烦躁易怒、思维偏激、内向自闭、难以驾驭的性格。所以，准父母应该在怀孕期间戒除不良习惯，给孩子一个健康健全的性格。

改善情绪六建议

其实，对胎宝宝影响最大的因素是母亲。妊娠 6 个月以后，胎宝宝能够把感觉转换为情绪，这时胎宝宝的情感与母亲息息相通。因此，在怀孕过程中，准妈妈要时刻注意当好胎宝宝的老师，及时调节自己的不良情绪，为塑造胎宝宝的好性格打下坚实的基础。

可是，由于妊娠期的种种变化，准妈妈的情绪经常瞬息万变。这里，我们为准妈妈提出了 6 点建议，希望有助于准妈妈及时改善不良情绪。

建议一：幽默的喜剧和书籍

放声大笑可以帮助准妈妈忘掉不愉快的事，同时也有助于舒缓紧张的神经。

建议二：做喜欢做的事

一个人在做自己喜欢的或者擅长的事情时，通常会很愉快，比如看书、听音乐、插花、练书法、画画，等等。当然，长时间上网、吃垃圾食品等都不属于此范围。准妈妈要切记，喜欢的这件事必须是健康的。

建议三：多吃水果和蔬菜

水果和蔬菜气味芬芳、营养丰富，有助于改善情绪，帮助准妈妈重获平静。

建议四：适度的工作

工作压力常会使人身心疲惫、情绪烦躁，没有工作则容易使人无所事事，所以准妈妈应当有力所能及的工作及合适的工作量，这样做对稳定准妈妈的情绪有很大的帮助。

建议五：向朋友倾诉

人生不如意十之八九，如果准妈妈把这些不如意都堆在心里，不仅会影响自己的情绪，还会影响胎宝宝的性格。这时，不妨找朋友倾诉一下自己的不如意，朋友的开导和安慰，也许能很快让准妈妈走出情绪低谷，恢复往日的平静。

建议六：练习放松

心情不好时，准妈妈试图自己练习放松。以最舒服的姿势躺在床上，全身放松，想象自己睡在色彩缤纷的花丛中，或是在某个金黄的海滩上享受阳光浴。类似的放松训练可以经常进行，有助于准妈妈舒缓紧张的情绪，改善心情。

温馨提示

不当"宅"孕妇

待产时，准妈妈们不要闭门锁居，"宅"在家里，应积极参与社会活动，广交朋友，将自己置身于乐观向上的人群中，享受友情，分享资讯。

如果"宅"在家里，准妈妈们更容易沉浸在不稳定的情绪中，遇到不开心、不顺心的事情也不容易自我排解。而充实又有点小忙碌的生活反而会让准妈妈们暂时忘记那些孕期不适和不必要的担心。

Section 08

抚摸胎教：爱抚肚皮胎教法

外面的天阴阴的，听着风声，朵朵妈懒懒地对婆婆说："妈，今天天气不好，咱们就别出去散步了。""行，但你也不能睡觉，还得动动。"朵朵妈摸着肚子，琢磨开了："肚子这么大了，什么高难度动作都做不了。该怎么做，既能让胎宝宝感觉到自己在关注她，又不累到自己呢？"忽然，手底下的肚皮动了一下……又动了一下……朵朵妈高声对婆婆说："妈，我保证不睡觉！"然后兴致勃勃地抚摸起肚皮来。

孕期，准妈妈和准爸爸经常会轻轻拍抚肚皮，准爸爸还喜欢聆听准妈妈肚皮里的声音，这些亲密动作非常好，可以达到准爸爸、准妈妈及胎宝宝三方的互动与情感交流。这其实也是一种胎教方法，即"爱抚肚皮胎教法"。

爱抚肚皮胎教法其实是对胎宝宝的一种爱抚和触摸。如果从胎宝宝期，父母就经常充满爱意地触摸、按摩宝宝，将能有效促进宝宝将来养成良好的性格和敏捷的反应力。

据有关研究表明，婴儿如果很少被触摸、爱抚，很容易出现心理疾患，生长、发育会较更多地被触摸、爱抚的孩子要迟缓。

爱抚肚皮胎教法对准妈妈也大有好处。对胎宝宝的触抚，不仅能传达父母对宝宝的关爱，还能使准妈妈自身得到全面的放松，从而达到安抚胎宝宝与舒缓母亲情绪的双重功效。

前面我们讲到过，在妊娠进行到第 4 个月时，准妈妈就能明显地感受到胎动，而妊娠 6 个月后，胎动明显增多，动作频率也明显提高。这时，胎宝宝会在准妈妈肚子里踢脚、翻跟头、扭转身体，所以在这个时候更要实施爱抚肚皮胎教法。

爱的练习法

除了在第4章我们提到的那几种方法之外，抚摸胎教还要注意爱的融入。

每当感受到胎动时，准妈妈或者准爸爸就用手轻轻地、充满爱意地抚摸准妈妈的肚皮，让胎宝宝感受到准妈妈对他的关爱。

也可以在每天的固定时间进行。准妈妈可以在一个安静的房间，每天采取一种最舒服的姿势躺10分钟，不听音乐，不说话，集中精力用手的抚摸和胎宝宝进行独特温馨的情感交流。

这项工作也可以和准爸爸一起完成。准妈妈躺在床上，准爸爸则对胎宝宝进行抚触。这样可以让未出世的胎宝宝充分感受到父母对他的爱，感受到家的温暖。

在实行的时候，准爸爸和准妈妈们一定要谨记一个字，就是"爱"。在轻抚肚皮的时候，只有充满爱意的抚触才能让宝宝感觉舒服，才能让宝宝情绪平和。千万不要经常性地情绪不佳，更不能因为情绪不佳而用力地拍打、按压肚子。这样容易造成腹部疼痛、子宫收缩，甚至引发早产。

抚摸胎教成果

有一个准妈妈在胎教专家的指导下，经常对胎宝宝进行专门的抚摸锻炼。后来，宝宝出生2～3个月时就能够顺利地做出翻身、爬、坐、抓等动作了。专家认为，在运动功能发育上，这位宝宝比没有受过抚摸胎教的宝宝早发育了2～8个月。

一位妈妈30多岁时才要宝宝，因为她当时已经错过了最佳生育年龄，于是在怀孕时特别重视胎教。怀孕期间，除了注意调整自己的心态外，从怀孕第4个月起，她每天都坚持做胎教，其中当然也包括抚摸胎教。到了预产期，宝宝顺利出生；出生后，宝宝接受各种新事物的能力比其他孩子要强，对外界的一切事情都充满兴趣。

温馨提示

准妈妈应学习的古人饮食养生经

1.细嚼慢咽。"饮食缓嚼有益于人者三：滋养肝脏；脾胃易于消化；不致吞食噎咳"。

2.专心吃饭。"寝不言，食不语"，有利于胃纳消化。

3.心情愉快地吃饭。"人之当食，须去烦恼"；"怒后勿食，食后勿怒"。良好的精神状态于保健。

4.生腐食物不能吃。"诸肉臭败者勿食，猪羊疫死者不可食，曝肉不干者不可食，煮肉不变色者不可食"。

5.餐后保健很重要。"食毕当漱口数次，令人牙齿不败、口香，叩齿三十六，令津满口，则食易消，益人无百病。饱食而卧，食不消成积，乃生百病"。

Section 09

运动胎教：孕中期的准妈妈运动

朵朵爸心惊胆战地看着妻子，脸上充满了紧张和不安，"亲爱的，咱别这么拼命好不好？慢慢来……你的动作幅度太大啦！"原来啊，朵朵妈正在做孕妇体操。"老公……你别瞎紧张。没事的……我心里有数……伤不着自己……更伤不着咱朵朵。"朵朵妈气喘吁吁，却肯定地回答。朵朵爸心疼地说："为了咱朵朵，辛苦你了，老婆！"朵朵妈停下来，喘口气："我要努力，让她健健康康的。"

散步可以贯穿运动胎教的始终，是整个怀孕过程中最好的一种运动方式。除了散步之外，孕中期还可做些其他的运动。下面就为大家介绍一些孕中期适合的运动胎教。

孕中期适宜的四种运动胎教

1. 盘腿坐：盘腿坐通过伸展肌肉，可松弛腰关节

做法：起床和临睡时，盘腿坐于地板上；两手轻放于两腿上，用力将膝盖向下推压；待一呼一吸后把手放开；如此"推压——放"，反复练习 2～3 分钟。

2. 骨盆扭转运动：此活动可以加强骨盆关节和腰部肌肉的柔软度

做法：每晚临睡前仰卧；左腿伸直，右腿向上屈膝，右脚足后跟贴近臀部；右膝缓缓倒向左腿，腰随之向左扭转；接着右膝向外侧缓缓倒下，使右侧大腿贴近床面。如此左右交替，练习 3～5 分钟。

3. 振动骨盆运动：此活动可以松弛骨盆和腰部关节，使产道出口肌肉柔软，强健下腹肌肉，为顺利分娩做好准备

做法：仰卧、屈膝，腰背缓缓向上呈反弓状；缓缓复原，休息 10 秒钟再重复；两手掌和膝部着地，头向下垂，背呈弓状；边抬头，边伸背，使头背在同一水平上；仰头，使腰背呈反弓状；然后头向下垂，反复。每天练习 3 ~ 5 分钟。

4. 腹式呼吸练习：此练习可以增强腹部肌肉力量，使孕妇的心态变得更加安定

做法：从卧位开始，分两步进行。第一步，用口吸气，使腹部鼓起；用口呼气，腹部收缩。第二步，用鼻吸气，使腹部鼓起；用鼻呼气，使腹部收缩。在练习时，应在熟练掌握第一步后再进行第二步。同时，练习可以在呼吸节拍一致的音乐伴奏下进行，这样更利于孕妇心态平和。

> 老公……你别瞎紧张。没事的……我心里有数……伤不着自己……更伤不着孩子。

> 为了咱宝宝，辛苦你了，老婆！

胎教百味屋

孕期体操注意事项

1. 开始做的时候如果达不到要求，不可勉强，次数可依自身的身体状况而定。熟练动作之后，可渐渐增加次数。

2. 运动适量即可。适量的感觉为身体微微发热，略有睡意。

3. 如果肚子发胀，或者有其他身体不舒适的情况，可酌减体操的种类、次数、强度。

4. 做操的时间应在临睡前或沐浴后，早晨不要做。

5. 天天练习。孕期体操只有天天做才会起作用，所以准妈妈一定要坚持好，不要三天打鱼、两天晒网。

准妈妈的孕期体操

孕期体操也是运动胎教的重要内容，不仅对孕妇的健康有益，而且还利于顺产。准妈妈们不要忽视哦。

第一节：腿部运动

此运动能够使孕妇腿部肌肉放松，提高阴道收缩力度。

1. 平躺，让一条腿搭在另一条腿上，然后放下来，重复10次，每抬腿1次略微增加抬的高度；换另一条腿，重复10次。

2. 平躺，两腿交叉向内侧夹紧，同时紧闭肛门；抬高臀部，然后回复。重复10次后，把下面的腿搭到上面的腿上，再重复10次。

第二节：腹肌运动

此运动可以锻炼支撑孕妇子宫的腹部肌肉。

1. 平躺，单腿屈起，然后伸展，重复10次；换另一条腿，屈起、伸展，重复10次。

2. 平躺，双膝屈起，单腿上抬，放下，重复10次；换另一条腿，上抬，放下，重复10次。

第三节：骨盆的运动

此运动可以让孕妇放松骨盆的关节与肌肉，使其柔韧，利于顺产。

1. 平躺，单膝屈起，膝盖慢慢向外侧放下，重复10次；换另一条腿，再重复10次。

2. 平躺，双膝屈起，左右摇摆至床面，慢慢放松，重复10次；换另一条腿，再重复10次。

温馨提示

准妈妈从哪里补充微量元素

- 补钙食物：花生、菠菜、大豆、鱼、海带、骨头汤、核桃、虾、海藻等。
- 补铜食物：糙米、芝麻、柿子、动物肝脏、猪肉、蛤蜊、菠菜、大豆等。
- 补碘食物：海带、紫菜、海鱼、海虾等。
- 补磷食物：蛋黄、南瓜子、葡萄、谷类、花生、虾、栗子、杏等。
- 补锌食物：粗面粉、豆腐等大豆制品、牛肉、羊肉、鱼、瘦肉、花生、芝麻、奶制品等。
- 补锰食物：粗面粉、大豆、胡桃、扁豆、腰子、香菜。
- 补铁食物：芝麻、黑木耳、黄花菜、动物肝脏、油菜、蘑菇等。
- 补镁食物：香蕉、香菜、小麦、菠萝、花生、杏仁、扁豆、蜂蜜等。

Section
10

胎教秘技：孕期"性"福生活秘籍

电视里的的法式激吻，看得朵朵爸脸红心跳，望着身边正投入剧情的妻子，不禁苦笑一声。刚巧被朵朵妈听到，她侧着头，奇怪地问："老公，你不好好看电视，想什么呢？"朵朵爸摇摇头："没什么。""那你的表情怎么怪怪的？"朵朵爸支吾了一下，最后还是实话实说："昨天我亲你被妈看到，她严正警告我不准和你亲热！还有4个月呢，我……"朵朵妈的脸红了，不好意思地说："都怪你……一点都不注意……现在是孕中期，朵朵会非常乖……只要你注意些没关系的……""常识我还是知道的，可就怕万一……"朵朵爸迟疑道。"笨！自己琢磨去！"朵朵妈一转身不理他了。

怀胎十月，除了等待宝宝到来前的喜悦，很多准父母们还有难言的烦恼，那就是无法尽"性"的烦恼。其实，准父母们不必如此小心。适当的性生活不但能够使夫妻间精神和生理得到放松，使情感得到加强，还能锻炼胎宝宝呢！

当然，准父母们也不能随便地过夫妻生活，而应视胎宝宝的情况来决定。

孕早期适可而止

孕期的前3个月，胎盘还未形成，胎宝宝与母体的连接也不是很结实，此时的性生活应适可而止。因为性交体位会对子宫造成压迫，并刺激乳房和子宫，从而易诱发宫缩造成流产。

在体位上，准妈妈可以采取平卧双腿屈曲的正常体位。但丈夫要适可而止，不要使准妈妈达到剧烈的性高潮。另外，背后位、侧卧位也都是安全的体位。

孕早期的性生活除了注意性交体位、程度外，孕妈妈还要特别注意自己的身体情况。有以下情况之一的孕妈妈孕早期不宜进行性生活：

曾经诊断为黄体功能不全；

● 以前有过流产史;

● 生殖道畸形,如单角子宫、子宫纵隔等;

● 出现了妊娠先兆流产症状,如阴道出血、轻微下腹痛等。

孕中期安心享受

孕中期即孕4月至孕6月。这时,妊娠反应基本结束,胎盘也完全形成了,胎宝宝与母体有了紧密的连接。同时,因为此时母体内孕激素和催产素酶的水平都较高,子宫也较为安静。总之,此时妊娠已进入相对安全期,不易诱发宫缩,是整个孕期中准妈妈身体状况最好的时期,可以相对安心地进行性生活。

当然,在进行性生活时还是有一些注意事项的。

首先是体位,以妻子双腿并拢的正常体位和妻子腿部伸直的侧卧位最好;如果丈夫较胖或腹部较大,则应采取半坐位或背后侧卧位;如果担心诱发子宫收缩,夫妻双方也可以互相抚摸。

其次,有些孕妇即使在孕中期也同样不宜进行性生活:

● 有流产史;

● 本次妊娠有流产先兆,如阴道出血、下腹痛等;

● 本次妊娠有妊娠高血压、胎盘位置低等情况。

最后,要提醒准爸爸和准妈妈的是,准妈妈的腹部已开始隆起了,性交时要避免对腹部造成压迫。

此时期出现性高潮不必过分担心,但仍要避免剧烈的性刺激。因为此时女性生殖器会出现明显充血的情况,阴道黏膜也会变软。

孕晚期小心谨慎

过了孕6月,准妈妈就要进入孕晚期了,此时准妈妈的腹部明显增大,身体也显得笨拙。此时的性生活要特别小心,要选择合适的体位,避免因性高潮及腹部受压引起早产、大出血或者性疾病传染。在体位上,可以采取半坐位或后侧卧位。性生活时,应

> **孕期小知识**
>
> · 准妈妈可以这样做 ·
>
> 1. 在双方观念均能接受的前提下,准妈妈可以帮助丈夫用手或口释放出来;也可以让丈夫使用一些调情工具、充气娃娃之类的性用品。
>
> 2. 帮助丈夫转移注意力。比如让丈夫做些需要花体力的活动发泄精力,如上健身房、溜直排轮、打球、郊游、登山等。

避免腹部受压及用力过猛，避免性高潮的出现。如性交后出现大量的阴道流液，则应立即去医院。

当然，如果以爱抚来替代则更好。丈夫可以轻轻触摸妻子乳房、颈部、脊背等，还可以轻轻地拥抱，温柔的皮肤接触可使夫妻心心相印，心理上得到满足。对妻子的触摸一定要轻，以免损伤外生殖器和黏膜组织。

既往有晚期流产史或早产史、本次有早产征兆及早产危险者、宫颈内口松、前置胎盘、妊娠高血压的准妈妈应避免性生活。

孕期快乐性生活技巧

孕期性生活需要夫妻俩共同商讨，互相尊重对方的意愿。同时，也要知道，性爱不是加深夫妻感情的唯一方式，爱的语言、爱的触摸和拥抱同样可以达到交流感情的目的。对于孕期性生活，还有一些技巧可以增加快乐。

一要重质量，时间不宜过长。孕期性生活时间不要过长，前戏10分钟，正式10分钟，后戏10分钟，不要超过30分钟。性生活的关键在于质量，而不在于时间的长短。

二要开发新地。开发未知的敏感地带会别有一番风趣。而未知的性感带有可能存在于某个生理部位，也有可能存在于心理的空间。所以夫妻应以一种愉悦的心情享受新奇的快感。

温馨提示

准爸爸的正确性认知

准爸爸一定要理解准妈妈生理和心理上的特殊变化，在感情上多给准妈妈以关心和支持。如果准妈妈不愿意同房，切不可勉强。在夫妻双方许可的情况下，准爸爸则不妨卸下负担，好好享受愉悦。

营造好的环境，比如放一曲优美的音乐，说一些温柔的话语，以营造浪漫温馨的环境，让妻子放松身心地体验爱。

注意性生活的卫生情况。孕妇的孕期卫生很重要，所以在进行性生活前丈夫应淋浴，保持会阴和身体清洁，同时双手也要清洗干净。过完性生活，夫妻应多喝水并排尿，避免阴道和泌尿道感染。

动作要轻柔。可以预先准备一个软垫，这样妻子在采取不同体位时会更省力。

Section 11

胎教安全：准妈妈必须控制血糖

朵朵妈这几天很郁闷，脸上少了笑容，多了心事：她在例行产检中被医生检查出血糖偏高，需进一步检查确认是否患有妊娠期糖尿病。同事张姐开导她："朵朵妈，别上火，不是什么大毛病。""我觉得我吃东西挺注意的啊，怎么还会血糖偏高呢？我想不通。""想不通就不要想了。关键是把血糖降下去。""嗯，我明白的。看来今后得少吃糖和点心了。"

那么，妊娠期糖尿病有何危害？准妈妈应该怎么安排饮食才能在控制血糖的同时，让肚子里的胎宝宝获取足够营养呢？

我觉得我吃东西挺注意的啊，怎么还会血糖偏高呢？我想不通。

别上火，不是什么大毛病。

妊娠期糖尿病的危害

近年，妊娠糖尿病的发病率呈现上升的趋势，这主要是因为不少孕妇吃得多且精，而活动又少。另外，妊娠期激素的变化也是导致妊娠糖尿病的一个重要原因。妊娠期，内分泌变化对糖代谢产生了一系列影响，一旦孕妇胰岛功能储备不足或胰岛素分泌降低，就会发生妊娠糖尿病。

妊娠糖尿病属于高危妊娠，对孕妇和胎宝宝的健康都有非常严重的危害。

患有妊娠糖尿病的孕妇流产率明显高于未患该病的普通孕妇，妊娠高血压综合征的发生率也更高；同时，也较多地会出现羊水过多的情况；产后感染率也大大高于普通

产妇。

妊娠糖尿病对胎宝宝和新生儿也有很大的危害。一是使胎宝宝畸形发生率增高；二是使巨大胎宝宝发生率增高；三是胎宝宝红细胞增多症以及新生儿高胆红素血症的发病率都比普通产妇高；四是新生儿易发生低血糖；五是新生儿呼吸窘迫综合征发病率也较普通产妇高，胎宝宝及新生儿的死亡率也更高。

准妈妈的两大"误区"

其实需要注意血糖的，除了已患病的孕妇外，一般孕妇也不能忽视。孕期预防糖尿病要警惕这样两大"误区"：

误区一：管住嘴巴就行

在不少孕妇看来，控制血糖就是要控制糖的摄入。其实预防、治疗妊娠糖尿病除了要管住自己的嘴，控制糖的"进口"，还可以关注糖的"出口"。研究表明，适度的运动可以促进葡萄糖的利用，从而使血糖得到控制。

餐后散步就是一种很好的运动方式。准妈妈可以每天饭后走一走，每次30分钟，以不感到疲劳为宜。为了避免摔倒，准妈妈散步时要尽量避开有坡度或台阶的地方。

误区二：水果可以敞开吃

很多人觉得水果里的维生素、纤维素都很多，可以让宝宝长得快又好，所以吃得越多越有利。甚至有的准妈妈会一天吃一个大西瓜。殊不知，水果中也含有大量极易被人体吸收的果糖，而过量吸收果糖正是引发妊娠期糖尿病的最大诱因。因此，准妈妈吃水果也要定量。正常情况下，每次饭后吃一两个水果即可。在水果的选择上，可以多吃猕猴桃、柚子等维生素含量高、含糖量低的水果，少吃高甜度水果。

妊娠糖尿病的饮食建议

患有妊娠糖尿病的孕妇，必须严格控制饮食，以控制血糖；同时为了胎宝宝的健康成长，孕妇又必须摄入足够的营养，所以，合理安排妊娠糖尿病孕妇的饮食特别重要。

一是合理摄入热量。妊娠糖尿病孕妇一定要注意热量的摄入，在孕早期，不需要特别增加热量，孕中、晚期，可依照孕前的标准再每天增加300大卡。

二是合理安排餐次。孕妇一次进食大量的食物会造成血糖快速上升，而一旦空腹太久又会产生酮体，所以最好的方案就是少食多餐。每天吃 5 ~ 6 餐，每餐吃的量少一点。睡觉前再补充一点点心。

三是合理摄入糖类。尽量避免食用有蔗糖、砂糖、果糖、葡萄糖、冰糖、蜂蜜、麦芽糖等含糖的饮料及甜食，以避免血糖快速增加。

四是合理摄入蛋白质。如果在备孕阶段已摄取足够营养，那么孕早期并不需要特别增加蛋白质的摄取量，孕中、晚期则需要补充蛋白质。孕中期，每天需增加 6 克蛋白质，孕晚期每天为 12 克。每天至少喝两杯牛奶，以补充足够的钙质，但不要把牛奶当水喝，以防血糖过高。

五是合理摄取油脂。妊娠糖尿病孕妇烹调食物，要以植物油为主，而且要少食油炸、油煎、油酥类食物， 动物的皮以及肥肉等也要少吃。

六是合理摄入纤维。在允许摄取的分量范围内，要应可能多地食用高纤维食物。比如用糙米或五谷米饭来代替白米饭，多吃蔬菜和新鲜水果等。这样可以帮助控制血糖，也容易产生饱足感。当然，也不要无限量地吃水果，避免血糖过高。

温馨提示

父母会把哪些"优点"传给孩子

第一，肤色。孩子将会中和父母的肤色。比如，父母皮肤较黑，则子女不会皮肤白皙；若一方白一方黑，那么，子女多会出现不白不黑的"中性"肤色，但有时也会更偏向某一方。

第二，下颚。这是显性遗传，孩子将完全遗传自父母。如果父母一方有突出的大下巴，那么子女们也会毫无例外地长着一个酷似的大下巴。

第三，双眼皮。它同样属于"绝对"性遗传。通常情况下，大多数子女会遗传父亲的双眼皮，即使有些孩子出生时是单眼皮，长大后还是会变成像父亲那样的双眼皮。另外，大眼睛、大耳垂、高鼻梁、长睫毛，也都会遗传自父母。

Section 12

宝宝，让我们一起去旅行

　　单位组织旅游，报名的时候，朵朵妈犯起了嘀咕："旅游的目的地远不远？搭乘什么交通工具去？我现在出行对胎宝宝是否有影响？赶紧给表姐打电话问问。"想到就做到，朵朵妈立刻拨了李茜的电话："表姐，单位组织旅游，你看我能报名参加吗？""行啊！你现在怀孕6个月，各方面情况都很稳定。出去散散心，换换心情，是好事。"李茜鼓励朵朵妈参加，"不过，有些问题你需要注意一下，回头我给你列个单子。""好的，谢谢表姐。""你再问问是否可以带家属，要是朵朵爸能一起去是最好的了。"李茜叮嘱道。

怀孕期间旅行的最佳时机

　　对于爱好旅游的准妈妈来说，孕期十月，再加上产后的几个月，如果都不能外出旅行的话，实在是一种煎熬。那么，不妨在这个时候做一个短期旅行吧。

　　其实，从孕4月一直到孕6月，都可以计划出游。前3个月，准妈妈可能会太累或想呕吐，以至于无法享受假期；而在后面的几个月，准妈妈又可能会因身体太过笨重而影响玩兴。

准妈妈搭乘飞机注意事项

准妈妈可以选择搭乘飞机出行。当然，因为肚子里面的小宝宝，准妈妈乘飞机有一些特别的注意事项：

1. 舒服的坐姿。为自己安排一个比较靠前面的位子吧，因为前面的空气流通更好，上下飞机也更省力。

2. 选择靠近走道的位置，这样去洗手间会比较方便。当然，也有一些孕妇偏好靠窗的位子，认为坐在那里可以减少怀孕期的不适。

> **孕期小知识**
>
> · 准妈妈搭乘飞机要注意 ·
>
> 美国国内航空法规定，孕妇从孕36周开始，即不得搭乘飞机，而其他国家航空法限制的时期是35周以后。因为这时准妈妈有随时生产的可能，而空中服务员肯定不是受过训练的助产士。如果准妈妈的肚子很明显，航空公司将要求准妈妈出示医生提供的预产期证明。

3. 不要坐在逃生门处。因为坐在这里的人，一旦有紧急事故发生，将要协助开启笨重的门。如果准妈妈想要接近逃生门，可以选择逃生门后一排的位子。

4. 坐在空气清新的地方。不要坐靠近吸烟区的座舱。如果飞机没有满载，可以要求中间的位子空下来，让自己有更多的空间可以伸展手脚。

5. 多喝水。飞机上的空气干燥，湿度大约只有7%，嘴巴及鼻子里的黏膜也会因此变得很干燥，严重时甚至会导致脱水。因此准妈妈要多喝水。同时，也可以吸入热水发出的蒸气，让鼻腔保持湿润。含有盐分的鼻喷剂也可以有效地缓解干燥的鼻腔黏膜，准妈妈可以每小时喷一些喷液到鼻子里。

6. 吃好。飞机上有准备好的餐点，但如果准妈妈胃口一般，也可以自己带一些食物。在飞机上时常咀嚼少量的食物，以保持胃部舒缓的运动，也是让胃部更舒适的一个办法。

7. 可以寻求帮助。孕中期的准妈妈时时需要别人的帮助，搭乘也不例外。她需要由别人协助拿行李，需要别人帮她把行李放置于头上的置物处，不适时还需要别人照顾。这时，准妈妈可以寻求机组人员的帮助。准妈妈要特别注意，不要过度使用某些肌肉，因为怀孕期间并不适合做肌肉的拉扯动作。

准妈妈搭乘轮船注意事项

搭乘游轮旅游，对准妈妈来讲也是不错的旅行方式。准妈妈不需要像在陆地上旅行那样捆扎行李、收拾行李及找旅馆，所有的饮食、娱乐都可以在一条船上搞定。

当然，为了确保准妈妈的舒适旅行，也要注意一下这些事项：

1. 慎选旅游行程。 如果这是准妈妈第一次怀孕和第一次游轮旅行，应该选择短途旅行，并选择平静的海面。长时间的海上颠簸不适合准妈妈。

2. 搭乘大船、新船。 船越大稳定性越好，而新船大多会安装有稳定装置，所以在许多大的新船上，人们甚至会忘了自己置身在大海中。

3. 选择中部的船舱。 因为船的中部更平稳。

4. 选择有阳台的舱房。 有阳台的舱房可以到阳台上呼吸海面上的新鲜空气，让准妈妈心情更愉悦。

5. 远离吸烟区。 无论是吃饭还是活动，都要尽量远离吸烟区。

温馨提示

孕妇不宜使用清凉油

很多人喜欢涂清凉油提神，但对孕妇来讲，这是需要避免的。因为清凉油中含有樟脑、薄荷、桉叶油等成分。这些成分经皮肤吸收后，会通过胎盘进入胎宝宝体内，影响其生长发育。尤其是樟脑，可能引起胎宝宝畸形或死亡。所以，孕妇感到疲劳时最好是休息，不要使用清凉油。

准妈妈旅游饮食安全

旅游时，准妈妈一定要注意饮食安全问题。一旦腹泻，不但对准妈妈不好，还会影响到胎宝宝。因为腹泻会消耗身体的基本养分、盐分及水分，而身体对这些物质的需求量在怀孕期间更大。长时间的严重腹泻会让准妈妈脱水并减少输给胎宝宝的血液，对胎宝宝的生长造成不良影响。为了在旅行时保证饮食的卫生与安全，准妈妈一定要做到以下几点：

1. 饮用煮过的或瓶装的水

瓶装水是最安全的，因为在自来水净水的过程中，碘的高含量可能会危害到胎宝宝。另外，食用冰块也要注意，只能食用由瓶装水制作成的冰块。

2. 食用加热杀菌过的奶制品

奶制品要先加热杀菌，尤其在环境卫生不佳的情况下。同时也应避免食用没有煮过的蔬菜，水果尽量剥皮。

3. 肉类鱼类要煮熟

选择卫生条件较佳的饭店或餐厅用餐，肉类和鱼类要煮熟。

假如在做了上面提到的诸多预防措施后，准妈妈仍然不幸腹泻，那么就要努力让自己不要脱水。下面是一些治疗腹泻的方法：

如果一天有超过6次的流质状大便，那就是严重腹泻，可以少量多次地服用电解质饮料。它不需要医生处方就可以在药店买到，可以重新补充在准妈妈腹泻时可能流失的盐分及矿物质。一旦有条件，要及时就医。

Section 13

温馨胎教：准妈妈怎么穿鞋 "足"够幸福

出门前，朵朵妈小心地蹲下身子，拉上拉链，再小心地站起身子，向朵朵爸抱怨道："才6个月，就这么费劲了。等到七八个月岂不是蹲不下去了？""不用担心，到时我给你穿鞋。"看着妻子凸起的肚子，朵朵爸心疼地说。"你最好不要再穿带拉链和鞋带的鞋了，换鞋太不方便。"朵朵奶奶在一旁叮嘱着媳妇。朵朵妈看着家人关心的目光，心头暖暖的，轻轻答道："好！"

孕6月，准妈妈们会突然发现脚胖起来了，原来的鞋子好像一夜之间都变小了。那么，怎么选择合脚、护脚的鞋子呢？这里面大有学问。

孕期鞋子的重要性

妊娠期，尤其是进入妊娠中期后，孕妇的双脚的变化很大。其脚部围度，即肿胀量，达10～25毫米，远远超过了普通人的双脚，也超过了人们可以忍受的范围了。

同时，随着其坐姿、站姿与走姿的变化，脚的长度也会发生相应变化。坐姿与站姿的平均变化量约为4～7毫米，站姿与走姿的平均变化量约为3～6毫米。

由于孕期胎宝宝在不断生长，孕妇体重逐渐增加，整个脚掌将会承受更大的负荷，而随着子宫的隆起，其身体重心也发生改变。这些就使得孕妇保持身体平衡将更加困难，同时，这也使得孕妇对鞋子的要求更高。

孕期穿鞋的误区

误区一：穿平跟鞋

有些准妈妈以为孕期只要穿平跟鞋肯定错不了，这其实是一个误区。对于正常人而言，穿上平底鞋后身体 4/5 的重量将全部压在脚后跟上，这样就很容易造成足跟的损伤。同时，由于平底鞋的减震功能差，会影响脊柱和大脑的健康。准妈妈由于身体重心后移，更需要选择后跟稍稍有点高度的鞋了。

另外，准妈妈不宜穿高跟鞋，尤其是孕中期后。这一时期准妈妈的身体已经很胖，臀部开始突起，胸部和腰部的位置都向前挺出，身体则自然后仰。这时如果穿着高跟鞋走路，身体的重心就会因向前倾斜而失去平衡，导致摔跤、闪腰等情况出现。严重的还可能造成腹腔前后径距离缩短，使骨盆的倾斜度加大，人为地诱发头位难产。而且，穿高跟鞋会使腹部受到的压力上升，血管也必然会受到更大的压力，从而限制血液循环，这样就更容易发生妊娠水肿了。

误区二：穿坡型泡沫底凉鞋

夏天穿坡型泡沫底凉鞋的人较多，这种凉鞋弹性好，比较适合脚的形状，穿着是比较舒适的。但是准妈妈不宜选择这种凉鞋，因为其鞋底很滑，容易摔跤。无论选择哪个季节的鞋子，准妈妈都要注意鞋底，看看防滑性如何，以免雨天或遇到水渍时滑倒。

误区三：穿塑料拖鞋方便

拖鞋穿脱方便、柔软、弹性好，人们喜欢日常起居时穿它。但准妈妈选择拖鞋时则需要注意材质。准妈妈汗腺分泌旺盛，脚部汗液尤其多，容易形成汗脚。这时，如果长时间穿橡胶或塑料拖鞋就有可能引发皮炎。这一点在过敏性体质的准妈妈身上尤为明显。因此，准妈妈应选择薄布拖鞋代替塑料拖鞋。

孕期小知识

· 三招解决孕期穿鞋难 ·

进行孕中期，准妈妈腹部逐渐隆起，下蹲、弯腰等动作经常会夹到肚子，所以穿鞋这件平时很容易办到的事情也变得困难起来。尤其进入孕晚期后，肚子大的准妈妈们对穿鞋这件事只有一声叹息了。这该怎么办呢？

对策一：选择穿脱方便、站着就可以穿的鞋子。不用系鞋带自然就免去了弯腰的麻烦。

对策二：坐着或是扶着墙壁穿。这样才能平衡好身体，保证安全。当然，还可以买一个长柄的鞋拔，这样穿起鞋就不难啦。

对策三：行使一下准妈妈的特权，让准爸爸来帮忙。想象一下，丈夫亲手为自己穿鞋，麻烦也成了幸福了。

准妈妈选鞋八点建议

1. 选择用以防滑及鞋底为吸震卸力型材料的鞋子。

2. 不要穿平跟鞋。准妈妈的鞋子应当有一点跟，理想的鞋跟高度为 15 ～ 30 毫米。随着孕妇"体重的增加"及"重心后移"的影响，穿平跟鞋会在产后让准妈妈出现足底筋膜炎等脚跟部位的不适。

3. 专业的、具备充分接触型的鞋垫可以减少足部的压力，值得购买。

4. 圆头且较宽的鞋子比尖头的窄鞋更舒服，而鞋后跟的宽度如果比后跟帮宽些，可以减少扭伤的风险。

5. 用软的具有弹性的材料制作的鞋面更合适孕妇。

6. 应选择带魔术贴类的鞋、懒汉鞋等容易穿着及可调节的鞋子，因为孕晚期，挺着大肚子的孕妇实在不方便弯腰系带鞋了。

7. 选择鞋子的尺码时要注意坐姿、站姿及走姿的延伸量，一般来说选择比脚长多出 10 毫米的鞋子穿着更舒适。

8. 孕前期（0 ～ 6 个月）和孕后期（6 ～ 10 个月）选择穿不同的鞋子。

以上为选购孕妇鞋要注意的地方，如果已经产生怀孕末期的异常症状，准妈妈则必须在医生的指导下选择其他鞋类。

温馨提示

六招做好孕期腿部保养

在怀孕期间，尤其是孕晚期，很多准妈妈会出现一些诸如腿部浮肿、腿部抽筋等问题，那么怎样来减轻这些症状呢？下面有 6 个小方法，受此问题困扰的准妈妈们不妨一试。

1. 散步。有些孕妇怕活动，老呆在床上休息，结果导致滞产。不妨吃过饭后到户外适当散步，这有利于日后生产。

2. 按摩。不少准妈妈在妊娠后期会出现腿部肿胀酸痛的问题，这时，如果丈夫在晚上睡觉前能为准妈妈进行腿部按摩，可以有效地减轻孕妇的酸痛感。

3. 高置双腿。准妈妈坐着的时候、睡觉的时候，不妨将腿脚部稍稍放高一点，这有利于消除肿胀。

4. 服用利尿药。若是肿胀得比较厉害，准妈妈可以在医生的指导下服用一点利尿药。

5. 饮食少盐。口味重的准妈妈此时也要注意，多吃清淡食物，保持低盐饮食。

6. 多休息。准妈妈不宜走路太多，也不宜长久站立。行走和站立时间长了，会加重身体的肿胀程度。

第 **7** 章

孕 7 月胎教完全方案

在准父母的期盼中、家人的希翼里，肚子里的小宝宝已经 7 个月了，准妈妈的"国宝级"待遇并没有使所有的人放松心情，反而因胎宝宝越来越大，对他的期许、对他的企盼更为强烈，更加关注胎宝宝的成长发育。那么，孕 7 月的胎教又该如何进行？准妈妈怎样才能做得更好呢？让我们来一起阅读下面的内容。

Section 01

怀孕 7 个月，有什么不一样

清晨，朵朵爸已经洗漱完了，发现妻子还没有起床，朵朵爸有些担心地问："老婆，你今天不舒服么？怎么还不起来啊？该迟到了。"朵朵妈躺在床上有气无力地说："老公，帮我给单位打个电话，请一上午假。我背疼、腰疼、浑身都疼！"看着朵朵妈挺着肚子，艰难地坐起来，朵朵爸赶紧过去扶她坐好，又倒了杯水递过去，温柔地说："嗯，我这就打。你喝完水，再躺一会儿。我让妈把饭热着，等你起来再吃。"

孕 7 月胎宝宝指标

孕 7 月，胎宝宝长为 28 ～ 38 厘米，重 800 ～ 1200 克。这时候，胎宝宝的四肢已相当灵活，能够在羊水里自如地"游泳"。生殖器官已很明显，男孩的阴囊很清楚，女孩的小阴唇、阴核也已经突起。脑组织开始出现皱缩样，大脑皮层已很发达，开始能分辨妈妈的声音，同时对喜欢的声音和厌恶的声音能够作出反应。视网膜已经形成，能够感觉到光线；能够进行浅浅的呼吸和微弱的吸吮。

胎宝宝进一步成长，几乎占满了整个子宫，他活动的空间相对而言则变得越来越小，所以胎动也减弱了。这时候的胎动不同于以往的胎动，会出现阵发性跳动。其实，这是胎宝宝在呃逆。

老公，帮我给单位打个电话，请一上午假。我背疼、腰疼、浑身都疼！

老婆，你今天不舒服么？怎么还不起来啊？该迟到了。

正常情况下，胎宝宝每天会有 1 ～ 5 次的打嗝现象。这是因为宝宝在不断地吞咽羊水，"练习"呼吸动作，准父母们不必担心。

孕7月孕妇指标

孕妇体重迅速增加，每周可增加 500 克左右。这是因为胎盘在增大、胎宝宝在成长、羊水也在增多。这时准妈妈特别烦恼的就是妊娠纹。肚子上、乳房上会出现一些暗红色的妊娠纹，从肚脐到下腹部的竖向条纹也更加明显起来了。

宫底上升到脐上 1 ～ 2 横指，子宫高度为 24 ～ 26 厘米。准妈妈的呼吸变得急促起来，这是因为新陈代谢时消耗氧气的量加大。准妈妈会发现自己只要一活动，就会气喘吁吁。

随着胎宝宝的日渐增大，准妈妈的心脏负担逐渐加重，血压开始升高，心脏跳动次数由原来的 65 ～ 70 次 ／ 分钟增加至 80 次 ／ 分钟以上。因此，这时期准妈妈容易出现相对性贫血。

有些准妈妈会在这时候出现眼睛不适的情况，怕光、发干、发涩，这是比较典型的孕期反应，可以使用一些保健眼药水来缓解不适。

孕7月饮食要点

这个月，特别要保证营养素和热量的供给。因为胎宝宝体内需要贮存的营养素增多，孕妇所需要的营养也达到高峰。但同样要做到膳食多样化，扩大营养素来源。

为了满足这个时期的营养需要，孕妇应在上月饮食的基础上，多增加一些豆类蛋白质的摄入。比如，多吃豆腐多喝豆浆。同时，为了满足大量钙的需要，饮食中应多包含海带、紫菜等海产品；为了满足维生素的需要，应多吃动物的肝脏。

孕7月护理要点

首先要预防摔倒。由于身体笨重，准妈妈走路时身体会后仰，这就会看不到地面，容易摔倒。同时，这时候也是早产易发期，而引发早产的原因则常为过于激烈的运动，准妈妈应注意动作缓慢些。

其次是缓解坐骨神经痛。胎宝宝不断发育，给准妈妈的背部增加了很大的压力，这就使得准妈妈在腰部以下到腿的位置上经常会有强烈的刺痛。

要想缓解这种疼痛，准妈妈应选择自己觉得舒适的坐姿和睡姿。睡觉时采用左侧卧，并在两腿膝盖间夹放一个枕头，以增加流向子宫的血液；不要保持同一种姿势半个小时以上，无论是站着还是坐着；不要举重物过头顶。另外，游泳可以帮助准妈妈减轻子宫对坐骨神经的压力，从而减轻疼痛。

这时应该控制体重。如果体重增长过快，准妈妈的皮下组织会被过度撑开，导致皮肤中的胶原蛋白弹性纤维断裂，容易产生妊娠纹。要消除难看的妊娠纹，坚持按摩是一个好办法。适度按摩肌肤，保持血流顺畅，可以减轻或阻止妊娠纹的产生；同时涂擦润肤品，保持皮肤的温润，增加肌肤的柔软度和弹性，也会增加皮肤组织在脂肪堆积扩张时的适应性。

睡眠时腿抽筋也是准妈妈的一个麻烦。引起小腿抽筋的主要原因是缺钙，而久坐或受冷、受寒、疲劳过度也是发生下肢痉挛的一个原因。对准妈妈来说，孕7月增大的子宫会使下肢的血液循环运行不畅，这显然也是导致其"小腿抽筋"的一个重要原因。当小腿抽筋时，准妈妈可先轻轻地由下向上按摩小腿肚子，再按摩整个腿；如果没有缓解，可以把脚放在温水盆内，同时热敷小腿，并扳动足部。这时，一般都能使抽筋状况得到缓解。

孕7月也是早产的易发期，准妈妈要注意。如果出现"见红"并伴有规律宫缩、持续性下腹痛、下背酸痛、阴道有温水样的东西流出等异常情况，要及时与医生取得联系，并尽早去医院检查。

温馨提示

准妈妈要准备待产包

现在，趁着精力尚好，准妈妈可以开始着手准备待产包了。待产包里面应该包括妈妈分娩后的用品、宝宝出生后的用品等。提前准备好待产包，这样无论什么时候宝宝出生，都可以从容不迫地前往医院。

孕7月疾病要点

一是妊娠糖尿病。在上章里，我们有过很详细的说明，这里就不再多讲了。

二是妊娠高血压。主要症状是头晕目眩，眼花、耳鸣、心悸、四肢浮肿，尿蛋白偏高。严重的妊娠高血压可能发展为妊娠子痫。一旦确诊为子痫前期，医生通常会选择安全有效的抗高血压药物；若病情严重，则应立即终止妊娠。

要预防此病的发生，准妈妈就要做好定期产前检查。特别是测血压、查尿蛋白和测体重，一定不能少。

三是妊娠中毒症。孕妇会出现浮肿，并延伸到下肢或全身，同时还会伴有心悸、气短、四肢无力、尿少等不适症状。发现妊娠中毒应及时送医院诊治，以保障大人和胎宝宝的健康。

预防妊娠中毒症要注意休息，饮食以低盐、低热量、高蛋白为宜。

Section
02

根据胎宝宝血型制订胎教方案

晚饭后聊天时，朵朵妈说："今天单位招聘新员工，简历必填项中竟然有血型，主管还振振有词，认为这个很重要。"朵朵奶奶接过话茬："现在就业形势多严峻啊，别说让填血型，就是让抽血都有人答应啊。"朵朵爸忽然说道："你说咱们家朵朵会是什么血型啊？""我是 A 型血，你是 B 型血，那么朵朵的血型就是……""就是 A 型、B 型、AB 型三种之一。"朵朵爸飞快地说。朵朵奶奶不以为然："血型啊星座啊什么的，都是现在年轻人搞的时髦玩意儿，其实一点用处都没有，还不如老祖宗的十二生肖有意思呢。"朵朵妈摇摇头："妈，很多人都说血型和性格真的有关系的。如果能确定宝宝的血型，也许还真能预测宝宝的性格呢。"

根据胎宝宝血型制订胎教方法主要包括两个方面：一是针对孕妇的血型，预防母婴容易患上的疾病；二是通过爸爸妈妈的血型预测一下胎宝宝的血型，然后针对预测出来的血型特征，对胎儿进行营养管理及性格培养。

血型的重要性

血型主要是根据人体血液中含有的血型抗原来分类的，我们每个人的血型都是从父母那里有规律地遗传而来的。现有研究认为，一个人的血型可以准确地反映一个人的健康状况以及一个人的性格特点。所以，有些人在谈恋爱的时候，通过血型去判断对方的性格。

也因此，有人认为血型可以解答一个人的健康与否以及能否长寿。如果知道自己的血型，在营养当中就可以补充血型中薄弱的遗传因子，从而达到预防多种疾病的目的。有的人甚至可以通过吃一些相应的营养品或者改掉某种生活习惯而提高身体的免疫力。从这个角度来讲，血型的重要性是不言而喻的。

前提条件

　　要对宝宝进行血型胎教，当然就要清楚宝宝的血型了。宝宝的血型由基因决定，所以了解父母的血型是前提条件。

　　在 ABO 血型系统中，产生 A 或者 B 凝集原的基因决定了一个人的血型：具有或者只具有产生 A 凝集原的基因，为 A 型血，反之为 B 型血；同时具有两种凝集原基因的人为 AB 型血，两种基因都没有则为 O 型血。O 型血的人不产生任何凝集原，但产生抗 A、抗 B 的凝集素。人是二倍体生物，每个人都有 2 个决定血型的基因。血型是显性遗传，也就是说：2 个基因中如果只有 1 个是 B，即 BO，血型即为 B 型；当然 BB 也会表现出 B 型。

孩子会从父母那里各获得一个基因，组成自己的基因型，基因型决定了血型。所以关于父母与孩子的血型关系是这样的：

A 型血的人的基因型可能为：AO（可给孩子提供 A 或者 O）或者 AA（只能提供 A）；

B 型血的人的基因型可能为：BO（可给孩子提供 B 或者 O）或者 BB（给孩子提供 B）；

AB 型血的人的基因型为：AB（可能给孩子提供 A 或者 B）；

O 型血的人的基因型为：OO（只能给孩子提供 O）。

胎教方法

根据上面的知识，父母们可以根据自己的血型大致推算孩子的血型了。判断出孩子的血型以后，我们可以按照血型进行营养摄取以及性格改造。

下面是胎宝宝可能拥有的血型，以及其所对应的性格、气质。

A 型血：做事谨慎，对人热情，心肠很软，但是特别不擅长展露自己的心意。时日久了，内心就会堆积很多压力。假如你怀的可能是 A 型血宝宝，那么你一定要保持更好的心情，以更加积极开放的心态来面对一切。

O 型血：包容心强，善于模仿，但是有强烈的神经质。这种血型的人对每件事情都很细心，是一个多血质的性格。如果你可能怀了 O 型血宝宝，孕期心态尤其要平和，保持安宁的心境对宝宝日后性格的养成大有好处。

B 型血：感觉型，富有创造性思维，很幽默，但是冲动，有时不太合群，自私并且善变。如果你怀了 B 型血的宝宝，更要多与人交往。

AB 型：如果遗传到 A 型和 B 型的优良遗传因子，那生出来的孩子会是一个多才多艺的孩子，但是如果遗传不到好的因子，那情况就会完全相反了。假如你的宝宝有可能是 AB 型血，你应当多多发扬自身优秀的一面，情绪稳定，对人和善，冷静沉着，为肚子里的小宝宝做个好榜样。

温馨提示

好胎教遵循五条法则

法则一：爱。对胎宝宝进行胎教的最好方法莫过于所有家庭成员对胎宝宝的爱了。如果全家人欢迎宝宝的到来，他自然也能感受到。

法则二：信念和希望。对宝宝的信念和希望不仅有利于顺产及产后护理，还对新生儿养成意志坚定、自信乐观的性格大有好处。

法则三：孕期日记。日记显示了妈妈对孩子的爱与关心，对长大后的孩子也是一份难得的礼物。

法则四：平和的心态。不去想、不去看、不去做不好的事情。不说谎话，不计较琐碎的事情，努力用愉快而宽松的心情度过妊娠期。

法则五：避免刺激性食品。多吃有益于身体健康的食品，没有一个健康的身体，胎教是没有意义的。

警惕溶血症

妊娠期，少量胎血会进入母体循环，一旦胎宝宝红细胞抗原与母亲不合，母亲即会产生相应的血型抗体，经胎盘输入胎宝宝体内，作用于胎宝宝红细胞，从而产生新生儿溶血病。在我国，ABO 血型不合者占多数，RH 血型不合者较少。

ABO 溶血症。A 或 B 型母亲的天然抗 A 或抗 B 抗体主要为 IgM 抗体，分子大，不能通过胎盘进入胎宝宝血循环；而存在于 O 型母亲中的同种抗体以 IgG 为主，IgG 抗体则能通过胎盘进入胎宝宝血循环，从而引起溶血。因此 ABO 溶血病主要见于 O 型母亲、A 或 B 型胎宝宝。

但是，由于 A 和 B 抗原也存在于红细胞外的许多组织中，通过胎盘的抗 A 或抗 B 抗体有相当一部分会被其他组织和血浆中的可溶性 A 和 B 血型物质中和和吸收，仅少量会与红细胞结合，因此虽然经常有母婴 ABO 血型不合的现象，但发病率并不高。

RH 溶血症。人类红细胞血型系统有 26 个，其中 RH 血型不合引起的溶血较常见，且溶血的程度较重。RH 同样是母婴不合引起的溶血症，多发生在 RH 阴性的母亲身上。RH 血型抗原来源于第 1 对染色体上 3 对紧密连锁的等位基因，共有 6 个抗原，即 C、c、D、d、E、e，其中 D 抗原最早被发现且抗原性最强，DD 和 dD 为 RH 阳性，dd 则表示 RH 阴性。

Section 03

情绪胎教：让准妈妈放松的好办法

朵朵妈回家时的脸色很不好看，朵朵爷爷示意朵朵奶奶问问，于是朵朵奶奶把朵朵妈叫到一边，问道："朵朵妈，我看你心情不是很好，出什么事了么？""没有，妈。就是我今天在电梯里听见两个妇女聊天，一个人说她堂妹生产，先是自己生，可是生到一半就生不下去了，然后又剖腹，折腾了三天，很遭罪。"朵朵妈一脸害怕地说。"你啊，就是胆子小。别人是别人，你是你，不要自己吓自己。"朵朵奶奶赶紧安慰媳妇。"可是，妈，到时我怎么生啊，万一……""别想那么多，如果胎宝宝胎位正常，孩子又不太大，就正常生，不然就剖腹。咱们进产房前就拿好主意，不会让你遭罪的啊……"经过朵朵奶奶的百般安慰，朵朵妈的心才算放下来。

纽约的一项新研究表明，女性对生活的态度会直接影响到她怀孕的状况。乐观的人通常生活方式更加健康，免疫能力会比较强。这些都对生育健康的宝宝大有助益。那么，准妈妈们如何放松心态，完成情绪胎教呢？

准妈妈放松心情的六个好方法

方法一：缓解坏心情。有一项调查表明，9000 名准妈妈中约有 10% 的人遭遇过不同程度的孕期抑郁症。孕期抑郁症与产后抑郁症一样普遍。这里面很大的一个原因就是孕期的抑郁情绪得不到及时调整。

方法二：清楚地告知自己的需要。家人之间，尤其是夫妻之间，常犯的一个错误是总希望对方能猜中自己的心思。家人其实都很乐意为准妈妈服务，但前提是准妈妈告诉他们自己需要什么。

方法三：与"宝宝"聊聊天。这是所有的准妈妈都非常乐意做的事。给宝宝讲述妈妈的心情，妈妈的期待，妈妈对未来的设计，妈妈为迎接他的到来所做的点点滴滴；也可以给他哼唱一首歌，或者与他一同听音乐，给他讲妈妈对音乐的感受。在与胎宝宝随时随地的交流中，准妈妈会感受到与腹中宝宝息息相通，从而产生无以言说的幸福感。是的，现在准妈妈就可以表达准妈妈的爱了，即便孩子还在孕育中。

方法四：摆脚。 随意地摆摆脚，可以让准妈妈疲劳的大腿轻松起来。轻轻地摆动脚部，从脚跟到脚趾，然后再反过来，可以让准妈妈的静脉得到彻底放松，每只脚做 30 次。如果不得已长时间站立后，准妈妈可以通过这个动作放松起来。

方法五：不要听吓人的分娩故事。 在妈妈们聚集的育儿网站上，在身边已为人母的亲友间，这样的故事非常多。准妈妈们不要相信那些血淋淋的可怕的分娩故事，它们除了让自己更紧张之外，没有任何益处。

方法六：提前了解。 在分娩到来之前，可以通过专业人员，提前熟悉那个重大事件的全过程。学习和练习一些到时候可以用到的缓解紧张情绪和疼痛的方法，比如呼吸法或者按摩法。这样可以帮助准妈妈减少对分娩的恐惧和焦虑。

> **孕期小知识**
>
> **· 准妈妈正确行走方法 ·**
>
> 散步可以增强腿部肌肉的紧张度，预防静脉曲张，并增强腹腔肌肉，对孕妇很有益。但如果准妈妈感觉疲劳，则要马上停下来，找身边最近的凳子坐下休息片刻，恢复体力。
>
> 如果没有条件在公园里散步，可以选择交通状况不太拥挤的街道。不要在车来车往的街道行走，以避免过多吸入有污染的汽车尾气。走的时候，身体要注意保持挺直，双肩放松。特别注意要选择舒适的鞋散步。

孕7月的腹式呼吸法

妊娠第七个月后期，胎宝宝进一步长大，子宫内的空间相对而言更为狭窄。这时候孕妇最好采用腹式呼吸法，以供给胎宝宝足够的新鲜空气，让胎宝宝健康成长。

对准妈妈来说，使用腹式呼吸法也是大有益处的。它会分泌微量的激素，使准妈妈心情愉快，这样也会使胎宝宝的心脏感觉非常舒服。腹式呼吸法可以随时随地进行。孕妇坐在椅子上，让背部挺直紧贴于椅背上，膝盖立起，全身放松，双手轻放于腹部，想象胎宝宝目前正居住在一个宽广的空间；然后，用鼻子吸气，直到腹部鼓起为止。接着吐气，稍微将嘴撅起，慢慢地、用力地将体内空气全部吐出。吐气时应比吸气更为缓慢、更为用力。腹式呼吸法每天做 3 次以上，可以在早上起床前、中午休息时、晚上睡觉前各做一次。做的时候尽量全身放松，并轻轻地告诉宝宝："妈妈现在就把新鲜空气传送给你！"以这种平静的心情练习，并持之以恒，将可以达到很好的效果。

Section 04

营养胎教：青菜最好炒着吃

今天朵朵奶奶准备了火锅，朵朵妈觉得很好吃，于是吃得不亦乐乎。朵朵爸提醒她："老婆，别光顾着吃肉，多吃点青菜！""嗯，好的。帮我往锅里下点香菜，还有油麦菜、圆白菜……"吃了一会儿，朵朵妈吃不下了，叫道："吃了太多青菜了，估计里面的营养我都吸收不完……好撑啊！"这时朵朵姑姑忽然想起来："嫂子，我听说青菜涮着吃没有炒着吃营养价值高。"全家人都很惊讶，朵朵爷爷连忙问："青菜的做法还有这么多讲究吗？丫头，快好好说说。"

青菜中维生素含量丰富，孕期多摄取绿叶蔬菜是大有裨益的。

青菜烹调选择"炒"

青菜如何烹调，应视需要而定。但由于叶酸是孕妇必需的一种营养元素，所以，孕妇吃青菜最好炒着吃。这是因为青菜中的叶酸之类的水溶性成分会在烫或煮的过程中大量流失，而少油、少水、快炒的烹饪方式则能留住更多的叶酸，显然更适合准妈妈。

但炒青菜忌反复加热。有研究显示，反复加热后，蔬菜中叶酸的损失率可高达50%～60%。因此，青菜还是要现做现吃。

先洗后切

不当的洗菜、备菜方法也会使蔬菜中的叶酸大量流失。许多人为了清除菜叶上残留的农药和除虫剂，会先将蔬菜放在清水里浸泡一段时间后再清洗，这实际上会使水溶性的营养成分包括叶酸损失不少。还有一些人，在浸泡之前还会先将蔬菜择好、切好，这样的做法就更不对了，因为这样只会使水溶性营养成分流失更多。

还有一部分人会在上班前将蔬菜洗完切过，等到下班后再炒，这样的做法同样不妥。因为被切过的菜跟空气的接触会更充分，营养成分（包括叶酸以及其他的维生素）容易因为氧化而大量损失。

准妈妈不宜吃太多青菜

我们都知道多吃青菜有好处，它能够促进肠道蠕动，能为人体提供丰富的矿物质和维生素等等。但是，青菜并不是说吃得越多就越好。青菜吃得过多，容易出现这样的几个问题：

一是**不易消化**。有的蔬菜中粗纤维含量很高，比如春笋、芹菜，大量进食后很难消化，有胃肠疾病的人不宜多吃。而肝硬化患者吃得过多的话，则会造成食管静脉曲张出血、胃出血等情况，使病情更重。

二是**草酸易形成结石**。芹菜、番茄、菠菜等含有较多的草酸，与其他食物中的钙结合，容易形成草酸钙结石。

三是**影响锌的吸收**。妊娠期，准妈妈需要摄取充足的锌，以保证胎宝宝的健康成长，但是大量摄入蔬菜会阻碍体内对锌和钙的吸收。

还有一部分人为了保持体形而大量食用蔬菜，少吃或者干脆不吃鱼、肉类。这样做危害很大，荤食中不但富含优质蛋白质、脂肪酸，还有丰富的铁、钙和锌等营养物质，长期不吃荤食，会造成营养不良。

温馨提示

孕妇吃红枣益处多

1.红枣可促进胎宝宝大脑发育。红枣中含有十分丰富的叶酸及大量的微量元素锌，有利于胎宝宝的大脑发育。

2.红枣可增强母体免疫力。红枣除含有丰富的碳水化合物、蛋白质外，还含有丰富的维生素和矿物质，对孕妇和胎宝宝的健康都大有好处。

3.红枣可健脾益胃。红枣能补益脾胃和补中益气，多吃能显著改善肠胃功能，从而增强食欲。

4.红枣有安神定志的功效。红枣可起到养血安神、舒肝解郁的作用，多食红枣可有效安抚孕妇经常出现的躁郁、心神不宁等情绪。

5.红枣可以补血。红枣含有丰富的铁质，经常食用，不仅能防治缺铁性贫血，还有滋补强力的功效，对于气血亏损的孕妇特别有帮助。

6.红枣可以降血压。红枣中的芦丁能够让血管软化、降低血压，能在一定程度上起到防治妊娠高血压的功效。

Section 05

音乐胎教：准妈妈的哼唱胎教法

"采蘑菇的小姑娘，身上背着个大竹筐……"朵朵妈坐在沙发上，一边叠着洗好的衣服，一边哼着歌。朵朵爸打趣道："老婆，你今天心情不错啊！可惜还是唱跑调了。"朵朵妈瞪了丈夫一眼："你知道什么啊！我不是因为心情好才唱歌！我是唱给咱们朵朵听呢！"

音乐胎教是最有效、最重要的胎教方法之一，给宝宝听音乐是一种音乐胎教方式，准妈妈的哼唱也是一种音乐胎教方式。

准妈妈的哼唱大有益处

科学家发现再好的音乐也比不上出自于准妈妈口中的歌声。因为胎宝宝能从准妈妈的歌声里获得感官与情感上的双重满足，这一点是音乐播放器无法带来的。播放出来的音乐，既没有妈妈对胎宝宝的深情母爱，更无法给胎宝宝机体带来物理的振动。

我们都知道，体育锻炼可以强健人身上的部分肌肉，但是体育锻炼并不能改善人的内脏平滑肌。要想影响这些肌肉，唯有声音能够做到。唱歌发出声音可以引起声带振动，通过振动，心、肝、脾、肺、肾等器官的功能都能得到增强。而随着肺部功能的增强，肺活量的增加，血液氧含量也会得到提高，未来的胎宝宝也会因此奠定良好的营养基础。

另外，唱歌可以让人保持心情愉悦，使体内神经内分泌系统处于正常状态。准妈妈在这种状态下，才能够为胎宝宝提供一个优越的生长环境。

正是基于这些原因，美国产前心理学会主席卡莱特教授说："孕期母亲经常唱歌，对胎宝宝相当于一种'产前免疫'，可为其提供重要的记忆印象，不仅有助于胎宝宝体格生长，也有益于智力发育。"

歌唱胎教的两种形式

一种是轻声哼唱法。如果准妈妈感觉到胎宝宝烦躁不安、胎动过于频繁，可以用歌声来安抚宝宝的情绪。宝宝听着妈妈充满爱意的轻声哼唱，很快就会达到母子之间心音的谐振，从而恢复平静。

第二种是纵情高歌法。如果胎宝宝胎动太少，过于安静，可采用这种方法唤起宝宝的注意。

胎教百味屋

采蘑菇的小姑娘/背着一个大竹筐/清晨光着小脚丫/走遍森林和山冈。

她采的蘑菇最多/多得像那星数不清/她采的蘑菇最大/大得像那小伞装满筐。

噻啰啰哩噻啰啰哩噻/噻啰啰哕/噻啰啰哕哩噻……

谁不知这山里的蘑菇香/她却不肯尝一尝/攒到赶集的那一天/赶快背到集市上/换上一把小镰刀/再加上几块棒棒糖/和那小伙伴一起/把劳动的幸福来分享。

三个原则选择胎教歌曲

选择胎教歌曲也应该从宝宝的个性培养出发，同时强化宝宝对美的理解与感悟。在这种大原则下，胎教歌曲的选择可以从这三个方面来进行：

一是如果希望宝宝将来平和、文静，准妈妈可以多哼唱一些节奏舒缓的歌曲。

二是如果希望宝宝活泼、热情，准妈妈可以多哼唱一些节奏轻快的歌曲。

三是在有所侧重的情况下，舒缓和轻快的两种歌曲穿插进行。

科学家研究发现，胎宝宝喜欢听的歌曲有一个共同的特点，那就是旋律舒缓、优美，而那些激烈悲壮的音乐胎宝宝并不喜欢，会在母亲子宫内烦躁、乱动。因此，准妈妈要多哼唱一些舒缓、明快、类似于胎宝宝心音节奏的歌曲。这些歌曲包括《在希望的田野上》、《草原之夜》、《在那桃花盛开的地方》、《青年友谊圆舞曲》、《祖国颂》、《二月里来》、《红梅花开》、《莫斯科郊外的晚上》等。

温馨提示

音乐胎教一般采用的方法

1.哼歌谐振法。这就是本节里我们讲到的音乐胎教法。准妈妈每天心情愉快，富于感情地哼唱几首歌，通过歌声的和谐振动，胎宝宝也会感受到母亲的快乐，获得情感上的满足。

2.音乐熏陶法。这是最常用到的音乐胎教法。在音乐欣赏中，准妈妈会通过联想进入美妙无比的境界，而这种感受可通过孕妇的神经体液传导给胎宝宝，让胎宝宝也情绪愉悦起来。在前面的章节中，对这种方法我们有过详细的说明。

3.母教子"唱"法。可以从音符开始，准妈妈教未来的宝宝一些简单的乐谱。通过反复教唱，胎宝宝会产生一定的记忆印迹，从而有利于胎儿身心发展。

Section
06

艺术胎教：编织有助提高思维能力

朵朵在妈妈肚子呆了七个月啦，看到身边的宝宝穿的都是妈妈亲手织的毛衣毛裤，既可爱又温暖，朵朵妈也决定去买毛线，给朵朵织点小毛衣小毛裤啥的。一听说妻子要给朵朵织毛衣，朵朵爸就哈哈哈地笑个不停："算了吧，就你……给咱家朵朵织毛衣，别浪费毛线了哈！""晕！就冲着你这话，我还非要织成了给你瞧瞧！"朵朵妈很不服气，第二天就买回毛线，请教朵朵奶奶如何起针，有板有眼地织起来。

编织有助提高思维能力

编织需要肩膀、臂膀、手腕、手指等部位约 30 多个关节与 50 多条肌肉一起在中枢神经系统的协调搭配下才能有效完成，在怀孕期间进行编织的准妈妈，能通过母子间特殊的信息传递方式，促进胎宝宝大脑发育与手指的精细运动，对于胎宝宝未来的智力发展和思维能力的增长大有助益。所以孕期，准妈妈不妨多编织婴儿用品。

编织胎教内容

准妈妈可以给宝宝织毛衣、毛裤、毛袜或线衣、线裤、线袜等物品。这里，以宝宝的毛裤为例，来说明如何进行编织。

工具和材料：绒线

500 克；11 号环针、11 号棒针。

1．起 52 针，织裤脚边，花样可以自由选择，织 6 行；

2．继续往上织平针，每 7 行两边各加 1 针，一共加 10 次，至 72 针断线；

3．再织一片裤腿，方法同上，加针至 72 针；

4．将两片裤腿相连，连接处各加 6 针，然后圈织平针，此时为 156 针；

5．继续往上圈织平针，至裤长 37.5 厘米；

6．织 3 行平针，至第 4 行时开始留 3 到 4 行穿橡皮筋的孔，最后再圈织 3 行，收针时直接翻向毛裤的里面缝合，穿好橡皮筋，裤腰高 2.5 厘米；

7．裤腿边挑起 122 针，织 6 行花边；

8．另一条裤腿边挑起 122 针，留 5 个钮扣眼；

9．两边各留两针，中间每两个钮扣眼间距 27 针，钮扣眼为 2 针；

10．钉上钮扣，毛裤完成。

按照以上步骤完成的毛裤，裤长 37.5 厘米，半臀围 27 厘米，裤脚至裆部距离 19 厘米。

用钩针织婴儿用品

上面是用棒针给宝宝织毛裤，下面我们可以再看看如何用钩针来给宝宝钩织鞋子。

1. 钩织鞋底。先钩瓣子 10 针，为了让鞋底呈现出前大后小中间凹的效果，先钩一圈长针，这时需要注意的是在两头的两个瓣子针中挑出 7 针长针，其中一头有立针的只需挑出 6 针；第二圈先钩长针，再钩中长针，最后钩短针，加针方法为鞋头一针变两针，即 7 针加成 14 针，鞋尾部分则隔 1 针加 1 针，由原来的 7 针变成 11 针，而有立针的那头则要在此基础上少 1 针；第三圈可视鞋底大小决定钩长针还是短针，在两头加针上则为隔 1 针加 1 针。

2. 钩织鞋围。第一圈不加不减，第二圈视鞋子大小适当减针。有的隔 5 针并 1 针，有的则隔 8 针并 1 针。

3. 钩织鞋面。第一行，留出鞋头需要的针数进行钩织。钩织过程中边钩边并到两边，如果钩的是长针，则隔 3 针拔针 1 次，也就是先立 1 针或先钩 1 长针，然后并到边缘的第 3 针上。具体需要钩织的行数视鞋子大小自定。钩第二行时，两边上的两针分别加 1 针出来，简单地说，如果第一行钩了 7 针，那么这一行要变成 9 针。之后的行数不需要加减针。

4.**钩织鞋帮。**圈钩起剩余的针数，钩第一圈不需要加减针数，第二圈则需视鞋子大小适当减针，有的隔5针并1针，而有的隔8针并1针。最后钩一圈花边即可。

温馨提示

孕7月，准妈妈起身站立需注意

妊娠早期，子宫还小，孕妇的行动也算自如，起身更是轻松。但是到了孕7月，孕妇身体逐渐笨重起来，起身也需要缓慢有序了。如果起身太快，会造成孕妇腹腔肌肉过分紧张，对胎宝宝不利，严重的甚至会引发早产。

特别是仰躺着，孕妇起身前要先侧身，肩部前倾，屈膝，然后再用肘关节支撑起身体，盘腿，以便腿部从床边移开并坐起来。

Section
07

光照胎教：胎宝宝的光影新概念

朵朵妈看着家里越来越多的胎教用品，不禁感慨道："养孩子真是不容易啊！"朵朵爸接了一句："养个好孩子更是不容易啊！"朵朵妈一边整理这这些用具，一边问："老公，是不是要用的东西都买回来了？""嗯，凡是想到的都买回来了。""哎！手电筒，我怎么没看到手电筒！亲爱的，你买了没有？""手电筒？没买。这个胎教也会用得到么？""光照胎教哇！这个可是必用的工具。"

什么是光照胎教

光照胎教法是适时地给予胎宝宝光刺激，以促进胎宝宝视网膜光感受细胞的功能尽早完善的胎教方法。有关研究表明，光照对视网膜以及视神经有益无害。

早在孕13周开始，胎宝宝就能感知光线了。这时在母亲腹壁直接进行光照射，B超探测观察可以看到胎宝宝背过脸去，出现躲避反射，还有睁眼、闭眼的活动。同时，胎宝宝心率略有增加，脐动脉和脑动脉血流量亦均有所增加。从怀孕24周后，如果在母亲腹壁直接进行光照射，可以发现胎宝宝眼球活动次数增加，胎宝宝会安静下来。

光照胎教的好处

只要操作得当，光照胎教是有百益而无一害的。

光照胎教能促进宝宝视觉功能的建立和发育。因为光能够通过视神经刺激到胎宝宝大脑的视觉中枢。相关研究表明，孕期适当进行光照胎教的宝宝，出生后视觉敏锐，协调力、专注力、记忆力较没有进行光照胎教的宝宝发育更好。可见，适当的光照对宝宝的视网膜以及视神经的发育是有益的。

同时，光照胎教还能帮助胎宝宝形成昼夜周期节律，让宝宝晚上睡觉，白天觉醒。而且，光照胎教还可以促进宝宝动作行为的发展。

实施光照胎教

第一，准备工具。实施光照胎教，准备手电筒即可。用手电筒紧贴准妈妈腹壁，使光线射入子宫，羊水因光线而变为红色，这也正是小宝宝偏爱的一种颜色。

第二，开始时间。其实早在孕6月，准妈妈就可以实施光照胎教了。当然，孕7月，宝宝的视网膜也有了感光功能，对光有了反应，这时候进行光照胎教更适宜。

第三，具体步骤。每天在固定的时段，准妈妈用手电筒微光紧贴腹壁，在宝宝头部的位置上数次反复关闭、开启手电筒，一闪一灭地照射宝宝的头部。每天3次，每次持续5分钟。

至于哪里是宝宝头部的位置，可以在产检时问问医生。另外需要注意的是，不要用强光照射宝宝，手电筒的光亮度要合适，照射时间也不宜过长。

孕期小知识

·光照胎教应注意宝宝作息时间·

光照胎教要配合宝宝的作息时间进行。胎动明显时，说明宝宝是醒着的，这时候可以做光照胎教，而在宝宝睡觉时则不宜进行光照胎教。经过与宝宝七个月的相处，准妈妈对宝宝的作息规律自然了然于胸，配合宝宝的作息时间也不是难事。

当然也有作息不太规律的宝宝，这时候，准妈妈就要细心体察了。

通过光照调整胎宝宝作息

光照胎教的一个重要益处就是调整胎宝宝的作息，这可以促使宝宝出生后保持良好的作息。那么，如何利用光照胎教来调整胎宝宝的作息呢？

准妈妈可以每天在白天固定的时候用手电筒的微光照射腹部，来训练胎宝宝的昼夜节律，使胎宝宝夜间睡眠，白天觉醒。准妈妈可定于每日照射腹部3次。

光照时胎宝宝在做什么

如果胎宝宝处于觉醒的状态，用光照射准妈妈腹壁胎宝宝头部所在位置，B超显像仪上可以看到胎宝宝的眼睑、眼球都有活动，头部还会发生回转，如做躲避样的运动。

如果用手电筒的微光一闪一闪地来照射准妈妈的腹壁胎宝宝头部所在位置，胎宝宝会将头转向光源的位置，心搏数也会出现明显的变化。可见，宝宝很喜欢。

　　坚持一个月后，宝宝会记住每次做光照胎教的时间段，一到时间就会动起来，迎接微光。宝宝心情甜美，妈妈自然也会心情舒畅。

温馨提示

不同胎教方法可以结合进行

　　光照胎教如果与音乐胎教、对话胎教结合在一起进行，效果将会更好。

　　选择胎宝宝觉醒、活跃的时候，妈妈一边播放胎教音乐，一边与宝宝讲话，一边对腹部进行微光照射。进行的时候，准妈妈可以对宝宝这样说："宝宝，现在是中午，天气很好，天空很蓝，一点儿云也没有，很舒服。宝贝你感觉到了吗？""这是手电筒发出的光，很好玩儿吧？你可以试试去抓它。"

Section 08

营养胎教：冬天孕妇宜吃的六大食物

朵朵妈双手冰冷地回到家，朵朵爸很心疼，握着妻子的手给她暖手："老婆，出去怎么没戴手套哇？""戴了，但是天太冷了，不顶用！""嗯，冬天了，人体对热量需求大，你又是双身子，让妈做点大补的菜吧！""好啊，不过你和妈说说，不要做油乎乎的肉菜，我吃不下去的。""成，都听你的，老婆！我这就查资料去，看你吃点啥好！""嗯……等会儿，我手还没暖过来呢……"

四季中，冬天是人体对热量需求最大的季节，尤其是准妈妈，为了胎宝宝的健康发育和成长，更是需要补充热量大的食物。

这里为准妈妈推荐宜在冬天食用的六种食物：

一是葡萄干

我们先看葡萄干的营养素含量，这里指的是每 100 克食品中的含量：

热量 341.0 千卡、硫胺素 0.09 毫克、钙 52 毫克、蛋白质 2.5 克、镁 45 毫克、脂肪 0.4 克、铁 9.1 毫克、碳水化合物 81.8 克、维生素 C5 毫克、锰 0.39 毫克、膳食纤维 1.6 克；锌 0.18 毫克、铜 0.48 毫克、胡萝卜素 2.1 微克、钾 995 毫克、磷 90 毫克、视黄醇当量 11.6 微克、钠 19.1 毫克、硒 2.74 微克。

中医认为，葡萄具有"补血强智利筋骨，健胃生津除烦渴，益气逐水利小便，滋肾益肝好脸色"的功效，平常多吃葡萄，可以缓解手脚冰冷、腰痛、贫血等症状，提高免疫力。

二是牛肉

牛肉的营养成分因牛的种类、性别、年龄、生长地区、饲养方法、营养状况、体躯部位的不同而各有差异。一般来说，每100克牛肉中，含蛋白质20.1克、脂肪10.2克、维生素B_1 0.07毫克、钙7毫克、磷170毫克、铁0.90毫克、胆固醇125毫克。而且，牛肉还含有肌醇、黄嘌呤、次黄质、牛磺酸、分子量较低的蛋白质（如际类、胨类）、肽类（如肌肽、鹅肌肽）、氨基酸（如丙氨酸、谷氨酸、天门冬氨酸、亮氨酸）、尿酸、尿素氨等含氮物质的特殊成分；又含有不含氮的脂肪、乳酸、糖元、无机盐等化合物。正是因为牛肉有这样丰富的营养，它在餐桌上备受欢迎。

牛肉中的锌比植物中的锌更容易吸收。人体对牛肉中锌的吸收率为21%～26%，而对全麦面包中的锌吸收率只有14%。

胎教百味屋

家庭环境对胎宝宝自制力有影响

有日本专家发现，刚出生的婴儿其行动存在着很大的差别，并不是一样的，而这种差别与准妈妈所处环境有关。

在子宫里的胎宝宝可以听到母体大动脉血流的声音及母亲说话的声音和来自子宫外的震动的声音。当声音刺激胎宝宝时，胎宝宝心跳明显加快，这说明胎宝宝对声音是有反应的。而对胎宝宝出生后的跟踪调查显示：妊娠期，妈妈身处嘈杂的环境下，生下来的宝宝的反应极为敏感，对门铃声、玩具碰击声、针刺激的疼痛以及光线刺激等都反应敏感，并且大都自制能力较差。如果出生在准父母经常吵架的家庭，宝宝也会发生这种状况。

三是蜂蜜

蜂蜜可促进消化吸收，增进食欲，镇静安眠，提高机体抵抗力，热量特别高，所以尤为适合在冬天食用。下面我们先看看蜂蜜的营养成分：

每100克中含有：热量321.0千卡、碳水化合物75.6克、脂肪1.9克、蛋白质0.4克。

蜂蜜还能影响胃酸分泌。当胃酸分泌过多或过少时，蜂蜜可起到调节作用，使胃酸分泌活动正常化。所以孕期便秘，多饮用蜂蜜水是很有效的。

蜂蜜还有安神益智和改善睡眠的作用。妊娠进入晚期后，许多准妈妈都睡不好觉，如果每天睡觉前食用蜂蜜，则可以促进睡眠。

四是虾

虾是一种蛋白质非常丰富、营养价值很高的食物，具体的营养成分如下：每100克中含热量90.0千卡、蛋白质18.9克、脂肪1.1克、碳水化合物1.0克、核黄素0.03毫克、尼克酸4.3毫克、维生素E3.58毫克、钙21.0毫克、磷221.0毫克、钠190.0毫克、镁22.0毫克、铁1.3毫克、锌2.79毫克、硒39.36微克、铜0.54毫克、钾257.0毫克。

所以，只要准妈妈在食用后没有过敏反应，就可以尽情地吃。

五是羊肉

《千金方·食治卷》中载："羊肉主暖中止痛，利产妇。"医圣张仲景创制的"当归羊肉汤方"，即羊肉500克配当归、生姜各18克，共炖吃，治妇女产后血虚、月经不调、贫血、肢冷酸痛效果很好。羊血具有止血、祛淤功能，对妇女崩漏、胎中毒、产后血晕等具有治疗作用。

羊肉不仅对产妇有利，它丰富的营养价值对妊娠期女性同样大有好处。每100克羊肉含脂肪4克、蛋白质18克、热量109千卡、碳水化合物2克、钾108毫克、灰分0.7克、镁9毫克、钠92毫克、铁2.3毫克、钙12毫克、锌2.14毫克、磷145毫克、锰0.08毫克、铜0.12毫克、维生素A16毫克、硒6.18毫克、维生素E0.53毫克。

冬天多吃羊肉大有裨益。在《本草纲目》中羊肉被称为补元阳、益血气的温热补品，可以祛湿气，避寒冷，暖心胃。

当然羊肉也并非吃得越多越好，无节制地摄入可能会助热伤阴。

六是巧克力

据有关研究发现，与不吃巧克力的准妈妈所生的宝宝相比，在妊娠期间爱吃巧克力的准妈妈所生的宝宝在出生6个月后，更喜欢微笑或者情绪更好。而那些容易紧张的准妈妈，只要在妊娠期间经常食用巧克力，所生的宝宝就不太怕生人。

科学家们认为，喜欢吃巧克力的孕妇所生孩子在情绪上更健康，这与巧克力中所含的某种化学成分有关。准妈妈在食用巧克力后，把巧克力中的这种化学物质传给了母体内的胎宝宝，从而使得宝宝出生后，特别是在6个月后，表现出更积极的情绪。

所以，孕妇吃一些巧克力对宝宝出生后的行为是有着积极影响的。但是，食用巧克力不宜过量，因为巧克力是高热量食物，每100克中含有586.0千卡的热量。

温馨提示

艺术胎教——母子的初感应

《钱氏儿科案疏》说："欲子女之清秀者，居山明水秀之乡，欲子女之聪俊者，常资文学艺术。"意思是说，想要孩子长得清秀，就应该住在山明水秀的地方；想要孩子长得聪慧，就应经常看看书接触艺术。现代胎教也是此理。孕妇多接触美好的事物，如听音乐、欣赏美景、做园艺、绘画、手工、读书等，就能陶冶性情，愉悦身心，从而对胎宝宝的智力发育与性格养成产生良好、积极的影响。

Section
09

准妈妈变形记：细数怀孕九大变化

看着镜子里的模样，朵朵妈觉得自己是那么陌生：臃肿的身材，素面朝天……看着紧皱眉头的妻子，朵朵爸问道："老婆，想什么呢？对着镜子发什么呆？""老公，你说实话，我现在是不是很丑？"朵朵妈紧紧地盯着朵朵爸的眼神，既紧张又不甘。"哪有啊！老婆，你现在有一种特别的美感——那是一种光辉，母性的光辉！"朵朵爸很认真地对妻子说。朵朵妈翘起嘴角，佯装不满地说："你就知道说好听的哄我！"

> 老公，你说实话，我现在是不是很丑？

> 老婆，想什么呢？对着镜子发什么呆？

> 你就知道说好听的哄我！

> 哪有啊！老婆，你现在有一种特别的美感——那是一种光辉，母性的光辉！

自从那颗小种子落户子宫开始，准妈妈的身体就不再只属于自己一个人，那颗小种子给准妈妈的身体带来了各种变化……

毛发

怀孕后头发的生长率提高20%，准妈妈的头发变得日渐浓密；同时，体毛也生长得更加旺盛。这都是因为孕期激素变化的缘故。

当然，准妈妈们不必着急，产后 6 个月内，多余的毛发会自行脱落的。

眼睛

准妈妈的眼睛容易水肿、充血，这是因为怀孕后体循环速度减慢导致的。为了缓解这种状况，准妈妈一定要保证充足睡眠，在睡前不要喝太多水。一般情况下，分娩后这种症状就会自然消失。

另外，妊娠期女性最好不要戴隐形眼镜，因为荷尔蒙的波动导致了视网膜增厚，戴隐形眼镜会让眼睛感到很不舒服。这种情况在分娩 6 个月后才能恢复正常，此期间的准妈妈最好用框架眼镜。

乳房

怀孕 46 周，由于孕激素的影响，乳房开始增大并变得敏感起来。这时，让准妈妈无比烦恼的另一件事情是乳房有了下垂趋势。这是因为乳房增大，重量也增加了，拉长了乳房的韧带和纤维组织。要避免生完孩子胸部下垂，准妈妈们一定要选择专用胸衣加以保护。

有些准妈妈的乳房上还会出现蓝色血脉网纹，这是因为孕期血量增加了。这些蓝色的血脉网纹多会在分娩后自然消失。

脊柱

怀孕后，尤其是进入孕 6 月后，准妈妈经常会感觉到腰背疼痛。这有三方面的原因：一是增大的子宫拉伸着腹肌，过度拉伸的腹肌失去了对腰椎的支撑作用；二是子宫的重量又给腰椎施加了更多的压力；三是孕激素的影响，脊椎间的韧带变得松弛起来，脊椎稳定性变差。在这三方面的共同作用下，准妈妈孕期就会出现腰椎弯曲变大，时常感到腰背疼痛。

同样的道理，孕期准妈妈也会经常感到颈部疼痛，因为乳房重量的增加也给颈椎施加了更多的压力。

不过，这些不适通常会在分娩后 2 周内消失，而产后适宜的锻炼更有助于脊柱恢复正常生理弯曲。

皮肤

妊娠期有 30% 的准妈妈脸上或者脖子上会出现棕色孕斑，还有些准妈妈脸上原有斑点的颜色会加深。而且日晒还会加重这些症状，准妈妈们一定要做好防晒工作。

但爱美的准妈妈们也不必太过担心，这些症状一般在分娩或断奶几个月后即会消失。多吃一些含有维生素 A 的食物能减轻症状。

当然，还有一部分的女性特别幸运，怀孕后皮肤更加光滑细腻。

另外，在腹部，因皮肤被过度拉伸还容易留下妊娠纹。如果整个孕期坚持使用专业按摩霜轻轻按摩的话，能够增加皮肤弹性，从而阻止这种状况的出现。

腹部

自孕 3 月起，66% 的准妈妈身上都出现了腹直肌分离现象，个别女性的腹下组织还会向外顶出肚脐。腹直肌分离是指腹部原本平行连接的左右两束腹直肌逐渐分离，分别向身体两侧伸长，以容纳不断增大的子宫。当然，准妈妈不用担心，这种分离并不会引起疼痛。

分娩后，腹直肌会逐渐靠拢，这个过程有点缓慢，需要约 6 周的时间。如果产后做一些适宜的运动，能帮助腹直肌回复。

臀部

受孕激素影响，准妈妈的臀部会逐渐变宽变厚。在臀部，脂肪更多，而耻骨联合间隙则变宽，这是因为，一方面，骨盆上的骶髂关节和耻骨联合的稳定性变差了；另一方面，胎宝宝也给骨盆施加了压力。

臀部的这些变化显然很影响美观，当然，有时美观可以忽略，但它导致腹股沟附近的疼痛或骨盆的疼痛则让准妈妈很难受，尤其是在做转体等扭转运动或上楼、上床、下车甚至走路的时候。

手部

手部最主要的变化就是水肿。这是因为受到孕激素影响，细胞间积水增加而导致的。有的准妈妈不仅手部水肿，上肢甚至全身都会出现水肿现象。这主要是因为子宫压迫主静脉阻碍了多余液体的排放。一般分娩后 5 天内会消肿。

在妊娠进行到 35 ～ 37 周时，水肿现象最为明显。时常用手按摩有助于减轻肿胀，如果肿得过于厉害，最好去医院检查。

腿部

腿部最容易发生的就是静脉曲张。这是因为孕激素使血管壁变得松弛，静脉瓣闭合不足，影响血液向心脏方向的回流，从而在腿部形成难看的静脉曲张。除了腿部，静脉曲张还可能发生在头部引发头痛，发生在直肠引发痔疮。

预防这种现象出现，最简单的办法是充分饮水，避免长时间保持同一姿势，坐下时将小腿垫高。

温馨提示

孕期不宜长时间看电视

工作中的电视机显像管会不断产生X射线，X射线虽然肉眼看不见，但却会对胎宝宝，特别是1～3月的胎宝宝，造成严重的影响。当然，现在的很多液晶电视没有X射线，准妈妈可以选择此类电视机。

但是，即使是液晶电视，准妈妈也不宜长时间观看。因为，长时间看电视会让人头晕，疲乏无力，精神紧张，从而影响胎宝宝的健康。

另外，从准妈妈自身情绪来讲，准妈妈应避免看刺激性强的节目。看电视时应离电视屏两米以外，看完电视后用清水洗脸洗手，消除射线对人体的影响。

Section 10

胎教安全：可造成先天残疾的环境因素

从会议室里一出来，朵朵妈就站在窗前揉着太阳穴，同事张姐关心地问："朵朵妈，怎么了，是不是不舒服啊？""嗯，是有点难受。主要是会议室里烟雾缭绕的，有点受不了。""这些人，也真是的，也不知道照顾照顾你这个孕妇！"张姐责备同事们道。"呵呵，主要是大家压力都很大，我理解的……"朵朵妈忙解释说。"你啊，可不能粗心大意，难受就出来喘口气。"张姐劝道。

由环境因素导致的先天性残疾呈逐年上升态势，这也给人们敲响了警钟，环境必须受到人们的重视了。

环境因素三大种类

环境因素分为三大类：物理因素、化学因素和生物因素。

物理因素：物理因素是指人们在日常生活和生产劳动中存在的气象条件、辐射、噪声和振动等。最严重而常见的物理致畸物就是电离辐射。卵巢对放射线极度敏感，妇女在非孕期长期接受放射线，即使是小量，但多次亦可使卵细胞发生染色体畸变或基因突变，从而导致受精后胎宝宝发生畸形。

化学因素：主要是日常生活中接触到的一些化学物质，如铝、铅、汞、尼古丁、酒精、咖啡因等。这些都是优生的大敌，而且是造成胎宝宝大脑及神经系统缺陷的祸首。

生物因素：生物因素主要是指各种宫内感染。比如风疹病毒、疱疹病毒、巨细胞病毒以及淋球菌、弓形虫等，这些致病微生物通过母体传播给胎宝宝，从而影响胎宝宝的生长、发育，并最终导致婴儿先天性残疾。

十大环境因素可造成先天性残疾

因素一，缺碘地区（如高山区）。在这些地方生活，成人容易患上地方性甲状腺肿，儿童容易患上儿童克汀病。甲状腺肿女性患者所生的婴儿，患克汀病的概率要高很多。

因素二，高氟地区（如磷灰石地区、内陆干旱盆地、盐渍地带等）。氟中毒会诱发氟骨症和氟斑釉症，可影响儿童的生长和智力发育。怀孕期生活于高氟地区，胎宝宝容易患上先天性氟中毒。

因素三，水质高硬地区。每升水含10毫克钙、镁离子为硬度1°，如果硬度达16°～30°则为硬水。在这种环境下生活的人其中枢神经系统畸形发生率高。

因素四，高放射活性地区。如巴西、印度某些地区、中国广东阳江地区。据有关统计，有的地区每千例活产儿中畸形发生率高达13.2例。

因素五，大气污染。如SO_2、CO、飘尘、氮氧化物等。按照污染物和污染程度的区别，可以引起慢性鼻炎、慢性咽炎、石棉肺、矽肺、氟中毒等，在这种重污染环境下生活的孕妇，胎宝宝和婴儿的死亡率都很高。

因素六，甲基汞污染水源引起中毒。孕妇从这种污染水源中饮水，可引起胎宝宝神经系统障碍，如精神迟钝、癫痫、共济失调。

因素七，多氯联苯。多氯联苯作为热载体混入米糠油中引发中毒，会导致"油症儿"，即新生儿体重不足、皮肤色素沉着、牙龈着色等。

因素八，重金属（汞、苯）及有机物（有机农药、激素）。铅中毒的孕妇极有可能发生流产或死胎，即使胎宝宝成活，其智力发育出现问题的概率也很高。据相关机构调查显示，接触汞、苯、激素、有机溶剂作业的孕妇其新生儿致畸率为 3% ~ 3.6%，比不接触此类物质的孕妇高出 1 倍。

因素九，电离辐射，包括 X 射线、V 射线等。这些我们在前面也有提到过。电离辐射过量，胎宝宝会出现小头、智力迟钝的现象，而儿童则可能发生生长减缓的现象。一般来说，孕妇做 X 线检查诊断最好不要超过 2 次，每次不超过 lrad，如果蓄积量达到 5 ~ 10rad 就会对胎宝宝造成危害了。

因素十，噪声，如机场区。噪音会长期刺激下丘脑，影响垂体卵巢轴，从而影响胎宝宝及新生儿的身体及神经系统发育。据调查，孕早期接触噪声的孕妇，胎宝宝畸形发生率明显高于不接触噪声的孕妇。女性孕期接触噪声声级超过 85 ~ 90 分贝可导致自然流产与低体重儿发生率增高。因此，孕妇在职业环境中应当做好孕期防护。妊娠期理想的声音环境是：不低于 10 分贝，不高于 35 分贝。

温馨提示

准妈妈洗澡水温不宜高

天凉泡热水澡对普通人是很惬意的事，但准妈妈则需要注意，洗澡水温不宜过高。无论何种原因引起的母体体温升高，胚胎都会受到高温环境的影响。所以女性妊娠期不宜用过热的水淋浴。孕妇体温若超过38.9℃，则应当考虑终止妊娠。

Section 11

胎教秘技：如何应对孕期上班的苦恼

年级组长走到朵朵妈的办公桌前，用手指敲敲桌子，正趴着胳膊昏昏欲睡的朵朵妈赶紧抬起头来，对年级组长歉意地一笑。组长体谅地说："要是困了，就去休息室眯一会儿吧。"朵朵妈很不好意思地说："谢谢，不用，我好多了。"坐对面的张姐关心地问："是不是昨天没休息好啊？""不是，就是总觉得困，想睡觉。""怀孕时都这样，等孩子出生后就好了。"张姐安慰道。

孕期工作有三个好处

一些职业女性在得知怀孕以后，担心继续工作会影响身体，特别是影响胎宝宝的成长发育，于是准备辞职回家安心待产。其实，这样的做法不一定妥当，对准妈妈们来说，孕期工作还是有一定好处的。

1. 利于保持良好心态

由于妊娠反应和生理变化，准妈妈经常会心情烦躁，甚至会无端地担心宝宝的健康。尤其是一个人独处的时候，很多敏感抑郁的准妈妈就会担心自己的孩子会不会有先天缺陷。忙碌的工作显然会冲淡准妈妈的这种担忧。人在职场，该做的事必须做，关注的事情太多了，就没有时间再想孩子是不是畸形了。当身边同事都在说"一定能生个漂亮聪明的宝宝"时，准妈妈的致畸幻想也会消失于无形。

同时，准妈妈会突然发现，原先争强好胜的同事不跟自己争了，原来难缠的客户态度忽然和善起来了。身边人的友善，肯定会使准妈妈心情愉悦。

2.促进胃肠蠕动，减少便秘发生

孕妇因为生理原因，胃肠蠕动减弱，特别容易引发便秘。如果早早地在家待产，一个人也很难有外出活动的动力，活动减少，消化机能必然会降低，结果就是体重激增、便秘发生。这样的结果，既不利于孕妇自身，也不利于胎宝宝发育。

3.孕期工作有助于分娩

孕期上班，少不了的是活动，这特别有利于拓展女性的骨盆、增强腹部与腿部的韧劲，从而确保准妈妈保持体重和体形。经常活动的孕妇，其产后恢复也相对较快。

胎教百味屋

胎教歌谣——我是一个小画家

我是一个小画家，画只小鸡尖嘴巴。

画只小鸭叫嘎嘎，画个月亮弯上天。

画个太阳笑眯眯，大家看了笑哈哈。

孕期工作的三大苦恼

虽然清楚了怀孕工作好处不少，但其不便之处也是处处可见的。最让准妈妈难堪的是怀孕后体力下降，工作起来总不如孕前那么得心应手，经常感觉力不从心。是的，孕期工作苦恼也有一箩筐。

苦恼一：想睡觉

一吃过午饭很多准妈妈会感觉眼皮很沉，全身软绵绵的，一点力气也没有，最渴望的就是一张睡床，除此以外什么事情都做不了。

这时候，准妈妈不妨放开一切，想睡就睡吧。孕期很容易疲倦，有时会特别想睡觉，这是很多准妈妈都会遇到的情况。这时候，准妈妈不必硬撑，最好先休息半小时。只有休息好才能工作好，还对肚子里的宝宝和自己的身体都有好处，何乐而不为呢？在状态好的时候迅速地把最重要的工作完成，然后在疲倦嗜睡的时候就休息片刻。

准妈妈可以把自己疲倦嗜睡的情况对公司领导和周边同事讲一讲，尽量说得让他们感同身受，得到他们的体谅。这样就可以避免公司领导和同事的误解了。

睡觉的时候，可以选择无人的小会议室。如果没有，也可以带上不会引人注意的小耳塞，靠在自己的座位上闭上眼睛休息一会儿。千万不要趴在桌子上睡，这样会压到宝宝的。

苦恼二：记性不好

准妈妈的另一个苦恼就是记忆力不如从前了。但是不要担心，这也只是孕期的表现之一，产后是完全可以恢复的。

为了保证记住重要的事情，准妈妈可以多做一些备忘录。比如，用便利贴把要做的事贴在工位上；也可以用小笔记簿事先记下一天要做的事，然后随时翻开检查。

另外，一些特别重要的事情，除了写在备忘录里之外，还可以让同事提醒自己。这样就可以确保万无一失了。

苦恼三：眼睛累

前面我们讲过，由于孕期激素的变化，妊娠期女性经常会出现眼干眼涩的情况。如果长时间地使用电脑，眼睛自然会很酸涩，注意力也没法集中。

通常情况下，遇到眼睛劳累我们会选择点眼药水。但这是孕期，药用的眼药水对宝宝是会有影响的，准妈妈不能随便使用。这时候，不妨工作一段时间就休息一下，起来活动活动，休息一下眼睛，也伸展一下胳膊、腿。

同时，尽量让自己坐得舒适点也可以缓解劳累。让头、身体和电脑屏幕保持一定的距离，不要弯腰驼背，也不要离得太近了，保持正确的坐姿，眼睛也不会那么容易累。

两招打造开心工作时间

对于需要长时间坐在位置上的职业准妈妈，有两个方法可以让自己工作得更开心。

1. 在空气流通的地方办公。尽量靠着窗边、门边坐，这些地方空气流通，会让人舒服。而且坐在一大堆电脑中间被很多电脑包围着，会受到更多的电脑辐射。

2. 把脚抬高。将腿放在离地稍微高一点的地方可以预防孕期静脉曲张，还可以缓解孕期水肿。身体舒服了，心情自然会好，注意力也会更集中，工作效率自然也会随之提高起来。

Section
12

胎教健康：轻松缓解孕期腰部疼痛

"哎，老公，我腰疼，你来给我揉揉！"面对妻子的要求，朵朵爸却有点不知所措，无从下手，因为挺着大肚子的朵朵妈既不能趴下，也不能弯腰。最后，朵朵爸让朵朵妈斜靠在自己怀里，然后一只手搂着她，一只手轻轻地在她腰部按摩着。"老婆，好没好点？""你使点劲……这边……还是疼……"朵朵爸的汗都要下来了："亲爱的，坚持啊，再坚持三个月，等孩子出生就不疼了。""老公，你打个电话问问表姐，看她有什么办法没？""嗯，等你舒服一点了，我就去打电话。"

进入孕 7 月，准妈妈们可能面临的另一个问题是腰疼。

必须忍受的腰酸背痛

50% ～ 80% 的女性在妊娠期都会遭受背疼的折磨，其中一个很重要的原因是孕期体重的增加。另一个造成腰疼的罪魁祸首是孕激素，它能够使全身韧带松弛。关于这两点，我们在前面也讲到过。

有时，背部疼痛也是早产的一种征兆。这时候，疼痛感集中在背部的最下方，同时，也能感觉到盆骨下坠，日常白带分泌也会增多。一旦出现这些状况，准妈妈要立即去医院向医生咨询。

那么，准妈妈是不是就一定要忍受这些呢？也未必如此，还是有一些方法可以缓

解腰酸背痛的。

注重坐姿与站姿

一位国外准妈妈的话很有代表性："我怀有第一个孩子的时候，我认为腰痛也许是怀孕的正常表现，因此我一直忍受着。但是，在第二次怀孕后，还要照顾我那26磅重的孩子时，我的'笑着并忍受着的'态度开始瓦解，我再也无法忍受背部的疼痛。虽然伸展、锻炼、热敷等措施能带给我一些缓释，但是，我更想知道如何才能不再背疼。"

首先要注意坐姿。准妈妈坐的时候抬头挺胸，让耳朵平行于肩膀，屁股坐平，尽量使盆骨保持水平位置，就能够为自己分担脊柱所承受的重量，从而缓解腰部疼痛。

如果需要长期久坐，准妈妈可以尽量保持有依靠的坐姿，让屁股和下腰都靠着凳子，脚呈90度弯曲。准妈妈也可以将靠枕垫在背后，以减轻头部和颈部的压力。

其实，站的时候也有技巧。虽然我们经常提醒怀孕的女性不要长时间站立，但有时这种情况却是在所难免的。这时，准妈妈一定要穿着舒适的鞋子来减缓长期站立所带来的不适，也可以来回轻松地走两步。

准妈妈如何选择合适的鞋子，我们在前面已经有过很详细的说明。

胎教百味屋

外国的健康胎教

在日本，孕妇喜欢吃鱼。鱼营养价值特别高，有利胎宝宝大脑发育。还有研究者发现，孕妇吃鱼还能防止早产。吃鱼越多的孕妇，其生出足月宝宝的概率越高。当然，要避免食用被污染的鱼。

而美国的妇产科医生们会特别叮嘱孕妇，孕期内只能增重25磅(约为22.5斤)，新生儿重量控制在6磅（约为5.4斤左右）。这是因为60%的美国人体重超重，容易发生糖尿病、高血压等疾病。这样的体重控制利于母亲自然分娩，也对宝宝的健康有益。

正确姿势搬运货物

怀孕期间，准妈妈最好不要搬重物，尽量请他人代劳。

如果不得已要搬运的话，则要用正确的姿势进行。首先，背部挺直，膝盖弯曲，然后用手臂举起，将物品靠近身体，并避免转弯。如果必须转弯，准妈妈不要像未怀孕那样，靠腰部扭动来转变，而应将自己的整个身体和脚都正对着转弯方向，而不是靠腰部扭转。

恰当的运动

日常锻炼能够使准妈妈的背部更强健，而一个强健的背部当然也更能承受胎宝宝的重量。

孕期，准妈妈可以做一些伸展运动与低影响的心血管运动，如慢走与游泳。这两个运动是可以持续整个孕期的。尤其是游泳，它能够使全身肌肉得以放松并有效防止静脉曲张和脚踝拉伤，对于怀孕的女性十分有帮助。

正确的睡姿

正如我们在前面提到过的，怀孕后期，准妈妈应该尽量向左边侧睡，从而减缓子宫对腔静脉的压力。

温馨提示

完美孕期，健康第一

《万氏女科》说："妇人受孕后，最宜忌饱食，淡滋味，避寒暑，常得清纯平和之气以养其胎，则胎之完固，生子无疾"。意思是说，女性怀孕后，不要吃得太饱，不要吃得过于油腻，不要在严寒酷暑中生活，孕妇要保持平和的情绪，这样孩子就会健康发育。可见，古人认为孕妇的饮食要在讲究营养的前提下以"清淡"为主。

第**8**章

孕 8 月胎教完全方案

　　胎宝宝的正常发育和健康成长是每一个家庭的热切期盼，准妈妈每天在饮食、情绪、运动等方面的精心调理，悉心安排，都是家庭对孩子爱的表现。随着预产期的临近，胎教的内容也随之发生变化。孕 8 月，准父母们又有哪些需要注意的问题？胎教的着重点又在哪里？让我们一起走进孕 8 月的课堂。

Section 01

怀孕 8 个月，有什么不一样

朵朵妈焦急地打电话给丈夫："朵朵爸，表姐帮咱们联系好医院和大夫了么？""你就放心吧，表姐都已经安排好了，表姐叮嘱你要安心待产。"朵朵妈拍拍心口："吁……宝宝都八个月了，还是得万事小心、早点准备呀。""现在放心了吧，"朵朵奶奶端着一盘切好的水果一边走过来，一边说："你呀，别想那么多，还有两个月，孩子才到预产期呢。你现在的任务就是养足精神，增强体力……"

孕 8 月胎宝宝指标

进入孕 8 月，胎宝宝又长大了一圈。这时候胎长约 44 厘米，胎重为 1500～2000 克。眼睛能够时开时闭，辨认和跟踪光源；他开始对声音有了反应，听觉神经已经发育完成；胎宝宝皮肤的触觉已发育完全，皮肤颜色由暗红变浅红色。

这时候，胎宝宝的身体和四肢与头部还是不成比例，但较上一月已有了增长。胎头部已长出了胎发，手指甲和脚指甲也已经清晰可见了。

胎宝宝的肺和胃肠功能都已接近成熟，能够分泌消化液，也具备了呼吸能力。生殖器官进一步发育：男孩的睾丸从肾脏附近的腹腔，沿腹沟向阴囊下降；女孩的阴蒂已突现出来，但并未被小阴唇所覆盖。

随着胎宝宝的快速增长，他的活动空间进一步变小，胎动也随之变少了。

孕 8 月准妈妈指标

准妈妈的体重增加在 1300～1800 克之间，也有的妈妈体重每周增加高达 500 克，这也在正常范围内。随着胎宝宝的成长和体重的增加，准妈妈会觉到身体更加沉重，肚子像个大西瓜，行动更加吃力了。同时，准妈妈的呼吸也变得困难起来，经常觉得胸口上不来气，甚至需要肩来协助呼吸。

现在，宝宝头部开始下降，从而压迫到了准妈妈的膀胱。因此，准妈妈的尿频情况更加严重，阴道分泌物也更多。准妈妈在前一个月出现的浮肿依然如故，还经常出现便秘和烧心感。

为了产后哺乳的需要，准妈妈的乳腺已开始工作，乳房高高隆起。在乳房、腹部以及大腿的皮肤上，一条条淡红色的妊娠纹还在增加。由于激素的作用，乳头周围，下腹、外阴部的颜色越来越深。

准妈妈的腰疼更加明显，骨盆、关节、韧带均出现松弛，耻骨联合或呈轻度分离。

孕8月饮食要点

这个月，由于胎宝宝开始在肝脏和皮下储存糖原及脂肪，所以准妈妈需要摄入大量的葡萄糖供胎宝宝迅速生长和体内糖原、脂肪储存。虽然这时候要保证热量的供给，但准妈妈的饮食还是要均衡，使每周体重增加控制在350克以下。

在怀孕最后三个月，胎宝宝的大脑迅速发育。因此，从本月开始，准妈妈应大量补充不饱和脂肪酸，这有助于宝宝眼睛、大脑、血液和神经系统的发育。当然，不饱和脂肪酸是整个孕期都需要补充的，并不仅限于妊娠后三个月。

孕8月护理要点

要点一：准妈妈自身安全。 准妈妈的身体更笨重了，为了保证孩子的健康成长和维护自身的健康，孕妇在起立行走方面应多加注意。上楼时可以凭借手臂的力量来减轻

孕期小知识

·准妈妈孕8月重要事项·

1. **胎位不正。** 孕检之后，医生可能会告诉你胎宝宝胎位不正，当然，医生还会告诉你不用担心，因为这时候胎宝宝可以自己在妈妈的肚子里活动。如果医生告诉你需要纠正，那一定会给你必需的指导的。

2. **性生活。** 进入妊娠晚期，准妈妈的性行为会给胎宝宝带来很大危害。一是可能会造成早产，二是可能导致孕妇感染，从而增加胎宝宝和新生儿死亡的机会。尤其是在孕期的最后6至8个星期，应尽量避免性生活。

3. **胎动。** 这时候，准妈妈感觉胎动变少是肯定的。如果少得超出了正常范围，可以喝一大杯果汁。这样如果仍然没有胎动，或者宝宝更安静了，准妈妈就要警惕起来，尽快到医院检查。

腿部的负担，比如用力拉住楼梯扶手；下楼时紧紧握住扶手防止身体的前倾、跌倒；平路上行走时，抬头、挺背、伸直脖子、收紧臀部，以保持全身平衡，缓步行走。

要点二：预防早产。怀孕 37 周前的分娩即为早产，早产会导致婴儿出生时不成熟。预防早产首先要做到不刺激腹部；注意饮食卫生，严重的腹泻可引起早产；准妈妈要保持精神愉快和充足的睡觉，过度疲劳也可引发早产。

要点三：羊水问题。羊水问题一般有两种：一是羊水过少；二是羊水过多。羊水少，胎宝宝皮肤就会与羊膜紧贴，每当胎动时准妈妈会感到疼痛。对胎宝宝的危害是会导致胎宝宝发育不良，皮肤干燥，缺乏皮下脂肪。

羊水过多则会使准妈妈子宫过大，并出现呼吸急促，难以平卧，呕吐、便秘，下肢及外阴水肿等情况。在分娩时，羊水过多容易引起宫缩乏力和产后出血。对胎宝宝来讲，羊水过多，胎宝宝就会在宫腔内浮动，容易发生胎位不正。轻度的羊水过多，不需特殊治疗，大多数在短时间内可自动调节。如果羊水急剧增加，则应立刻请医生诊治，同时饮食少盐。

孕 8 月疾病要点

孕 8 月是妊娠后负担加重的时期，容易出现一些并发症，尤其是有内外科疾病的孕妇，更要防范病情加重。这里，我们要特别提到的是肾盂肾炎。

处于肾盂肾炎急性期的患者，症状为高热、腰痛、尿急、尿频等。治疗的方法是"尿细菌培养＋药敏"，并在医生的指导下安全用药。

如果在妊娠晚期患上该病可能会引发早产。为了预防该病，准妈妈应该多喝水，保持大便通畅；同时加强体育锻炼，增强体质。一旦发生尿急、尿频症状，立即进行彻底治疗。

温馨提示

孕8月准爸爸要做什么

现在，准爸爸最好尽量少出差，尽可能地陪在准妈妈身边。如果准妈妈是一个喜欢倾诉的人，那么准爸爸最好当她最忠实的听众；如果妻子经常焦虑，并对怀孕或分娩存有多种的疑虑，那么准爸爸就要当她的"定心丸"，告诉妻子，无论发生什么事自己都将与妻子一起解决，并充满信心地与妻子勾画一个美好的明天……

Section
02

准妈妈孕晚期的健康安全报告

"老公，快来！"朵朵妈大声地喊着朵朵爸。朵朵爸被吓一跳，慌慌张张地跑进卧室："老婆，怎么了？""朵朵狠狠地踢了我一下，我肚子有点疼……会不会是要生了？""……不会吧……这么快……"朵朵爸有点傻眼，不知所措地喃喃自语，忽然又想起什么，说："老婆，肚子疼得厉害么？还有没有什么别的感觉？""不太疼了……好像没其他感觉……"朵朵妈仔细地想了一下。"嗨，吓我一跳！你这几天是不是太累了？今天晚饭后别散步了，早点休息吧。"朵朵爸心疼地说。

孕 8 月，即将临产，准妈妈的衣食住行都要特别小心。吃得不好、睡得不好、休息不好等，胎宝宝都会感受得到，并提出抗议。那么，准妈妈应如何监测胎宝宝的情况呢？下面就来介绍几种方法。

准妈妈的自我监测

1. 数胎动

准妈妈把握和了解胎宝宝现状的最好信号当然是胎动了。孕晚期，一般情况下每小时胎动在 3 次以上。12 小时胎动在 30 次以上，说明胎宝宝情况良好；少于 20 次，说明胎宝宝有宫内缺氧情况；10 次以下说明胎宝宝有危险，要赶快去医院检查。

那么如何数胎动呢？产前检查的时候，医生会教准妈妈自我监护胎动的方法，好好学一下吧。当然，这里我们也会介绍的。一般在妊娠 7 个月（孕 28 周）开始，准妈妈可以在每天早、中、晚各数 1 小时的胎动，然后把数得的 3 次胎动数相加，用总数乘以 4，得出的就是 12 小时的胎动数了。

2. 测量宫高

从下腹耻骨联合处至子宫底间的长度为宫高。测量时让准妈妈排完尿后平躺于床上。如果连续 2 周宫高没有变化，准妈妈需立即去医院检查。

下面是孕中晚期宫高的标准数值：

妊娠周数	手测宫高	尺测宫高
满 12 周	耻骨联合上	2～3 横指
满 16 周	脐耻之间	16(13～17) 厘米
满 20 周	脐下一横指	18(15.3～21.4) 厘米
满 24 周	脐上二横指	24(22～25.1) 厘米
满 28 周	脐上三横指	26(22.4～29) 厘米
满 32 周	脐剑之间	29(25.3～32.0) 厘米
满 36 周	剑突下二横指	32(29.8～34.5) 厘米
满 40 周	剑脐之间	33 厘米

3. 测量腹围

每周一次用皮尺围绕脐部水平一圈进行测量。测量时让准妈妈排完尿后平躺于床上。怀孕 34 周后，腹围增长速度减慢。若腹围增长过快则应警惕羊水过多。

．怀孕中后期腹围正常值：

妊娠周数	腹围下限	腹围上限	标准
满 20 周	76 厘米	89 厘米	82 厘米
满 24 周	80 厘米	91 厘米	85 厘米
满 28 周	82 厘米	94 厘米	87 厘米
满 32 周	84 厘米	95 厘米	89 厘米
满 36 周	86 厘米	98 厘米	92 厘米
满 40 周	89 厘米	100 厘米	94 厘米

产前生活五个特别提醒

1. 药物

这时，胎宝宝的情况已经稳定了，药物对于胎宝宝的影响不大，但准妈妈也不能因此而大意起来。对准妈妈来说，吃药总是最后的选择。

2. 运动

这时候准妈妈可以尽自己所能地多走走，适当地做些产前准妈妈体操。这些运动将会利于自然分娩。

3. 外出

不要去人多的公共场所。如果必须外出，最好要有人陪同，并选择安全的交通工具。处于孕晚期的准妈妈不宜出远门，也不要去太远的地方旅行。

4. 饮食

尽量减少外出吃饭，并适当控制食量。最好的进食方式是少吃多餐。

5. 卫生

准妈妈特别容易出汗，所以最好能每天用温水洗澡或擦身。洗浴时一定要注意安全，洗澡时间不宜过长，水温不宜过高，保护好自己和胎宝宝。

温馨提示

冬季，准妈妈需要日光浴

最近有研究表明，冬季准妈妈多晒太阳有很多好处。一是可以预防孕妇患上骨质疏松症，从而减少佝偻病儿的出生率。二是能够让孕妇的抵抗力增强，从而预防各种感染。三是有助于让孕妇保持心态平和，避免情绪波动，从而预防冬季抑郁症。

可见，准妈妈除了食物进补，也要进行日光"进补"。可以说，冬天的阳光是最廉价的"补品"，准妈妈应多晒晒太阳。

准妈妈何时停止工作好

进入孕晚期，关于什么时候停止工作待产的问题成为了准妈妈们关心的问题。

关于这个问题，要视准妈妈自身的情况而定。按照国家规定，育龄妇女可以享受不少于 90 天的产假，而这 90 天的产假实际上有两周是为产前准备的。如果说准妈妈健康状况良好，一切正常，工作又比较轻松，那么可以到预产期前 2 周，即怀孕满 38 周后再停止工作。这两周，准妈妈可以一边调整身体，一边为临产做一些准备工作。

还有一些准妈妈身体比较弱，或者从事的工作比较重，比如从事的是上夜班、长期站立、抬重物及运动量较大的工作，这时就要早一些回家待产。还有一种情况是准妈妈出现了早产、妊娠高血压综合征等异常情况，这时一定要遵从医生的建议停止工作，休息或住院监护。

当然，还有一部分准妈妈，身体特别好，工作条件也特别好，那么，她们工作到临产征兆出现时再休息也可以。

Section
03

胎宝宝渴望与父母交流

"今天朵朵乖么？"朵朵爸一边脱下外衣，一边问妻子。"嗯，挺乖的，就踢了我两下，没有打扰我看书……"朵朵妈对着丈夫扬扬手中的书，说："这本小说马上就看完了。""噢！你今天没和宝宝说会儿话，或者玩一会儿？"朵朵妈吐吐舌头："我看书看入迷了，宝宝又挺乖，我就忘了……""你啊！先别看了，和宝宝说会儿话吧，要不就找几个小故事读给他听。你冷落宝宝，宝宝会不高兴的。"

准妈妈往往会情不自禁地和肚子里的小宝宝说话，但是有时候因为太过专注于一件事，就会忘记宝宝。其实，宝宝特别渴望与父母交流，尤其到了临近分娩时，胎宝宝似乎还能对妈妈的话作出反应。科学家们说，妊娠晚期的胎宝宝已经由一个纯粹的生理结构体发育成一个有感觉的人了，他对母体内部和外部都有一定的感知。因此，这时候准妈妈可千万不要忘记与小宝宝多多交流哦。

我看书看入迷了，宝宝又挺乖，我就忘了……

噢！你今天没和宝宝说会儿话，或者玩一会儿？

胎宝宝渴望与父母交流

法国科学家研究证实，自孕8月起，胎宝宝可以辨别声音、气味和味道，并且能够习惯于反复的刺激，甚至可以学习和记忆。在法国科学家的试验中，科研人员每天播放同一段音乐，持续6周。一开始胎宝宝会心率过快，但到了后期胎宝宝心率则开始放缓；这时若再换成另外一种音乐，胎宝宝心率又会加快。

该实验还证明，胎宝宝喜欢听人说话，尤其爱听妈妈说话，他甚至能够分清妈妈是在对他说话还是在跟别人说话。他不喜欢周围寂静无声，也不喜欢突然出现的刺耳噪声。

科学家们认为，妊娠晚期胎宝宝已经有了一定的感知能力，无论是母体内部还是外部，他已经发育成一个有感觉的人，而不是一个纯粹的生理结构体。因此，准父母们应该多多与宝宝进行交流与沟通。比如在轻柔的音乐中和宝宝说话，告诉他爸爸妈妈多爱他、多期待他的降临。

孕晚期准妈妈的保健护理

进入孕8月，准妈妈的保健护理重点依然是控制体重的增长。妇产科医生经常告诉准妈妈："怀孕晚期要注意体重检测，这对宝宝的影响很大。"

在本月，准妈妈每周正常体重应增加200～500克，若每周体重增加高于1000克或低于200克，都不是好的信号。太低表示胎宝宝发育不良；太高则预示着发生妊娠合发症的危险。

同上月一样，准妈妈自己的监护也很重要。数胎动、测宫高等，都是很好的方法。

孕期一分钟交流法

所为的"一分钟交流法"是指准妈妈每天都要与宝宝进行交流，即使短短的一分钟，坚持下来也会取得意想不到的效果。

当然，让这一分钟更有成效的办法是等到胎儿觉醒的时候就立即进行这一分钟。比如每当准妈妈感觉到胎动时，就轻轻地抚摸一下动的地方，并温柔地跟宝宝说："宝宝醒啦？妈妈正在……"、"妈妈真的很想看看宝宝呀"、"再等几个月，宝宝就可以看到妈妈啦"……

温馨提示

两妙招与胎宝宝交流

1.一边想象宝宝的具体长相一边与宝宝说话

人的大脑分左脑和右脑,左脑支配语言和理论方面的思考,右脑支配视觉和情感方面的思考。将宝宝的长相具体化,能刺激准妈妈的右脑,同时这种刺激也会通过脐带传递到胎宝宝的大脑中,从而激发宝宝的右脑发育。

2.以轻松平和的心情与胎宝宝说话

如果准妈妈心情不够放松,可试试这个办法。

将屋内光线调暗;将身体上所有的饰物都摘下来,包括项链、耳环、手镯、手表等等;以最舒服的姿势坐下或卧倒;轻闭双眼半分钟后,告诉自己:"心情放松→感觉两腕轻盈→心情放松→感觉两脚轻盈→心情特别放松→感觉全身轻盈。"

Section 04

阅读胎教：胎宝宝喜欢的胎教方式

今天，朵朵妈在同事那里借来一本琼瑶的《烟雨蒙蒙》，晚饭后轻声地朗读着。婆婆看在眼里，给儿子递了一个眼色。朵朵爸于是出声提醒妻子："老婆，别读了，凄凄惨惨的，让人听了心情很不好。"朵朵妈惊讶地说："我读的文字多优美啊，不好听么？""不是你读的不好，是这本书的内容不好……"朵朵奶奶打断朵朵爸的话："这本书很好，但是不适合你现在读。找一本文字轻松欢快的书读吧。相信妈妈的话，你不会喜欢一出生就哭哭啼啼的孩子的。"

念故事给胎宝宝听是一种很好的胎教方法，在前面我们也说到过。但是，并不是所有好的作品都适合念给胎宝宝听，也不是所有的时间都适合给胎宝宝朗读。

胎教阅读的三个时间段

科学家研究发现，如果准妈妈在固定的时间里反复给宝宝念同一则故事，宝宝出生后对语言会更加敏锐。因为，定时念故事给胎宝宝听，会让胎宝宝感觉安全与温暖。

同时，准妈妈也应该有固定的阅读时间给宝宝读书。一般来说，有这样几个固定的时间段比较适合准妈妈阅读。

1. 清晨

在吃完早饭后的9～10点，准妈妈可以找一个最舒适的地方坐下，

最好是有阳光的阳台，轻轻给肚子里的宝宝读几页书……这种阅读方式最适合春秋季节，那时候气候温暖，阳光和煦，晒晒太阳真是太惬意了。

2. 午后

下午 3 ～ 5 点是一天中适合阅读的第二时间段，夏季适合选择这个时间段来读书。此时已经睡过了午觉，暑热也在渐渐消退，端上一杯水，给宝宝读上几页书，相信宝宝会和你一样轻松愉快。

3. 睡前

一年四季都可以用这段时间来阅读。穿着舒适的睡衣，躺在丈夫的怀抱里，一起给宝宝读书，好一幅夫妻和乐图。相信肚子里的宝宝也会喜欢这样的家庭活动。

三种书籍适合胎教

并不是所有的书都适合准妈妈阅读。准妈妈选择书籍，总的来说应当是能让心情安适、带来美好感受的读物，当然，如果这些作品可以激起女性温柔的母爱就更好了。

考虑到特殊的身体条件，准妈妈最好选择散文、诗歌之类篇幅短小的读物，这样可以随读随放，不用受时间的限制。

下面，我们介绍四类适合准妈妈阅读的书籍。

1. 女性文学

女性文学常常会表现女性细腻的心理变化，准妈妈们由于激素分泌、生理等各种因素的改变，也处于一个极其敏感、情绪极易波动的时期，也因此对女性文学有着更加深入透彻的理解。尤其是对一些描写母爱的作品，准妈妈更能够获得一种情感上的共鸣。

2. 亲子绘本

虽然现在读亲子绘本似乎有些早，但是好的亲子绘本中充满童趣的画面、欢快的文字总是能让准妈妈心情变得明朗起来。等将来与宝宝一起再次分享的时候，肯定会有一种完全不同的心境。

3. 育儿书籍

对于没有经验的准妈妈来说，育儿书籍是学习如何当父母的重要一课，也是迎接宝宝降临的一个必要准备。如此，才能在孩子出生后从容不迫，而不是一片茫然。

四种书籍不宜读

有些作品虽然很好，但不适合准妈妈和胎宝宝阅读。它们包括：

1. 哀婉动人的悲情小说

悲情小说虽然不乏优秀作品，但其悲切幽婉的格调实在不适合情感脆弱的准妈妈阅读。尤其是一些性格偏内向、敏感的准妈妈，本来情绪就容易陷入低谷，如果阅读这类书籍无疑情绪会更坏，甚至会陷入产前抑郁症。

2. 悬念迭起的悬疑小说

孕期阅读需要掌握一个度。悬念迭起的悬疑小说因为谜团重重、悬而未解，往往让人欲罢不能，会为了揭开谜底而一口气读完。这样，准妈妈就不能很好地控制自己的阅读时间，精力消耗过大。所以，这种沉迷式的阅读，完全起不到稳定情绪、陶冶性情的作用，而且还有可能让准妈妈更疲劳。

3. 激动人心的惊险故事

惊险的故事情节会让准妈妈心跳加速，从而影响胎宝宝安全。所以，对于一些刺激性娱乐，准妈妈一定要远离，不管是看书还是看电影、电视。尤其是独自一人的时候，准妈妈更不能看，不然危险更大。

4. 阅读旧书

旧书免不了存在着各种微生物，比如螨虫、细菌等。如果准妈妈阅读这些书籍，则必然会增加感染各种疾病的概率。也基于这样的原因，打扫书架、翻晒老书之类的事情孕妇也不宜做。

其实，如果喜欢看老书，不妨选择电子书。只要选择液晶显示器，并将电源变压器放在地面，电脑也不会产生很大的电子辐射。

阅读过程两不宜

1. 不宜边阅读边吃零食

很多人喜欢边吃东西边看书，但准妈妈不宜这样读书。因为这样会在不知不觉中吃下超量的零食，到吃正餐的时候反而没有味口，很容易导致营养失衡，不仅会影响孕妇的身体健康，还会影响到胎宝宝的发育。

2.不宜边阅读边不断走动

孕期，尤其是孕晚期，准妈妈的行动会因身体变化而极不灵便，如果一边阅读一边不断走动，极易摔倒。阅读时注意力都集中于书本上，从而就会忽视身边的环境，极容易被桌椅或者其他物品绊倒，严重的甚至会发生流产。安全的阅读方式，是舒适地坐着，然后开始读书。

温馨提示

准妈妈阅读时的三个注意事项

1.保持平静的心境及注意力的集中。这样才能使母亲的感觉与思考和胎宝宝达到最充分的交流。

2.让阅读视觉化。所谓"视觉化"，指的是让鲜明的图画、单字、影像在脑海中留下鲜明的形象的行为。有科学家研究发现，准妈妈进行"视觉化"阅读，能够让信息更全面地传达给胎宝宝。所以，准妈妈可以将故事的内容在头脑里形成影像后再念，以便更生动地传达给胎宝宝。

3.进行广泛阅读。不要先入为主地以为宝宝会喜欢哪些书籍、讨厌哪些书籍，应尽量广泛地阅读各类书籍。

Section 05

营养胎教：办公室准妈妈的午饭计划

午休时间快到了，同事们都在张罗着去哪吃饭，而带盒饭的则准备去热饭。朵朵妈也拿出了自己的饭盒，里面是朵朵奶奶精心准备的午饭。"朵朵妈，今天带的什么好吃的啊？"一个同事问道。"朵朵妈的盒饭顿顿都是营养餐哦，我们可羡慕不来。""哇！朵朵妈的饭盒里有荤有素，还有汤，好丰盛啊！""朵朵妈现在处于保护期，有婆婆照顾，幸福啊……"同事们七嘴八舌地打趣朵朵妈。朵朵妈表面只是不动声色地微笑着，心里却涌起了一股幸福的暖流。

如何吃好午餐，是很多上班族准妈妈们关心的问题。如何营养均衡地搭配午餐呢？且看下面的介绍。

三种营养工作餐方案

中午吃饭时间短，往往来不及回家吃饭。如何搭配营养午餐呢？通常情况下，有这样三种解决办法：

一是叫外卖。很多人会选择外卖来解决午餐，而准妈妈的外卖应选择配菜种类多的套餐，最好是有荤有素、有主食。

二是餐厅就餐。这时准妈妈要特别注意的就是卫生问题。一定要选择干净整洁、有卫生许可证的餐厅吃饭。

三是自带盒饭。这应该是最经济实惠而且营养丰富的午饭了。饭菜的种类和样式完全可以按照准妈妈的个人喜好来调配，还特别容易达到营养均衡的目的。

两款美味营养便当自制方案

准妈妈自带午餐的话，应注重钙质、蛋白质、纤维素等营养的搭配。一般情况下一道主菜加两道副菜即可满足准妈妈的营养需求。烹调方式以烫、煮、凉拌为佳。

下面，我们为准妈妈推荐两款自制营养美味便当，有条件的准妈妈们不妨一试：

1. 柠檬鲑鱼 + 田园薯泥 + 酱味荠菜 + 米饭

柠檬鲑鱼

材料：鲑鱼 300 克、柠檬 150 克、盐少许

做法：用盐腌渍鲑鱼片刻后，放入热油锅中煎熟；待食用时淋上柠檬汁即可。

话梅蒸肉

材料：里脊肉 100 克、腌渍话梅 50 克、水 1/4 碗、糖半匙、白胡椒粉少许

做法：里脊肉切片后用糖和白胡椒粉拌匀，话梅去核后将梅肉切碎；将肉片放入盘中摆放整齐，撒上梅肉和梅汁，再将水淋上，放在锅里隔水蒸 15 分钟即可。

2. 高钙玉米饭 + 麻香四季豆

高钙玉米饭

材料：米 1 杯、水 1 杯、鱼肉 25 克、米粒 50 克、魔芋 50 克、盐少许、白胡椒粉少许

做法：先洗净大米放入锅中加水，将魔芋和鱼肉切丁后撒在米上，将玉米也撒上，然后将米饭煮熟即可。

麻香四季豆

材料：四季豆 100 克、白芝麻 1 小匙、沸水一锅、鸡精和盐少许

做法：四季豆去老筋丝，切斜段，用沸水烫熟，沥干水分，加上调味料拌匀；白芝麻用干锅炒香，再加入四季豆中拌匀即可。不论熟吃冷食皆可。

工作餐四大注意事项

1. 不要吃油炸食物

外面制作油炸类食物所用的食用油多是用过若干次的回锅油。这种油里有很多有害物质，为了避免危害，准妈妈不要吃油炸食物。

2. 口味宜清淡

准妈妈食用过咸的食物，会使体内水钠滞留，从而引起血压上升或双足浮肿。而其他辛辣、调味重的食物也对准妈妈有诸多不利的影响。所以，准妈妈应选择口味清淡的食物。

3. 饭后水果

准妈妈可以在早上准备好水果带到公司，在午饭后 30 分钟再吃，以补充体内维生素。如果办公室不方便清洗，准妈妈可以早上出门前把水果洗干净后用保鲜袋装好后带到公司。

4. 最好喝牛奶

牛奶是补钙的极好选择，所以选择牛奶为午餐饮品是非常合适的。当然，准妈妈也可以选择矿泉水和纯果汁，但含有咖啡因或酒精的饮料则应当避免。

胎教百味屋

儿歌——我是一粒米

我是一粒米，别把我看不起。

一粒一粒米呀，来得不容易。

农民伯伯早起晚睡，每天种田地。

一粒一粒米呀，来得不容易。

小小一粒米，别把我看不起。

一粒一粒米呀，才能做成饭。

小朋友呀要爱惜呀，吃饭要注意。

一粒一粒米呀，我们要爱惜！

温馨提示

准妈妈要少吃的食物

孕期，有些美味的食物是准妈妈应少吃或在某些阶段应少吃的，比如下面两种：

咸鱼：咸鱼因含有大量二甲基硝酸盐，进入人体内能被转化为致癌性很高的二甲基硝胺，它可以通过胎盘作用于胎宝宝，从而对胎宝宝的健康生长造成很大的影响。

黄芪炖鸡：黄芪具有益气健脾之功，与母鸡炖熟食用，有滋补益气的作用，是气虚的人食用的补品。但在临产阶段，孕妇要慎食，因为它能干扰妊娠晚期胎宝宝的正常发育，严重的还会造成难产。

Section 06

运动胎教：准妈妈的呼吸运动

"将来让朵朵学理科，俗话说得好——学好数理化，走遍天下都不怕啊。然后当个老师，稳稳当当一辈子。""妈，您这观念已经过时了，将来最好让孩子当律师或者医生，现在在发达国家，这两种职业不但收入高，而且社会地位也高……"话还没说完，朵朵妈忽然不说话了。"朵朵妈，怎么了？""我有点喘不上来气……"朵朵奶奶赶紧扶儿媳躺下，一边叮嘱道："放松，放松，深呼吸……"

进入孕晚期，准妈妈感觉最多的、发生最频繁的就是喘不过来气，有时稍一活动就上气不接下气了，就像朵朵妈的表现一样。

那么，如何缓解这种症状呢？我们先从准妈妈为什么会在孕晚期呼吸困难说起。

孕晚期呼吸困难的原因

一旦发现自己呼吸没有以前那么顺畅，很多准妈妈会惶恐，生怕影响宝宝的健康生长。是的，在怀孕期间，准妈妈吸进的氧气是和胎宝宝分享的，是"一人呼两人吸"，如果妈妈吸入的氧气不足或者质量不好，就会影响胎宝宝的发育。但是晚孕期准妈妈容易气喘却是正常的生理变化。

在孕期，由于胎宝宝的需要，准妈妈的呼吸系统会发生巨大的变化——肺活动量会增加，胸廓也会因此增大好几厘米。而孕晚期，由于子宫的膨胀，准妈妈肺没有足够的空间扩张，于是身体就会以喘不过气来，或者上气不接下气，表示"抗议"。比如，到了孕8月，子宫膨胀的长度可达到24～27厘米，此时，准妈妈的胃部以上都会被挤压和顶起，呼吸会比原来感到更困难。

为了适应孕期的生理变化，准妈妈的呼吸也会随之发生变化：呼吸比孕前更快了，这就使孕期间呼吸的效率比过去有了提高，每次一呼一吸间的空气量也比以前多了；同时呼吸也变深了，甚至偶然的叹气也是身体在帮忙进行额外的呼吸。

所以，准妈妈完全不必因孕晚期的呼吸困难而恐慌。

缓解孕期呼吸困难六要素

要改变或缓解这种状况，可参考如下建议。

要素一：改变姿势。一旦觉得喘不过气来，准妈妈应立刻改变姿势，这样就会使呼吸顺畅一些。

要素二：放慢动作。一旦发现上气不接下气，应立刻放慢手中正在做的事或者运动，掌握好动作的节奏，直至呼吸舒畅为止。

要素三：让肺部减压。可以在座椅上坐直，挺胸、肩膀向后，让肺部放松，不要总在躺椅上瘫软着，那样肺部不轻松。

要素四：经常运动。这样可以增加呼吸系统和循环系统的动作效率。

要素五：调整睡姿。半躺姿势会让呼吸顺畅一些的。在头部垫两个高枕头，左侧卧，在后背也垫一个枕头，然后蜷起右腿把两个枕头垫在右腿下。

要素六：改变呼吸方式。如果深度腹式呼吸感觉困难，准妈妈可以尝试胸式呼吸。站起来，深吸一口气，同时将双臂先向外伸直再向上举，头向上抬，慢慢地吐气，同时两手臂放回身体两侧，头向下看。

用瑜伽调节孕期呼吸

有一项古老的运动可以帮助准妈妈们调节孕期呼吸，那就是瑜伽。

1. 呼吸练习

以半卧式靠在沙发上，双膝收回，左手放于腹部，闭上双眼，专注于腹部。

吸气，使腹部慢慢向上隆起形成半球状；呼气使横膈膜缓慢放松下来，待气息完全排出体外后再开始吸气。

此练习可长可短，开始的时候，吸气气息比较短，这是正常现象，一般坚持练15天后，气息会逐渐变得均匀细长。每次练习时，尽量保持心态平静，这样气息自然也会平静。

2. 鼻呼吸

瑜伽里，左鼻孔代表"月亮"，即平静；右鼻孔代表"太阳"，即激情。我们的呼吸就在左、右鼻孔交替中，就在平静与激情的转变中。当我们需要平静与思考时，会更多地用左鼻孔呼吸，当我们需要激情与力量时，会更多地用右鼻孔呼吸。准妈妈可以根据不同的状态来有意识地选择用不同的鼻孔呼吸。

3. 冥想

把毛巾轻轻地盖在身上，放松每一寸身体肌肤，轻闭双眼，想象自己躺在温暖的沙滩上，享受着阳光温柔的抚摸。

让我们一起吸气，呼气，想象着天空中有一道白光照在我们的头顶上；再吸气，再呼气，就像一股暖流，流进我们的脑海，沿着面颊、喉咙、胸膛、腹胃，慢慢地传遍全身的每一个毛孔、每一个细胞。

接着，由上而下放松全身的每一处地方，放松我们的额头、眼睛、眉毛、耳朵、嘴角，放松肩膀、手臂、胸口、两侧肋骨、胃部、肚脐、下腹，放松腰部、胯部、会阴，放松脚心、脚尖，身体越来越舒服、越来越宁静，全身的毛孔都畅通了，每一个细胞都充满了能量，我们更喜欢自己了。

通过这种冥想，我们能够彻底放松，缓解紧张的心理，从而达到使呼吸顺畅的目的。

温馨提示

如果准妈妈突然觉得严重呼吸不畅，同时还伴有胸部疼痛、呼吸急促、脉搏加快等症状，应立刻去医院，因为有可能出现了肺栓塞。肺栓塞是指肺动脉及其分支主干内有血栓，大部分为脱落的血栓，也有可能是其他物质，阻塞而引起的严重并发症。

Section
07

营养胎教：吃走孕期黄褐斑

朵朵妈先往脸上擦了一层湿粉，又接着涂了一层干粉，还是不满意，对着镜子直皱眉头。朵朵爸看她坐在梳妆台前发呆，就走过来，往她脸上一看，不禁吓了一跳，叫起来："老婆，你怎么把脸擦得这么白？吓人啊！"朵朵妈闷闷地说："我脸上的斑点，越来越明显了，难看死了！怎么擦粉都遮不住！""听人家说，孕妇长斑很正常，你别太往心里去。赶紧先把脸上的东西洗掉吧！""唉！"朵朵妈深深地叹了一口气。

有朵朵妈这种遭遇的准妈妈还真不在少数。黄褐斑的形成与孕期饮食有着密切的关系，如果准妈妈的饮食中缺少一种名为谷胱甘肽的物质，皮肤内的酪氨酸酶活性就会增加，从而导致黄褐斑"大举入侵"。所以，要想消灭黄褐斑，"怎么吃"是一个很关键的因素。

> 老婆，你怎么把脸擦得这么白？吓人啊！

> 我脸上的斑点，越来越明显了，难看死了！怎么擦粉都遮不住！

赶走孕期黄褐斑小食方

虽然黄褐斑有碍漂亮容颜，但准妈妈们也不必过于担心。一些食物就可以帮助大家有效地解决这个大麻烦。在此我们推荐几种对防治黄褐斑有很好疗效的小食方，大家不妨一试。

1.丝瓜汤

丝瓜是消除雀斑、增白、去除皱纹的天然美容剂，长期食用或用丝瓜液擦脸，能使人皮肤变得光滑、细腻，具有抗皱消炎，消除黑色素沉着的特殊功效。所以祛斑小食方中，丝瓜必是少不了的。

以丝瓜络为主料，再加上僵蚕、白茯苓各10克，珍珠母20克，玫瑰花3朵，红枣10枚，放在一起熬汤饮用。每日1剂，一般10天即可见效。

2.杏仁薏仁茶

杏仁含有丰富的蛋白质、维生素及其他营养成分，可为肌肤供给需要的营养，并具有美白的作用，能够为皮肤表皮层补充水分，使皮肤加快新陈代谢速度，让肤色回复白皙、柔嫩。薏仁与杏仁的功效相似。

杏仁粉、薏仁粉各两匙，加入240毫升开水冲泡，早晚各喝一杯。

3.绿豆红豆百合羹

绿豆含有丰富的维生素，能使黑色素还原；红豆具有解毒排毒、清热去湿的功效；百合具有养肤润肤的功效。此三者放在一起食用，自然美容养颜。

绿豆、红豆、百合各25克，以清水浸泡半小时后开大火煮沸，然后用细火煮至豆熟即可食用。喜欢吃甜口的可以放冰糖，喜欢吃咸口的则可以加盐。

此外，多摄取新鲜水果、蔬菜，如冬瓜、西红柿、土豆、卷心菜、花菜、鲜枣、山楂、橘子、柠檬等，对消除黄褐斑有一定的辅助作用。

而咸鱼、咸肉、火腿、香肠、虾皮、虾米等腌、腊、熏、炸的食品，葱、姜、辣椒等刺激性食品，则应少食。

准妈妈抗斑三宝

宝贝之一：猕猴桃

其维生素C含量在水果中名列前茅，被誉为"维C之王"，一颗猕猴桃能提供一个人一日维生素C需求量的两倍多。同时，猕猴桃还含有丰富的食物纤维、维生素B、维生素D，以及钙、磷、钾等微量元素和矿物质。

维生素C能有效抑制皮肤内多巴醌的氧化作用，使皮肤中深色氧化型色素转化为还原型浅色素，从而干扰黑色素的形成，预防色素沉淀，使皮肤白皙。

需要注意的是，猕猴桃性寒，脾胃虚寒的准妈妈不可多吃，容易腹泻。

宝贝之二：西红柿

西红柿也是富含维生素 C 的蔬菜，同样具有保养皮肤、消除雀斑的功效。有实验证明，常吃西红柿可以有效减少黑色素形成。

需要注意的是西红柿同属性寒食物，不可空腹食用，否则易造成腹痛。

宝贝之三：柠檬

柠檬也是抗斑美容水果。柠檬中含有丰富的钙、磷、铁及维生素 B_1、维生素 B_2、维生素 C 等多种营养成分，还有丰富的柠檬酸和黄酮类、挥发油、橙皮苷等。柠檬酸能防止和消除皮肤色素沉积。

需要注意的是，柠檬极酸，吃多了会损伤牙齿。

胎教百味屋

木瓜	桃夭
——《诗经·卫风》	——《诗经·周南》
投我以木瓜，报之以琼琚。	桃之夭夭，灼灼其华。
匪报也，永以为好也！	之子于归，宜其室家。
投我以木桃，报之以琼瑶。	桃之夭夭，有蕡其实。
匪报也，永以为好也！	之子于归，宜其家室。
投我以木李，报之以琼玖。	桃之夭夭，其叶蓁蓁。
匪报也，永以为好也！	之子于归，宜其家人。

天然面膜祛斑

1. 蜂蜜双仁面膜

材料：蜂蜜、冬瓜仁、桃仁。蜂蜜有保湿效果；冬瓜仁内含脂肪油酸、瓜胺酸等成分，有淡斑的功效；桃仁含有丰富的维生素 E、维生素 B_6，能帮助肌肤抗氧化，还能修复紫外线对皮肤的伤害。

制作：冬瓜仁、桃仁晒干后磨粉，加入适量蜂蜜混合成黏稠的膏状。

用法：每晚睡觉前涂于斑点，第二天早晨洗净。敷三周后，斑点会逐渐变淡。

2. 红酒蜂蜜面膜

材料： 红酒、蜂蜜。红酒中的葡萄酒酸就是果酸，能够促进角质新陈代谢，淡化色素，让皮肤更白皙、光滑。

制作： 将一小杯红酒加 2 到 3 匙蜂蜜调至浓稠状。

用法： 均匀地敷在脸上，八分干之后，用温水冲洗干净。对酒精过敏的人，要加以注意。

温馨提示

孕期准妈妈要暂别首饰

孕期准妈妈要暂别首饰，这主要是因为孕期，准妈妈的新陈代谢会发生变化，体内容易出现水钠潴留，形成组织肿胀，手指、胳膊、下肢等会出现变粗、变大的现象。这时，平时戴在纤纤细指上熠熠生辉的戒指，戴在手腕上温润清凉的玉镯可能就会因为水肿而摘不下来了。时间一长，不仅影响血液循环，还会导致局部皮肤损伤，甚至会给孕妇在手术室待产中带来许多不必要的麻烦，如妨碍输液、静脉穿刺等。

因此，为了自身健康，孕期准妈妈应尽量去除身上的首饰。如果坚持要戴，也要适当地调整型号。但是在去医院待产前，一定要取下全部首饰，这样不仅在做检查时更方便，分娩时也会减少不必要的损伤。

另外，即使分娩过后，新妈妈也尽量不要佩戴首饰，以免刮伤宝宝。

Section 08

准妈妈孕晚期生活六大关键词

"我的生活啊，就是吃了睡，睡了吃……""多幸福啊！这是我的至高理想！"朵朵妈的感慨还没发完，好友李莉就接过话头。"原来你的至高理想就是猪的生活！""可怜我现在连猪都做不成！每天起早贪黑，辛苦劳作……而你就是一只幸福的猪！我羡慕啊！我嫉妒啊！"李莉做痛苦状。"谁说我是一只幸福的猪？我浑身上下都不舒服——吃不好，睡不好，腿肿、腹胀，我是一只痛苦的猪！"朵朵妈凄惨地说着。

自从进入孕8月，朵朵妈的身体就产生了很多的不适。其实，很多准妈妈都会出现这种状况。下面，我们将孕晚期准妈妈们常见的一些问题列出关键词，帮助准妈妈们以最好的状态迎接宝宝的到来。

关键词1：仰卧综合征

仰卧综合征出现于孕8月后，症状是准妈妈一旦长时间仰卧，就会头晕、心慌、发冷、出汗、血压下降等，严重时甚至会神志不清、呼吸困难。

出现仰卧综合征的原因是孕8月增大的子宫在仰卧时会压向脊柱，使脊柱两旁大血管受压，血液不能

顺畅流回心脏，造成回心血量减少。这就使得心脏向全身输出的血量也减少了，从而影响心、脑、肾等重要器官的供血，出现血压下降的情况。

仰卧综合征对胎宝宝也是相当危险的。因为回心血量不足及大动脉受压会使子宫的供血也减少，从而导致胎宝宝缺氧，很快出现胎心增快、减慢或不规律，甚至出现胎宝宝窒息和死亡。

为了避免仰卧综合征，在孕晚期，准妈妈应取左侧卧位躺卧。万一不慎发生仰卧综合征时，准妈妈应迅速改换仰卧位为左侧卧位或半卧位，缓解症状。

但是，在牙科、美容院等一些特殊场所，必须要采取仰卧位。这时准妈妈们要避免长时间仰卧，谨防仰卧综合征。

关键词2：孕期拔牙

孕期不宜拔牙，因为在这一时期，准妈妈的身体会对各种刺激的敏感性增加，即使是轻微的刺激也可能引发流产或早产。而且拔牙后，准妈妈很容易出血。所以，在妊娠期，准妈妈，尤其是习惯性流产的准妈妈，应尽量避免拔牙。

但是，孕期准妈妈的牙齿却极易出现问题。这是因为准妈妈的内分泌系统会在孕期发生很大的变化，在雌孕激素的作用下，牙龈容易充血、水肿。如果孕前的智齿或坏牙未及时处理，口腔的损害会更加重。所以，我们的建议是，最好在准备怀孕的时候，就进行彻底的牙科检查，以防患于未然。万一不得不拔牙，也一定要去正规的大医院。

孕期小知识

·怀孕晚期应就医的五种情况·

第一，看胎动。胎动特别频繁、剧烈，或胎动特别少，甚至消失，这往往是胎宝宝在宫内缺氧的表现，应赶快就医。

第二，并发妊娠高血压综合征的孕妇，如果感觉剧烈头痛，同时伴有眼花、胸闷、恶心等不适症状，有可能是出现了先兆子痫，应立刻就医。

第三，阴道大量出血，有可能是胎盘发生异常情况，这时无论有没有伴随子宫收缩，都要立刻去医院检查。

第四，阴道流水并呈持续性，这时有可能是发生了破膜，无论量多量少，都要立刻去医院。同时，孕妇不能站立或行走，应立即平卧由家人送往医院。

第五，孕期不满37周，但子宫却出现阵阵收缩，且每次收缩的间隔时间越来越短，或收缩强度越来越大，这时有可能是出现了早产，要立刻去医院。

关键词3：阴毛上端疼痛

出现这种现象，大多是因为激素影响耻骨、骨盆关节及腰部肌肉引起的。进入孕晚期，为了利于胎头在分娩时能顺利通过骨产道，孕妇体内的激素会使耻骨联合和骨盆关节变得松弛。但这就会让耻骨和骨盆处于较不稳定的状态，使孕妇在坐、站和走路时疼痛。

缓解由耻骨联合松弛引起的疼痛，可以在髋部缠上布带，同时减少步行，尤其是上下楼梯或者上下坡，同时也不要长时间站立。

关键词4：头晕目眩

进入孕晚期，胎宝宝长得更大，子宫的循环血量也大大增加，这必然会使更多的母体血液分流到子宫。这时，如果准妈妈原来就有低血压，此刻大脑供血量就更少了，必然就会出现头晕、目眩及眼前发黑等症状。

此时，准妈妈最好多卧床休息，在体位变换时也要尽量放慢速度，以缓解供血不足的症状。

关键词5：尿频

进入孕晚期，准妈妈小便开始有了难言之隐，总感觉排尿不能排净，于是频频如厕，但每次排尿量都比平时少，也并没有疼痛和尿急的表现，也不发烧。其实，这也是孕晚期所有准妈妈的生理变化之一。这是因为胎宝宝头部下降到了盆腔里，进一步压迫膀胱，使膀胱容积减少而导致的。

这时候，准妈妈千万不要憋尿，应该一有尿意就马上入厕排出。经常忍尿容易引发膀胱感染。同时，在饮食上也尽可能控制盐分摄入，多喝温开水以增加尿量。

同时，平时要每天更换内裤，并用温开水清洗外阴1～2次。如果尿频症状加重，并在排尿时有疼痛感，如尿道口刺痛或小腹疼痛，很有可能是患了膀胱炎或尿道炎，要上医院检查。

关键词6：失眠

由于膨胀的子宫挤压到了血管和内脏，外加对分娩的紧张，准妈妈经常会夜里睡不着觉。这种现象在临到分娩的准妈妈中很常见。如何调整这个情况呢？

首先，准妈妈可以在每天入睡前，用热水泡一泡脚，促进身体的新陈代谢和血液循环，这对预防失眠很有效果。同时，在入睡前不要看刺激性的电视节目和图书，不要谈论让情绪兴奋的话题。白天可以适当外出散步，也可以做一些力所能及的家务，让身体消耗一些热量，有助于睡眠。

失眠时最好保持平和心，不要过于烦躁，越烦躁越难以入睡。看看书、听听轻音乐，反而容易产生睡意。千万不要因为睡不好觉就自行服用安眠药，实在受困扰可以请教医生。

温馨提示

准妈妈孕晚期生活安排

对于妊娠足月的准妈妈而言，快到分娩时体重一般增加10～12千克，而且还要担负着自己和胎宝宝的呼吸、血液循环，应该对生活进行一个合理的安排才能应付如此重任。如果准爸爸能抽出一些时间陪伴妻子那是最好不过了的。

1.充分休息。当然这并不是说准妈妈要绝对卧床休息，而是说可以在每天早饭前后及晚饭后安排适当的散步时间。

2.坚持胎教。比如在上午及下午安排一个适当的时间对胎宝宝进行抚摩胎教，安排适当的时间对胎宝宝进行音乐胎教，与胎宝宝一起听听舒缓轻松的音乐。

3.坚持腹式呼吸和胸式呼吸运动。每天安排10～15分钟的时间就可以了。

4.准备分娩必需的物品。要为宝宝准备一下出生后的物品，也要准备自己分娩时需要带的物品，准妈妈一定要安排时间。

5.做一些力所能及的家务活。

Section 09

胎教健康：八招轻松解决腹胀问题

朵朵妈面色晦暗地靠在沙发上，很显然，她的心情很不好。朵朵奶奶给她倒了杯水，朵朵妈一边接过水一边向婆婆诉苦："妈，我肚子胀胀的，很不舒服。""是不是吃东西吃坏了？"朵朵奶奶紧张地问。"不像，我这几天都感觉胀胀的，但不疼。""积食了吧，是不是吃饭没吃好啊？""不会吧……我吃得不多，而且就是没吃饭时，也不舒服……"朵朵妈迟疑地说。"你别着急，我给你表姐打个电话，问问腹胀是什么原因，该怎么办。"朵朵奶奶灵机一动，打电话去了。

腹胀原因

孕期腹胀，多由这样两个原因引起。

一是子宫变大压迫肠胃而导致腹胀。

随着子宫内胎宝宝的成长，子宫也会逐渐增大，从而对胃肠道产生压迫。这时的子宫会将胃稍微上推，还会推挤肠道至上方或两侧。受到压迫下的胃肠自然会影响其中食物及气体的正常排解，从而使准妈妈感觉腹胀、难受。

二是活动量减少引发便秘而导致腹胀。

孕期，准妈妈的活动量较孕前要少很多，胃肠蠕动也会减弱；同时，孕期饮食增加了高蛋白、高脂肪食物的摄入，而蔬菜和水果的补充则相对不足。这样两方面的原因使粪便更容易在肠道内滞留，从而引起便秘，让准妈妈感觉腹胀。

少食多餐解决腹胀

少食多餐是解决准妈妈腹胀的有效办法之一。每次吃饭不要吃太饱，增加进食次数，既可以有效地减轻准妈妈腹部饱胀，也不会因减少进食量而降低营养摄入。准妈妈可以从每日三餐的习惯改至一天吃六至八餐，但减少每餐的分量。

同时，准妈妈还要控制蛋白质和脂肪的摄入量。如果已经感觉肠胃胀气，却还进补大量不易消化的食物，这样只会增加肠胃负担，当然也会让胀气情况更加严重。

细嚼慢咽解决腹胀

细细咀嚼，让食物与唾液进行充分的混合，唾液中的酶就会对食物进行初步的分解，从而减轻胃肠的重负，自然也有利于解决腹胀问题。

同时，进食时不要说话，也不要用吸管吸吮饮料，这样可以避免不必要的过多气体进入腹部，从而减轻腹胀感。

补充纤维素解决腹胀

纤维素能帮助肠道蠕动，准妈妈可多吃含丰富纤维素的蔬菜和水果。蔬菜类如茭白、笋、韭菜、菠菜、芹菜、丝瓜、莲藕、萝卜等都有丰富的膳食纤维；水果中则以柿子、苹果、香蕉、猕猴桃等含纤维素最多。

有些准妈妈喜欢吃流质的食物，以为更容易消化。其实，流质食物虽然好进食，但却并不一定比固体食物好消化。相对来说，准妈妈可以选择半固体食物。

不食产气食物解决腹胀

如果胀气很严重，准妈妈应少吃或不吃豆类、蛋类及其制品、油炸食物、马铃薯，以及太甜或太酸、辛辣刺激的食物，这些食物容易产生气体。

如果准妈妈有较严重的胃酸逆流情况，应尽量少吃甜食，饮食以清淡食物为主，也可吃几块苏打饼干或者高纤饼干来中和胃酸。

胎教百味屋

80后准妈妈的心理难产

医生们发现许多80后准妈妈产力不错，胎位、产道正常，胎宝宝大小也适中，但却因心理压力过大而导致难产。更有甚者，随着预产期的临近，准妈妈的胆子变得越来越小，整天只念叨着生孩子多痛，担心得晚上都睡不着觉。不管医生们怎么开导，也不起任何作用。医生们把这种现象称为心理难产。随着80年代的独生子女越来越多步入生育年龄，这种心理难产现象也越来越突出。甚至，很多产科医生干脆又辅修了心理学知识，以便随时给孕妇进行心理疏导。

其实，现在不管是助产设备还是医生的技术，都比以往好得太多了，可产妇们却因为怕疼而紧张得难产。医生们建议，80后准妈妈可以多参加一些孕期讲座和活动，有问题及时向临床专家咨询，放下心理包袱，顺利分娩。

多喝温开水解决腹胀

如果大便累积在大肠内，胀气情况便会更加严重。准妈妈可以每天早上起床后先补充一大杯温开水，充足的水分能促进排便。

不要喝冷开水，因为冷水较容易造成肠绞痛，至于冰水就更不适宜了，而汽水、咖啡、茶等也应尽量避免，汽水中的苏打容易造成胀气。

准妈妈每天至少要喝1500毫升的水，在喝水的时候可以加入一点点蜂蜜，能促进肠胃蠕动，防止粪便干结。

适当运动解决腹胀

适当增加每天的活动量，也能减轻孕期腹胀。过度激烈的运动不适合准妈妈，而饭后散步是最佳的活动方式。随着孕期的继续，准妈妈可以慢慢增加每天散步的次数，或者延长每次散步的时间。这些都是保持运动量的好方法。

建议准妈妈在饭后到外面散步约20～30分钟，可帮助排便和排气。

心态放松解决腹胀

心理因素也是孕期腹胀的一个原因。因为紧张和压力大也会造成体内气血循环不佳。为了解决孕期腹胀，准妈妈应该学会放轻松一点。

如果对腹部胀气有许多的疑虑和担心，不妨直接上医院检查一下，让医生来辨明症状。这样可以避免准妈妈因为怀疑而造成的情绪紧张，帮助准妈妈保持良好的心态。

适度按摩解决腹胀

一些简单而舒缓的按摩也可以有效地缓解孕期腹胀。方法如下：

温热手掌后，采顺时针方向从右上腹部开始，接着以左上、左下、右下、右上的顺序循环按摩 10 到 20 圈左右，每天可进行 2 至 3 次。

按摩时力度要轻柔，并注意避开腹部中央子宫的位置。同时，用餐后也不要立刻进行按摩，按摩可在餐后半小时进行。

温馨提示

准爸爸，你郁闷了吗

因生理和心理上的变化，准妈妈经常会出现"孕期抑郁"。但如今，这已不再是准妈妈的专利，因为有些准爸爸也会在妻子怀孕期间出现各种各样的心理障碍与抑郁情绪。

这时，准爸爸一定要及时地疏导这些不良情绪，与妻子一起，幸福地迎接小生命的到来。那么，如何摆脱这些不良情绪呢？

1.锻炼。运动会让人变得精神饱满，在有压力时，不妨做做剧烈运动。比如跑上几千米，踢一场球。运动过后，你会发现再大的困难都能迎刃而解。

2.多和妻子沟通。特殊的时期更需要夫妻相互信任、相互支持，这是非常重要的。

3.偷得半日闲。换一个轻松的环境，找朋友一起聊聊天，暂时完全地抛开那些不愉快的琐事，心情自然就会变好啦！

Section
10

胎教安全：怀孕后这些西药不能用

吃晚饭时，朵朵爸对朵朵爷爷和奶奶说："爸，妈，今天我去药店，给你们买回两瓶钙片。你们要想着吃。"朵朵奶奶看看老伴，笑呵呵地说："别看我和你爸年纪大了，但身体还好。朵朵妈现在怀着朵朵呢，是不是也补补钙，免得将来孩子缺钙？""对，再吃点维生素什么的。这些保健药品吃不坏的。"朵朵爷爷补充道。朵朵爸想了想，拿不准主意，看朵朵妈也是一副茫然的样子，谨慎地说："大家都不太懂，还是打电话问问表姐吧。"真是不问不知道，一问吓一跳，原来怀孕期间，很多西药都是不能吃的，另外，一些看似对孕妇没坏处的维生素补剂，也是不能随便吃的。

下面表格中的这些药都是准妈妈不可吃的，准妈妈一定要记清楚哦。

药品名称	对胎儿危害
消炎痛	会引起小儿黄疸和再生障碍性贫血
巴比妥类	致胎儿心脏先天性畸形、面及手发育迟缓、兔唇、腭裂
扑痫酮	可使胎儿指趾畸形，妊娠后期服用可致胎儿发生窒息、出血及脑损伤
安眠酮	可致胎儿畸形
四环素	可致牙釉质形成不全，骨骼、心脏畸形，先天性白内障，肢体短小或缺损（如缺四指），新生儿溶血性黄疸，最严重的可出现脑核性黄疸甚至死亡
土霉素、强力霉素	可致胎儿畸形
氯霉素	可致新生儿血液循环障碍、呼吸功能不全、发绀、腹胀。（即"灰婴综合征"。）如在妊娠末期大量使用，可引起新生儿血小板减少症、再生障碍性贫血或胎儿死亡
卡拉霉素	可致耳聋
红霉素	可致先天性白内障、四肢畸形等

药品名称	对胎儿危害
庆大霉素	可致胎儿耳损伤，甚至引起先天性胃血管畸形和多囊肾
磺胺类药物（以长效磺胺和抗菌增效剂为主）	可致高胆红素血症、脑核性黄疸、畸形
海洛因	可致胎儿呼吸抑制、死亡
杜冷丁	可致新生儿窒息
吗啡、安侬痛	会抑制呼吸，使新生儿呈戒断样抑制状态
阿司匹林	可致胎儿小、畸形，引起新生儿凝血酶原减少数派而出血及肝脏的解毒功能障碍
非那西汀和扑热息痛	可致新生儿高铁血红蛋白血症
利血平	可致新生儿中毒，出现鼻塞、呼吸道阻塞，甚至因缺氧而死亡
咖啡因	可致新生儿唇腭裂
乙醚	可致胎儿死亡
一切含砷药物	可致胎儿死亡
安定、安宁、利眠宁、导眠能	可致胎儿畸形和女胎男性化
苯丙酸诺龙	可致新生儿腭裂
胰岛素	可致流产、早产、死产和其他先天性畸形
黄体酮	可致女胎男性化
可的松和强的松	可致胎儿唇裂、腭裂　可的松还可致胎儿无脑、早产、早死
孕酮、睾丸酮	可致胎儿外生殖器畸形
维生素 D	大量服用，可致胎儿高钙血症和智能发育迟缓
维生素 K	大量服用，可引起高胆红素血症、核黄疸
维生素 B$_6$	大量服用，可使新生儿产生维生素 B$_6$ 依赖症、抽搐；维生素 B$_6$ 的衍生物脑复新，在动物实验中引起裂唇，应慎用
多种维生素	妊娠头三个月内服用，可致婴儿患神经系统缺陷症
丙胀嗪	可致胎儿四肢畸形
抗疟药奎宁、氯化奎啉、乙胺嘧啶	可致脑积水、脑膜膨出、腭裂、肾停止发育或畸形、视网膜损伤
扑尔敏、敏可静、安其敏、苯海拉明、乘晕宁等抗过敏药	可致腭裂、唇裂、缺肢作用，还可使肝中毒及脑损伤，抑制新生儿呼吸
氟脲嘧啶、环磷酰胺	可致胎儿四肢、上腭、外鼻、泌尿道畸形，以及死亡
氨基喋呤	可致胎儿无脑、脑积水、脑膜膨出、唇裂、腭裂或四肢畸形
羟基脲和白消安	可致胎儿多发性畸形

药品名称	对胎儿危害
白血宁	可致新生儿中枢神经系统损伤、无脑
苯丁酸氮芥	可致肾、输尿管缺损
噻替哌、5-氟硫脲嘧啶、丝裂霉素C、秋水仙碱	可致胎儿死亡；但妊娠第16周后使用则较安全
双香豆素类药物	可致胎儿皮肤出血斑、脑障碍、胎盘早剥、骨和颜面畸形、智力低下或胎儿死亡
华法令	可致鼻骨发育异常、畸形
甲苯磺丁脲(甲糖宁、甲磺丁脲、D860)	可致流产、早产，具有催畸作用
丙硫氧嘧啶、甲硫氧嘧啶、他巴唑、甲亢平、碘化钾	可致甲状腺机能低下症、呆小病、骨化延迟、尿道下裂
双氢克尿噻或环戊氯噻嗪	可致新生儿血小板减少症
速尿灵	可致孕妇和产妇恶心呕吐、腹泻、药疹、瘙痒、视力模糊、体位性低血压，甚至水与电解质紊乱
利尿酸	可致暂时性听力减退，有时可发展为永久性耳聋
氯噻酮	对胎儿有不良影响
多黏菌素E、B及万古霉素	长期服用可致孕妇发生急性肾功能衰竭，使孩子出生后3年内易患神经性肌肉阻滞、运动失调、眩晕、惊厥及口周感觉异常；万古霉素还可致婴儿暂时或永久性耳聋
抗真菌类药物两性霉素B、灰黄霉素、制霉菌素、克霉唑	孕妇的神经系统、造血系统、肝肾功能对此有严重不良反应；灰黄霉素还可致流产和畸胎
氨苯蝶啶(三氨蝶呤)	可致孕产妇肝损害、改变血象

温馨提示

　　以上药物在妊娠期内都要禁用或慎用。若在特殊情况下必须使用，则应在医生的指导下服用。同时，用药单一、剂量小、时间短是孕妇用药的总原则。

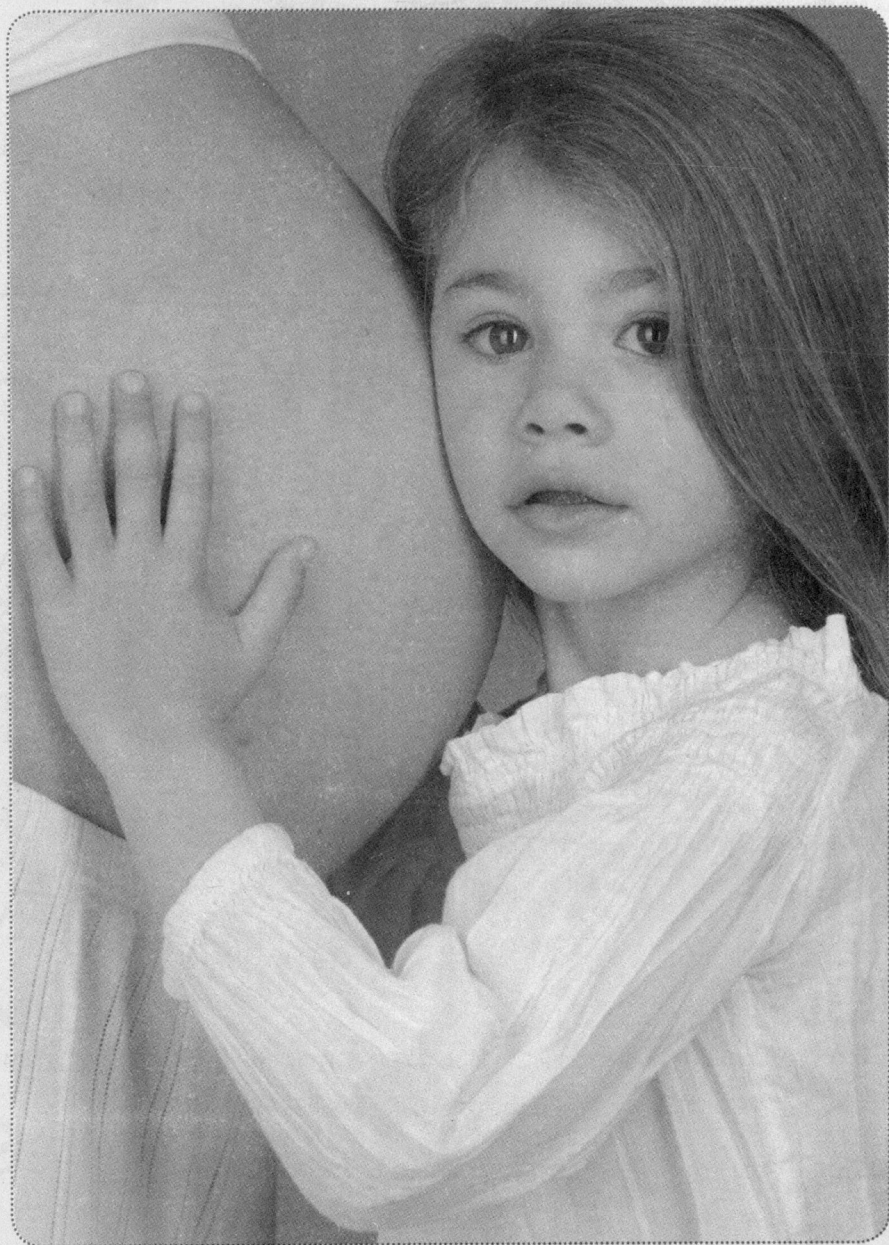

第9章

孕9月胎教完全方案

　　胎教的内容很多，胎教方法也很多，进行到孕9月，准父母对此的了解和掌握已经很全面，也有了自己独特的心得。这个月，准妈妈的身体负担越来越重，家人对新成员到来的期待更加迫切，往往会忽视或者放松了胎教行为。但胎教贵在持之以恒，科学的胎教恰恰需要准父母在这个时候抓紧时间，强化胎教行为。

Section
01

怀孕 9 个月，有什么不一样

"妈，你哪天能到啊？赶紧把日子定下来，别让我惦记。"朵朵妈在电话里一个劲儿地催促母亲快点来。"你才 9 个月，距离孩子足月还早着呢。你放心，妈一定在你生产前赶过去陪你啊……"陈妈妈在电话的那一端不住地安抚她。"万一孩子不足月就出来了怎么办？妈，我害怕，你早点来吧……""你这孩子啊，你公公婆婆都在你那里照顾你，我那么早过去干什么？""不早了，宝宝都 9 个月了！"朵朵妈不住地央求着母亲。

孕 9 月胎宝宝指标

进入孕 9 月，胎宝宝的各项指标又如何呢？

这时候，胎长已达到 46～50 厘米，胎重为 2000～2800 克。35 周时，胎宝宝的听力已充分发育，对外界的声音已有反应。而且能够表现出喜欢或厌烦的表情。身体呈圆形，皮下脂肪较为丰富，皮肤的皱纹都相对减少，皮肤呈淡红色，指长到指尖部位。到了 36 周，手肘、小脚丫和头部可能会清楚地

万一孩子不足月就出来了怎么办？妈，我害怕，你早点来吧……

你这孩子啊，你公公婆婆都在你那里照顾你，我那么早过去干什么？

在你的腹部突现出来。

男宝宝的睾丸已经降至阴囊中，女孩的大阴唇已隆起，左右紧贴在一起，性器官、内脏已发育齐全。第33周，胎宝宝的呼吸系统、消化系统已近成熟。第35周，胎宝宝肺部发育已基本完成，存活的可能性为99%。到了第36周，胎宝宝的两个肾脏已发育完全，肝脏也已能够处理一些代谢废物了。

第34周，胎宝宝应该已经为分娩做好了准备，将身体转为头位，即头朝下的姿势，头部已经进入骨盆。第35周，胎动每12小时在30次左右为正常，如果胎动过少，少于20次，预示胎宝宝可能缺氧，少于10次，胎宝宝可能有生命危险。

孕9月准妈妈指标

这时候，准妈妈的体重继续增加。由于胎头下降，压迫膀胱，尿频尿急的现象更加严重。胀气、便秘依然困扰着准妈妈的日常生活，甚至有的准妈妈还会出现痔疮。此时，准妈妈的手、脚、腿等都会出现水肿。由于子宫膨大，压迫了胃，使胃的容量变小，所以准妈妈的胃口不太好，吃一点儿就感觉饱了。

好消息是自36周开始，前一阵子的呼吸困难在本阶段开始缓解，但准妈妈依然会经常气喘。到了这个阶段，这种无效宫缩会经常出现，且频率越来越高。

孕9月饮食要点

由于子宫压迫肠胃，所以每餐可能进食不多，这时可以通过少食多餐来解决营养摄入问题。同时，因为水肿加剧，所以要继续控制食盐的摄取量，以减轻水肿的不适。

由于胃部受挤压，空间变小，所以准妈妈一次不要喝太多的水，以免影响进食。

孕9月，也要补充大量的维生素和充足的铁、钙。尤其是维生素 B_1，它能以辅酶形式参与糖的分解代谢，有保护神经系统的作用，还能促进肠胃蠕动，增加食欲，所以非常重要。

孕9月护理要点

做好分娩前的准备工作。自孕9月开始，准妈妈应对分娩知识进行了解，为分娩做好物质和心理准备。这时候，准妈妈应尽量避免单独外出，外出也不要时间太久。

腰痛加剧。随着胎宝宝的长大，准妈妈的腰痛会更加严重，准妈妈要学会关爱自己。举东西和弯腰时要特别注意，应从膝盖弯曲，保持后背的挺直。如果腰疼很严重，准妈妈可以采取热敷和休息的办法来缓解。特制的妊娠腹带也有支撑腹部的作用，能够在一定程度上缓解腰疼。最好不要用止疼药，如果实在疼得不能忍受，可以让医生决定是否用止痛药以及用何种止痛药。同时，准妈妈要控制好体重，参与一些轻微的运动，游泳和散步都是很好的选择。休息或睡觉时，要采用侧卧。

睡眠成为一个问题。由于机体损耗极大，准妈妈特别容易疲劳，这样就需要充分的睡眠来恢复其身体机能的活力。一般来说，准妈妈每天应保证 8 个小时的睡眠时间，其中还应有 1 小时左右的午睡。但是，由于子宫膨胀，此时准妈妈的睡眠也成了一个大问题。

出血。有许多准妈妈会在妊娠晚期出现出血现象。她们在出血前无腹痛，也没有其他明显的特殊征兆。严重时甚至会出血不止，濒临休克。孕晚期的这类出血最常见的原因是前置胎盘和胎盘早剥。如果这时候，准妈妈有无痛性阴道流血现象，要立即到医院诊断治疗，切不可掉以轻心。

产前心理焦虑。由于生产的日渐临近，有的准妈妈会因此越来越紧张，进而表现出过度的焦虑和不安，并非常害怕分娩的真正来临。准妈妈要用积极的心态，来面对分娩，消除产前焦虑。当然这也需要家人的努力和帮助。

孕期小知识

· 胸膝卧位法 ·

如果产检发现，孕30周后胎位为臀位或横位，准妈妈可以采用胸膝卧位来纠正。

每天饭前或饭后2小时，或者早晨起床前及晚上睡觉前进行。先排空尿液，然后松开腰带俯卧在床上。具体做法如下：

（1）双膝分开与肩同宽，胸肩贴在床上，头歪向一侧。

（2）让大腿与小腿成90度直角。

（3）双手下垂于床两旁或者放在头两侧，形成臀高头低位。

这时候胎头会顶到母体的横膈处，借重心的改变来使胎宝宝由臀位或横位转变为头位。每天可做2～3次，每次10～15分钟，一周后进行胎位复查。

如果至临产前胎位还不能正常，难以自然分娩，要提前住院，由医生选择恰当的分娩方式。

孕 9 月疾病要点

孕 9 月，很快就要分娩了，准妈妈要做好产前检查，预防并发症的出现。从本月开始，产前检查的次数就要增加了，需要每两周进行一次。一些有内外科疾病的孕妇，更要加强产前检查，防范病情的加重。

1. 胃灼热

胃灼热是困扰准妈妈的一个很常见的问题，主要是因为孕期内分泌发生变化，胃酸返流，刺激食管下段的痛觉感受器引起灼热感。此外，妊娠晚期巨大的子宫对胃有较大的压力，使胃排空速度减慢，胃液在胃内滞留时间较长，这也是导致胃酸返流到食管下段的一个重要原因。

孕期胃灼热通常在分娩后会自行消失。通常情况下，在轻松的环境中慢慢进食，避免吃得过饱，可以有效预防胃灼热。吃完饭后，慢慢地做直立的姿势将会缓解胃灼热；饭后适当散步、临睡前喝一杯热牛奶，也能很好地缓解胃灼热。

准妈妈不用专门服用治疗消化不良的药物，如果特别难受，也需要在医生的指导下服用。

2. 便秘

进入孕9月，有的准妈妈便秘可能更严重了，甚至有的准妈妈还会出现痔疮。这是因为准妈妈活动不断减少，致使胃肠的蠕动也相对减少，食物残渣在肠内停留时间过长而造成的。

所以，准妈妈更要注意膳食纤维的摄取，以促进肠道蠕动。全麦面包、芹菜、胡萝卜、白薯、土豆、豆芽、菜花等各种新鲜蔬菜水果中都含有丰富的膳食纤维。适当的户外运动也是有效预防便秘的一个有效办法。另外，定时排便的习惯也对预防便秘有好处。

3. 肚子痛

进入孕9月，宫缩就开始了。到了孕晚期，这种无效宫缩会经常出现，且频率越来越高。

出现这种情况时，准妈妈要特别注意休息，不能刺激腹部。当然，准妈妈也不需要特别服用药物，而且即使服用药物也不大可能得到缓解。如果痛到坐立不安，影响到了工作和生活，准妈妈就需要去医院进行检查了。

4. 胎盘早剥

胎盘早剥是指怀孕20周后或处在分娩期，正常位置的胎盘在胎宝宝娩出前部分或全部从子宫壁剥离。

要预防胎盘早剥，一定要加强产前检查，积极预防与治疗妊娠高血压综合征。对合并高血压病、慢性肾炎等高危妊娠应加强管理。一旦出现胎盘早剥现象，要尽快改善患者状况，及时输血。

温馨提示

怎样避免早产

早产是指在满28孕周至37孕周之间(即孕196～258天)的分娩。这个时候，虽然胎宝宝已逐渐发育成熟，但在36周前各个器官的机能，尤其是肺的成熟度还不足，所以出生后死亡率很高。准妈妈在这个阶段应积极预防早产。

第一，要注意穿着。准妈妈应穿着宽大舒适的衣物，不宜穿着窄紧的袜子和裤子，以免影响血液循环和胎宝宝的发育。

第二，保证充足的睡眠。

第三，注意睡姿。左侧卧位能够增加子宫、胎盘的血流量，有利于胎宝宝的生长发育。

第四，禁止性生活。孕晚期的性生活可能诱发早产和感染，应禁止。

第五，注意安全，避免摔倒。

第六，适当的户外活动。当然，要注意运动量，激烈的运动不适合准妈妈。

第七，多吃蔬菜，预防便秘。排便时不要用力屏气，便秘时不要用重泻剂，因为这些都可能诱发早产。

Section 02

环境胎教：孕妇体内环境对胎宝宝的影响

"今天检查结果怎么样啊？"朵朵奶奶关心地问儿媳。"妈，胎儿一切都正常。就是子宫内的羊水有点偏少，好在孩子不是很大，医生说没什么太大问题。"朵朵妈赶紧告诉婆婆检查结果。"羊水少，那对分娩会有影响啊……"婆婆喃喃自语道。"您说什么？"由于朵朵奶奶的声音太小，朵朵妈没听清楚。"没什么，我是说只要没问题我就放心了。"朵朵奶奶马上改口，心想："还是不要给她增加压力了，省得再影响她的情绪。"

准妈妈的生活环境会对胎宝宝的成长产生很大的影响，母体内环境对胎宝宝的健康成长也是至关重要的。

胎宝宝生长发育的内环境

1. 子宫

子宫是女性特有的重要生殖器官，位于盆腔中部，膀胱与直肠之间，承担着繁衍人类、孕育胎宝宝的历史重任。可以说，子宫是新生命的摇篮，是胎宝宝的"家"。

子宫的形状像一个倒放的梨子，由一堆肌肉组织形成。子宫最狭窄的那端约有3厘米的部分露出于阴道内，这就是子宫颈。在子宫颈内，有一根导管通往阴道，而这也正是精子到达子宫的唯一途径。子宫颈里充满了黏液，它们默默地保护着女性的健康，同时还调节着对精子的需求量。受精卵正是栖息于子宫之内，直待十月之后从母体娩出胎儿。

孕前，子宫重50克，体积约7厘米×4.5厘米×3.5厘米，怀孕9个月后，这小小的空间增大了500倍，子宫的整体重量也增加了20倍，其形状由梨形变为卵圆形，并不断扩大，直至占据腹腔的大部分位置。

2. 羊水

羊水，即怀孕时子宫羊膜腔内的液体。在孕早期，羊水主要来自胚胎的血浆成分；随着胚胎器官开始成熟发育，羊水的来源还包括胎宝宝的尿液，以及呼吸系统、胃肠道、脐带、胎盘表面的部分组织成分。在整个怀孕过程中，它是维持胎宝宝生命所不可缺少的重要成分，对胎宝宝有着非常重要的影响。

- 羊水可以用于评估胎宝宝健康及性别。
- 能够润滑产道，使分娩更顺利。
- 在生产时形成水囊，软化扩张子宫颈和产道，减少母体的损伤。
- 预防及降低外界细菌的感染。
- 能够让子宫收缩压力较平均，使子宫收缩时对胎宝宝的压迫降低。
- 能够给胎宝宝提供安全的环境，使子宫内保持稳定的压力和温度。

3. 胎盘和脐带

胎盘是妊娠期间由胚胎的胚膜和母体子宫内膜联合长成的母子间交换物质的过渡性器官，而连接胎宝宝和胎盘的管状结构就是脐带。在长达 10 个月的妊娠期，正是胎盘通过表面的无数根绒毛从母体吸取氧气和营养物质，并进行合成、改造、浓缩、过滤以及筛选等程序后，由绒毛里的毛细血管汇入脐带血管，通过脐带供给胎宝宝生长发育所需的营养。脐带中，脐静脉为胎宝宝输送营养，而脐动脉则将胎宝宝的代谢废物排出胎盘。

同时，胎盘还担负了保护胎宝宝的任务，将许多细菌和病原体阻在外面，不让它们伤害胎宝宝。

可以说，胎盘是胎宝宝的"供给部"，而脐带则是胎宝宝的"运输大队"。

孕妇体内环境对胎宝宝的影响

孕期母亲的生理、心理状态以及外界环境将影响胎宝宝赖以生存的宫内环境，从而改变胎宝宝的部分基因，甚至影响胎宝宝的组织和器官的发育。所以，一旦母亲在孕期生理、心理状态不好，外界环境不良，就有可能导致宝宝长大成人后更易患上一些慢性疾病。

有研究表明，孕期准妈妈心理状态不好，或者外界环境不佳的，新生儿成长大后，更容易患上成人代谢疾病和心肺疾病。成人代谢疾病包括肥胖、糖尿病等；心肺疾病包括冠心病、高血压、高血脂、凝血功能异常、肺部疾病等。

相关研究还表明，如果准妈妈患有精神疾病而未接受治疗的，新生儿大都会出现早产和出生低体重现象。如果产后患上了精神疾病而未治疗的，宝宝会表现为认知和行为异常、母子关系差、IQ下降，长大后容易出现抑郁，甚至有自杀和杀人倾向。

六招构筑良好母体环境

那么，准妈妈应该如何为宝宝构筑一个好的母体环境呢？准妈妈可以通过下面的六个措施来实现：

1. 寻找专业顾问

从准备要宝宝开始，准妈妈就可以着手进行专业顾问的选择工作了。经验丰富而又专业的妇产科医生是最佳选择。如果没有条件的话，准妈妈可以在备孕的时候先去医院优生优育办公室进行咨询，并多与有过生育经验的朋友交流。

2. 打造舒适的工作环境

有些工作环境由于接触化学物质、病菌、辐射、噪音，或作息时间不定，不利于孕育健康的宝宝，需要准妈妈在孕前和孕中做些调换。一般来说，需要调换的工作有：

- 经常接触铅、锡、汞等重金属元素的工作；
- 从事高温作业、振动作业和噪音过大的工作；
- 经常接触电离辐射的工作；
- 医务工作者，尤其是临床医生、护士；
- 经常密切接触化工农药的工作；
- 经常上夜班或经常加班熬夜的工作。

3. 坚持运动

从备孕开始，准妈妈就要做好健身运动。怀孕后，一些适当的运动也是必须的。

孕期小知识

·给宝宝"照相留影"很危险·

准父母总希望自从那颗种子种下之后，每一步的成长都能留下影像，于是一旦得知怀孕后就想给肚子里的宝宝做B超以"照相留影"。但是，这样的做法并不值得提倡，因为它可能会伤害到稚嫩的胎宝宝。

胎宝宝扫描中有温升现象，德国科学家发现，三个月内的胎宝宝，其骨骼对温升非常敏感，此时做超声检查会造成胎宝宝骨骼受损。另外，胎宝宝的生殖细胞和娇嫩组织对超声剂量的提高也非常敏感。正因为如此，妇产科医生很少会在孕期的头三个月里进行B超检查。准父母们应谨慎从事，切不可为赶时尚而酿成苦果。

在本书的前面章节里，我们也一再地提到这一点，而散步和游泳则是可以持续整个孕期的运动。

4.充足的休息

休息得好心情才会好，宝宝才能健康。准妈妈应尽量安排午休，并在晚上保障充足的睡眠。

5.情绪平和

关于这一点，我们也多次提到过，这里不再赘言。最简单的道理，如果准妈妈因为情绪不好而食欲不振，胎宝宝正常发育所需要的营养就有可能无法得到保障了。

6.事先有计划

从产检医院到分娩方式，从精神准备到物质准备，准妈妈都要事先计划好，然后按计划一步步实行。这样，准妈妈会从容地接受一切，从容地经历一切，自然会放松心情，从而为宝宝的来临提供良好的支持。

温馨提示

准妈妈居住环境应冷热适宜

我们在这一节里讲过，羊水能够让子宫保持一定的温度，从而使胎宝宝在一个相对恒温的环境里成长。但是，孕妇在过冷过热的环境里生活却同样会影响到胎宝宝的生长发育。

如果孕妇居住的环境非常热，一是会让孕妇情绪焦躁，从而会影响到腹内的胎宝宝。而过于寒冷的话，则会使孕妇血管收缩，从而可能引起子宫收缩。急速的子宫收缩引起阵痛，怀孕初期可能会引起流产，怀孕后期则有早产的危险。夏天，银行、百货公司、电影院等公共场所的冷气特别强，准妈妈们也要当心。

Section
03

营养胎教：准妈妈如何吃传统滋补佳品

"孩子啊，现在你身子这么重，很辛苦呀。"朵朵奶奶心疼地对儿媳说。

"嗯，是呀。现在我特别容易累。"朵朵妈有气无力地说。

"我知道你很累，都九个月啦。这不，我托人买了点燕窝，这就给你做去啊。"

"谢谢您，妈！"朵朵妈很感动。

"你这孩子，一家人说啥谢谢！"朵朵奶奶笑了。

人参、燕窝、鹿茸等都是传统的滋补佳品，也是现代人进补时的首选食品，但这些东西准妈妈能不能吃？又该如何吃呢？下面，我们就来一一介绍。

> 都九个月啦，你肯定很累，我托人买了点燕窝，这就给你做去啊。

> 谢谢您，妈！

燕窝

1. 成分

燕窝，又称燕菜、燕根、燕蔬菜，为雨燕科动物金丝燕及多种同属燕类用唾液与绒羽等混合凝结所筑成的巢窝，含有丰富的活性蛋白及各种维生素、氨基酸、矿物质和钙、铁、磷、碘等微量元素，清爽润泽，是滋补珍品。

2. 适用性

燕窝养阴润燥、益气补中、健脾补肺，能够让准妈妈身体强健，使未来的新生宝

宝更强壮、更白皙，且不易生病。但是，并不是所有的准妈妈都适合吃燕窝，一些体质较寒的准妈妈则不宜服食。

在妊娠前3月，胎宝宝剧烈分化，需要大量的营养来支持。但是，这段时期却是准妈妈妊娠反应剧烈的时候，很多准妈妈会感觉头晕乏力、倦怠嗜睡，并且食欲减退，还有些准妈妈则会表现为食欲异常、挑食、喜酸味和厌油腻。此时，为了补充营养，准妈妈可以选择单独进食燕窝。可以每天或隔天食用一次，每次食用3～5克。

孕4月至孕6月，为妊娠中期，准妈妈和胎宝宝都已处于安定期。此阶段，食用燕窝则可以一人吃两人补。如果有条件，可以在每天的早上或者晚上空腹食用一次，一次3～5克。

进入孕7月后属于孕晚期。这个时期，准妈妈食用燕窝可以增加产力。每次吃燕窝3～5克，每天或隔天食用一次。建议早上食用，以免晚上消化的时间过长，影响睡眠。

3. 食谱

燕窝乳鸽羹

功效：气血双补，增强体质。适合怀孕期间食用。

材料：乳鸽半只、燕窝25克、高汤适量。

做法：将干燕窝发好后密封，放入冰箱冷藏一夜，然后煮熟；放进切成小块的鸽肉，鸽肉烂后加入盐和调味料即可。

鹿茸

1. 成分

雄鹿的嫩角没有长成硬骨时，带茸毛，含血液，叫做鹿茸，鹿茸是一种名贵的药材，含有磷脂、糖脂、胶脂、激素、脂肪酸、氨基酸、蛋白质及钙、磷、镁、钠等成分，其中氨基酸成分占总成分的一半以上。鹿茸具有滋补强身的作用，对虚弱、神经衰弱等有非常好的疗效。

2. 适用性

鹿茸常用于眩晕、肾虚、耳鸣、目暗、腰膝酸软、阳痿、滑精、子宫虚冷、崩漏带下、神经衰弱、失眠、健忘等症。具有生精补髓、养血益阳、强筋健骨、抗衰老、延年益寿之功效。

虽然鹿茸有强筋健骨的作用，但准妈妈最好不要服用。因为经常服用鹿茸，会加剧孕吐、水肿、高血压、便秘等症状，甚至引发流产或死胎等。

胎教百味屋

胎教散文·荷叶母亲

——选自《冰心文集》

父亲的朋友送给我们两缸莲花，一缸是红的，一缸是白的，都摆在院子里。

8年之久，我没有在院子里看莲花了——但故乡的园院里，却有许多；不但有并蒂的，还有三蒂的，四蒂的，都是红莲。

9年前的一个月夜，祖父和我在院里乘凉。祖父笑着和我说："我们院里最初开三蒂莲的时候，正好我们大家庭里添了你们三个姊妹。大家都欢喜，说适应了花瑞。"

半夜里听见繁杂的雨声，早起是浓阴的天，我觉得有些烦闷。从窗内往外看时，那一朵白莲已经谢了，白瓣小船般散漂在水里。梗上只留个小小的莲蓬，和几根淡黄色的花须。那一朵红莲，昨夜还是菡萏的，今晨却开满了，亭亭地在绿叶中间立着。

仍是不适意——徘徊了一会子，窗外雷声作了，大雨接着就来，愈下愈大。那朵红莲，被那繁密的雨点，打得左右欹斜。在无遮蔽的天空之下，我不敢下阶去，也无法可想。

对屋里母亲唤着，我连忙走过去，坐在母亲旁边——回头忽然看见红莲旁边的一个大荷叶，慢慢地倾侧了来，正覆盖在红莲上面……我不宁的心绪散尽了！

雨势并不减退，红莲却不摇动了。雨点不住地打着，只能在那勇敢慈怜的荷叶上面，聚了些流转无力的水珠。

我心中深深地受了感动——

母亲啊！你是荷叶，我是红莲，心中的雨点来了，除了你，谁是我在无遮拦天空下的荫蔽？

一九二二年七月二十一日

人参

1. 成分

人参为多年生草本植物，古代雅称为黄精、地精、神草，被人们称为"百草之王"。它含有30余种人参皂甙，有广泛的药用价值，具有促进血液循环、延缓衰老、抗疲劳、增强免疫力、调节神经系统等多重功效。

2. 适用性

明代著名中医学者龚居中在其《四百味歌扩》中第一条即讲到了人参："人参味

甘，大补元气，止渴生津，调营养卫。"人参具有补虚扶正等多方面的药理功效，适用于各种虚弱性疾病患者服食。也因此，许多准妈妈不时地就会喝碗参汤，以达到安胎补气的功效。其实，并不是所有的准妈妈都适合吃人参，只有那些气虚的准妈妈才能使用人参来补气安胎。

如果准妈妈体质虚弱，并出现阴道少量出血、腰酸或下腹隐痛，有流产可能时，可以食用人参来达到补气安胎的效果；如果准妈妈妊娠反应剧烈，呕吐厉害不能进食，以至于身体虚弱，也可以用人参配合健脾胃的药物来进行调理。但即使是这两种情况下，也应在孕早期食用。

怀孕后期的准妈妈如果滥服人参，则有可能出现医学上所谓的"人参滥用综合征"。这是因为孕晚期，准妈妈一般体质偏热，服用人参会使准妈妈出现兴奋激动、烦躁失眠、咽喉干痛、血压升高等不良反应，加重孕期不适，甚至会出现流产和死胎的危险。

而且，服用人参不得法的话，有可能使准妈妈血压升高，水肿加剧。因此，怀孕后期服用人参必须慎重。一般怀孕 5 个月后不建议吃人参，以防后期生产困难。如果拿不准该不该服人参，最佳的解决办法是与医生讨论后再决定，避免发生不必要的危险。

3. 临产及分娩不能服用人参

人参具有"抗凝"作用，所以在临产及分娩时不要服用人参，以避免导致和增加产后出血的危险。

如果准妈妈出现头胀头痛、发烧、舌苔厚腻等情况，不可服用人参。

如果准妈妈服用人参后出现失眠、胸闷憋气、腹胀、玫瑰疹、瘙痒、鼻血等症状，应立即停服。

4. 食谱

鲜人参鲍鱼炖鸡

功效：有助于妊娠中期胎宝宝生长发育和母体健康。

材料：乌鸡 1 只、鲜人参 2 条、鲜鲍鱼 3 只、瘦肉 50 克、红枣 10 克、枸杞子 5 克、姜 3 克、酒 2 克。

方法：瘦肉切成大块；将乌鸡去掉头、尾及肥油，与瘦肉一起放入滚水中煮 2 分钟后取出；将处理过的瘦肉及乌鸡一起同洗净的鲜鲍鱼及其他材料放入炖盅内，加入适量滚水，用中火隔水炖 3 小时，加入调料即可食用。

忌禁：不能和破气的药物和食物同用，如萝卜等；不宜同时饮茶；另外不宜与藜芦、五灵脂等中药合用。

温馨提示

过敏准妈妈的安全胎教

有的准妈妈天生就是过敏体质，这类准妈妈在生活起居上，需要更加注意生活细节，特别是气喘患者，应该先与医师沟通，将病情控制好，并找出过敏原，这样才能在怀孕期间避免病情恶化而影响到胎宝宝及自己的健康。

有些过敏准妈妈会对食物过敏。这时要先确定自己的过敏食物有哪些，避免食用。有准妈妈甚至也可能对某些水果过敏。

如果一直找不出过敏食物，我们不建议准妈妈对食物做过多的限制，以免影响营养的摄取。

当然，对于一些比较容易引发过敏的食物我们也要注意避免一下。这些食物包括：海鲜类、坚果类食物。要特别提醒过敏准妈妈的是，一定要禁酒，像麻油鸡、羊肉炉、姜母鸭都尽量不要食用，葡萄酒也在被禁的行列。

运动胎教，让孕期轻松起来

"老婆，别吃完睡、睡醒吃，动弹动弹啊……"朵朵爸"苦口婆心"地劝说着妻子。

朵朵妈无奈地说："这几天天气不好，不能下楼散步。你让我怎么动？"

"运动，只要动起来就好。再说，运动也有助于你生产啊！"

"那我做深呼吸吧。"朵朵妈无奈地说。

"最好再伸伸胳膊和腿。"朵朵爸赶紧补充道。

"好吧，为了宝宝，我动……"朵朵妈强打起精神，懒懒地从床上爬起来。

都说"生命在于运动"，即使在怀孕的特殊时期也不例外。想要宝宝健康茁壮地成长，想要顺利地分娩，想要在产后迅速地恢复窈窕身材，适当的孕期运动是最好的办法。

当然，进入孕9月，已来到整个怀孕期最疲劳的时期，孕妇应当以休息为主。但也不能因此而一动不动，保持一定的运动量，能增加血液循环，加强心肺功能，是有利于准妈妈和宝宝的。此期间的运动锻炼应视孕妇的自身条件而定。坚持散步是一个不错

的选择，此外，下面的几种运动准妈妈也可以做一做。

孕晚期适宜的运动方式

下面的三组运动，准妈妈应每周至少做3次，每次持续15～20分钟。

1.四肢运动

步骤：

● 站立，双手向两侧平伸，整个上肢前后摇晃划圈，大小幅度交替进行；

● 站立，用一条腿支撑全身，另一条腿尽量抬高，然后换另一条腿，如此反复。

注意：在做这个动作的时候，最好手扶住一个固定的物体来支撑身体，以防跌倒。

2.腹肌活动

步骤：

● 平卧，屈膝，身体缓慢抬起，从平卧位到半坐；

● 回复到平卧。做的时候，抬起的幅度、做的次数，视体力情况而定。

3.增强骨盆底肌肉练习

步骤：

收缩肛门、阴道，然后放松，如此反复。

配合产前运动的呼吸法

正确的呼吸法配合产前运动一起进行，可以减轻准妈妈孕期腰痛、痔疮等情况，更重要的是，它还有助于顺利分娩，以及预防产后失禁。

孕期小知识

·孕晚期的注意事项·

1.为了防止医院的妇产科床位紧张，可以提前联系好住院事宜，做到有备无患。

2.确定去医院分娩的路线以及交通工具。最好设计好几种去医院的方案，以防关键时刻准妈妈不能顺利平安到达。

3.按时做产前检查。从本月起，体检的次数更频繁了，准妈妈一定要坚持体检，以使医生及时了解妊娠情况，为平安分娩做好准备。

4."大腹便便"的准妈妈，腰酸背痛，下肢水肿，不适感更重了。如果适当地按摩一下，刺激身体皮肤内的神经末梢，就可以增进血液循环，缓解肌肉疲劳，让不适感得到缓解。

5.学习分娩知识。临产前，准妈妈的心情往往是复杂的。她们一方面对宝宝的到来充满热切的期盼，但同时却又对分娩充满恐惧。这时候，如果能够了解分娩知识，知道分娩究竟是怎么一回事，反而能够坦然面对。准妈妈可以参加产前培训班，全面客观地了解分娩，以轻松和自信的心态迎接宝宝。

1. 自我放松法

步骤：

- 仰卧于床上，头枕一个枕头，双手平放于身体两侧；
- 双眼微闭，放慢呼吸频率，每呼一口气，就全面放松身体。

它能够舒缓肌肉和精神紧张，每天可以持续进行十分钟左右。

2. 腹肌运动

步骤：

- 仰卧于床上，双手放于腰下，屈起，脚掌贴地；
- 吸气时腰部微微向手上压下，呼气时全身放松。

每天进行十次，能够减轻腰痛，增强腹背肌力，并有助于顺利分娩。

3. 会阴肌肉运动

步骤：

- 仰卧于床上，双手放于腰旁，脚屈起，脚掌贴地；
- 吸气时收紧肛门、会阴和尿道口，维持 5 ～ 6 秒后放松，如此反复十次。

这个动作能够增强会阴肌肉的耐力和控制能力，并有助于顺利分娩，亦可预防产后出现大小便失禁的情况。

温馨提示

孕晚期运动提示

妊娠期不要做剧烈的运动，更不要拿出比赛的劲头，那样只会让人更紧张，对自己和胎宝宝都有百害而无一利。

运动不能无节制。像怀孕前那样运动到大汗淋漓不是孕期应该做的，要记住，运动不是一项令人疲惫的事。

运动要循序渐进。锻炼时，运动量应逐渐增加，直到你认为最适合为止。但进入孕9月了，一定要适当减少运动量，可改做些放松肌肉的运动。

一旦有不适感，要立刻停止，比如感到疼痛、抽搐或气短等。

运动可以每天一次，每次半小时。

Section 05

健康胎教：准妈妈抗击浮肿宝典

朵朵爸拿过鞋，蹲下身子给妻子穿上，可却怎么也穿不上。"老婆，这双鞋小了，你换一双鞋穿吧。"朵朵爸建议道。

"不会啊，我这鞋买了就几个月呢！是你太笨了吧。"朵朵妈连连否认。

朵朵爸又努力地试了几次，准备放弃："还是不行，老婆，穿不上！"

朵朵奶奶走过来，轻轻地按按朵朵妈的脚面，说："脚有点浮肿，穿拖鞋出去吧，走一会儿就回来。"

"原来是这样啊！"小两口恍然大悟。

孕期，准妈妈的肿胀情况，我们在前边也有过介绍。这里，我们将孕期不同时间段出现的肿胀情况具体说一下，以使准妈妈能够在不同阶段针对具体的情况采取合适的应对措施。

三个月

这时候，肿胀还不是很明显，范围也不大。一般情况下会从大脚趾下面部分开始，有些浮肿。晚上的脚浮肿情况尤其明显，用手轻轻按压会出现小坑。准妈妈的行动变得小心翼翼起来。

对策：

舒适的鞋。准妈妈可以为自己买一双宽松、舒适的新鞋。如何在孕期选择合适的鞋子，我们在前面已有过详细的介绍，这里就不再重复说明了。需要特别指出的是，合成革或不透气的劣质旅游鞋，沉重而且闭气，会使脚部浮肿加重，而且容易跌倒，准妈妈们不要买这类鞋子。

下肢按摩。每天晚上按摩下肢也能缓解准妈妈脚浮肿的情况。按摩前，准妈妈应当用温水洗净足部，全身放松。按摩时，保持室内清静、整洁、通风。如果家人不能帮忙按摩，一个好的按摩器是不错的选择。

四个月

进入孕4月，双脚的浮肿更厉害，准妈妈能够明显地感觉到肿胀。准妈妈会发现原先穿的鞋子穿不上了，虽然从脚背上看脚部变化不大，但脚踝却比以前胖了好多，而且一走路脚就疼。尤其是脚后跟，疼得更厉害，脚心有时候也会发疼。

对策：

补充蛋白质。这时候，准妈妈需要进食足够量的蛋白质。动物类食物及豆类食物含有丰富的优质蛋白质，准妈妈要加大摄入量。而一些有贫血症状的准妈妈，每周还要食用2～3次动物肝脏，以补充铁元素。

足量的蔬菜水果。蔬菜和水果中含有多种维生素和微量元素，可以提高机体抵抗力，加强新陈代谢，还具有解毒利尿等作用。它们都是保证准妈妈和胎宝宝的健康所必需的。

不要吃过咸的食物。水肿时要吃清淡的食物，尤其要注意盐的摄入量，避免吃咸菜，防止水肿加重。

适当控制水分的摄入。少吃或不吃难消化和易胀气的食物，比如油炸的糯米糕、白薯、洋葱、土豆等。

六个月

孕6月，准妈妈的整个脚都开始浮肿起来了。随着体重的增加，血液循环不畅，脚底也产生很大的压迫感。这种压迫感使得腰部疼痛更厉害。

对策：

适当运动：运动能够有效地缓解疼痛，并为顺利分娩做好准备。这里，我们给饱受孕期肿胀困扰的准妈妈介绍几个简单又有效的足部操。

- 在家时用足缘行走；
- 用脚趾走；
- 以足趾捡物；
- 将双足并拢，提足跟外旋。

当然，运动要量力而行，安全才是第一位的。

胎教百味屋

胎教散文·爱莲说（节选）

——北宋·周敦颐

水陆草木之花，可爱者甚蕃。晋陶渊明独爱菊；自李唐来，世人盛爱牡丹；予独爱莲之出淤泥而不染，濯清涟而不妖，中通外直，不蔓不枝，香远益清，亭亭静植，可远观而不可亵玩焉。予谓菊，花之隐逸者也；牡丹，花之富贵者也；莲，花之君子者也。噫！菊之爱，陶后鲜有闻；莲之爱，同予者何人；牡丹之爱，宜乎众矣。

八个月

进入孕8月，准妈妈发现自己的脚背肿得像个馒头，脚脖子也开始肿起来了。上下楼梯腿会疼，腿上还出现了凹陷性的水肿。但是卧床休息后，水肿就能消失。

对策：

饮食调理。这个阶段的脚部浮肿可能是因为体内蛋白质含量降低，建议在饮食上准妈妈要注意多吃肉类，增加蛋白质的摄入，或者直接吃蛋白粉补充蛋白质。

补充钙质。钙也是需要补的，多吃含钙丰富的食物，比如牛奶（特别是脱脂奶）和其他奶制品。

及时治疗。如果准妈妈出现了一些异常情况，则需要立刻去医院治疗。比如整个下肢浮肿，同时伴有心悸、气短、四肢无力、尿少等不适症状。因为孕期水肿也有可能是一些疾病所导致，比如营养不良性低蛋白血症、贫血和妊娠中毒症等。因此当出现较严重的水肿时，准妈妈要及时去医院检查、确诊和治疗。

十个月

进入孕10月，马上就要与可爱的宝宝见面了，这时候准妈妈的身体可能肿胀得更严重了，偶尔还会出现抽筋疼痛等。当然，幸福已经触手可及了。

对策：

温水泡脚。如果每天用温水泡泡脚，可以促进脚部血液循环，就能够有效地缓解准妈妈的脚部疲劳，从而缓解水肿。如果泡脚后再做几分钟的脚部按摩，效果更加明显。但需要注意的是，准妈妈每次泡脚的时间最好控制在15～20分钟，泡脚并不是时间越长越好。

睡觉垫脚。每天在睡觉前，如果准妈妈将自己的脚垫高一些也能够缓解脚部浮肿。选择垫脚的工具最常用最舒服的是枕头，而且最好是那种比较柔软的，这样会让准妈妈睡觉比较舒适。

心态调节。轻松快乐的心情是保持健康的最好秘方。出现脚部浮肿后，准妈妈要调整好心态，不要过于焦虑，否则很容易由于病急乱投医而使浮肿更加严重。

温馨提示

孕妇为什么会足底痛

一是因为孕期体重的增加使脚的负担增加。孕期，准妈妈体重会增加10～14.5千克，颈、肩、腰、背常常酸痛，脚也会因为不堪重负时常发生足底痛。

二是平足。人的足弓由横弓和纵弓组成，横弓在足底的前部，内侧纵弓较多，外侧纵弓较少。正常情况下，人的站立和行走主要靠第1和第5跖骨头和跟骨负重，而准妈妈因为体重增加，维持足弓的肌肉和韧带会非常疲劳，从而不能维持正常足弓。如果准妈妈本身就是平足，那么情况就会更严重了，足底痛也会加剧。

Section 06

安全胎教：孕期戴隐形眼镜会伤害宝宝吗

"孕期戴隐形眼镜好不好呀？"一大早，晓玲就给朵朵妈打来了电话。

"你又不近视眼，关心这问题干吗？"朵朵妈不解地问。

"不是我啦，是我们小区里一个孕妇。她本来近视眼的，可为了漂亮就是不愿意带框架眼镜，即使怀孕了也这样。我见了说这样不好，她还不信。"

"好像是不太好呀，但具体的原因我也不是很了解。"朵朵妈回答道。

泪液膜的重要作用

我们的眼睛结构包括眼球壁、眼内容物以及眼附属器这样三个部分。其中，在眼球壁的最外层为角膜，即黑眼珠前透明部分，其上覆盖着一层泪液膜；而属于眼附属器的结膜，即眼白前透明部分，同样有泪液膜覆盖着。这层泪液膜对我们的眼睛有什么作用呢？我们可以先看看泪液膜的构成。

由内而外，泪液膜可以分为三层，分别为黏液素层、水液层及油脂层。

1. 黏液素层，为泪液膜的最里层。它是由结膜杯状细胞分泌的，作用是使角膜上皮细胞由亲脂性变成亲水性，从而让水液层得以均匀地分布

好像是不太好呀，但具体的原因我也不是很了解。

孕期戴隐形眼镜好不好呀？

于眼球表面。

2. 水液层，为泪液膜的中间层，占了泪液膜的绝大部分。它是由泪腺及副泪腺分泌的，作用是使眼球表面平滑、供给角膜上皮细胞氧气、杀菌及清除代谢产物。

3. 油脂层，泪液膜的最表层。它是由眼睑的睑板腺分泌的，作用是延缓水液层的蒸发，增加泪液膜的表面张力。

泪液膜在孕期的变化

孕期，泪液膜的质与量都会发生变化。

1. 约有80%的孕妇会在孕晚期减少泪液分泌量，这里面减少的主要是水液层分泌。

2. 由于怀孕期间荷尔蒙的影响，结膜杯状细胞也会减少，从而导致了黏液素层分泌减少，并最终破坏了泪液膜的均匀分布。

3. 孕期间很多孕妇会出现眼睑水肿，从而导致眼睑发炎，破坏油脂层的分泌。这必然会使水液层蒸发更快。

所以，孕期泪液膜会在量上减少，并在质上也极不稳定。这对准妈妈的影响就是出现"干眼"症状，而这必然会影响隐形眼镜的配戴。

孕期小知识

· 孕期吃出宝宝好视力 ·

准妈妈的饮食与胎宝宝的视力发育有着密切的关系。为了宝宝将来能有一双明亮的眼睛，准妈妈应当多吃有利于胎宝宝眼睛发育的食物。那么，哪些食物对胎宝宝眼睛的发育有益呢？

1.油质鱼类

油质鱼类，包括沙丁鱼和鲭鱼等，它们富含一种构成神经膜的要素DHA，能帮助胎宝宝视力的健全发展。孕后期，如果胎宝宝严重缺乏DHA，出生后就会出现视神经炎、视力模糊等问题，严重的甚至会双目失明。

在准妈妈的餐桌上，最好每周至少出现两次鱼类。但是，准妈妈最好不要吃鱼类罐头食品，因为这些食物通常多盐，并添加了一定的防腐剂。准妈妈最好买新鲜的鱼自己烹饪。

2.含胡萝卜素的食品以及绿叶蔬菜

含胡萝卜素的食品以及绿叶蔬菜富含各种维生素，能够防止准妈妈维生素A、B族维生素、维生素E的缺乏。

3.注意补钙

钙对准妈妈和胎宝宝的健康都非常重要。有研究发现，孕期缺钙，宝宝少年期患近视的几率比孕期不缺钙的准妈妈所生的宝宝要高3倍。

在孕早、中、晚期，对钙的需求量也有区别。推荐准妈妈在孕早期每日保证摄入800毫克的钙，孕中期则为1000毫克，孕晚期则增加到1200毫克。

当然，钙的摄入也并不是越多越好，每日钙的最高摄入量不要超过2000毫克，否则容易造成分娩困难。

角膜在孕期的变化

孕期，角膜也会发生一系列的变化，从而影响准妈妈隐形眼镜的配戴。

孕期，准妈妈平均体重约增加11公斤，体内多储存了约6.5公升的水分。角膜含水量为70%，所以准妈妈体内水分的增加肯定会致使角膜也发生变化。那么，孕期，准妈妈的角膜会出现哪些变化呢？

1.角膜厚度增加。随着孕期的增加，角膜的厚度也会增加。尤其是孕晚期，角膜厚度的增加会更加明显。

2.角膜敏感度降低。由于敏感度的降低，角膜的反射功能及保护眼球的功能也会随之降低。当然，准妈妈不用担心，这种现象通常会在产后6～8周恢复正常。

3.角膜的弧度出现变化，近视度数增加。孕期，结膜的小血管会出现痉挛及收缩，从而导致血流量减少。而水晶体对水分的渗透度却有了增加，这就会使水晶弧度变陡。有研究发现，孕期，角膜弧度会变得比孕前要陡，屈光检查会出现0.25～1.25屈光度的改变。这样一来，眼睛的近视度会增加，再配戴原先合适的隐形眼镜度数就不够了，看东西也会模糊不清。

温馨提示

给近视眼孕妇的建议

孕妇并不适合常戴隐形眼镜，起码要在怀孕后三个月停戴，产后6～8周（最好3个月）再重新配戴。如果一定要配戴隐形眼镜，准妈妈应该做到这样几点，以减轻因为配戴隐形眼镜而加重的孕期眼部不适：

1.选择舒适的隐形眼镜。

2.正确清洁隐形眼镜。孕妇要严格做好镜片的清洁保养工作，或者干脆选择日抛式隐形眼镜，用完就扔，这样对眼睛的伤害最小。

3.稍有不适即看医生。如果有不适，孕妇应尽快找眼科医生诊治，切勿持拖延侥幸的心理，以免造成无法弥补的遗憾。

另外，需要特别提醒准妈妈的是，在孕期千万不要做雷射矫正近视手术。

孕期戴隐形眼镜隐患多多

基于上面提到的这些原因，准妈妈最好不要戴隐形眼镜，否则会造成一系列的问题。

1. 配戴隐形眼镜时出现干涩、有异物感，尤其是配戴硬式的隐形眼镜。

2. 隐形眼镜表面的油腻程度会增加，这主要是因为黏液的堆积。

3. 视力变得差。

4. 隐形眼镜的寿命比平常缩短。

据统计，约有 30% 的孕妇因配戴隐形眼镜而出现了上述提到的问题。

Section 07

温馨胎教：孕晚期备忘录

朵朵爸在朵朵妈的指导下收拾着待产包。正收拾着，朵朵爸突然问道："老婆，现在收拾这些东西是不是早了点？你的产假申请还没有交上去吧？领导批了么？"

朵朵妈懒懒地说："我还没写呢，本来认为不着急的，但是，现在看情况，好像得抓紧了！"

朵朵爸立刻紧张起来："为什么？你有预感么？"

朵朵妈笑了："那倒不是，不怕一万，就怕万一嘛。况且，朵朵在我肚子里越来越不安分了。最近我总想上厕所，这在单位太不方便了。我想明天就交上请假申请，等领导一批，我就安心在家等待着咱们朵朵的降临。"

"也好，要不然，你挺着大肚子上班，我还真有点不放心。"

孕 9 月，胎宝宝的头部逐渐进入骨盆，有的胎宝宝较小，会提前进入骨盆。孕妇也会因此下腹经常出现坠胀感。这时候，孕妇的消化功能可能变得更差了，便秘、尿频、水肿等症状也更严重。对准妈妈来说，最重要的事情是充分休息，做好小生命来临前的准备工作。

这时候，如果出现了下面这几种情况，准妈妈应沉着应对，不得大意。

严重便秘

便秘如果非常严重，就要去医院。老是不解大便，毒素就会被身体吸收。

那么，究竟什么状况才是严重便秘呢？这可以比照平时的情况。如果解大便的间隔比平时长很多，且大便很硬，腹部感觉很胀，甚至便血，这时就需要去医院检查治疗了。

过度尿频

胎头下降，压迫膀胱，尿频的现象加重了，这是妊娠期的正常生理现象。这时候一要及时解尿，不要憋尿；二是临睡前 1～2 小时不要喝水，以免晚上频繁起夜影响睡眠。

但出现这样的情况时，准妈妈需要去医院检查：尿频同时伴有尿急、尿痛，这时候应多喝开水，并上医院。

胃口不好

孕晚期，有些准妈妈会胃口大开，而有一些准妈妈的胃口反而会变得很差，每晚的饭量也变少很多。

胃口不好并不是因为胃肠道有毛病，而是因为孕晚期膨大的子宫压迫到胃，使胃的容量变小，吃一点就感觉饱了。这时候准妈妈可以改变饮食习惯，采用少食多餐的办法来应对。最好一天吃 6 顿，即 3 大餐、3 小餐。

如果孕晚期准妈妈每周体重的增加低于 0.4 公斤，那就需要特别注意营养的摄入了。

胃灼热

孕晚期，胃灼热也是困扰着许多准妈妈的问题。症状是在每餐吃完之后，胃部麻乱，有烧灼感，尤其是晚上，胃灼热很难受，甚至会影响准妈妈的睡眠。

引起孕晚期胃灼热的主要原因是内分泌的变化导致胃酸返流，刺激食管下段的痛

孕期小知识

·孕期头发的梳理·

合适的发型可以弥补体形上的不足，所以孕期准妈妈应该更加注意头发的梳理。

孕期，头发可以剪短一些，并让头发服帖一点，这样沉重臃肿的体形就会显得轻巧许多。使脑袋显得小巧玲珑，并完全露出脖子的发型会让准妈妈看起来比较轻盈。

觉感受器，从而产生灼热感。引发胃酸返流的另一个原因是巨大的子宫对胃的压力，致使胃排空速度变慢，胃液在胃内滞留时间较长。

通常，这种胃灼热会在分娩后自行消失。在孕晚期，可以通过一些小方法来缓解胃灼热：

1. 平时应在轻松的环境中慢慢进食，每次避免吃得过饱。

2. 吃完饭后，慢慢地做直立的姿势将会缓解胃灼热。

3. 饭后适当散步。

4. 临睡前喝一杯热牛奶，也有很好的效果。

要特别提醒准妈妈的是，未经医生同意不要服用治疗消化不良的药物。

温馨提示

有些准妈妈到了孕晚期，会产生各种问题，比如胃痛、头疼等。这让准妈妈很烦恼，感觉似乎什么毛病都来了。出现这些情况通常不需要去医院，也不需要太去关注。因为在孕晚期，由于激素影响，孕妇的韧带完全放松。骨头都快要"分家"了，所以就感觉骨头像散了架一样。

当然，如果这些毛病已经严重影响了准妈妈的正常作息，那又该另当别论了。

第10章

孕 10 月胎教完全方案

漫漫孕途即将结束，怀胎十月，准父母们终于要迎来宝宝的降临了。在这个月，准妈妈不但要一如既往地对胎宝宝进行胎教，更要学习一些分娩知识，为宝宝的顺利诞生作准备工作。轻掀生命书页，准父母们请收藏好九个月的辛苦与情怀，站好这最后一班岗，呵护新生命走向未来的旅程。

Section 01

怀孕 10 个月，有什么不一样

朵朵爸的手机响了，他拿起来一看电话号码——是朵朵外婆的电话，赶紧接通："喂，妈……""嗯，朵朵爸，你在单位呢？""是啊，您有什么事吗？""朵朵妈的预产期马上就到了，身边没人可不行，我们过不去，你还是赶紧把产假请了吧。"朵朵外婆在电话那头说道。"妈，你们放心吧，家里还有朵朵爷爷和奶奶照看朵朵妈呢。""他们毕竟年纪大了，这时候你还得自己上心啊……"朵朵外婆不放心地叮嘱着。"嗯……是……好……"朵朵爸连连点头，忙不迭地答应着。

孕 10 月胎宝宝指标

这时候，胎宝宝安静了许多，不太爱活动了。这是因为此时胎宝宝的头部已固定在骨盆中。正常情况下，胎宝宝的头在准妈妈的骨盆腔内摇摆，周围有骨盆的骨架保护着。

胎长达 51 厘米左右，胎重达 3000 ~ 3500 克。自 37周始，胎宝宝就有了"向光反应"，能自己转向光源了。胎宝宝的感觉器官和神经系统这时候也可以对母体内外的各种刺激作出反应了，他能敏锐地感知母亲的思考，感知母亲情绪以及母亲对自己的态度。

胎宝宝的手、脚肌肉已经

相当发达了，骨骼也开始变硬，头发有 3 ~ 4 厘米长。

身体各器官已发育完成，肺部是最后一个成熟的器官，宝宝出生几个小时后才能建立起正常的呼吸模式。

孕 10 月准妈妈指标

孕 10 月，准妈妈的体重达到孕期的最高点。阴道分泌物增多，尿频、尿急更严重，常会觉得尿不干净。便秘变得更明显，胀气也很严重。乳房变化有：更多乳汁从乳头溢出，为分娩后的哺乳作准备。

随着子宫的下降，其对胃的压迫开始减轻，准妈妈的呼吸变得较前轻松了些。这时有不规则阵痛、浮肿、静脉曲张等感觉，在分娩前更加明显。

孕 10 月饮食要点

准妈妈应充分摄取营养，如果胃口不好可以增加进餐次数，每日可增至 6 餐。在食物的选择上，体积小、营养价值高的食物更合适。

尽量限制脂肪和碳水化合物等热量的摄入，以免胎宝宝过大，影响顺利分娩。准妈妈应该多吃富含蛋白质、糖类等能量较高的食品，为分娩储备能量。

如果准妈妈还在服用钙剂和鱼肝油的话，应该停止服用。因为这个时候，胎宝宝的生长发育已经基本成熟，再服用只会加重准妈妈的代谢负担。

同时，准妈妈需补充必需的维生素、蛋白质和糖类等能量较高的食品。

孕 10 月护理要点

1. 尽量呆在家里。这是准妈妈孕期的最后一个月，随时都有可能破水、阵痛而分娩，所以准妈妈应该避免独自外出或长时间在外。

2. 适量运动。此时适当的运动仍不可缺少，但不要过度。消耗太多的精力会对分娩不利，而完全不运动也会让分娩变得困难。同时，准妈妈的营养、睡眠和休养也必须充足。

3. 分娩时呼吸法训练。分娩时，产妇要随阵痛调整自己的呼吸，以缓和疼痛，降低疲劳，帮助分娩。这时候，准妈妈可进行胸式表浅呼吸的训练。

训练的方法是：仰卧，屈膝，扩张胸部吸入空气，腹部不动，嘴唇放松，微张口，吐气和吸气相同。开始练习时做 15 秒钟，习惯后持续练习 30 秒钟。

4. 产前焦虑。这是初产妇经常遇到的。为了缓解产前焦虑，孕妇应心态平和，吃好，睡好，养足精神，不要听别人说分娩如何可怕。孕妇坦然的心态、平稳的情绪、冷静的头脑和必胜的信心将有助于顺利分娩。

5. 分娩时的辅助动作训练——按摩。训练办法是仰卧，屈膝，然后将两手轻放于下腹部，在缓缓深呼吸的同时，用手掌向肋部按摩，随即呼气，两手还原；手掌可先做直线来回按摩，然后再做圆形按摩。

6. 宫缩。通过情况，一开始宫缩并不规则，但当宫缩越来越规则并越来越频繁时，就预示着离分娩不远了。一旦每 5 分钟左右发作一阵宫缩，且子宫一阵阵发硬，孕妇感到疼痛或腰酸，就意味着分娩马上要开始了，应马上到医院待产。

7. 见红。这时候，只要出血就要马上到医院检查，尤其是出血量较大时更不能忽视。

8. 破水。无论是否有宫缩都要及时去医院。因为羊水流出时可能脐带也会随之脱出，如果是脐带绕颈的话就有可能导致胎宝宝死亡。如果流出的羊水不多，有的孕妇会误以为是白带增多。所以，这时候如果发现白带增多也应到医院去检查一下是否已破水，千万不要大意。

在前往医院的路上，孕妇应平卧。若发生破水或出血等分娩征兆，就不能再行入浴。

孕 10 月疾病要点

进入孕 10 月，由于内分泌变化和子宫膨大的压迫，会出现一些不舒服的症状，我们在前面也提到过，这些症状通常会在分娩后自然消失，不需太担心。但是，孕 10 月，下面的这些疾病一定要引起准妈妈们的警觉。

1. 脐带脱垂

脐带脱垂是指胎膜已破，脐带进一步脱出于胎先露的下方，经宫颈进入阴道内，甚至经阴道显露于外阴部。如果脐带位于胎先露部前方或一侧，胎膜未破，称为脐带先露，脐带先露实际上是轻度的脐带脱垂，也称为隐性脐带脱垂。异常胎先露是发生脐带脱垂的主要原因。临产后先露未入盆或胎位异常的准妈妈一定要好好卧床休息，并尽量减少肛查或阴道检查的次数。

脐带先露或脱垂对胎宝宝十分危险。一旦脐带先露或脱垂，胎先露部还没有入盆，胎膜又没破，在宫缩时，胎先露部就会被迫下降，脐带可因为一时性的受压而发生胎心率异常的现象。如果胎先露部已入盆，胎膜已经破了，胎儿脐带脱垂下来，胎头可能因为往下降而直接压迫到脐带上，也就是胎宝宝自己把自己的血液供应阻断了，这会在3分钟内造成胎儿极为严重的缺氧甚至死亡。

如果出现脐带脱垂，医生会让产妇"头低脚高"地躺着，让胎头或胎儿身体离开压迫位置，再将手伸入产道内，将胎儿往上顶，使胎儿不要压迫到脐带，然后赶紧施行剖宫产。

一旦出现胎儿脐带脱垂，孕妇最好能平躺着，并尽快由家人送往医院。

2. 胎儿窘迫

胎儿窘迫是指胎宝宝在宫内有缺氧的征象并危及到胎儿健康和生命。胎儿窘迫是一种综合症状，是当前剖宫产的主要适应证之一。胎儿窘迫主要发生在临产过程，也可发生在妊娠后期。胎儿窘迫有急性和慢性两种。急性主要发生于分娩期，多因脐带因素、胎盘早剥、宫缩过强且持续时间过长及产妇处于低血压、休克等而引起。而慢性胎儿窘迫则多发生于妊娠末期，并经常会延续至临产并加重。多因孕妇全身性疾病或妊娠期疾病而引起的胎盘功能不全或胎儿因素所致。

如果发生胎儿窘迫，胎儿心跳会发生变化。医生会用胎心监护仪来观察胎儿心跳的变化。正常的胎儿心跳应在每分钟120～160次，并呈现上下波动的曲线。如果胎儿心跳每分钟超过160次或低于120次，都可能存在胎儿宫内缺氧的情况。这时医生会给产妇吸氧，并输注大量液体，或让妈妈侧躺，都会改善状况。万一出现严重的胎儿窘迫，危害到胎宝宝的生命时，医生会采取措施，让孩子尽快出生。

温馨提示

不规则的肚子痛

约在分娩前一个月，宫缩就已经开始了。有些人刚开始时还没感觉，只有用手去摸肚子时，才会感受到宫缩。而到了孕晚期，这种无效宫缩会经常出现，且频率越来越高。所以，在孕期的最后一个月，准妈妈偶尔会出现肚子痛的情况，只要没有出现很规律的肚子痛，就不需要特别在意，更不需要服用药物。

准妈妈这时候要注意休息，不要刺激腹部。如果痛到坐立不安，工作、生活受到影响，就需去医院就诊。

Section 02

情绪胎教：准妈妈如何应对产前焦虑

"啊……"朵朵妈从噩梦中惊醒，朵朵爸用手轻拍她的胳膊，轻声安慰着她："不怕……不怕……又做噩梦了？""老公，我梦见朵朵出生了……她的脚先出来了……难产……"朵朵妈断断续续地描述着梦境。朵朵爸一边用毛巾给妻子擦着冷汗一边安慰道："俗话说，日有所思，夜有所梦，你是白天想得太多了，太紧张了！""好可怕！老公，我不生了！"

造成产前焦虑的七个原因

据统计，98％的孕妇会在妊娠晚期产生焦虑情绪。为什么这么多的孕妇会出现产前焦虑呢？简单地说有这样几方面的原因：

1. 担心分娩的疼痛。由于许多孕妇为初产妇，对生产没有直接体验，又从电视、报刊等媒体上得知了许多人生产的痛苦经历，从而联想到自己即将到来的分娩，于是心生焦虑。

2. 担心孩子的健康。虽然做过多次检查，但检查毕竟是通过机器和各种化验来进行，并不能百分百准确，准妈妈于是担心，怕自己的宝宝出现不健康问题。

3. 担心孩子的性别。现在很多人对生男生女都

老公，我梦见朵朵出生了……她的脚先出来了……难产……

俗话说日有所思夜有所梦，你是白天想得太多了，太紧张了！

能正确看待，但仍有一部分人会对胎宝宝性别存在好恶，或家人对孩子的性别比较在意。这样就增加了对胎宝宝未知性别的担忧。

4. 担心身体原因不能顺利分娩。 这种情况多出现在患有妊娠高血压综合征、妊娠合并心脏病等产前并发症的准妈妈身上。她们由于自身健康存在问题，总怕殃及胎宝宝，因此非常容易焦虑。

5. 孕期不适而产生的焦虑。 孕晚期皮肤瘙痒、腹壁皮肤紧绷、水肿等各种孕期不适症状加重，使准妈妈心中烦躁，易焦虑。

6. 因缺少交流而焦虑。 由于行动不便，整日闭门在家，准妈妈容易将注意力集中到种种消极因素上，产生焦虑。

7. 担心孩子出生后的物质条件。 有些准妈妈还会担心因孩子出生而增加的经济压力及工作压力，从而产生焦虑。

产前焦虑危害很大

有些准妈妈善于自我调节，会使焦虑情绪得到缓解，有些准妈妈不会自我调节，焦虑情绪会越来越严重，甚至最后造成心理难产。

1. 产前严重焦虑对孕妇的影响

● 有严重产前焦虑的孕妇剖宫产及阴道助产比正常孕妇高一倍。严重焦虑的孕妇常伴有恶性妊娠呕吐，并可导致早产、流产。

● 产前焦虑还可引起孕妇植物神经紊乱，导致分娩时宫缩无力造成难产。

● 产前焦虑会使孕妇得不到充分的休息和营养，从而在分娩时容易产力不足造成滞产。

孕期小知识

·脐带血·

较多准妈妈都非常关心新生儿脐带血保存的问题，想了解脐带血到底有多大用处？是否需要为宝宝保存下来？保存时对准妈妈有没有特别要求？

脐带血是指分娩时新生儿脐带被结扎后胎盘内由脐带流出的血。它的数量虽少，却含有大量未成熟的造血干细胞。在医疗上，可用于造血干细胞移植，治疗白血病、淋巴瘤、再生障碍性贫血等致命疾病。但目前在医学界，其治疗功效还存在争议。

一般情况下，只要准妈妈身体健康，妊娠达36～42周，营养正常，无恶性肿瘤及各种遗传性疾病，无乙肝、丙肝、梅毒、艾滋等传染性疾病，妊娠期内无严重合并症、无家族遗传性疾病史，新生儿体重大于2500克并无畸形的，就可以保存脐带血。脐带血的保存对准妈妈的年龄没有限制。

脐带血可以长期保存，因为脐带血造血干细胞冷冻保存十余年后仍有较好的活性。但由于脐带血保存是近20年才开始的工作，对于冷冻的脐带血到底可以保存多少年这个问题，还需要时间来证明。

2.孕妇产前焦虑也会对胎宝宝造成很大的影响

● 孕妇的心理焦虑易造成产程延长，新生儿窒息，产后易发生围产期并发症等，直接影响到分娩过程和胎宝宝状况。

● 会使孕妇肾上腺素分泌增加，从而导致代谢性酸中毒，引起胎宝宝宫内缺氧。

缓解产前焦虑的四个方法

可见，临产前准妈妈的情绪调节也是本月胎教最重要的内容之一。严重的产前焦虑会对孕妇和胎儿造成严重的影响。那么，如何来缓解产前焦虑呢？下面这些方法或许可以试一试。

1.了解分娩的相关知识

让自己了解分娩的全过程以及可能出现的情况，这是准妈妈克服分娩恐惧的最好办法。准妈妈可以通过参加产前培训班来了解这一切。

丈夫最好和妻子一起学习这些知识，了解分娩全过程以及可能出现的情况，了解分娩时怎样配合，进行分娩前有关训练，这对减轻准妈妈的心理压力有很大的帮助。

温馨提示

十个细节帮助准妈妈保持产前好心情

1.保持好的饮食习惯，均衡饮食；

2.天天记录饮食情况，保证每日摄入所需营养；

3.照看朋友的宝宝，学习一些新生儿护理的方法；

4.学习分娩知识，参加分娩学习班；

5.看看母乳喂养，为即将来到的母乳喂养做好准备；

6.坚持锻炼，这会让你的分娩过程更顺利，产后恢复更迅速；

7.做好分娩计划，记下在你分娩过程中想要或需要的东西，并告之家人准备好；

8.准备一台照相机或者录像机，以便为宝宝拍下第一张相片，或录下宝宝初见世界的情景；

9.放松，再放松，不要紧张；

10.在分娩前照一张照片，留给宝宝以后看。

2. 做好充分准备

要做到这一点，定期做孕晚期检查是很重要的。丈夫应陪伴妻子一起接受产检，让妻子感受到家人对自己的关爱，感觉到有依靠。

3. 进行积极的心理暗示

准妈妈要经常告诉自己，"我就要见到日思夜想的宝宝了，这是一件让人高兴的事情"，"我的骨盆较宽，生宝宝没问题"，"我平时力气大，生宝宝时肯定有力"，"宝宝和我在一起努力"等。这些积极的心理暗示会让准妈妈信心大增。

4. 适时入院待产

如果情况良好，准妈妈不宜提早入院待产。因为，医院会使准妈妈产生紧迫感，紧张自己什么时候分娩。这时候，如果看到其他的产妇，尤其是后来入院的产妇已经分娩，情绪会非常受影响。因此，在出现分娩征兆前，准妈妈应安心在家中待产，除非医生建议提前住院。

Section
03

运动胎教：对分娩有帮助的运动

老婆，还有一周就到预产期了，你怎么对运动还这么不上心啊？"朵朵爸很担心地对朵朵妈说。"老公，这个产前焦虑症，我都没有，怎么你好像得了啊？""我哪有焦虑啊？我这不是担心么！""别担心！我不但很认真地做了产前运动，还特意向表姐学习了在生产时该如何呼吸呢！"朵朵妈笑了笑，接着说，"我怎么觉得咱们有点怪怪的，被安慰的那个人应该是我吧？"

产前运动目的

产科医生经常告诉临产的孕妇们，不要总躺在床上休息，适当的运动有利于分娩。那么，产前运动究竟对分娩有哪些好处呢？

1. 产前运动能够减少阵痛时的疼痛。

2. 产前运动能够缓解生产时情绪及全身肌肉的紧张。

3. 产前运动能够增加产道肌肉的强韧性，以便生产顺利。

4. 产前运动能够帮助缩短产程。

产前运动注意事项

当然，在让临产的准妈妈们做产前运动的同时，产科医生们还会叮嘱准妈妈们要特别注意自己的情况。那么，产前运动究竟有哪些注意事项呢？

1. 做前先排空膀胱。

2. 最好选硬板床或在地面上做，坐姿亦可。

3. 穿宽松的衣服（解开带扣）。

4. 最好在就寝前和早餐前做。

5. 方法要正确，注意安全。

6. 次数应由少而多，不要过于劳累。

五种产前运动

产前运动主要有腰部运动、腿部运动、腹式呼吸运动、闭气运动及胸式浅呼吸运动五类。下面，我们就给大家一一介绍。

1. 腰部运动

动作：手扶椅背慢吸气，同时手臂用力，脚尖立起，使身体向上；腰部挺直，使下腹部紧靠椅背；慢慢呼气，手臂放松脚还原。早晚各做5～6次。

功效：加强生产时的腹压及会阴部的弹性，让胎宝宝顺利娩出。

2. 腿部运动

动作：以手扶椅背，右腿固定，左腿做360度划圈；还原，换腿继续做。早晚各做5～6次。

功效：加强骨盆附近肌肉及会阴部弹性。

3. 腹式呼吸运动

动作：平卧，腿稍屈，闭口，用鼻吸长气，使腹部凸起，肺部不动，吸气越慢越好；然后慢慢呼出，使腹部渐平下。每日早晚各做10～15次即可。

功效：能给胎宝宝输送新鲜的空气，可以镇静准妈妈的神经，消除紧张与不适；在分娩或阵痛时，还有助于缓解准妈妈的紧张心理。

孕期小知识

· 临产时孕妇吃什么好 ·

临产孕妇的饮食以富含糖分、蛋白质、维生素，且易消化为佳。可以根据产妇的爱好，选择蛋糕、面汤、稀饭、肉粥、藕粉、点心、牛奶、果汁、苹果、西瓜、橘子、香蕉、巧克力等多样饮食。

产时，阵痛会影响产妇的胃口，所以产妇要学会阵痛间歇期抓紧时间进食。同时注意，不要暴饮暴食。

4.闭气运动

动作：平躺深吸两口气，立即闭口，努力把横膈膜向下压（如解大便状）。每日早晚各做 5～6 次。平时在家练习时不要太用力，以免出现危险情况。

功效：生产时子宫口开全后做，此运动可加强腹压，助胎宝宝较快产出。

5.胸式浅呼吸运动

动作：平躺，腿伸直，张口做浅速呼吸，每秒钟呼气 1 次，每呼吸 10 次必须休息一下，再继续做，早晚各做 3～4 回。

功效：生产时，胎头娩出做此运动，可以避免胎宝宝快速冲出而损伤婴儿或致产妇会阴部严重裂伤。

分娩时的助产运动

分娩时，应当在不同的时期做不同的助产运动。大致可以分为当胎宝宝活动减少时、到医院待产时、分娩即将开始时、分娩进行中四个时期。

1.胎宝宝活动减少时

这时候，如果胎动明显减少，说明胎头已固定在妈妈骨盆内，在为出生而作准备。这时候，准妈妈要注意休息，保持体力，为即将来到的分娩准备。

2.到医院待产时

住进医院，准妈妈不要完全躺在床上，应当进行一些适量的活动。准妈妈可以做这样的分娩练习：

半坐位或仰卧在床上，双腿屈膝，两腿尽量分开。假定自己的宫缩已经开始了，于是深吸一口气，将肚子鼓起来，然后屏住气，像排大便一样，向肛门方向用力，用力后慢慢呼气。当然，练习的时候不要太用力。

在医院待产期间，准妈妈应当吃一些容易消化、热量高的食物，以保持旺盛的体力。

3.分娩即将开始时

这个时候，准妈妈已经感觉到了阵痛，彻底的放松对顺利生产很有助益。

4.分娩进行中

当子宫口即将完全打开时，准妈妈会感觉到腰部剧烈疼痛，这个时候最好深呼吸，这样能给胎宝宝提供充足的氧气；当子宫口完全张开的时候，胎宝宝头部娩出，医生会提醒准妈妈停止用力，改为较短促的呼吸，帮助胎宝宝娩出。等到宝宝发出第一声啼哭时，分娩就结束了。

阵痛时想上卫生间怎么办

阵痛过程中，许多准妈妈会想上卫生间。这时必须要先跟医生打招呼，因为想要用力分娩的感觉与想要大便的感觉是非常相似的。如果产妇不和任何人打招呼，独自去卫生间，一旦子宫口打开，将会使胎宝宝的头部露出来，甚至一下子将孩子生出来的情况都有可能发生。所以，想上卫生间时一定要对医生讲，医生会对产妇进行检查，一旦发现子宫口已经开始张开了，就不会让准妈妈去卫生间了。

Section 04

实用胎教：准妈妈产前必修课

朵朵妈，到预产期了吗？""就这两天，可肚子还没什么动静。""呵呵，别着急，有时候预产期算得也不是那么准。"同事张姐关心在家休产假的朵朵妈，特地打电话来问候。"也许吧，不过，我还是有些担心，这几天一直坚持锻炼呢。""别想太多，好好休息。宝宝出生了一定要通知我啊！""一定一定。您放心吧！"

马上就到预产期了，为了顺利分娩，准妈妈最好了解一下这些内容。

消除分娩时肌肉紧张的三个方法

经常进行浅呼吸、短促呼吸以及肌肉松弛的练习，能够在分娩时有效缓解肌肉无力的状况。

1. 浅呼吸

方法：像分娩时那样平躺着，嘴唇微微张开，进行吸气和呼气间隔相等的轻而浅的呼吸。临产前每天练习半小时。

功效：此法可以解除腹部紧张。

2. 短促呼吸

方法：像分娩那样，双手挽在一起，集中体力连续做几次短促呼吸。临产前每天练习

半小时。

功效：集中腹部力量，使宝宝的头慢慢娩出。

3. 肌肉松弛法

方法：肘和膝关节用力弯曲，接着伸直放松。临产前每天练习半小时。

功效：利用肌肉紧张感的差异进行放松肌肉的练习。

产妇在分娩时怎么用力

当宫口开全时，产妇就可以用力了。

用力时要配合宫缩进行，在宫缩高峰的时候有意识地施加腹压。先深呼吸，待空气吸入胸腔后先憋住，然后像排便时一样，向肛门的方向用力。

当然，这时候，经过几个小时的阵痛，很多产妇已经没有力气再使劲了。你可以想象一下蹲厕所的姿势，稍微地蜷起身体，腹部会受到压力，产道的角度也会更有利于分娩。

在无法憋气时可以吐气，然后再吸气、用力。分娩时，医生和护士会给你指示，交互进行用力及放松，也就是在子宫收缩时用力，在收缩停止时放松。放松时要全身放松，使髋关节得到休息。如果髋关节太硬，对你的分娩过程没有好处。

注意：不要让身体向后倾，这样会改变产道的弯曲角度，会给你的分娩增加难度。

在第二产程中，胎头露出后，宫缩强烈时，产妇不要再向下用力。应张口呼气，以解除过高的腹压，避免造成会阴严重裂伤。

宫缩间歇时，产妇再吸气，同时向下用力，使胎头缓缓娩出。

过了预产期不生产怎么办

凡是在预产期前后2周内分娩的都属足月妊娠分娩正常范围。如果过期还未分娩，我们建议赶紧去医院检查。

孕期小知识

·陪产时准爸爸要做的三件事·

第一，让妻子转移对宫缩疼痛的注意力。可以利用谈话、游戏或是说笑话的方法，来转移准妈妈的注意力，从而缓解准妈妈的疼痛。

第二，给妻子进行按摩。帮妻子按摩背部、双脚或者肩膀，都能让妻子感到舒服与放松，从而帮助她减轻疼痛。

第三，提醒准妈妈使用正确的呼吸方法。当然，并不是所有的准爸爸都能做到这一点。如果准爸爸不清楚，也不要强行插手。可以放心地让医护人员去做，准爸爸只要集中精力安抚好妻子的情绪就行了。

第 1 步：再次确认预产期

到医院请医生确认预产期是否正确。医生会仔细询问孕妇最后一次月经到来的日期，并以月份 −3、日期 +7 的方式再次计算出预产期。

因为有的准妈妈月经周期不规律，或者周期较长，还有一些准妈妈自己也记不清楚了，所以"月经算法"有时需要修正。这时，医生会辅助以超声波的 CRL 值（胎儿头臀长度）来进一步确认预产期。

由于前 3 个月胎宝宝的成长不太会受到后天人为因素的影响，比如孕妇身体状况等，所以用 CRL 值（胎儿头臀长度）来推算预产期是相当准确的。

第 2 步：运动 + 催产

如果过期未产，准妈妈可以通过适当运动来催产。

目前过期妊娠的发生原因还不明确，只能推测可能跟准妈妈本身的体质及怀孕后期是否做适度的运动有关。

孕晚期，满 37 周之后，如果产检一切正常，准妈妈可以多做以下运动：

每天散步 30 分钟以上，适合所有的准妈妈；

每天缓慢上台阶数次，适用不会喘得太厉害、不会造成异常宫缩的准妈妈；

盘腿而坐、脚掌对碰，以训练骨盆腔，有助于自然生产。

一般情况下，如果孕 41 周还是没有动静，医生会建议准妈妈到医院进行催产。

以前，产科认为过了 42 周医生才需要为准妈妈做催产，但临床发现，42 周后 48% 的准妈妈的胎盘已经老化，其功能变差，羊水也变少了，这个时候催产的效果并不佳，因此，现在医生会对到 41 周仍未生产的准妈妈实行催产。

第 3 步：准备剖宫产

如果产妇经过重新确认预产期，并且打过催产药剂后仍然没有生产迹象的，医生会对其实行剖宫产手术。因为时间拖得越长，胎儿的围产期死亡率及患病率也越高，对母体的危害也越大。

温馨提示

剖宫产后的三个注意事项

实行剖宫产的孕妇在术后需要特别注意这样三点：

1.术后多翻身

麻醉药物可以抑制肠蠕动，引起不同程度的肠胀气，因而发生腹胀。因此，产后应多翻身，使麻痹的肠肌及早恢复蠕动功能，尽快排出肠道内的气体。

2.采取半卧位卧床

剖宫产的产妇不能像自然分娩的产妇一样，在产后24小时后就起床活动，这就使得恶露经常不能顺利排出。为了促使恶露排出，剖宫产的产妇宜采取半卧位，配合多翻身，避免恶露积在子宫腔内，引起感染而影响子宫复位。同时，这也能促使子宫切口尽早愈合。

3.尽量早下床

只要体力允许，剖宫产产妇应尽量早下床活动，并逐渐增加活动量。这样，一方面能增加肠蠕动，促进子宫复位，同时还能避免肠粘连、血栓性静脉炎等情况发生。

Section
05

安全胎教：准妈妈即将分娩的迹象

"……哎……呦……"正躺着休息的朵朵妈发出一声惊叫。"怎么了？老婆！"朵朵爸连忙紧张地问。"我肚子疼！朵朵爸，咱们朵朵是不是想出来啦？"朵朵爸一听立刻慌了，"你仔细感觉一下，确定是不是要生？"说完又扭头对客厅大声喊道，"妈，你快来，朵朵好像要出来了！""别急，预产期还有一周呢。我看看……"朵朵奶奶冲进来安慰着小两口。

不用说，朵朵妈的疼痛正是子宫收缩引起的，这是临产前的迹象。在等待分娩的紧张时刻，我们不妨先了解一下即将分娩的征兆，以便及时进医院待产。

准妈妈分娩的三大迹象

1. 宫缩

宫缩即子宫收缩，开始时好像是钝性背痛，或者刺痛，向下放射到大腿。随着时间的推移，宫缩可能会发生在腹部，更像剧烈的周期性疼痛。

产程开始时，会产生有规律的宫缩，这就是阵痛。与宫缩对应，阵痛开始时时间较短，间隔时间比较长，每5～6分钟会产生30秒左右的阵痛。之后，频率越来越大，阵痛的时间越来越

长，那就是快要生产了。如果羊水未破，可以洗个温水浴松弛松弛，或吃一点点心再去医院待产。

如果阵痛的时间较短，少于 30 秒，而间隔时间又特别长，比如一天只发生 10 次左右，那多半只是"假临产"，子宫颈口并没有开。只要卧床休息，阵痛就会消失。

2. 羊膜破裂

羊膜是环绕在胎宝宝周围充满液体的囊袋，因为子宫强而有力的收缩，子宫腔内的压力逐渐增加，子宫口打开，头部下降，引起羊膜破裂，从阴道流出羊水。因为胎宝宝的头部已经进入骨盆腔，阻塞了羊水的涌出，所以更多见的是液体一滴滴地流出来。

如果从阴道流出羊水，这时离宝宝的降生就不远了，赶紧上医院吧。

3. 见红

妊娠最后几周，子宫颈分泌物增加，白带增多。正常子宫颈的分泌物为黏稠的液体，平时在宫颈形成黏液栓，能防止细菌侵入子宫腔内，妊娠期分泌物更多更黏稠。随着子宫规律地收缩，这种黏液栓随着分娩开始的宫缩而排出；又由于子宫内口胎膜与宫壁的分离，有少量出血。这种出血与子宫黏液栓混合，自阴道排出，称为见红。

见红是分娩即将开始比较可靠的征兆。如果出血量大于平时的量，就应当考虑是否有异常情况，可能是胎盘早剥，需要立即到医院检查。

分娩前需了解的几个问题

1. 分娩需要多长时间

统计数据表明女性在分娩第一胎的时候平均花费大约 12 个小时，第二胎平均需要 8.5 个小时。当然，这并不是说所有的产妇都会在这 10 多个小时里要没有间断地疼痛，

孕期小知识

·分娩常识介绍·

1.分娩前的阵痛不是突然而至而是渐渐增强的，因此所有的准妈妈都可以逐渐适应它；

2.每次阵痛之间都有间歇，准妈妈可以利用这个时间进食、休息，以保持体力；

3.阵痛是有时间限制的，每一次阵痛都意味着离顺利分娩又近了一步；

4.研究表明，准妈妈从孕20周开始直到分娩，身体会一直分泌一种类似鸦片一样有麻醉作用的激素，它使准妈妈对疼痛的敏感程度会不断下降；

5.成功分娩并不意味着准妈妈一定要忍受剧烈的疼痛，可以通过很多的方法缓解疼痛，例如针灸、呼吸、缓解疼痛的药物，以及局部麻醉等。

每个人的情况都不一样。总体来说，在熟悉的环境里，在信赖的人的陪伴下分娩，会更快一些。

有些准妈妈阵痛的时间比较长，但是疼痛的强度并不是很高，还有一些准妈妈则相反，阵痛的时间短但痛感强烈。因此，准妈妈应该放松心情，顺其自然。

有关研究发现，分娩时间是可以遗传的。因此，临产前，你不妨问问自己的母亲，听听她的分娩经历。

虽然阵痛强度与分娩时间都不相同，但准妈妈们一定要相信自己绝对可以坚持到宝宝的第一声啼哭。

温馨提示

关于是否使用催产针的问题

在临床上，催产针一般用于引产、催产和产后出血以及有产后出血倾向的产妇。

在分娩过程中，需要用到催产针的两种情况：一是分娩没有任何进展，可以考虑使用催产针加快阵痛；二是分娩一开始很正常，可是突然阵痛消失了，或者阵痛的节奏很慢。在这种阵痛很微弱的情况下，也需要通过静脉注射催产针来催产。

催产针静脉注射的速度必须得到严格控制。如果阵痛频率太高，就应该放慢甚至停止点滴，使阵痛间歇重新变得长一些。如果宫缩太弱太稀，可以滴快一点。准妈妈们要将自己的身体情况及时告之产房中的护士，提醒她们注意自己对催产针的反应。

如果用药3～4小时后，分娩仍然没有任何进展，甚至出现胎宝宝窒息的情况，这时就要改行剖宫产。

2. 谁应该在分娩时陪伴在准妈妈左右

当医院允许选择亲属陪产时，很多产妇的第一选择是丈夫，认为丈夫和自己一起经历这个过程可以使丈夫对自己的辛苦有更多的体会，从而对自己更加地疼爱。其实，这并不是最恰当的。妻子痛得撕心裂肺，四周仪器哗哗一片，还有满目的鲜血淋淋……这些都对陪产的丈夫是一种严峻的考验。并不是所有的丈夫都有良好的心理状态，能够顺利经历这些的，在这种环境下，丈夫少有能情绪平静的，他们往往比妻子还紧张，而这只会增加产妇的心理负担。

如果丈夫觉得自己不能承受这样的考验，产妇选择一位有经验的亲属陪产会更合适。

3. 当分娩停滞不前该怎么办

有时，分娩会遇到停滞不前的情况。这时候，产妇不必紧张更不必慌乱，要知道，产妇完全可以利用它暂时恢复体力，因为阵痛是一项艰辛的工作。

通过调节呼吸、放松和活动，产妇可以让分娩重新"启动"。而且，这样的"中场休息"是有好处的，它可以让产妇短暂地恢复一下。

温馨胎教：准妈妈的生产行李单

"亲爱的，奶嘴你买了么？"朵朵妈一边整理手边的东西，一边问朵朵爸。"买了，你没看见么？""你放哪里了？我没找到！""你再找找，和朵朵的小衣服放在一起了。""还有现金，你准备好零钱。万一需要买什么东西就不用取钱了……""老婆，你放心吧，现金和各种证件都放在你旁边的手提包里啦。"

我们经常会看到这样的场景："快，我要生了。"准妈妈出现了宫缩征兆，立马慌了神，赶紧喊上丈夫去医院。可到了医院要办住院手续时，大家却傻了眼：没拿身份证……待产时，准妈妈在宫缩间隙想吃点东西，才发现准备的食物一样也没带……

由于多数夫妻是第一次经历分娩，所以经常会出现准备工作不充分的情况，从而导致进产房时手忙脚乱。为了顺利生产，准妈妈要和家人一起在分娩前备好待产包，一旦需要，拎包就走。

必备钱物

1. 现金和医保卡。一般的医院，顺产费用为 1400～2000 元，剖宫产费用为 4000～5000 元。为应急所需，你也可以多准备 1000 元钱。如果有医保卡，要记得与钱放在一起带上。

2. 检查单据。它便于医护人员了解准妈妈的身体、胎盘功能及胎儿宫内情况，以提前做好应对各种突发情况的准备。检查单据包括围保本、B 超、心电图等怀孕期间的全部检查单据。

3. 证件。夫妻双方的身份证、户口本、结婚证及宝宝的准生证等。

妈妈的生活用品

1. 洗漱用品。牙刷、牙膏、毛巾、脸盆、水杯等。

2. 衣服及帽子。出院时需要穿戴。

3. 拖鞋。产妇在分娩后需要一双舒服的鞋子穿。

4. 收腹带。特别是剖宫产的产妇，收腹带可以避免伤口裂开，很有必要。

5. 吸管。方便产妇饮水。

6. 产妇专用坐垫。可以保护产妇生产时受伤的会阴部位。

妈妈的哺乳用品

1. 哺乳衫。选择前开襟的衣服，方便妈妈喂乳。

2. 哺乳文胸。应选择全棉无钢架设计，可以防产后乳房下垂。

3. 乳垫。可以吸收溢出的奶汁，至少要准备两对，以便换洗。

4. 靠垫。让妈妈舒服地靠在上面喂奶。

5. 消毒湿巾。在喂奶前后，用不含酒精的消毒湿巾清洁乳房、乳头。

准妈妈必备卫生用品

1. 内裤。透气性好的纯棉内裤 3～4 条，产后有恶露，很容易弄脏内裤，为保持阴道清洁，内裤要常换常洗。

2．产妇专用卫生巾。为恶露准备的。

准妈妈必备营养品

1．热水。宫缩间隙喂产妇喝一些水，能使她减轻痛苦并保持体力。

2．巧克力。当宫口全开时吃巧克力，能补充热量，维持分娩体力。

3．红糖。分娩后，马上泡一杯红糖水给产妇喝，可以帮助她恢复力气，还能增加奶水。

4．流质食物。阵痛间隙让产妇吃，可以保持体力；产后让产妇吃能帮助下奶。

5．新鲜水果。产后吃利于产后大便的恢复。

宝宝的日用品

1．小棉褥子。用来包裹孩子。

2．奶粉、奶瓶。肝炎、贫血、肺结核等不适合母乳喂养的妈妈，需要给孩子喂配方奶，要先准备好奶瓶、奶嘴。

3．软头勺子。可以进行母乳喂养的产妇出现暂时性母乳少时，可以用婴儿专用的软头勺喂宝宝。因为奶瓶好吸吮，如果用奶瓶喂宝宝，宝宝以后就不喜欢费力地吸妈妈的奶头了。

4．婴儿纸尿裤或者尿布。

5．小和尚服。全棉、不带翻领的小和尚服，或小肚兜，保暖并保护肌肤。

另外，记得带上吸奶器、海绵奶嘴刷或医用纱布等备用。

其他可备用品

1．消遣用品。比如喜欢的书籍、MP3等，在妻子分娩时家人可以用这些物品放松心情，消磨时间。

孕期小知识

· 准妈妈的产后调理 ·

1．在医院时。产后还需要在医院呆几天，时间视分娩方式而定。通常，经阴道分娩的产妇需要在医院住4天左右，剖宫产的产妇需要住的时间更长一些。这时候，医生和护士会指导产妇如何为孩子哺乳，如何更快地让分娩时留下的创伤恢复。但医院的居住条件肯定不如家里，所以大部分的产妇会希望尽快回家。

2．在家中时。大部分产妇"坐月子"的地点都在家里。家里是产妇最熟悉的地方，在这里产妇的心情也容易恢复平静，从而有利于产后生理和心理的恢复。但需要注意的是，由于宝宝在家，产妇正常的作息和生活规律可能被打乱，会不同程度地受到影响。另外，由于年轻人和老人在观念上存在的差异，也特别容易引发不必要的家庭矛盾。

2.照相机或者DV。可以用它们记录准妈妈临产前的状态，以及被推出产房的时刻和第一次抱宝宝的情景。

3.凳子、水杯。这些可以用来招待前来探望的亲友。

盘点分娩姿势

分娩的姿势并非仅有平躺一种，下面我们一一细说。

1.仰卧。这是目前最常用到的分娩姿势。产妇平躺于产床，两腿张开抬高。这种分娩姿势的优点是适合医务人员的产科处理及新生儿处理，但缺点也是很明显的。产妇平躺时，子宫会压迫静脉，使心脏的回血量减少，严重时可引发胎儿窒迫和产后大出血。同时，仰卧式分娩会限制产妇骨盆，增加难产概率。而且，平躺会使腹中胎宝宝失去原有的重力作用，导致产程延长。

2.侧卧。产妇侧卧可以使会阴部放松，静脉受到的压力大大减轻，而且还可以降低胎儿窒迫和产后大出血的风险。但是，它的缺点也是显而易见的。对接生的医护人员来讲，这样的姿势操作起来相当不便。

3.直立。它的优点是可以充分利用重力的作用，直接压迫子宫颈，使子宫收缩强而有力。同时，这种分娩方式，包括坐式、蹲式以及跪式，能够使产妇产道宽度达到最大值。临床研究发现，与仰卧式相比，采取此姿势分娩时，产道横断面的面积可增加30%。基于上面的这些原因，这种分娩姿势可以有效缩短第二产程时间，减少难产的发生率。

但是，在一些特殊情况下，不宜产用这种分娩方式。比如，有急产倾向及进程较快的产妇不应采取坐式分娩；而跪式分娩会使产妇膝盖所承受的重力较大，长时间下来就会非常累。

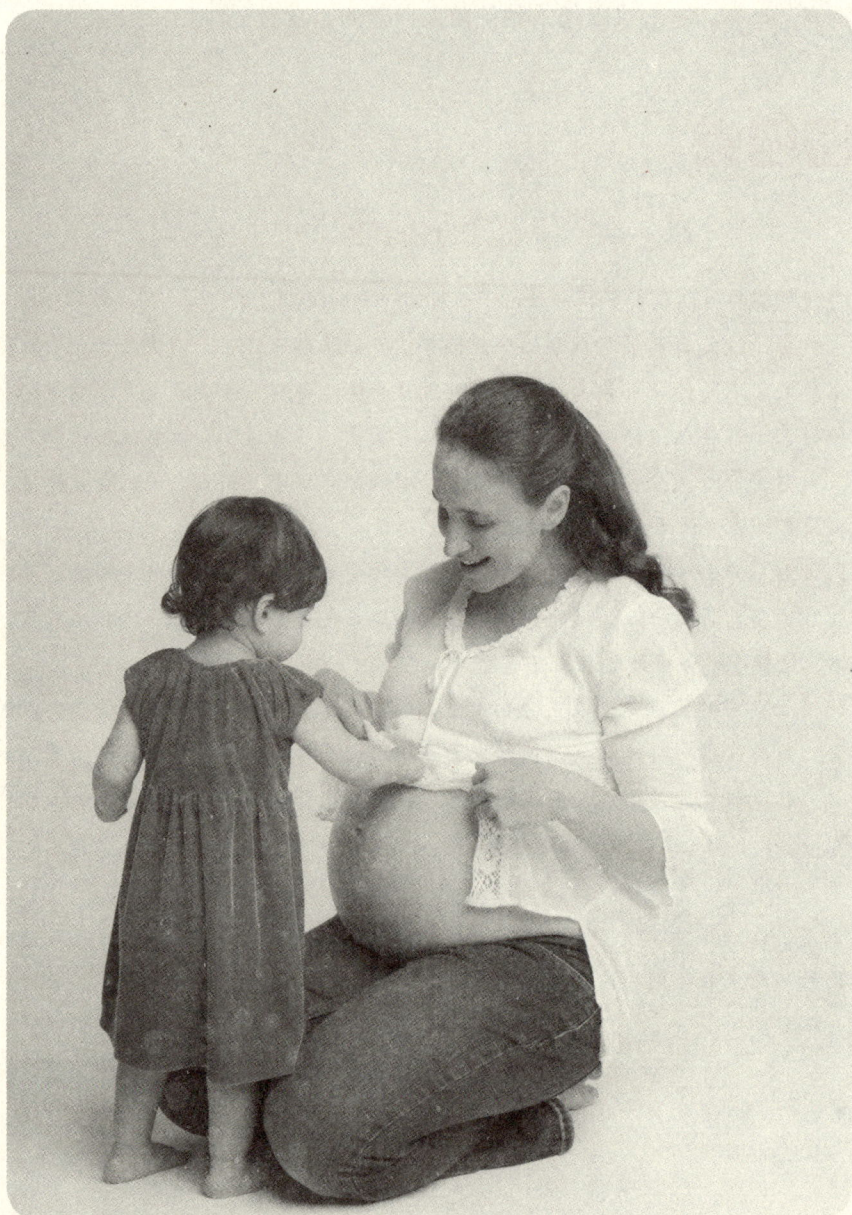

后 记

贝博士·冠军宝贝成长书系在策划和编写过程中，得到了许多同行、老师和作者的关怀、帮助以及大力支持。

这套书的顺利完成，闪耀的是集体的智慧，凝结了众多人的辛勤劳动和汗水。在此特别向以下参与本书编写的人员致以诚挚的谢意：贝为任、许燕、杜雅萍、柯琳娟、许环、刘艳、时应禄、王晶、余晓昀、王琳、宋晶晶、邓薇。

本书在编写过程中，借鉴和参考了大量的文献和作品，从中得到了不少启悟，也汲取了其中的智慧菁华，谨向各位专家、学者表示崇高的敬意，因为有了大家的努力，才有了这套书的诞生。

另外，由于编写和出版时间仓促，以及编者水平所限，书中不足之处在所难免，诚请广大读者批评指正，特驰惠意。

贝博士 Baby Doctor

冠军宝贝成长书系

　　贝博士·冠军宝贝成长书系第一辑共9种图书，内容完整涵盖了孕产育儿的各个方面，如孕期准备、胎教方案、母婴营养保健、育儿完全指导、亲子游戏以及婴幼儿疾病护理等。具体内容如下：

《40周全程孕产指南》

于松 / 主编　华夏出版社　定价：45.00 元

　　本书以新生命孕育诞生的过程为线索，讲述孕妈妈在孕期的变化、胎儿的发育成长以及分娩前后常见情况及应对方法。

《宝宝成长百科（0~3岁）》

于松 / 主编　华夏出版社　定价：45.00 元

　　本书主要记述0~3岁宝宝在生长发育各个阶段的成长与进步，内容涉及宝宝不同阶段的身体发育、运动能力发展、各种感觉能力的提高、语言能力发展、心理及智能发展等方面，还包括一些实用日常训练、科学培养方案、成长记录及其训练方案等，可给父母或养育者提供对比和参考。

《实用育儿百科（0~3岁）》

于松 / 主编　华夏出版社　定价：45.00 元

　　这是一本写给新手爸妈的育儿大全。根据0~3岁婴幼儿的身心发育特点，为父母提供宝宝养育过程中的各方面知识，包括营养饮食、护理保健、早期教育以及常见疾病的预防与治疗等。

《和宝宝一起做的游戏大全（0~3岁）》

药志胜 / 主编　华夏出版社　定价：45.00 元

　　本书将0~3岁详细划分为12个成长阶段，针对每一阶段宝宝身体发育情况和对外界反应能力，分别设计了智力发展、情感发展、语言能力、动作训练、习惯养成等游戏。这些游戏，道具易得，难易程度适当，游戏过程充满乐趣，特别适合父母与宝宝共同参与。

《全家一起看的胎教百科》

于松 / 主编　华夏出版社　定价：45.00 元

　　本书以孕周为单位，根据宝宝的发育生长情况和孕妈妈的身体心理变化，汇集了国内外最科学、最权威的胎教知识，设计了最适合中国宝宝、最方便实用的胎教方案。全家总动员，迎接新生命。

《孕产妇营养保健与食谱大全》

于松 / 主编　华夏出版社　定价：45.00 元

　　本书详细介绍了 1000 多种简单易行、食之有效的滋补、安胎、催乳和疾病调养等保健食谱与药膳，让孕产妇在乐享美食的同时，能保证特殊时期身体各器官的营养需要，有效地调养孕产妇身体和应对孕产期所遇到的各种不适。

《宝宝喂养完全方案（0~3 岁）》

于松 / 主编　华夏出版社　定价：45.00 元

　　本书从宝宝吃什么入手，详细而全面地介绍宝宝成长过程中可能遇到的各种喂养问题以及解决办法，依据宝宝不同成长阶段的营养需要，讲述喂养方法、食物制作以及喂养重点。

《产妇护理宜忌大全》

于松 / 主编　华夏出版社　定价：45.00 元

　　本书旨在指导产妇家人护理新妈妈坐月子，帮新妈妈顺利度过产褥期，并针对产后常见问题与常见病患对症调理，让产妇尽快恢复健康、美丽、活力。

《婴幼儿疾病防治与护理大全（0~3 岁）》

于松 / 主编　华夏出版社　定价：45.00 元

　　本书详细介绍了婴幼儿常见病的病因、症状、诊断方法、治疗方法及护理、预防要点，内容丰富、通俗易懂、方法实用，为家长们提供了防治婴幼儿疾病及科学护理的全方位指导。

贝博士教育机构

贝博士教育机构是一家专注于孕产、育儿、家教的资讯机构，在中国关心下一代家长教育工程的指导下，针对中国家庭 0~16 岁孩子成长所需，提供全程解决方案。目前，贝博士教育机构与著名出版发行机构合作，以图书出版为核心业务，兼顾孕产、家教行业咨询和培训，形成专家团队、内容中心、咨询中心、培训中心等业务单元，合作专家有来自北京妇产医院、中国家长教育研究所等权威机构的资深专家。

"至要无如教子，至乐无如读书"，贝博士至诚倡导有爱心、健康快乐的育儿家教文化。

咨询电话：15712954533
邮箱：beiboshi@sina.cn
博客地址：http://blog.sina.com.cn/beiboshi

中国家长教育研究所

中国家长教育研究所是中美合作的、国内首家专业研究中国家长教育的学术单位，也是国内唯一一家专门从事国际家长教育交流、家长教育研究、社区家庭和教育服务项目开发、专业家庭顾问培训和认证的专业机构。它的出现填补了我国家长教育学科的空白。

研究所和相关单位发起并推动的 CPEP 中国家长教育工程搭建了一个由专家系统、政府部门、社会单位、教育系统共同参与的、为广大家庭与家长服务的实践性社区教育平台与操作模式。

中国家长教育研究所自 2003 年成立以来，4 年里陆续启动了辽宁省百万家长教育工程、自主版权教育工程、大连市和谐家庭教育工程、银川市和谐家庭教育工程等重大项目，并在北京创立了全国首家社区家庭教育三级网络体系（一街一心、一区一部、百户一问），得到相关政府部门的大力支持和当地社会群众的一致好评。